KB119735

왜?

호기심은
어떻게 세상을
바꾸었을까

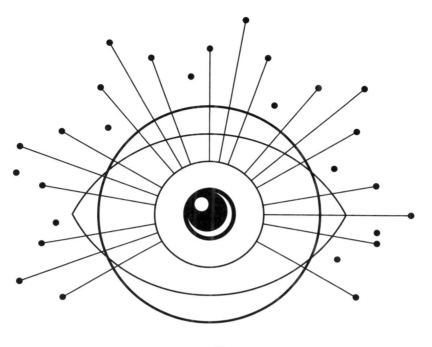

왜?

호기심은
어떻게 세상을
바꾸었을까

위즈덤하우스

코끼리의 아기처럼
끊이지 않는 호기심을 가진
아멜리아에게
내 모든 사랑과 함께
이 책을 바친다

차 례

들어가는 말

임종 직전 침대에 누워 있던 거트루드 스타인이 머리를 들고 물었다.
"답이 뭐지?"
아무도 말이 없자 그녀는 미소를 지으며 말했다.
"그렇다면, 질문이 뭐지?"

— 도널드 서더랜드Donald Sutherland,
〈거트루드 스타인: 작품을 통한 그녀의 인생Gertrude Stein: A Biography of Her Work〉

나는 호기심이라는 것에 대해 호기심을 가지고 있다.

내가 아기 때 제일 먼저 배운 단어 중의 하나가 '왜'였다. 본인의 의도와 상관없이 들어서게 된 이 신비로운 세상에 대해 알고 싶은 마음, 그 세상에 있는 모든 것이 어떻게 돌아가는지 알고 싶은 마음, 그리고 그 세상에 사는 다른 사람들과 관계를 맺고자 하는 조상 대대로 물려받은 욕구를 충족하고자 하는 마음에서 우리는 옹알이를 떼자마자 '왜?'라는 질문을 하기 시작한다.[1] 그것을 시작으로 우리는 영원히 멈추지 않는다. 얼마가지 않아 우리는 그런 호기심에 대해 의미 있고 만족스러운 답을 얻는 경우는 거의 없지만, 질문을 하면 할수록 더 많은 질문을 하고자 하는 욕구가 생기고, 다른 사람들과 관계를 맺는 유쾌한 경험을 하게 된다는 것을 깨닫는다. 질문을 던져본 사람이라면 누구나 알 듯 확언은 고립을, 질문은 유대감을 낳는다. 호기심을 보인다는 것은 인류에 대한 동맹심을 선언한다는 뜻이다.

어쩌면 모든 호기심은 미셸 드 몽테뉴Michel De Montaigne의 《수상록 Essays》 2권에 나오는 유명한 질문 "내가 무엇을 아는가Que sais-je?"로 요약할 수 있을지도 모른다. 회의론적 철학자들에 대해 이야기하면서 몽테뉴는 그들이 어떤 형태의 언어로도 자신들의 전체적인 사상을 표현할 수 없었고, 그렇게 하기 위해서는 "새로운 언어가 필요했다"고 말했다. 몽테뉴는 이어서 "우리의 언어는 긍정명제를 기본으로 하는 데 반해 회의론자들은 그와 정반대로 사고하기 때문이다"라고 설명하면서, "이 상상은 '우리가 무엇을 아는가?'라는 질문을 통해 구축하는 것이 더 쉽고 설득력 있다. 내가 방패에 새겨서 들고 다니는 모토가 바로 그 질문이다"라고 덧붙인다. 물론 그 질문은 원래 소크라테스Socrates의 "너 자신을 알라"를 뿌리로 하고 있는 것이지만, 몽테뉴에 가면 그 개념은 우리가 누구인지 알 필요에 대한 존재론적 선언이 아니라, 우리의 사고가 전진하면서 (혹은 이미 전진해서) 접하게 되는 새로운 영역에 대해 끊임없이 질문을 던지는 상태에 더 가까워진다. 몽테뉴의 사상에서 긍정명제는 그 방향이 바뀌어 질문된다.[2]

몽테뉴와 나의 우정은 나의 사춘기 시절로 거슬러 올라간다. 그때부터 그의 《수상록》은 내 삶의 기록 같은 역할을 했다. 그는 항상 내 머리를 떠나지 않는 생각과 경험들을 유려한 문체로 꼭 집어 표현해주곤 했기 때문이다. 일상적인 주제들(우정에 따르는 의무, 교육의 한계, 전원에서 느끼는 즐거움)에 대해 그가 던지는 질문들, 그리고 일상적이지 않은 주제들(식인종의 본질, 괴물들의 정체, 엄지손가락 사용)에 대한 탐구를 통해 몽테뉴는 순간순간 여러 장소에서 내 머릿속에 별자리처럼 피어나는 호기심들이 지적 지도 위에 자리매김하는 것을 도왔다. 그는 이렇게 고백한다. "책들은 지식의 전달보다는 지적 훈련의 의미로 내게 도움이 되었다."[3] 그것은 내 경험과 100퍼센트 일치한다.

예를 들어, 수많은 책들에서 아이디어를 빌리는 몽테뉴의 독서 습관(그는 독자인 자신을 꿀을 만들기 위해 분주히 꽃가루를 모으는 꿀벌에 비유한다)에 대해 생각하던 나는 그가 말한 '내가 무엇을 아는가Que sais-je'를 제목으로 한 노트를 작성해서 그것들을 내가 사는 시대에 투사해보는 것도 가능하겠다는 생각을 하게 되었다.[4]

몽테뉴도 순순히 인정하겠지만, 우리가 무엇을 아는지에 관해 고찰하는 것은 16세기 당시에도 새로운 것은 아니었다. 질문을 하는 행동 자체에 대해 질문을 하는 것은 훨씬 더 오래된 뿌리가 있다. 고난에 빠진 욥Job은 "그런즉 지혜는 어디서 오며 명철의 곳은 어디인고?"라고 외친다. 욥이 던진 질문을 더 확장해서 몽테뉴는 다음과 같이 고찰한다.

> 판단력은 모든 주제에 사용할 수 있는 도구이자 어디에서나 찾아볼 수 있다. 따라서 내가 여기서 하고자하는 시험에서도 모든 경우에 나는 판단력을 사용한다. 내가 전혀 이해하지 못하는 주제라 할지라도 나는 판단을 꾀해본다. 멀리 떨어진 상태에서 개울의 깊이를 가늠해본 후, 내 키에 비해 물이 너무 깊은 것 같으면 강둑에 머무르는 쪽을 택한다.[5]

이 겸손한 고찰의 방법은 나를 말할 수 없을 정도로 안심시킨다.

다윈 이론에서는 인간의 상상력을 생존 수단으로 간주한다. 세상에 대해 더 잘 알고, 살아가면서 마주치는 함정과 위험에 대처하는 방법을 배우기 위해 호모 사피엔스는 머릿속에서 외부의 현실을 재연하는 능력과 어떤 상황이 실제로 일어나기 전에 그 상황을 미리 상상할 수 있는 능력을 길렀다.[6] 자신에 대한 인식과 자신을 둘러싼 환경에 대한 인식을 갖춘 우리는 그 모든 정보를 포함한 지도를 마음속에 그릴 수 있고, 그 안에서 무한한 숫자의 가능성을 탐색해서 가장 효과적인 최선의 경로를 채택할 수 있다. 우리는 존재하기 위해 상상하고, 상상하려는 욕구를 충족시키기 위해 호기심을 품는다는 명제에 몽테뉴도 동의할 것이다.

　필수적인 창조 활동으로서의 상상력은 연습을 통해 발전한다. 그리고 그 연습을 할 기회는 성공이 아니라 실패를 통해 얻을 수 있다. 성공은 결론이 나버리는 것, 따라서 막다른 골목이다. 하지만 실패란 어떤 시도를 한 것이 실수라는 것을 알게 되어서 또 다른 시도를 할 수 있는 기회를 제공하고, 그 새로운 시도는 운이 좋으면 또다시 실패로 이어진다. 예술과 문학의 역사는 철학과 과학의 역사와 마찬가지로 이러한 실패와 깨우침의 역사이기도 하다. 사뮈엘 베케트Samuel Beckett는 이렇게 요약한다.

　"실패하라. 다시 시도하라. 더 나은 실패를 하라."[7]

　그러나 더 나은 실패를 하기 위해서는 상상력을 동원해서 실수와 모순을 인식할 수 있어야 한다. 다시 말해, 어떤 경로는 우리가 원하는 방향으로 이어지는 길이 아니라는 것을 깨달을 수 있어야 하고, 또 어떤 단어, 색, 숫자의 조합은 우리가 마음속에서 직관적으로 원하는 그 효과를 낼 수 없을 것이라는 것을 인식하는 능력이 필요한 것이다. 우리는 아르키메데스Archimedes처럼 영감을 얻어 목욕탕에서 "유레카!"를 외치는 순간들은 자랑스럽게 기록하지만, 오노레 드 발자크Honoré de Balzac의 《미지의 걸작Le Chef d'oeuvre Inconnu》에 나오는 화가 프렌호퍼가 자신이 그린 무명의 그림을 바라보면서, "아무것도, 아무것도 못해! …… 나는 아무것도 그려낼 수 없을 거야!"[8] 하고 외치는 순간을 기록하는 것은 주저하는 경향이 있다. 소수의 승리와 수많은 실패의 순간들에는 그것들을 관통하는, 상상력으로 가득한 위대한 질문이 있다. 그것은 바로 "왜?"라는 질문이다.

　현대의 교육 체제는 대체로 우리가 두 번째 방법으로 탐색하는 것 자체를 인정하지 않는 경향이 있다. 물질적 효율성과 금전적 이득 말고 다른 것에는 거의 관심이 없는 현대 교육 기관들은 사고를 위한 사고와 자유로운 상상력을 장려하지 않는다. 학교는 질문을 던지고 토론을 하는 장이 아닌 기술을 갖춘 노동력을 양성하는 훈련소가 되었고, 대학들은 더 이상 16세기에 프랜시스 베이컨Francis Bacon이 "빛의 상인들"[9]이라고 불렀던 탐구자들을 길러내는 곳이 아니게 되었다. 우리는 "왜?"를 묻기보다 "비용이 얼마나 들까?" 그리고 "얼마나 오래 걸릴까?"를 묻도록 스스로를 훈련한다.

"왜?"와 이 질문의 다양한 변주곡들은 답에 대한 기대보다 질문을 하는 행위 자체에 훨씬 큰 의미가 있다. 그 질문을 내뱉는 순간, 수많은 가능성이 열리고, 선입견을 내려놓을 수 있고, 끝없는 생산적인 의혹들을 불러일으킨다. 간혹 그 질문 뒤에 잠정적인 대답이 몇 개 따라붙을 수도 있지만, 질문이 충분히 강력하다면 어떤 것도 완벽하고 충분한 대답이 될 수 없다. 어린 아이들은 직관적으로 알고 있지만 "왜?"라는 질문에는 목표가 지평선 바로 너머에 있다는 의미가 암묵적으로 내포되어 있다.[10]

호기심을 시각적으로 표현하는 문장 부호, 즉 대부분의 서구 언어에서 묻는 문장의 제일 마지막에 나오는 물음표는 역사적으로 상당히 늦게 출현했고, 교조주의적인 자만심에 대항해서 스스로 몸을 구부린 형태를 가지고 있다. 유럽에서 문장부호는 르네상스 후기까지도 널리 확립되지 않다가, 1566년 위대한 베니스의 출판가 알두스 마누티우스Aldus Manutius가 식자공들을 위한 문장부호 핸드북 《인테르푼젠디 라티오Interpungendi Ratio》를 펴내면서 자리를 잡았다. 문단을 마감하는 표시로 고안된 기호들 중에 중세 '풍투스 인터로가티부스punctus interrogatives(물음표)'가 포함되어 있었고, 마누티우스 2세는 그것을 관습적으로 대답을 요하는 문장, 즉 질문을 표시하는 부호라고 정의했다. 이 형태의 물음표가 사용된 가장 오래된 예 중의 하나는 9세기에 발행되었고, 현재는 파리국립도서관에 소장되어 있는 키케로Cicero의 문헌 사본에서 찾아볼 수 있다. 그 기호는 왼쪽 아래쪽에 찍힌 점에서 시작해서 오른쪽 위로 계단처럼 대각선으로 올라가는 구불구불한 선의 풍투스 인터로가티부스의 예. 9세기에 인쇄된 키케로의《노년에 대하여 *Cato Maior de Senectute*》(파리 국립도서관 소장) 중 일부.

모양을 띠고 있다. 질문을 통해 우리는 높은 곳으로 올라간다.[11]

역사를 거치면서 "왜"라는 질문은 수많은 외양과 엄청나게 다양한 문맥 속에서 등장해왔다. 가능한 질문들을 하나하나 깊이 있게 다루기에는 그 숫자가 너무 많고, 일관성을 가지고 모으기에도 그 종류가 너무 다양해서 불가능하지만, 그럼에도 다양한 기준에 따라 질문을 분류해보려는 시도는 있었다. 2010년 영국의《가디언 *The Guardian*》에서 과학자들과 철학자들에게 조사한 '과학계에서 답해야 할' 열 가지 질문이 그 한 예다('해야 할'이라는 표현은 항의의 느낌이 너무 강하게 담긴 듯하다). 그 질문들은 다음과 같다.

- 의식이란 무엇인가?
- 빅뱅 전에는 무슨 일이 있었는가?
- 과학과 공학은 각 인간의 개인적 특성을 회복시켜줄 것인가?
- 점점 늘어가는 세계 인구에 우리는 어떻게 대처할 것인가?
- 일련의 소수들에서 패턴을 찾을 수 있는가?
- 과학적 사고방식을 사회 전체에 확산시킬 수 있을까?
- 우리는 어떻게 인류가 생존하고 번영하도록 보장할 수 있을까?
- 무한한 우주라는 의미를 적절히 설명할 수 있을까?

- 텔레비전 프로그램을 녹화하듯 내 뇌를 녹화할 수 있을까?
- 인류가 별에 갈 수 있을까?

이 질문들에는 어떤 명확한 발전 단계도, 논리적인 위계질서도 존재하지 않고, 답을 하는 것이 가능하다는 명확한 증거도 없다. 선별된 질문들은 알고자 하는 우리의 욕망에서 뻗어 나온 것들이고, 이미 알고 있는 지식들을 창의적인 방법으로 걸러내서 얻은 결과다. 그러나 약간 우왕좌왕하는 느낌을 주는 이 질문들도 읽다보면 어떤 형태가 살짝 보이기도 한다. 호기심에서 촉발된 이 질문들이 갖는 너무나도 다양한 방향성은 아주 당연한 현상이기도 한데, 그것들을 따라가다 보면 평행으로 존재하는 우리 상상력의 지도를 유추할 수 있을지도 모르겠다. 우리가 알고 싶어 하는 것과 우리가 상상할 수 있는 것은 신비한 종이 한 장의 양면이다.

독서를 하는 사람들이 공통적으로 하게 되는 경험 중 하나는 어느 순간 다른 책과는 완전히 다른 책을 발견하고, 그 책을 통해 자기 자신과 세상을 탐험하게 되는 일이다. 그 책과 떠나는 탐험의 가능성은 마르지 않는 샘물처럼 무궁무진하면서도 동시에 아주 작고도 특별한 무엇인가에 초점을 맞춰서 아주 개인적이면서도 독특한 방식으로 그 주제를 탐구할 수 있도록 도와준다. 어떤 독자들에게는 그 책이 이미 널리 인정받은 고전, 예를 들어 윌리엄 셰익스피어William Shakespeare나 마르셀 프루스트Marcel Proust의 책일 수도 있다. 또 다른 독자들은 설명이 불가능하거나 말할 수 없는 이유로 덜 알려지고, 심지어 논란의 대상이 되는 책에서 그런 영감을 찾을지도 모른다. 나의 경우, 삶을 살아오는 동안 그 특별한 책은 계속 바뀌었다. 오랫동안 나의 '그 책'은 몽테뉴의 《수상록》, 루이스 캐럴Lewis Carroll의 《이상한 나라의 앨리스Alice's Adventures in Wonderland》, 호르헤 루이스 보르헤스Jorge Luis Borges의 《픽션들Ficciones》, 혹은 미겔 데 세르반테스Miguel de Cervantes의 《돈키호테*Don Quixote*》,《천일야화*Alf laylah wa laylah*》, 토마스 만Thomas Mann의
《마의 산*Der Zauberberg*》등이었다. 70세를 바라보는 이제 내게 그 모든 것을
다 포함하는 책은 단테 알리기에리*Dante Alighieri*의《신곡*La Divina Commedia*》
이다. 예순 살이 되기 직전에 처음《신곡》을 읽었으니 상당히 늦게 만난 셈이
다. 하지만 처음 읽었을 때부터 그 책은 내게 극도로 개인적인 친밀감을 느
끼게 한 동시에 지평선을 볼 수 없는 광대한 책이었다. 지평선을 볼 수 없다
고 한 것은《신곡》이라는 작품에 대한 맹목적인 경외감의 표현일지도 모른
다. 그 심오함과 방대함, 섬세한 구조에 대한 경외감. 실은 이 단어들조차도
그 책을 매번 읽을 때마다 끊임없이 새로운 경험을 하게 되는 상태를 제대
로 표현할 수 없다. 단테는 자신의 시를 "하늘과 땅의 도움을 받은"[12] 작품
이라고 묘사했다. 그것은 결코 과장이 아니고, 단테 당대부터 지금까지 독
자들이 항상 받는 느낌이기도 하다. 그러나 '구조'라는 단어는 인위적인 메
커니즘을 암시한다. 도르래와 톱니바퀴에 의존한 메커니즘을 연상케 하는
이 표현은 그런 기계적 요소가 눈에 띌 때마저도(단테가 발명한 3행시인 '테르
짜 리마terza rima' 형식과,《신곡》에서 3이라는 숫자를 많이 사용한 사례 등에서 볼 수 있
듯)《신곡》이라는 작품의 복잡성을 눈꼽만큼 상상하게 해줄 뿐이지 그 완벽
성을 묘사하는 데는 턱없이 부족하다. 지오반니 보카치오Giovanni Boccaccio
는《신곡》을 공작에 비교한다. 수없이 많은 색이 보는 각도에 따라 그때그
때 변하는 '천사 같은' 깃털로 몸 전체가 감싸인 공작 말이다. 호르헤 루이스
보르헤스는《신곡》을 무한한 디테일을 가진 판화에, 주제페 마조타Giuseppe
Mazzotta는 모든 주제를 다루는 백과사전에 비유했다.[13] 오시프 만델스탐Osip
Mandelstam은 이렇게 말했다. "만일 에르미타쥐 박물관의 전시실들이 갑자기
모두 미쳐버린다면, 만일 모든 학파와 거장들의 그림들이 벽에서 떨어져 나
와 한데 섞여 합쳐지고, 초현대적인 비명과 세차게 동요하는 색채들이 방을
가득 메운다면, 그 결과물은 아마 단테의《신곡》같은 작품일 것이다." 그럼

에도 이 모든 비유는《신곡》의 완벽함과 깊이, 드넓은 지평, 멜로디, 만물상 같은 이미지, 끝없이 새로운 시도, 그리고 완벽하게 균형이 맞는 시적 구조를 제대로 묘사하지 못한다. 러시아 시인 올가 세다코바Olga Sedakova는 단테의 시가 "예술을 낳는 예술"이자, "사고를 낳는 사고"지만, 무엇보다도 중요한 사실은 단테의 작품이 "경험을 낳는 경험"이라고 말했다.

누보 로망nouveau roman에서부터 개념 예술에 이르기까지 20세기 예술적 흐름을 풍자하면서 보르헤스와 그의 친구 아돌포 비오이 카사레스Adolfo Bioy Casares는 위대한 예술 작품을 분석하는 것이 불가능하다는 것을 인정하고 아예 그 작품을 처음부터 끝까지 그대로 다시 재현하는 방법을 비평의 한 형태로 사용하는 것을 상상했다.[14] 이 논리를 적용하자면,《신곡》에 대한 설명을 시도하는 주도면밀한 비평가라면 결국 작품 전체를 인용하지 않을 수 없을 것이다. 어쩌면 그것이 유일한 방법일지도 모른다. 사실 우리는 이전에 읽었을 때는 그토록 좋은지 모르고 넘어갔던 놀라울 정도로 아름다운 구절이나 정교하고 시적인 논쟁을 발견하면, 그 감동과 영감을 되도록 충분히 공유하고 싶은 마음에서, 친구들에게 그 구절에 대해 설명하기보다는 그 부분을 바로 읽어주는 쪽을 본능적으로 선호한다. 말을 다른 경험으로 바꿔서 전달하는 것, 어쩌면 그것은 화성천에서 베아트리체가 단테에게 했던 말의 여러 의미 중 하나일지도 모르겠다.

"몸을 돌리고 귀를 기울여보시오/ 천국은 내 눈 안에만 있는 것이 아니니."[15]

목표가 소박하고, 지식도 부족하고, 내 한계를 잘 인식하고 있기는 하지만 나도 내가 느낀 점들, 그리고 개인적인 생각과 해석 등을 내 나름의 경험에 비추어 공유하고자 한다.《신곡》은 장엄하고 위풍당당한 관대함으로 그 문턱을 건너려는 사람은 아무도 막지 않고 환영한다. 그렇게 문턱을 건넌 독자가 그 안에서 무엇을 발견하는가 하는 것은 또 다른 문제다.

모든 작가가 (그리고 모든 독자가) 텍스트를 쓰거나 읽을 때 봉착하는 핵심적인 문제가 하나 있다. 글을 읽는다는 것은 언어 자체와 의사소통이라는 칭찬할 만한 언어의 기능에 대한 우리의 신뢰를 확인하는 행위라는 것을 우리는 알고 있다. 책을 열 때마다, 우리는 이전의 경험에도 불구하고, 이번만큼은 그 글의 정수가 우리에게 전달될 것이라는 믿음을 가지고 글을 대한다. 그리고 마지막 페이지를 접을 즈음이면, 이전의 그 용감한 희망에도 불구하고, 우리는 다시 한 번 실망하고 만다. 달리 더 정확히 부를 표현이 없어서 우리가 '위대한 문학 작품'이라 부르기로 합의한 글들을 읽을 때는 더욱더 그 다중적인 복합성을 소화할 수 있는 우리의 이해력이 우리의 열망이나 기대에 너무나도 못 미친다는 것을 깨닫는다. 그런 다음 우리는 이번에는 어쩌면 목적을 이룰 수 있지 않을까 하는 희망을 안고 책을 또다시 펼치지 않을 수 없다. 문학을 위해서도 다행이고, 독자들을 위해서도 다행인 것은 우리가 절대 그 목적을 이룰 수 없다는 사실이다. 아무리 여러 세대의 독자를 거쳐도 그 책들은 정복이 불가능하다. 언어로는 완벽한 의사 전달이 불가능하다는 바로 그 사실 때문에 문학 작품들은 무한의 풍요로움을 유지할 수 있고, 독자로서 우리는 자기 개인의 능력이 닿는 곳까지만 그 풍요로움을 향유할 수 있다. 어떤 독자도 《마하바라타*Mahābhārata*》나 《오레스테이아*Oresteia*》의 심연의 바닥까지 이르지 못했다.

어떤 일이 불가능하다 해서 우리가 시도조차 안한다는 뜻은 아니다. 새로 책을 펼칠 때마다, 페이지를 넘길 때마다, 우리는 작품을 이해할 수 있으리라는 희망을 다시 품는다. 작품 전체가 아니라면 적어도 그 전에 읽었을 때보다는 조금 더 깊은 이해를 할 수 있으리라는 희망이라도 말이다. 바로 이런 과정을 통해 우리는 '팔림프세스트', 즉 옛 독서의 흔적 위에 새로운 독서의 이해를 덧쓰는 작업을 계속해서 한 작품의 권위를 늘 달라지는 외양으로 끊임없이 재확립한다. 호메로스*Homeros* 시대의 《일리아드*Iliad*》는 우리가 읽는 《일리아드》가 아니라 그것을 포함하고 있다. 우리가 읽는 《일리아드》가 모든 후세들이 읽을 《일리아드》를 포함하는 것처럼. 이런 의미에서 모든 독자가 《탈무드》의 첫 단어를 읽기 전부터 이미 《탈무드》를 읽기 시작한 것이라는 유대교의 개념은 모든 위대한 책에 보편적으로 적용시킬 수 있다.[16]

'렉투라 단티스lectura dantis'라는 용어는 《신곡》의 독해라는 특정 장르를 위해 만들어진 말이다. 단테가 세상을 뜬 직후 아들 피에트로가 쓴 주해서부터 시작해, 여러 세대를 거쳐 《신곡》에 대한 수많은 해석들이 나온 지금, 이 작품에 대해 이전보다 더 종합적이거나 완전히 새로운 해석이 나올 수는 없다는 사실을 나도 알고 있다. 그럼에도 모든 독서는 결국 원문에 대한 사색이나 해석이라기보다는 독자의 초상이자 고백, 자기 발현, 그리고 자기 발견의 행위라는 의미에서 새로운 해석을 정당화할 수 있을지도 모른다.

책에 자신의 경험을 반영하며 읽는 자서전적 독자의 제1호는 바로 단테 자신이었다. 삶의 새로운 길을 찾지 않으면 영원히 길을 잃을 것이라는 말을 들은 후 저승을 여행하는 동안 내내 단테는 자신이 진정으로 누구인지 그리고 그 여정에서 자신이 하는 경험이 진정으로 어떤 의미인지를 알고자 하는 열렬한 호기심에 사로잡혀 있었다.[17] 〈지옥편〉의 첫 행부터 〈천국편〉의 마지막 행까지 《신곡》은 단테의 질문들로 가득 차 있다.

《수상록》 전체를 통해 몽테뉴는 단테의 글을 딱 두 번밖에 인용하지 않는다. 학자들은 몽테뉴가 《신곡》을 직접 읽지는 않고, 다른 작가들의 작품에서 인용된 내용을 통해 알고는 있었을 것이라고 추측한다. 읽었다 하더라도 어쩌면 단테가 자신의 탐구를 위해 선택한 교조주의적 구조를 몽테뉴는 좋아하지 않았을 수도 있다. 그렇다 하더라도 동물들 사이의 말의 힘을 논하면서 몽테뉴는 단테의 〈연옥편〉 26곡에서 단테가 욕망에 사로잡혔다가 참회를 하는 영혼을 '의사소통을 하는 검은 개미 떼'[18]에 비유한 3행을 가져다 썼다. 그리고 어린이의 교육에 관한 논의를 하면서 다시 단테를 인용한다. "교사는 모든 것을 한 번 걸러내고, 절대 권위의 힘을 빌려 간접적인 지식을 학생의 머리에 집어넣도록 하지 않아야 한다. 스토아 학파나 향락주의 학파의 원칙보다 아리스토텔레스의 원칙이 학생의 원칙에 더 많은 영향을 미쳐서도 안 된다. 다양한 판단 기준이 모두 학생 앞에 제시되어야 한다. 학생은 할 수 있으면 선택을 할 것이다. 그러나 선택할 수 없으면 의혹을 가지는 편이 낫다. 단호한 결정을 내리고 확신을 가지는 것은 바보들만이 하는 것이다"라고 몽테뉴는 말한다.

그런 다음 몽테뉴는 다음과 같은 문구를 단테의 작품에서 인용한다.

완전히 알지 못하는 것, 의혹을 갖는 것(두비아르dubbiar)은 나를 기쁘게 한다.

베르길리우스Publius Maro Vergilius가 제자 단테에게 의지의 결과로 지은 죄가 무절제의 죄보다 왜 신을 더 노하게 하는지를 설명한 후, 단테가 스승에게 지옥의 여섯 번째 원에서 말할 때 사용한 표현이다. 단테에게 그것은 지식을 획득하기 전 느껴지는 기대에 찬 기쁨을 표현하는 역할을 한다. 몽테뉴에게 언어는 풍요로운 불확실성이 계속되는 상태, 서로 상반되는 다양한 시각이 존재한다는 것을 알고 있지만 자신의 시각 이외의 그 어떤 것도 완전히 받아들이지 않는 상태를 말한다. 두 사람 모두에게 질문하는 상태는 그 답을 아는 것만큼, 혹은 그보다 더 큰 보상을 거둘 수 있는 상태다.[19]

단테 혹은 몽테뉴가 믿는 신을 믿지 않는 무신론자도 그들의 작품을 읽는 것이 가능할까? 그들이 인간이 운명적으로 겪어야 할 고난과 당혹과 고뇌(그리고 환희 또한)를 이겨내는 데 도움을 준 믿음 체계를 공유하지 않고도 그들의 작품을 어느 정도 이해할 수 있다고 추정하는 것은 주제 넘는 일일까? 작품의 근간을 이루는 교리에 설득되지 않은 상태에서 그 작품에 내포된 엄격한 신학적 구조와 종교적 교의에서 나오는 섬세한 의미를 연구하는 것은 표리부동한 일일까?

　나는 독자로서 요술쟁이 대모나 사악한 늑대의 존재를 믿지 않아도 서사의 세부 사항을 넘어서는 의미를 신뢰할 권리를 누릴 수 있다고 주장하고 싶다. 신데렐라와 빨강 모자의 진실성을 믿기 위해 그 이야기가 실제 사람들에게 일어난 일이라는 증명이 필요하지 않다. '서늘한 저녁'에 정원을 거닐던 신과 십자가에서 고통 받으면서도 도둑에게 낙원을 약속한 신의 이야기는 위대한 문학이 아니면 할 수 없는 방법으로 내게 교훈을 주고 정신을 일깨운다. 이야기가 없으면 모든 종교는 설교에 지나지 않는다. 우리를 설득하는 것은 이야기다.

　많은 면에서 글 읽기의 기술은 글쓰기의 기술과 상극이다. 글을 읽는 것은 저자에 의해 잉태된 글을 더 풍요롭게 하는 작업이다. 글을 읽음으로써 글의 깊이와 복잡성을 더하고, 읽는 사람의 개인적 경험을 반영하도록 글을 농축하고, 독자의 우주를 채우고 그 한계 너머까지 미치도록 확장시킨다. 반면 글쓰기는 포기의 작업이다. 글을 쓰는 사람은 완성된 글이 머릿속에서 처음 상상했던 글의 희미한 그림자에 불과해서, 깨우침의 효과도 적고, 미묘함도 떨어지고, 덜 사무치고, 덜 정확한 것이라는 사실을 받아들여야 한다.

　작가의 상상은 전능하고, 완벽을 갈망하는 그의 소원에 걸맞은 놀랍도록 뛰어난 작품을 꿈꾸는 것이 가능하다. 그러나 일단 언어를 사용하는 단계로 하강해야 하고, 생각에서 표현으로 전환되는 과정에서 많은 것, 아주 많은 것이 소실되고 만다. 이 규칙에서 벗어나는 예외는 거의 존재하지 않는다. 책을 쓴다는 것은 실패를 받아들일 마음을 갖는 것과 다름 없다. 그 실패가 아무리 명예로운 실패라 할지라도 말이다.

　오만하게 들릴지는 모르겠으나, 단테가 자신의 여정에 베르길리우스, 스타티우스Publius Papinius Statius, 베아트리체Beatrice, 성 베르나르Saint Bernard 등을 안내자로 내세운 예를 본받아 나도 단테를 안내자로 삼아 그가 던지는 질문들의 도움으로 내 질문의 방향을 바로 잡으면 좋겠다는 생각이 들었다. 단테는 자그마한 쪽배로 자신의 범선을 따라오려는 사람들에게 길을 잃고 싶지 않으면 각자의 해안으로 돌아가라[20] 경고하지만, 그런 단테도 기분 좋은 '두비아르'를 이리도 많이 품은 동료 여행자에게 도움을 주는 것을 그다지 싫어하지는 않을 것이라고 믿어 의심치 않는다.

제1장

호기심이란 무엇인가

■

◆

●

하지만 우리는 여러 개의 실타래를 쥐고 있지 않은가.
아마 그중 어느 것 하나는 진실로 이어질 확률이 높다.
잘못된 실타래를 따라가 시간 낭비를 할 수도 있지만,
언젠가는 진실을 맞닥뜨리게 될 것이다.

– 아서 코난 도일Sir Arthur Conan Doyle

모든 것은 길을 떠나는 것으로 시작한다. 내가 여덟 살 내지 아홉 살 정도 되던 해 어느 날이었다. 부에노스아이레스에서 살았던 나는 학교에서 돌아오다 길을 잃었다. 그 학교는 내가 어릴 적에 다녔던 여러 학교 중 하나였는데 가로수가 많이 심어진 벨그라노라는 좋은 동네에 있었고, 우리 집에서 그다지 멀지 않았다.

지금과 마찬가지로 그때도 나는 한눈을 잘 팔았다. 모든 학생들이 입어야 하는 풀 먹인 하얀 교복을 입고 집에 걸어오면서 나는 온갖 것들에 정신을 빼앗기곤 했다. 슈퍼마켓 시대가 열리기 전의 동네 식품점에는 소금물에 절인 올리브가 커다란 나무통에 들어 있었고, 하늘색 종이를 나팔 모양으로 접은 용기에 든 설탕과, 파란색 카날레Canale표 비스킷 통이 주욱 늘어서 있었다. 국민 영웅들의 얼굴이 그려진 애국심을 고취하는 공책들과 노란색 표지로 된 어린이용 로빈 후드 시리즈가 나란히 꽂힌 선반이 있었던 문방구를 지나면 할리퀸 스테인드글라스가 끼워진 좁은 문이 열려 있는 곳으로 살짝 보이는 음침한 뜰에 무슨 사연인지 양복점에서 쓰던 마네킹이 축 쳐진 채 누워 있던 풍경도 보였고, 조금 더 가면 길모퉁이에 놓인 작은 스툴에 걸터앉은 채 각종 사탕들을 창처럼 들고 있던 뚱뚱한 아저씨가 있었다. 늘 같은 길로 하교를 하면서 그 이정표들을 하나씩 세면서 지나치곤 했다.

하지만 그날 나는 다른 길로 집에 가겠다고 마음먹었다. 그러나 몇 블록쯤 걸은 후 나는 내가 돌아가는 길을 잘 모른다는 사실을 깨달았다. 길을 묻기가 너무 창피하다는 생각이 들어서, 나한테는 상당히 길게 느껴진 시간동안 나는 두려움보다는 놀라움에 사로잡혀 이곳저곳을 헤맸다.

내가 왜 그렇게 행동했는지 나도 이유를 알지 못한다. 다만 뭔가 새로운 것을 경험하고 싶었고, 아직은 드러나지 않은 미스터리에 대한 단서를 닥치는 대로 따라가보고 싶었다. 그 즈음에 막 알게 된 셜록 홈스 이야기에 나오는 것처럼 말이다. 낡은 지팡이를 짚고 다니는 의사의 비밀 이야기를 추리해서 알아내고, 진흙 바닥을 발끝으로 걸어간 흔적은 누군가 목숨을 걸고 도망가며 남긴 발자국이며, 척 봐도 가짜인 게 분명한 단정한 검은 수염을 붙이고 다니는 사람은 왜 그러는지 밝혀내고 싶었다. "세상은 너무도 명백한 사실로 가득 차 있지만, 관찰을 통해 그 사실을 알아내는 사람은 아무도 없다"고 추리의 거장은 말했다.

기분 좋은 불안감을 느꼈던 기억이 난다. 집에 있는 책장에 꽂힌 책들을 통해 경험한 것과는 다른 모험이지만 책을 읽으면서 느꼈던 것과 같은 서스펜스, 그리고 무슨 일이 일어날지 예측할 수 없고, 예측하고 싶지 않은 상태로 일이 어떻게 풀려나아갈지 알아내고 싶은 강렬한 욕구가 차올랐기 때문이다. 마치 내 자신이 책 속에 들어가, 아직 내용이 밝혀지지 않은 마지막 페이지로 향해 가는 느낌이 들었다. 내가 찾고자 한 것은 정확히 무엇이었을까? 어쩌면 그것은 미래라는 것을 모든 가능한 이야기의 결말을 쥐고 있는 곳으로 보기 시작한 최초의 날이었는지도 모른다.

그러나 아무 일도 일어나지 않았다. 모퉁이를 돌자 익숙한 동네에 이르렀고, 마침내 우리 집이 보였을 때 내가 느낀 것은 실망감 같은 것이었다.

· · ·

호기심은 이중적 의미를 지닌 단어다. 1611년 간행된《코바루비아스 스페인어 어원 사전》에 따르면 '쿠리오소curioso(이탈리아어에서도 같은 단어를 쓴다)'는 무엇인가에 특별한 관심과 애정을 쏟으면서 성실하게 다루는 사람을 뜻한다. 위대한 스페인 사전학자인 세바스티앙 데 코바루비아스Sebastián de Covarrubias는 거기서 호기심이라는 뜻의 스페인 단어인 '쿠리오시다드curiosidad(이탈리아어는 쿠리오시타curiosità)'가 유래한 것은 호기심을 가진 사람은 끊임없이 왜 이것은 이렇고 저것은 저럴까 하고 질문하기 때문이라고 설명했다. 로제 샤르티에Roger Chartier는 코바루비아스가 자신의 첫 번째 정의에 만족하지 못하고 1611년과 1612년에 이 주제에 관해 추가적인 설명을 썼지만 출판은 하지 않았다는 사실을 밝혀냈다. 코바루비아스는 추가 설명에서 쿠리오소가 "긍정적 의미와 부정적 의미를 동시에 지녔다"고 주장했다. "호기심을 가진 사람은 무엇이든 성실하게 다룬다는 점은 긍정적이지만, 그가 애써 탐구하는 대상이 대부분 잘 드러나지 않고 감춰진 것들이며, 별로 중요하지 않은 것들인데 필요 이상으로 면밀히 다룬다는 점은 부정적"이라는 것이다. 그런 다음《성경Bible》의 외전으로 받아들여지고 있는《집회서Ecclesiasticus》의 한 구절이 라틴어로 덧붙여져 있다. "자신에게 너무 어려운 것을 이해하려고 하지 말고, 자신의 능력 밖의 것을 발견하려고 하지 말라(3:21-22)." 샤르티에에 따르면 코바루비아스는 호기심에 대한 정의에 성경과 초기 기독교 철학을 끌어들임으로써 호기심이 금지된 것을 알고자 하는 금단의 염원이라는 쪽으로 몰아갔다.[1] 호기심의 이러한 양면적인 본질을 단테는 누구보다도 잘 알고 있었다.

단테는 《신곡》의 거의 전문을 망명 중에 집필했고, 따라서 그의 시적 순례 여정은 강제로 이 땅을 순례해야 하는 자신의 여정을 희망적으로 반영한 것이라고 볼 수도 있을 것이다. 호기심은 단테를 앞으로 나아가게 하는 구동력이었다. 사물을 '성실하게 다룬다'는 의미뿐 아니라, '가장 많이 드러나지 않고 잘 감춰진 것들', 그리고 언어적 표현의 한계 너머에 있는 것들에 대한 지식을 추구한다는 의미에서 그의 호기심은 코바루비아스적 호기심과 많이 다르지 않았다.

저승 세계를 여행하는 동안 그를 이끌어준 안내자들(베아트리체, 베르길리우스, 성 베르나르), 그리고 그가 만나는 저주받은 혹은 축복받은 영혼들과 대화를 나누면서 단테는 호기심이 이끄는 대로 형언할 수 없는 목표를 향해 나아간다. 언어는 그의 호기심의 도구다. 심지어 자신이 가장 절실하게 알고 싶은 질문들에 대한 답은 인간의 혀로 표현할 수 없는 것들이라고 말할 때마저도 그는 언어를 도구로 삼는다. 그리고 그의 언어는 우리의 도구가 될 수도 있다. 단테는 《신곡》을 읽는 독자들의 생각이 세상에 태어나는 것을 돕는 '산파' 역할을 할 수 있다. 이는 소크라테스가 지식을 추구하는 자의 역할[2]이라고 규정했던 개념과 동일하다.

단테는 1321년 9월 13일이나 14일 즈음 망명 중에 라벤나에서 세상을 떴다. 신의 영원한 빛을 본 자신의 비전을 묘사한 《신곡》의 마지막 부분을 기록한 후였다. 당시 나이 56세. 지오반니 보카치오에 따르면 단테가 《신곡》을 쓰기 시작한 것은 플로렌스에서 추방되기 한참 전부터였고, 도시를 떠나면서 〈지옥편〉에 해당하는 일곱 개의 곡을 두고 떠날 수밖에 없었다고 한다. 보카치오는 누군가가 단테의 집에 있는 서류 더미를 뒤지다가 그 일곱 개의 곡들을 읽고 감탄해서 당시 플로렌스에서 '잘 알려진' 시인에게 가져갔고, 그것이 단테의 작품인 것을 추측한 그 시인은 어렵사리 단테에게 그 원고를 전달하는 데 성공했다고 전한다. 이 사연도 역시 보카치오가 전하는 이야기이지만, 그 당시 단테는 루니지아나 지역에 있는 모로엘로 말라스피나Moroello Malaspina 가문의 저택에 머무르고 있었다. 원고를 받아서 읽은 말라스피나는 단테에게 이렇게 웅장하게 시작한 훌륭한 작품을 중단하지 말라고 간청했다. 전설에 따르면 그 요청을 받아들인 단테는 〈지옥편〉의 여덟 번째 곡을 "계속 이어서 말하건대, 오래전……"3 같은 단어들로 다시 시작했다.

뛰어난 문학 작품은 뛰어난 잉태의 설화가 필요한 듯하다. 존재하지 않는 호메로스의 멋드러진 전기는 《일리아스》와 《오디세이아》의 위력을 설명하기 위해 만들어졌고, 베르길리우스에게는 망자와 대화할 수 있는 능력과 기독교의 전령이라는 특별한 위상이 주어졌다. 그의 《아이네이스Aeneid》를 읽는 독자들은 그것이 평범한 사람이 지은 글이라고 믿지 않았기 때문이다. 같은 맥락에서, 명작의 결말은 그 잉태보다 훨씬 더 특별해야만 했다. 《신곡》의 집필을 계속하는 동안 단테는 한 번에 6곡 내지 8곡 정도를 쓴 다음 그것을 자신을 후원하는 사람들 중 하나인 칸그란데 델라 스칼라Cangrande della Scala에게 보냈다고 보카치오는 말한다. 결국 칸그란데는 천국편의 마지막 13곡을 제외한 《신곡》 전체를 받았을 것이다.

단테가 세상을 뜬 후 몇 달에 걸쳐 그의 아들들과 제자들은 위대한 시인이 마지막 13곡을 끝냈을지도 모른다는 희망으로 단테의 서재를 뒤졌다. 보카치오에 따르면 결국 그 마지막 부분을 찾지 못한 아들들과 제자들은 "작품을 완성하는 데 필요한 아주 조금의 시간을 더 허락하지 않은 신에 대해 격분했다."

산드로 보티첼리Sandro Botticelli가 그린 단테의 초상화.

　어느 날 밤 단테의 셋째 아들 야코포Jacopo가 꿈을 꿨다. 하얀 가운을 입고 신비한 빛으로 빛나는 얼굴을 한 아버지가 그에게 다가왔다. 야코포는 아버지에게 살아 있는지를 물었고, 단테는 살아 있지만 우리가 사는 세상에서 살고 있는 것이 아니라 진정한 삶을 살고 있다고 대답했다. 그가 《신곡》을 끝냈는지 묻자, 단테는 "집필을 끝냈다"고 대답하고 야코포를 자신의 침실로 데리고 가서 벽의 한 부분에 손을 대며 "여기에 네가 오래도록 찾던 것이 들어 있다"고 말했다.

잠에서 깨어난 야코포는 단테의 오랜 제자 한 명과 함께 단테의 방으로 갔다. 한쪽 벽에 걸린 천을 걷어보니 뒤에 벽을 움푹 판 곳이 나타났고, 거기에 그동안 찾고 있던 《신곡》의 마지막 원고가 곰팡이가 슨 채 놓여 있었다. 두 사람은 그 원고를 베껴서 단테가 했던 것처럼 칸그란데에게 보냈다. 보카치오는 "그렇게 해서 수년간의 임무가 결말을 맺었다"고 전한다.[4]

사실에 근거한 역사라기보다는 찬양하는 마음에서 나온 전설로 받아들여지는 보카치오의 이야기는 인류 역사상 가장 위대하다고도 할 수 있는 작품의 탄생에 걸맞은 신비로운 토대를 만드는 역할을 한다. 하지만 초기에 작품 집필이 중단되었던 서스펜스도, 꿈을 통해 작품을 완성하게 되는 해피엔딩도 이 위대한 작품의 탄생 설화로 독자들을 만족시키기에는 충분하지 않다. 문학의 역사는 절박한 상황에 명작을 만들어낸 작가들의 이야기로 가득 차 있다. 유배지 투미스에서 괴로운 생활을 하며 《트리스티아*Tristia*》를 꿈꾼 오비디우스Ovidius, 옥중에서 《철학의 위안*Consolatio Philosophiae*》을 집필한 보에티우스Boethius, 결핵으로 죽어가면서 위대한 송가를 쓴 존 키츠John Keats, 부모의 집 현관 밖 공용 복도에 쭈그리고 앉아 《변신*Die Verwandlung*》을 갈겨썼던 프란츠 카프카Franz Kafka 등의 일화는 작가가 모든 조건과 조짐이 맞아 떨어지는 상황에만 글을 쓸 수 있다는 가정을 무참히 깨고 만다. 그러나 단테의 상황은 더욱 독특했다.

13세기 말, 투스카니 지방은 두 개의 정치적 분파, 즉 교황에게 충성을 바치는 구엘프파와, 신성로마제국에 충성을 바치는 기벨린파로 나뉘어 있었다. 1260년, 몬타페르티 전투에서 기벨린파가 구엘프파를 물리쳤지만, 몇 년 후 잃었던 세력을 점차 회복한 구엘프파가 결국 기벨린파를 플로렌스에서 축출하는 데 성공했다. 1270년에 접어들면서 플로렌스는 완전히 구엘프가 장악했고, 그런 상태는 단테가 죽을 때까지 유지되었다. 단테가 탄생한 직후인 1265년, 플로렌스의 구엘프파는 흑당과 백당으로 분열했다. 정치적 노선보다 가문의 계열에 따른 분열이었다.

1300년 5월 7일, 단테는 당시 권력을 쥐고 있던 백당이 파견한 사절단의 일원으로 산지미니아노에 갔다. 한 달 후, 그는 6인으로 이루어진 플로렌스 시협의회에 선출되었다. 종교와 정치가 서로의 영역을 침해하지 않아야 한다고 믿었던 단테는 교황 보니파시오 8세Bonifacius Ⅷ의 정치적 야심에 반대했다. 그런 이유에서 1301년 가을, 플로렌스 사절단의 일원으로 로마에 파견된 단테는 사절단이 플로렌스로 돌아간 후 자기만 법왕청에 남아 재판을 기다리라는 명령을 받았다. 11월 1일, 단테가 플로렌스로 돌아오지 못한 상태에서 영토를 보유하지 않은 프랑스 왕자 샤를 드 발루아Charles de Valois 백작(단테는 그가 보니파시오 교황의 하수인이라고 경멸했다)이 플로렌스에 진격했다. 명목상의 이유는 평화를 되찾는다는 것이었지만 실상은 망명 중인 흑당 소속 인사들이 플로렌스에 들어가도록 해주기 위한 것이었다. 코르소 도나티 Corso Donati가 이끈 흑당원들은 닷새에 걸쳐 플로렌스에서 노략질을 하고 수많은 시민들을 살해했고, 살아남은 백당원들은 망명을 떠났다. 결국 망명한 백당원들은 기벨린파와 한통속이라고 지목되었고, 흑당원으로 구성된 시협의회에게 플로렌스의 통치권이 주어졌다. 1302년 1월, 아마 그때까지도 로마에 남아 있었을 단테에게 시협의회는 망명을 명령했다. 그 후, 부과된 벌금 납부를 거부하자 단테의 벌은 2년 망명에서 플로렌스로 돌아올 경우 화형에 처하겠다는 선고로 바뀌었다. 그의 모든 소유물은 압수되었다.

망명자 처지가 된 단테는 처음에는 포를리로 갔지만 1303년 베로나로 가서 영주인 바르톨로미오 델라 스칼라Bartolomeo della Scala가 사망한 1204

년 3월 7일까지 그곳에 머물렀다. 새로 베로나의 영주가 된 알보이노 델라 스칼라Alboino della Scala가 그에게 우호적이지 않았는지 아니면 새로운 교황 베네딕토 11세Benedictus XI의 동정을 사려는 의도였는지 모르지만 단테는 아레초로 추정되는 투스카니 지역으로 돌아갔다. 그 후 몇 년 동안 그의 행방은 불확실하다. 트레비소로 갔을 것이라는 설이 있지만 루니지아나, 루카, 파두아, 베니스 등도 단테가 머무른 도시라는 설이 있다. 1309년 혹은 1310년에는 파리를 방문했을 가능성도 있다. 1312년 그는 베로나로 돌아왔다. 그보다 1년 전 칸그란데 델라 스칼라Cangrande della Scala가 베로나의 단독 지배자가 되었기 때문이다. 단테는 그 후 칸그란데의 보호 아래 적어도 1317년까지는 베로나에 살았다. 그 후 죽을 때까지 그는 라벤나의 귀도 노벨로 다 폴렌타Guido Novelo da Polenta의 궁정에서 살았다.

이의의 여지가 없는 문서상의 증거가 없는 가운데 학자들은 단테가 《신곡》 〈지옥편〉의 집필을 이르게는 1304년 혹은 1306년에, 〈연옥편〉은 1313년에, 그리고 〈천국편〉은 1316년에 시작했다고 주장한다. 단테가 자신의 소장 도서들도, 책상도, 문헌도 없이, 그리고 모든 작가들이 자신의 세계를 구축하는 데 필요로 하는 미신이 섞인 여러 소품과 정표도 없이 10개 이상의 낯선 도시를 헤매면서 20년에 걸쳐 《신곡》을 완성했다는 사실을 생각하면 정확한 연대는 그다지 중요하게 느껴지지 않는다.

그는 익숙하지 않은 방에서, 늘 공손한 감사의 태도로 대해야 하는 사람들에 둘러싸여서 일해야 했을 것이다. 친밀한 자신만의 공간이 아니기 때문에 늘 공개된 느낌이 드는 공간이었을 것이고, 사회적 예의와 타인의 관습에 따라 행동해야 하는 상황이었을 테니 집필을 할 수 있는 사생활과 고요한 순간들을 확보하는 것은 날마다 벌여야 하는 투쟁에 가까웠을 것이다. 책을 읽으면서 자기만의 주석과 생각을 가장자리에 써놓은 소장 도서들을 모두 잃어버렸으니, 그는 자신의 머릿속에 있는 도서관에 의지할 수밖에 없었다.

그것은 비록 놀랍도록 훌륭한 장서들로 가득 찬 도서관이지만 《신곡》에 등장하는 수없이 많은 문학, 과학, 신학, 철학에 관한 언급과 참고 서적들을 보면 알 수 있듯이), 나이가 들면서 자료가 없어지고, 희미해질 수밖에 없는 도서관이기도 했다.

그의 첫 시도는 어땠을까? 보카치오가 보존한 문헌에 따르면, "코르보의 일개 수사에 불과한" 일라리오Ilario 형제가 어느 날 수도원에 온 여행객 한 사람을 맞았다고 한다. 일라리오 형제는 "비록 전에 한 번도 만나본 적이 없지만, 그의 명성을 이미 들어 알고 있었기 때문에" 그 여행자를 단박에 알아봤다. 수사가 자신에게 관심을 가진 것을 알아차린 여행객은 "아주 친근한 태도로 가슴에서 조그만 책 한 권을 꺼내들고" 거기 적힌 시를 보여줬다. 그 여행객은 물론 단테였고, 그가 보여준 시는 〈지옥편〉의 첫 곡들이었다. 단테는 플로렌스 지방 방언으로 쓰인 그 시들을 원래는 라틴어로 쓸 계획이었다고 수사에게 고백했다.[5] 보카치오의 문헌에 적힌 이야기가 사실이라면, 단테는 망명을 떠날 때 《신곡》의 첫 부분 원고를 가지고 가는 데 성공했다는 말이 된다. 그 정도면 충분했을 것이다.

이곳저곳으로 옮겨 다니는 중에도 단테는 친구들과 후원자들에게 《신곡》의 곡 몇 개씩을 필사해서 보냈다는 것을 우리는 알고 있다. 그의 시를 받은 사람들은 다시 그것을 베껴서 다른 사람들과 돌려보는 경우가 많았다. 1313년 8월, 단테의 젊은 시절 친구이자 시인인 치노 다 피스토이아Cino da Pistoia는 하인리히 7세Heinrich Ⅶ 황제의 서거에 붙여 자신이 쓴 노래에 〈지옥편〉의 곡 두 개에서 뽑은 시 몇 행에 대한 주석을 포함시켰다. 1314년, 혹은 그보다 조금 더 전에 투스카니 지방에서 공증인으로 일하던 프란체스코 다 바르베리노Francesco da Barberino는 〈도쿠멘티 다모레Documenti d'amore〉에서 《신곡》을 언급한다.

《신곡》이 완성되기 훨씬 전부터 단테의 시들이 꽤 알려지고 사랑을 받았다는(시기와 비아냥도 함께) 증거는 이외에도 여럿 있다. 프란체스코 페트라르카Francesco Petrarca는 단테가 세상을 뜬 지 20년도 채 흐르지 않았을 때에도 글도 못 읽는 음유시인들이 번화가나 극장에서 그의 시를 암송하고 포목점 주인, 여인숙 사장, 가게와 장에서 물건을 사는 고객들로부터 큰 박수를 받곤했다고 기록한다.6 치노와 칸그란데는 《신곡》의 거의 전편 원고를 가지고 있었음이 분명하고, 단테의 아들 야코포가 귀도 다 폴렌타Guido da Polenta를 위해 《신곡》 한 편을 발행한 것도 단테의 자필 원고를 토대로 했다는 것을 우리는 알고 있다. 그러나 현재 단테의 자필 원고는 단 한 줄도 보존되어 있지 않다. 《신곡》의 일부를 라틴어로 번역한 플로렌스의 박학다식한 인문주의자 콜루치오 살루타티Coluccio Salutati는 플로렌스의 고등법원에 보관되어 있었지만 이제는 소실된 단테의 '단정한 손글씨'로 쓴 서신들을 봤다고 회고한다. 그러나 우리는 단테의 손글씨가 어땠을지 상상하는 것으로 만족할 수밖에 없다.7

저승으로의 여정을 연대기 형식으로 써보겠다는 생각을 단테가 어떻게 했는지는 물론 답을 찾는 것이 불가능한 질문이다. 그러나 그의 자전적 저서 《신생Vita Nuova》에서 일말의 단서를 찾아볼 수는 있다. 단테는 31편의 서사시를 중심으로 이루어진 《신생》의 의미와 목적과 기원이 베아트리체에 대한 자신의 사랑에 뿌리를 두고 있다고 밝혔다. 마지막 장에서 그는 "어떤 여성에 관해서도 한 번도 쓰이지 않은 글"을 쓰겠다는 결심을 하도록 만든 "놀라운 비전"을 이야기한다.

또 다른 설명은 단테 시대의 대중 사이에서 저승을 여행하는 이야기들이 큰 관심을 끌었기 때문일 수도 있다. 13세기 당시 그런 상상의 여정은 큰 인기를 끄는 문학 장르였다. 아마도 마지막 숨을 거둔 다음 무엇이 기다리고 있을지에 대한 불안감에서 나온 유행이었을 것이다. 세상을 떠난 사람들을 다시 생각해보고, 그들이 계속 존재하기 위해서는 믿을 수 없는 우리 기억에 의존해야 하는지, 그리고 무덤에 가기 전 우리가 한 행동들이 무덤에 들어간 후 어떤 영향을 미치는지를 알고 싶었던 것이다.

물론 당시에도 그런 의문들은 새로운 것이 아니었다. 인류가 이야기하는 행위를 시작한 이후, 역사가 시작되기도 전부터 우리는 내세의 상세한 풍경과 이미지들을 상상해왔다. 예를 들어, 호메로스는 오디세우스가 이타카로 돌아가는 긴 여정 동안 '망자의 땅'을 방문하도록 한다. 고대 그리스어를 하지 못하는 단테도 베르길리우스의 《아이네이스》를 통해 그 내용을 알고 있었다. 성 바오로는 《고린도후서》에 "낙원으로 이끌려 가서 말로 표현할 수도 없고, 사람이 말해서도 안 되는 말씀을 들었다(12:4)"고 썼다. 단테 앞에 나타난 베르길리우스가 그를 '영원한 곳'으로 안내하겠다고 하자, 단테는 처음에는 순순히 따라가다가 주저하는 마음이 생겼다.

> 하지만 내가 왜 가야만 합니까? 그리고 그것을 누가 허락합니까?
> 나는 아이네이아스도, 바오로도 아니지 않습니까.[8]

단테의 독자들은 그가 무슨 말을 하는지 맥락을 이해했을 것이다.

독서광인 단테는 또 키케로의 〈스키피오의 꿈〉과 거기 나오는 천체에 대한 묘사, 그리고 오비디우스의 《변신 이야기*Metamorphoses*》에 나오는 저승에서 벌어지는 사건들에 대해서도 잘 알고 있었을 것이다.

기독교적 종말론에도 내세에 대한 풍부한 묘사들이 다수 나온다. 성서 외경에 속하는 이른바 '성 베드로의 묵시록'에는 베드로가 향기로운 정원을 거니는 교황들을 환영으로 보는 장면이 나오고, '성 바오로의 묵시록'에서는 신의 자비를 구하지 않은 영혼들이 끝없는 심연으로 던져지는 것을 언급했다.[9] 이런 유형의 여정이나 비전을 묘사하는 예는 많은 문헌에서 찾아볼 수 있다. 야코부스 드 보라지니의 《황금 성인전*Golden Legend*》과 작가가 알려지지 않은 《성선들의 전기*Lives of the Fathers*》, 아일랜드의 성 브렌던Saint Brendan,

성 패트릭Saint Patrick, 퉁달Tungdal 왕이 행한 상상의 여정, 피터 데미안Peter Demian, 리차르 드 생-빅투아르Richard de Saint-victoire, 요아킴 데 피오레 Gioachim de Fiore 등이 그 예다. 이에 더해, 이슬람 문화권에서도 저승을 여행하는 묘사들을 찾아볼 수 있는데 그 영향도 받았을 것이다. 무하마드가 천상으로 승천하는 이야기를 담은 안달루시아의 《리브로 델라 스칼라Libro della Scala》(사다리 책)가 그 한 예다(《신곡》에 미친 이슬람교의 영향에 대해서는 후에 더 자세히 이야기해보자). 모든 새로운 문학적 시도는 항상 이미 존재하는 모델을 기초로 한다. 문학적 독창성이라는 것은 존재하지 않는다는 사실은 도서관에 발을 들이는 순간 명백해진다.

지금까지 밝혀진 바에 따르면, 단테가 쓴 가장 최초의 시들은 그가 18세 때 쓴 몇 편의 시들로 후에《신생》에 수록되었고, 가장 마지막에 쓴 글은 라틴어로 한 강연으로 세상을 뜨기 2년 전인 1320년 1월 20일에 공개 강연에서 낭독한 〈케스티오 데 아쿠아 엣 테라Questio de Aqua et Terra〉(흙과 물에 대한 논쟁)이었다.

《신생》은 1294년 이전에 완결되었다. 단테가 밝힌 집필 동기는 "자신의 기억 저장고에 새겨진" 'Incipit Vita Nova', 즉 "여기 새 생명이 시작되노니"라는 말의 의미를 밝히고 베아트리체에 대한 사랑을 노래하는 일련의 시들을 탐색하기 위한 것이었다. 단테가 베아트리체를 처음 만난 것은 그가 9세, 베아트리체가 8세 때 일이었다.《신생》은 지적 탐구를 위한 원정의 형식을 띠고 있다. 사랑의 시들로 인해 생겨난 질문들, 단테에 의하면 "세심한 영혼을 가진 사람들이 자신이 인지한 것을 모두 저장하는 높은 방"에서 생겨난 호기심을 충족하고자 하는 원정이었다.[10]

단테의 마지막 저작인 〈케스티오 데 아쿠아 엣 테라〉는 몇 가지 과학적 문제에 대한 철학적 탐구를 당시 유행했던 '논쟁'의 형식으로 풀어낸 글이다. 단테는 서문에서 이렇게 밝힌다.

따라서 어릴 때부터 진실을 사랑하도록 배우며 자라온 나는 이 논쟁에 참여하지 않고 나 자신을 방관자 입장으로 만드는 대신, 논쟁 안에 숨겨진 진실이 무엇인지를 밝혀내는 쪽, 그리고 모든 상반된 논의들에 대한 결론을 찾는 쪽을 선택했다. 이는 진실에 대한 사랑만큼이나 강한 허위에 대한 증오에서 나온 선택이기도 하다.[11]

질문을 던질 필요를 처음으로 언급한 때부터 마지막 문장이 끝나는 때까지 단테의 방대한 명작이 펼쳐진다. 《신곡》 전체는 한 사람이 자신의 호기심을 따라가며 탐색하는 과정으로 해석할 수 있다.

초기 기독교적, 즉 교부 철학적 관점에서 보면 호기심은 두 가지 종류로 나눌 수 있다. 그중 하나는 바벨탑의 건설로 이어진 바빌론인들이 가졌던 것과 같은 극도의 허영심vanitas에서 나온 호기심으로, 하늘에 이르는 탑을 쌓을 수 있는 능력을 우리가 가졌다고 믿는 종류의 자만심으로 이어지는 호기심이다. 다른 하나는 최선을 다해 우리가 할 수 있는 만큼 신의 진실을 배우고자 하는 갈증, 즉 겸손umiltà에서 나온 호기심이다. 《신곡》의 마지막 칸토에서 성 베르나르가 단테를 위해 바치는 기도에서 "최고의 환희가 그의 앞에 펼쳐지기를" 기원하는 것과 관련된 종류의 호기심인 것이다. 자신의 저서 《향연》에서 피타고라스Pythagoras를 인용하면서 단테는 이 건전한 호기심을 좇는 사람을 다음과 같이 정확하게 규정한다.

"지식을 사랑하는 사람…… 오만이 아닌 겸손의 표현."[12]

보나벤투라Bonaventura, 시제 드 브라방Siger de Brabant, 보에티우스Boethius와 같은 학자들도 단테의 사상에 깊은 영향을 미쳤지만 단테의 제일 큰 멘토는 단연 토마스 아퀴나스Thomas Aquinas였다. 호기심을 가진 독자들에게 단테의 《신곡》이 있다면, 단테에게는 아퀴나스의 저서들이 있었다. 베아트리체의 인도를 받아 단테가 사려 깊고 신중한 자들이 상을 받는 태양천에 도착했을 때, 12인의 축복받은 영혼들이 천상의 음악에 맞춰 그의 주변을 세 번 돌다가 그중 한 영혼이 떨어져 나와 그에게 말을 한다. 바로 아퀴나스의 영혼이었다. 그는 마침내 단테 안에 진실된 사랑의 불씨가 지펴졌기 때문에 자신과 다른 축복받은 영혼들도 그와 동일한 사랑으로 단테의 질문에 답을 해야 한다고 말했다. 아퀴나스는 (아리스토텔레스도 그렇게 설파했듯이) 최고의 선에 대한 지식은 한 번 인지를 하면 절대 잊을 수 없는 것이며, 그런 지식을 접하는 은총을 입은 영혼은 언제나 그 진실로 회귀하기를 염원하게 된다고 말한다. 아퀴나스가 단테의 "갈증"이라고 표현한 것은 충족되지 않으면 안 되는 것이었다. "물이 바다로 다시 흘러가는 것을 막을 수 없는 것"[13]처럼 그 갈증을 충족시키지 않는 것은 절대로 불가능한 일이다.

아퀴나스는 시실리 왕국의 로카세카에서 유럽 귀족들 대부분과 친족 관계인 귀족 집안의 후계자로 태어났다. 그는 다섯 살 때 당시 유명했던 몬테카시노의 베네딕트 수도원에서 공부를 시작했다. 아마도 그는 참아주기 힘든 아이였을 것이다. 전해 내려오는 이야기에 따르면 며칠 동안 아무 말도 없이 수업을 듣다가 교사에게 처음으로 내뱉은 말이 다음과 같은 질문이었다고 한다.

"신이란 무엇입니까?"[14]

열네 살 때, 수도원 안의 정치적 분열을 걱정한 그의 부모는 아퀴나스를 새로 문을 연 나폴리 대학으로 옮겼다. 아퀴나스가 일생 동안 아리스토텔레스와 그를 추종하는 학자들에 관한 연구를 시작한 곳이 바로 그곳이었다. 대학에서 공부하던 1244년 경, 그는 도미니크 수도회에 헌신하기로 결심했다. 도미니크 교파의 탁발 수도승이 되겠다는 그의 결정은 그의 귀족 가문 전체의 반대에 부딪혔다. 그의 가족들은 아퀴나스의 마음을 돌리기 위해 그를 납치해서 1년간 가둬두기까지 했다. 그러나 그는 결정을 철회하지 않았고, 결국 풀려난 후 유명한 학자 알베르투스 마그누스Albertus Magnus 밑에서 공부하기 위해 한동안 콜론에 머물렀다. 그 후 그는 이탈리아와 프랑스에서 제자들을 가르치고, 설교하고, 글을 쓰며 여생을 보냈다.

아퀴나스는 몸집이 크고, 동작이 민첩하지 않고 느린 사람이어서, '멍청이 소'라는 별명을 얻었다. 그는 권력과 권위가 따르는 직위는 그것이 정치적인 일이든 종교적인 일이든 모두 거절했다. 아퀴나스는 다른 무엇보다도 책과 독서를 사랑한 사람이었다. 누군가가 신에게 가장 크게 감사드리고 싶은 것이 무엇인지 묻자 그는 "내가 지금까지 읽은 책의 모든 페이지를 이해할 수 있는 재능을 주신 것"[15]이라고 답했다. 그는 진실을 획득하는 수단으로써 이성을 신뢰했고, 아리스토텔레스의 철학에 따라 거대한 신학적 질문들에 대해 어느 정도라도 결론에 도달할 수 있는 논리를 꼼꼼하게 구축했다. 그런 그의 작업은 그가 죽은 지 3년 후 파리 주교에 의해 비판을 받았다. 신의 절대적 힘은 그리스식 논리 따위로 옥신각신할 수 있는 문제가 아니라는 것이 주교의 주장이었다.

아퀴나스의 대표 저서인 《신학대전Summa Theologise》은 주요 신학적 질문들에 대한 광범위한 고찰을 담고 있다. 서문에서 그는 이 책이 "이 주제에 익숙한 사람들 뿐 아니라 처음 입문하는 사람들을 돕는 것"도 목적이라고 썼다.[16] 기독교적 사고를 명확하고 체계적으로 제시할 필요를 인식한 아퀴나스는 당대에 복원되어 라틴어로 번역된 아리스토텔레스의 문헌들을 이용해서 성경과 성 아우구스티누스의 저서에서부터 당대 신학자들의 저서들에 이르기까지 때로 모순을 보이기도 하는 본질적인 기독교 고전들을 지지할 수 있는 지적 프레임워크를 만들었다. 그는 1274년 타계하기 불과 몇 달 전까지도 《신학대전》의 집필을 계속했다. 아퀴나스가 세상을 떴을 때 아홉 살에 불과했던 단테가 (전설에 나오는 것처럼) 젊은 시절 파리를 방문했다면 파리 대학에서 거장의 제자들을 직접 만났을지도 모른다. 아퀴나스의 제자들의 가르침을 통해서였건, 스스로 그의 저작들을 읽고 깨우쳤건, 단테는 아퀴나스의 신학적 방향성과 지침을 잘 알고 있었고, 크게 활용했다. 아우구스티누스가 발명한 1인칭 주인공 화자 기법을 잘 알고, 그것을 단테 자신의 여정을 묘사할 때 활용한 것과 비슷한 예다. 무엇보다도 단테는 인간 호기심의 본질에 대한 두 거장의 논점을 잘 알고 있었다.

아퀴나스에게 모든 탐구의 시작점은 아리스토텔레의 명언 "모든 인간은 본성적으로 알고자 하는 욕구를 타고 났다"라는 개념이었다. 아퀴나스는 자신의 저작에 이 문장을 여러 번 인용했다. 그는 이 욕구에 대해 세 가지 논거를 제시했다. 첫째, 만물은 완벽을 갈망한다. 다시 말해서, 자신의 본질을 완전히 인식하지만, 그 인식을 얻는 데서 그치지 않는 것을 말하는데, 인간의 경우 이것은 현실에 대한 지식을 획득하는 것을 의미한다. 둘째, 만물은 자신이 타고난 본연의 행위를 하는 쪽으로 기운다. 불이 온도를 높이고, 무거운 것이 떨어지듯, 인간은 이해하고 그에 따라 앎에 이르려는 쪽으로 기울게 마련이다. 셋째, 만물은 근본과 결합하려는 욕구가 있다. 끝과 시작이 결합하려는 이 욕구는 가장 완벽한 움직임, 즉 원형을 만들어낸다. 이 욕구는 오로지 지성을 통해서만 성취될 수 있을 뿐이고, 바로 이 지성을 통해 우리는 우리를 이루는 본질과 결합할 수 있다. 따라서 체계적인 과학적 지식은 모두 선한 것이라고 아퀴나스는 결론을 내린다.[17]

아퀴나스는 성 아우구스티누스가 일종의 부록처럼 자신의 여러 저작물들에 대한 수정의 내용을 실은 〈재론〉에서, "우리가 찾는 수에 비해 찾아지는 것은 적고, 찾아지는 것들 중에서도 확인이 되는 것은 더 적다"고 했다는 사실을 언급한다. 아우구스티누스에게 이것은 한계에 대한 선언이었다. 왕성한 저작 활동으로 많은 글을 남긴 아우구스티누스의 다른 글을 인용하면서, 아퀴나스는 세상의 모든 것에 의문을 제기하는 호기심은 오만의 죄를 낳을 수 있고, 아우구스티누스가 《고백록》에서 "그렇게 생겨난 오만은 너무도 커서, 자신이 논하고 있는 대상인 바로 그 천상에 자기가 살고 있기라도 하는 것처럼 생각할 수 있을 정도가 된다"[18]고 쓴 바, 결국 진실을 추구하려는 진정한 의도가 흐려질 수 있다고 경고했다. 자기 자신도 그런 오만의 죄를 지은 적이 있다는 사실을 알고 있는 단테는 (그는 이 죄로 인해 죽은 후 연옥으로 보내질 것이라는 말을 듣는다) 〈천국편〉에서 천국을 방문할 때 이 구절을 머리에 떠올렸을 수도 있다.

아퀴나스는 아우구스티누스의 염려를 한 단계 더 발전시켜서, 오만은 인간의 호기심이 잘못될 수 있는 네 가지 가능성 중 첫 번째 문제일 뿐이라고 주장한다. 두 번째는 중요하지 않은 문제에 정신을 빼앗기는 일이다. 대중문학을 읽는다든지 자격이 없는 스승과 공부를 한다든지 할 때 범하기 쉬운 실수다.[19] 세 번째는 창조주를 염두에 두지 않고 이 세상의 것들을 연구하는 것, 네 번째는 개인의 지적 능력의 한계를 넘는 것을 연구하는 것이다. 아퀴나스가 이런 종류의 호기심을 비난하는 유일한 이유는 그런 호기심이 더 위대하고 만족을 주는 자연적인 탐구에 집중하는 것을 방해하기 때문이다. 이런 면에서 아퀴나스는 한 세기 전에 살았던 베르나르 클레르보Bernard de Clairvaux가 한 말을 다시 강조했다고 볼 수 있다. 클레르보는 "오직 지식을 얻는 그 자체를 위해 지식을 추구하는 사람들이 있다. 가히 가증스러운 호기심이라고 하지 않을 수 없다"고 했다. 클레르보보다 4세기 앞서 살았던 영국 신학자 앨퀸은 더 넓은 의미에서 호기심을 이렇게 정의했다.

"지혜에 관해 말하자면, 우리가 지혜를 사랑하는 것은 신을 위해, 영혼의 순수함을 위해, 진실을 알기 위해, 그리고 심지어 그 자체를 위해서이기도 하다."[20]

호기심은 인력의 법칙과는 반대로 작용해서, 질문하면 할수록 우리 자신과 세상에 대한 경험을 증폭시킨다. 호기심은 우리의 성장을 돕는다. 아퀴나스와 아리스토텔레스의 가르침을 따르는 단테는 선, 혹은 선이라고 생각되는 것, 다시 말해서 우리가 선이라고 알고 있는 것, 혹은 우리에게 선이라고 보이는 것을 추구하고자 하는 욕구가 우리를 나아가게 하는 원동력이라고 봤다. 우리는 상상력을 통해 무엇이 선인지 발견할 수 있고, 질문을 던질 수 있는 능력을 통해 그것이 유용한 것인지 혹은 위험한 것인지를 직관적으로 알아차리고, 그것을 향해 나아갈 수 있다.

또 어떤 경우에는, 이해할 수 없는 것과 마주친 후 그 이유를 알아야 해서 그 형언할 수 없는 선을 향해 나아가기도 한다. 우리는 우리가 살고 있는 이 비이성적인 우주에서 끊임없이 이유와 설명을 추구하기 때문이다(나의 경우에는 독서를 통해 이런 경험을 얻는 경우가 많다. 예를 들어, 칠흑 같은 한밤중에 황무지에서 타고 있는 촛불의 의미에 대해 닥터 왓슨과 함께 생각해본다든지, 왜 헨리 바스커빌 경의 새 신발 한 짝이 노덤블랜드 호텔에서 도난당했는지를 홈스에게 묻는다든지 하는 것 말이다).

전형적인 추리 소설에서와 마찬가지로, 선을 추구하는 것은 늘 계속되는 탐색의 과정이다. 의문 하나를 해결하면 거기서 또 다른 의문이 이어지고, 그 과정이 무한대로 반복되기 때문이다. 종교인에게 그 선은 신과 동일하다. 성인들은 더 이상 아무것도 추구하지 않을 때 그 선에 도달한다. 힌두교, 제인교, 불교, 시크교에서는 그 상태를 열반, 해탈 혹은 니르바나라고 부른다. 불이 꺼진 상태(촛불처럼)에도 비유하는 이 상태는 불교적인 문맥에서 보면 불과 같은 욕망과 미움, 망상 등이 모두 꺼진 후 도달한 동요하지 않는 고요한 마음 상태, 형언할 수 없는 팔복의 상태를 이룬 것을 말한다.

단테에게 이 '탐구를 위한 원정의 끝'은 19세기 비평가 브루노 나디Bruno Nardi가 정의한 것처럼 '욕망이 잦아든 후 찾아온 고요 상태', 다시 말해서 '인간 의지와 신의 의지가 완벽한 조화를 이룬 상태'다.[21] 지식을 향한 욕구, 혹은 본능적 호기심은 단테를 나아가게 하는 내부의 추동력이다. 베르길리우스와 베아트리체가 그를 나아가게 한 외부의 추동력이 된 것처럼 말이다.

단테는 여정을 계속하는 동안 자기 내부와 외부의 추동력이 자신을 이끌도록 허락하지만, 마침내 궁극적인 신의 비전과 마주한 그 순간에는 더 이상 누구로부터의 추동력도—자신의 내밀한 욕구도, 저명한 시인 베르길리우스도, 축복받은 사랑하는 여인 베아트리체도—필요하지 않게 된다. 《신곡》의 유명한 마지막 부분을 통해 단테는 궁극적인 신의 비전 앞에서는 상상력과 언어가 그 기능을 하지 못한다고 말한다.

> 이 숭고한 비전 앞에 내 모든 능력은 힘을 잃고 말았다.
> 그러나 고르고 규칙적으로 돌아가는 바퀴처럼
> 이미 내 욕망과 내 의지는 다시 돌기 시작했으니
> 태양과 별들을 움직이는 그 사랑의 힘에 의해서다.[22]

평범한 독자들은 (역사학자들과는 달리) 공식적인 연대에 구속받지 않고, 시대와 문화의 경계를 넘어 이야기와 대화를 이해하고 받아들인다. 단테가 천상으로의 긴 여정을 기록한 지 4세기가 지난 후, 영국에서는 매우 강한 호기심을 가진 스코틀랜드 남자 한 명이 모종의 시스템을 상상해냈다.[23] 그가 '스물한 살이 되기 전에 계획했고, 스물다섯 살이 되기 전에 써낸' 그 시스템은 자기가 세상을 짧게나마 경험하는 동안 마음속에 생겨난 질문들을 글로 표현하기 위한 것이었다. 그는 그 책에 《인간 본성론A Treatise of Human Nature》이라는 제목을 붙였다. 데이비드 흄David Hume은 1711년에 에딘버러에서 태어나 1776년에 타계했다. 에딘버러 대학에서 공부하면서 그는 아이작 뉴턴Isaac Newton의 "사고의 새로운 장"을 발견하고 "도덕적 주제를 고찰하는 실험적인 방법"으로 진실을 밝혀내는 방법을 터득했다. 가족들은 그가 법관이 되기를 원했지만, 흄은 "철학과 인문학을 추구하는 것 말고 다른 모든 것에 대한 넘어설 수 없는 혐오감을 품게 되었다. 가족들은 내가 보에티우스

Gisbertus Voetius와 비니우스Arnold Vinnius의 저작에 열중하고 있는 것으로 착각했지만 내가 은밀히 탐닉하고 있던 작가들은 키케로와 베르길리우스 같은 사람들이었다."[24]

　1739년에 출판된 《인간 본성론》에 대한 비평은 대부분 적대적이었다. 수십 년이 지난 후 흄은 "내 《인간 본성론》보다 더 불운한 저작은 찾아볼 수 없을 정도였다. 사산한 아기처럼 출판이 되자마자 사장되었고, 심지어 종교적 광신론자들 사이에 수근거림이라도 만들어낼 정도의 주목도 받지 못했다"[25]라고 회고했다. 《인간 본성론》은 합리적인 이성을 사용해서 세상을 이해할 수 있다는 신념을 고백한 비범한 책이다. 1956년 이사야 벌린Isaiah Berlin은 데이비드 흄을 가리켜 "철학의 역사에 그보다 더 깊고 충격적인 영향을 준 사람은 없었다"고 평했다. 철학적 논쟁에서 "상을 받는 것은 이성이 아니라 능변"이라고 비난하면서, 흄은 유창하게 형이상학자들과 신학자들의 주장을 파헤치고, 호기심 자체의 의미가 무엇인지를 묻는다. 흄은 경험하기 전에는 모든 것이 모든 것의 원인이 될 수 있다고 주장한다. 우리가 삶을 이해할 수 있도록 하는 것은 이성의 관념이 아니라 경험이다. 그러나 겉보기에 회의론적인 흄의 주장은, 지식의 가능성을 모두 거부하지는 않는다. "믿음을 완전히 유보하는 상태에 수반되는 지적 마비 상태를 지속하기에는 자연의 힘이 너무 강하다."[26] 흄에 따르면, 우리는 모든 의문과 문제의식의 방향과 틀과 기초를 자연에 대한 경험에서 찾아야 한다.

　《인간 본성론》 제2권의 마지막 부분에서 흄은 지식에 대한 사랑과 본능적인 호기심을 구분하려고 시도한다. 본능적인 호기심은 "상당히 다른 원칙"에서 나온 것이라고 그는 썼다. 훌륭하고 명민한 생각은 감각을 살아나게 하고 "과하지 않은 열정"에서 얻을 수 있는 정도의 쾌감을 준다. 그러나 의혹은 "생각을 여러 갈래로 변이하도록" 만들어 우리가 한 생각에서 다른 생각으로 자유로이 넘나들도록 만든다. 흄은 이 현상이 "결과적으로 고통을 초래할 수도 있다"고 결론짓는다.

《성서》외전 중의 하나인《집회서》의 한 구절을 인용했던 앞부분을 의도치 않게 다시 반복하면서 흄은 모든 사실이 우리의 호기심을 자극하지는 않지만, 가끔 어떤 생각이 우리에게 강한 힘으로 찾아와서 "그 불안정함과 모순으로 우리를 불안하게 만들 정도가 되면" 충분히 중요해질 수도 있다고 말한다. 아퀴나스의 인과관계 개념의 타당성에 대해 흄은 강한 반대의 뜻을 비쳤지만, 아퀴나스도 이와 비슷한 이야기를 했다. "학구적 열정은 지식 자체보다 지식을 추구하고자 하는 열망과 그 연구 과정에 관한 것이다."[27]

진리를 알고자 하는 이런 열망, 즉 흄이 "진리를 사랑하는 마음"이라고 부른 그 마음 자세에는 우리가 호기심을 정의하는 과정에서도 목격했던 이중적 본질이 내재해 있다. 흄은 이렇게 썼다.

> 진리에는 두 가지 종류가 있다. 우리가 부분적으로나마 발견하는 본질적 진리, 그리고 현실에 존재하는 대상을 경험하고 거기에 부합되는 지식을 통해 얻는 진리. 분명한 것은 전자와 같은 진리를 추구하는 것은 단지 진리를 획득하기 위해서만이 아니라는 사실이다. 결론의 정확함이나 정당성만이 우리에게 즐거움을 주는 것은 아니다.

흄은 진리를 추구하는 것만으로는 충분치 않다고 생각했다. "두뇌의 작용이 쾌감의 가장 중요한 기초이기는 하지만 그 이외에도 목적을 달성하는 데 어느 정도는 성공하거나, 우리가 찾고자 하는 진실을 발견할 필요가 있다."[28]

흄이《인간 본성론》을 펴낸 지 10년도 지나지 않았을 때, 프랑스에서 드니 디드로Denis Diderot와 장 르 롱 달랑베르Jean Le Rond d'Alembert가《백과전서Encyclopédie》를 출간하기 시작했다. 그들은 호기심의 결과물을 중심으로 설명한 흄의 정의를 솜씨 좋게 뒤집어 설명했다. 두 사람은 호기심의 목표가 아닌 원천이 "모든 것을 명확하게 하고, 자신의 이해를 확장하고자 하는 욕망이며, 일부 사람들이 상상한 것처럼 영혼 자체의 특정적인 것이 아니라 처음부터 거기 속해 있는, 감각으로부터 독립적인 충동이다"고 정의했다. 그 글을 쓴 기사 조쿠르Jaucourt(루이 드 조쿠르)는 호기심을 "우리가 알기는 하지만 불완전하게 아는 대상에 대한 감각이나 인식에서 영혼이 영향을 받아 생기는 현상"이라고 정의한 '판단력이 뛰어나고 사려 깊은 특정 철학자'들을 긍정적으로 언급했다. 다시 말하면,《백과전서》를 펴낸 저자들은 호기심이 우리의 무지를 인식하는 데서 생겨나고, 가능한 한 '그 대상에 대해 더 정확하고 완전에 가까운 지식'을 얻고자 노력하도록 만드는 것이라고 생각했다. 즉, 시계의 겉모습만 보면서 어떻게 시계 바늘이 움직이는지를 알고 싶어 하는 것에 비유할 수 있겠다.[29] 여기서 "어떻게?"라는 질문은 이 경우에 "왜?"라는 질문을 다른 식으로 표현한 것이다.

단테가 신의 지혜에 의존한 인과관계의 문제를 고심한 것을《백과전서》의 저자들은 인간의 경험에 의존한 기능성의 문제로 풀어냈다. 흄이 '진실의 발견'을 고찰하자고 제안한 것은 조쿠르 같은 이에게는 어떤 대상이 현실적으로 어떻게 작동하는지, 심지어 기계적인 의미에서 어떻게 작동하는지를 이해하는 것으로 받아들여졌다. 단테는 호기심이라는 충동 자체, 즉 인간으로서의 정체성을 확인하는 과정이자 필연적으로 최고선에 가까이 다가갈 수 있는 과정 자체에 관심이 있었다. 자신의 무지를 깨닫고 지식의 획득(의 가능성)을 향해 나아가고자 하는 욕구에서 기인한 모든 형태의 호기심은《신곡》전체에 걸쳐, 우리가 모르는 것에서 아직 모르는 것으로 전진하는 과정에서 철학적·사회적·생리적·윤리적 장애를 헤쳐 나아가는 도구로 묘사된다. 그 장애들은 순례자들이 자신의 의지를 사용해 옳은 선택을 해서 극복해야만 하는 것들이다.

다음에 소개하는《신곡》의 한 예는 이 여러 면을 가진 호기심의 복잡성을 잘 보여준다고 나는 생각한다. 베르길리우스의 인도를 받은 단테가 불화의 씨를 심은 사람들이 벌을 받는 지옥의 8번째 원의 9번째 구렁을 떠나려는 장면이다. 원인 모를 호기심에 이끌린 단테는 생전에 자신들이 만들어낸 균열과 간극에 대한 벌로 자신의 몸이 찢기고, 갈라지고, 목이 베이는 벌을 받는 참혹한 현장 쪽으로 고개를 돌린다. 단테에게 마지막으로 말을 한 영혼은 시인 베르트랑 드 보른Bertran de Born이었다. 그는 머리카락으로 자신의 베어진 목을 '등불처럼' 들고 이렇게 읊조린다.

> 내가 하나였던 사람들을 떼어놓은 죄로
>
> 이제 내 머리를 이렇게 들고 있나니, 아아,
>
> 근원인 몸에서 이렇게 떨어져나간 내 머리를.[30]

그 장면을 보고 단테는 흐느껴 울지만, 베르길리우스는 그런 그를 심하게 꾸짖으며, 지옥 8번째 원의 다른 구렁을 지나면서는 그만큼 슬퍼하지 않았는데 여기에 더 많이 신경을 쓸 이유가 없다고 말했다. 그러자 단테는 거의 처음으로 자신을 인도하는 영혼에게 도전한다. 그는 베르길리우스가 자신의 호기심의 원인에 더 많은 관심을 기울였으면 그곳에 더 오래 머물도록 허락했을 것이라고 주장한다. 그곳에 있는 죄인들 중 플로렌스의 라이벌 가문의 손에 살해당했지만 아무도 복수해주지 않은 자신의 친척 제리 델 벨로Geri del Bello를 봤기 때문이다. 단테는 아마도 제리가 자신에게 말을 걸지 않고 고개를 돌려버린 것도 그 때문일 것이라고 덧붙였다. 신의 정의에 의문을 제기해서는 안 되고, 개인적인 복수를 하는 것은 용서라는 기독교 교리에 어긋나는 것이다. 단테는 그런 설명으로 자신의 호기심을 정당화하려고 시도한다.

그런데 단테가 눈물을 흘린 이유는 무엇일까? 고통 받는 베르트랑의 영혼에 대한 동정심 때문에? 아니면 친척인 제리가 쌀쌀하게 대하는 것을 보고 수치심을 느껴서? 그의 호기심이 촉발된 것은 정의가 무엇인지에 대해 신보다 더 잘 안다고 추정하는 오만함 때문이었을까? 아니면 선을 찾고자 떠난 원정의 경로에서 일탈한 저열한 욕망, 혹은 복수의 한을 풀지 못한 혈연에 대한 동정심 때문에? 그도 아니면 단순히 상처받은 자존심 때문이었을까? 《신곡》의 이야기들 뒤에 숨은 의미를 집어내는 데 날카로운 직감을 자랑하는 보카치오는 여정 중에 단테가 느끼는 연민은 거기서 만나는 영혼들에 대한 것이라기보다는 자기 자신에 관한 것이라고 지적했다. 단테는 그에 대한 답을 주지 않는다.[31]

그러나 《신곡》의 앞부분에서 그는 독자들에게 이렇게 말한 적이 있다.

> 독자들이여, 신이 책에서 도움을 받는 것을 허락했다면,
>
> 이제 스스로 생각해보라,
>
> 내가 어떻게 얼굴을 적시지 않을 수 있겠는지.[32]

베르길리우스는 단테의 도전에 응하지 않고, 다음 구렁의 가장자리로 안내한다. 그곳은 속이거나 위조한 죄를 지은 자들이 수종과 비슷한 병을 앓는 벌을 받는 곳으로, 몸의 조직과 구멍에 액체가 차오르고, 타는 듯한 갈증의 고통을 겪는다. 죄인 중의 한 명인 동전 위조자 마스터 아담Master Adam의 몸은 '류트와 같은 모양'이 되어 있었다. 그것은 중세 도상학적 개념에서 현악기에 비유되는 십자가에 못 박힌 예수를 괴이하게 패러디한 것이다.[33] 또 다른 죄인은 그리스인 시논Sinon이었다. 시논은 《아이네이스》 2권에서 트로이의 말과 함께 트로이인들에게 사로잡혀 그 말을 성 안으로 끌어들이도록 설득한 인물이다. 시논은 아마도 이름이 불린 것에 화가 났는지 마스터 애덤

의 부어오른 배를 세게 친다. 이어지는 두 사람의 다툼을 단테는 넋을 잃고 구경한다. 바로 그때 베르길리우스는 마치 한꺼번에 모아서 꾸짖을 기회를 기다렸다는 듯 화난 목소리로 단테를 훈계한다.

계속 보아라
조금 더 보고 있으면 내가 너와 다투게 될 것이다!

단테가 너무도 부끄러워하자 베르길리우스는 그를 용서하고 다음과 같이 결론을 내린다. "그런 것을 들으려는 욕구는 천박한 욕구다."**34** 다시 말하면, 아무런 결실을 맺지 못한다는 뜻이다. 모든 호기심이 우리를 앞으로 나아가게 하는 건 아니다.

그럼에도 세네카는 호기심에 대해 이렇게 썼다.

자연은 스스로가 얼마나 아름답고 정교한지 잘 알고 있기 때문에 우리에게 선천적인 호기심과 그 아름다움을 인식할 수 있는 능력을 줬고, 이 세상에서 벌어지는 훌륭한 광경을 만끽하도록 우리를 창조했다. 그토록 위대하고, 특출 나고, 섬세하고, 멋지고, 다양한 아름다움을 가진 것들을 아무도 목격하고 알아주지 않는다면 그 모든 노력이 헛수고에 지나지 않았을 테니 말이다.**35**

우리가 살아가는 중간에 시작되어서 말로는 형언할 수 없는 진실의 비전으로 끝나는 위대한 원정은 끝없이 우리의 주의를 흐트러뜨리는 일들과, 곁길, 회상, 지적·물질적 장애, 위험한 실수들로 점철되어 있을 뿐 아니라, 겉으로 보기에 허위인 듯하지만 실은 진실인 실수들까지 도사리고 있다. 집중을 하든 주의가 산만하든, '왜'를 알기 위한 것이든 '어떻게'를 알기 위한 것이든, 한 사회가 허용할 수 있는 한계 내에서 질문을 하든 그 한계를 넘어서는 질문을 하든 상관없이 호기심이라는 현상에 늘 존재하는 이 이분법적 접근은 우리가 떠나는 모험에서 장애물인 동시에 우리를 앞으로 나아가게 하는 추동력이다. 그러나 단테도 언급한 바 있지만(흄은 직관적으로 알고 있었고), 우리가 넘어설 수 없는 장애로 인해 항복할 때마저도, 혹은 지칠 줄 모르는 용기와 좋은 취지에도 불구하고 실패했을 때마저도 절대 사라지지 않는 것은 탐색에 대한 본능이다. 어쩌면 바로 이런 이유에서 우리가 사용하는 언어 안의 여러 가지 문장 형식 중 가장 자연스러운 것이 의문형인지도 모르겠다.

제2장

우리는 무엇을 알고자 하는가

율리시스: 세상 전체를 알라.

―셰익스피어, 〈트로일로스와 크레시다Troilus and Cressida〉

텔아비브에서 자란 내 유년기는 대부분 침묵으로 점철된 시기였다. 나는 거의 질문을 하지 않았다. 내가 호기심이 없었던 것은 아니다. 가정교사 선생님의 침대 옆에, 늘 열쇠가 잠긴 채 놓여 있던 낙화 장식 상자 안에는 무엇이 들어 있는지, 혹은 절대 가면 안 된다는 말을 들었던 헤르츨리아 해변 여기저기에 흩어져 있던 커튼이 드리워진 트레일러에서는 누가 사는지 등등 궁금한 것이 많았다.

가정교사 선생님은 모든 질문에 신중하게 답을 했다. 내가 보기에 쓸데없이 긴 시간 뜸을 들인 다음 나오는 대답들은 늘 짧고, 사실에 근거한 것들이어서 더 이상의 논쟁이나 토론이 불가능한 답들이었다. 모래가 어떻게 만들어지는지 묻자 그녀는 '조개와 돌'로 만들어진다고 대답했다. 괴테Johann Wolfgang von Goethe의 시를 완전히 암송해야 했던 내가 거기 나오는 무서운 마왕에 대해 묻자 돌아온 대답은 "그건 그냥 악몽일 뿐이야"였다(악몽이라는 뜻의 독일어 단어가 알펜트라움Alpentraum이어서 나는 나쁜 꿈은 산에서만 꾸는 줄 알았다). 왜 밤은 그토록 어둡고, 낮은 그토록 밝은지 알고 싶어 하는 내게 그녀는 종이에 점선으로 된 원을 여러 개 그려줬다. 태양계를 그렇게 그려놓은 다음 내게 행성들의 이름을 모두 외우라고 했다. 선생님은 답을 거부한 적도 없지만, 더 이상의 질문을 장려한 적도 없었다.

질문을 던지는 행위 자체가 무언가 다른 것이 될 수 있다는 것을 깨달은 것은 훨씬 후의 일이다. 그것은 원정을 떠나는 설렘과 비슷한 것, 만들어지는 과정에서 모습을 갖춰갈 가능성에 대한 희망, 두 사람 사이에서 벌어지는 상호 작용의 힘으로 진행되지만, 결론을 낼 필요가 없는 탐색이었다. 그런 질문을 던질 자유로움의 중요성은 아무리 강조해도 지나치지 않다. 움직임이 몸에 꼭 필요한 것처럼, 그것은 아이의 마음에 필수적인 요소다.

17세기에 장 자크 루소Jean Jacques Rousseau는 학교는 명백한 현실성이나 실용성이 없는 상상과 고찰도 마음껏 하도록 보장받을 수 있는 공간이어야 한다고 주장했다. 그는 "사회적 인간은 속박 속에서 태어나고, 속박 속에서 살고, 속박 속에서 죽는다"고 썼다. "태어나면 바로 포대기에 꽁꽁 싸이고, 죽으면 관에 들어가 못으로 뚜껑을 박는다. 인간의 형태를 띠고 있는 한 인간은 사회 제도의 사슬에서 벗어나지 못한다." 사회가 필요로 하는 일을 효율적으로 할 수 있으려면 훈련을 통해서가 아니라, 아무런 제한이 없이 상상할 수 있도록 해줘야 한다. 그 후에야 진정으로 가치 있는 것을 이뤄낼 수가 있다.

어느 날 새로 부임한 역사 선생님이 수업을 시작하면서 우리가 알고 싶은 것이 무엇인지 물었다.

"'우리'가 알고 싶은 것이 무엇이냐고요?"

"그렇지."

"무엇에 관해서요?"

무엇이든, 생각나는 것은 모두, 묻고 싶은 것은 아무것이나 다 물어도 좋다는 것이었다. 모두 놀라 침묵이 흐르는 가운데 누군가가 손을 들고 질문했다. 그 질문이 무엇이었는지는 기억나지 않지만(그 용감한 급우가 질문을 던진 때로부터 반세기가 지났다), 나는 선생님의 첫 마디가 그 질문에 대한 대답이라기보다는 또 다른 질문을 암시하는 것이었다는 사실은 기억한다. 어떨 때는 모터가 어떻게 돌아가는지 알고 싶어 하는 질문에서 시작해서 한니발Hannibal이 어떻게 알프스를 넘었는지 알고 싶어 하는 질문으로 끝날 수도 있다. 그가 어떻게 얼어붙은 바위를 식초로 가를 생각을 했는지, 눈 속에서 떨어져 죽은 코끼리들은 어떤 느낌이 들었을지 등등의 질문들 말이다. 그날 밤 우리는 모두 자신만의 비밀의 알펜트라움Alpentraum을 꿨다.

* * *

의문형 문장에는 대답을 얻으리라는 기대가 담겨 있다. 항상 그 기대가 충족되지는 않음에도 불구하고 말이다. 그 불확실성에도 불구하고 그것은 호기심을 충족시키기 위한 가장 중요한 도구다. 새로운 발견으로 이어지는 호기심과 영혼을 지옥으로 떨어지게 할 호기심 사이의 긴장감은 우리가 하는 모든 노력의 전체에 스며들어 있다. 수평선이 주는 유혹은 늘 존재한다. 고대인들이 믿었던 것처럼 수평선에서 세상이 끝나 그 너머로 발을 내딛는 여행자가 심연으로 떨어지게 된다 해도《신곡》에서 율리시스가 단테에게 말했듯 우리는 탐험을 멈추지 않을 것이다.

〈지옥편〉 26곡에서 도둑들이 벌을 받는 뱀으로 가득 찬 모래밭을 건넌 다음 단테는 8번째 구렁에 도달한다. 거기서 그는 "농부들이 언덕 위에 앉아서 쉴 때 보는 것처럼 반짝이는 수많은 반딧불이들"을 본다. 소용돌이치는 불의 혓바닥에 영원히 타는 형벌을 받는 영혼들이었다. 그 중 "윗부분이 갈라진 불길 하나"가 눈에 띄어서 궁금해 하던 단테는 그것이 율리시스와 그의 동료 디오메데스의 영혼이 뒤엉켜 타오르고 있는 불길이라는 사실을 깨닫는다(호메로스가 전한 서사 후에 덧붙여진 전설에 따르면 아테네의 성스러운 여신상이자 트로이의 운명이 달려 있는 팔라디움을 호메로스가 훔치는 것을 도운 사람이 바로 디오메데스다). 단테는 위가 갈라진 불길에 너무 마음을 빼앗긴 나머지 자기도 모르게 그쪽으로 몸을 기울이고, 베르길리우스에게 불길과 대화를 나눌 것을 허락해달라고 요청한다. 그리스 출신의 두 열정적인 영혼이 한갓 플로렌스인과 대화를 하는 것이 미천하다 생각할지 모른다 생각한 베르길리우스는 시인으로서 불길들에게 말을 건다. 그리고 "지상에 있는 동안 고귀한 시를 쓴" 시인 자격으로 어떻게 그 두 영혼이 죽음을 맞이했는지 이야기해달라고 요청한다. 갈라진 불길 중 더 큰 쪽이 대답하면서 자신이 율리시스라고 밝힌다. 뛰어난 언변으로 말을 듣는 사람의 의지를 자기의 마음대로 휘두를 수 있다는 전설을 가진 바로 그 율리시스였다. 베르길리우스의 《아이네이스》의 소재가 되었던 대모험의 주인공 율리시스는 자신에게서 영감을 얻은 시인과 대화를 나눈다(율리시스는 가에타섬에 마녀 키르케를 두고 떠나면서 '아이네이아스가 이곳에 이름을 붙이기 전'이라고 말한다). 단테의 세계에서는 창조자와 창조물은 자신의 연대기를 스스로 만들어낸다.[1]

《신곡》에서는 율리시스의 성격을 금지된 호기심의 화신으로 묘사하고 있지만, 우리가 처음 그를 만난 것은 (그는 자신이 출연하는 이야기들보다 더 오래 전에 태어난 사람이지만) 기발하게 위기를 탈출하고, 억울하게 벌을 받는, 호메로스가 그린 오디세우스 왕으로서였다. 그 후 그는 다양한 작품에서 냉정한 사령관, 충실한 남편, 거짓말쟁이 사기꾼, 인간적인 영웅, 지략 넘치는 모험가, 위험한 마술사, 건달, 협잡꾼, 자신의 정체성을 찾아 헤매는 사람, 제임스 조이스James Joyce의 초라한 에브리맨 등등 복잡하고 다양한 변신을 거듭했다.

단테가 전하는 율리시스의 이야기, 이제는 그것마저 신화의 일부가 된 그 이야기에 나오는 율리시스는 자신의 비범한 삶에 만족하지 못하는 사람이다. 그는 더 많은 것을 원한다. 책으로 배운 것이 얼마나 보잘 것 없는지에 절망하고, 마침내 책들을 통해 배우는 것의 한계에 도달했다고 느끼는 파우스트와는 달리, 율리시스는 알려진 세상 끝의 너머에 있는 것을 동경한다. 키르케의 섬과 그녀의 욕망에서 풀려난 후, 율리시스는 버려진 아들, 늙어가는 아버지, 이타카에서 자기를 기다리는 충실한 아내 등에 대한 사랑보다 더 강한 무엇인가가 자기 안에 있다는 것을 감지한다. 그것은 '아르도레ardore', 즉 '뜨거운 열정'으로 세상을 더 경험하고 인간의 선과 악을 더 겪어보고자 하는 염원이다.

52행밖에 되지 않는 빛나는 시구를 통해 율리시스는 자기가 마지막 여정을 떠나지 않을 수 없었던 이유에 대한 설명을 시도한다. 그는 헤라클레스가 인간이 아는 세상의 경계를 표시하고, 거기를 지나 항해하지 말라는 의미로 세워둔 이정표 너머에 있는 곳까지 가보고자 하는 욕망, 태양의 뒤편, 사람들이 발을 디뎌본 적이 없는 세상을 경험할 기회를 놓치지 않겠다는 의지, 또 덕과 지혜를 추구하고자 하는 열망을 이야기한다. 알프레드 테니슨Alfred Tennyson의 말을 빌리자면 "잠기는 별처럼 지식을 좇고자/ 인간 사고의 최극단 너머까지" 가보고자 하는 열망을 노래한 것이다.[2]

인간의 능력으로 아는 것이 가능한 세상의 한계를 표시하는 기둥들은, 모든 한계가 그렇듯, 모험가에게는 오히려 도전의 대상이다. 《신곡》이 완성된 지 3세기가 흐른 후, 단테 작품의 열광적인 독자였던 토르콰토 타소Torquato Tasso는 자신의 저서 《구원된 예루살렘Gerussalemme liberata》에서 운명의 여신이 불운한 리날도의 동료들을 이끌어 율리시스가 갔던 길을 따라 헤라클레스의 기둥이 있는 곳까지 인도하는 장면을 그린다(예루살렘을 재정복하기 위해서는 리날도부터 구조해야 하는 상황이었다). 헤라클레스의 기둥 너머 무한대로 펼쳐진 바다를 보고, 일행 중 한 명이 지금까지 그곳을 건널 용기를 낸 사람이 있는지 물었다. 운명의 여신은 헤라클레스마저도 미지의 대양으로 차마 나아갈 용기를 내지 못하고 "대담하고 창의적인 모든 모험가들을 묶어둘 아주 엄격한 한계선을 그었다"고 대답했다. 그러나 이 정해진 한계선을 본 "율리시스는 코웃음을 치고 말았다/ 더 많은 것을 보고, 알고자 하는 열망으로 가득 차서"라고 그녀는 덧붙였다. 율리시스의 종말에 대해 단테가 전한 대로 이야기한 운명의 여신은 "시간이 흐른 뒤에는, 이 용납할 수 없는 표시들이/ 율리시스의 이름을 기리는 또 하나의 이정표가 될 것이고/ 되찾은 바다와 왕국과 해변들은/ 지금의 무명을 벗고 유명해져 있으리"[3]라고 노래한다. 경계를 넘어선 행위에 대한 단테의 묘사에서 타소는 한계를 표시한 이정표와 모험 가득한 성취의 가능성 두 가지를 모두 읽어냈다.

《오디세이아》에서부터 18~19세기 영국 상류층 자제들이 했던 그랜드 투어에 이르기까지 여행으로 이어지는 호기심과 난해한 지식을 추구하는 호기심 두 가지를 한데 엮는 것은 오랫동안 이어져온 전통이었다. 이븐 할둔 Ibn Khaldoun으로 알려진 14세기 사라센 제국의 학자는 '세계 역사에 관한 담론'이라고도 부르는 자신의 저서 《역사서설》에서 여행은 두뇌와 마음의 틀을 다지고, 배움을 추구하는 데 절대적으로 필요한 경험이라고 지적했다. 여행을 통해서 학생은 위대한 스승과 과학의 권위자들을 만날 수 있기 때문이다. 이븐 할둔은 "신은 원하는 자를 옳은 길로 인도하시리니"라는 《코란 Koran》의 문구를 인용하면서, 지식으로 향한 길은 학자들이 사용하는 기술적인 용어에 달려 있는 것이 아니라, 지식을 탐색하는 사람의 탐구심 가득한 영혼에 달려 있다고 강조했다. 세상의 여러 다른 곳을 찾아다니며 다양한 스승에게서 배우는 과정에서 학생은 어떤 생각이나 대상이 특정 언어에서 붙이는 이름 이상의 것이라는 것을 깨닫게 된다. "그 깨달음을 얻으면 과학과 과학의 언어를 혼동하지 않게 된다." 그리고 "어떤 용어는 수단 이상의 것이 아닌, 방법에 불과하다는 것"도 이해하게 될 것이다.[4]

율리시스의 지식은 그의 언어와 언변에 뿌리를 두고 있다. 그를 창조한 사람들, 즉 호메로스, 단테, 셰익스피어에서 제임스 조이스, 데릭 월콧Derek Walcott에 이르기까지 위대한 문인들이 그에게 선물한 언어와 수사 능력 말이다. 전통적으로 율리시스는 주로 이 언변을 통해 죄를 범했다. 트로이 전쟁에 참전하는 것을 피하기 위해 스키로스섬의 왕궁에 피신해 있던 아킬레스를 설득해 그리스군에 합류시켜서 그를 사랑했던 데이다메이아 공주를 비탄에 빠져 죽음에 이르게 한 장본인이 율리시스였다. 또, 그리스군을 설득해서 트로이를 함락할 목마를 만들도록 한 것도 율리시스였다.

라틴어를 기반으로 한 문화적 상상력을 이어받은 중세 유럽인들의 시각에서 보면 트로이는 사실상 로마의 요람이었고, 함락된 트로이를 탈출한 트로이의 영웅 아이네이아스가 세운 도시는 몇 세기 후 기독교 세계의 핵심이 되었다. 기독교인들의 시각에서 볼 때 율리시스는 '좋은 곳'을 잃게 만들었다는 면에서 아담과 맞먹는 죄를 지은 사람이었다. 에덴 동산을 잃지 않았으면 그리스도의 수난도 필요치 않았을 것이다. 율리시스의 사악한 조언이 아니었다면 트로이가 함락되지 않았을 것이고, 로마도 태어나지 않았을 것이다.

그러나 율리시스와 디오메데스가 벌을 받는 죄는 《신곡》에 명확히 기술되어 있지 않다. 〈지옥편〉의 11곡에서 베르길리우스는 일부러 시간을 들여 각종 기만의 죄를 진 사람들의 죄명과 그들이 벌을 받는 지옥의 장소들에 대해 설명한다. 그러나 위선자, 아첨꾼, 주술사, 거짓말쟁이, 도둑, 성직매매자, 뚜쟁이, 불화를 일으킨 자들과 그들이 벌 받는 곳들을 설명한 다음 7번째와 8번째 구렁은 그냥 "모두 비슷한 종류의 쓰레기들"이라고 일축하고 넘어간다. 후에 26곡에서 베르길리우스는 율리시스와 디오메데스가 저지른 잘못들을 설명하면서 세 가지를 열거한다. 트로이 목마로 속임수를 쓴 것, 데이다메이아를 버린 것, 팔라디움을 훔친 것 등이 그것이다. 그 세 가지 죄 중 어떤 것도 이 구렁에서 그들이 받는 형벌에 정확히 부합되는 죄는 아니었다.

단테 학자 레아 슈웨벨leah schwebel은 여러 세대에 걸친 《신곡》의 독자들이 상상해낸, 원죄에서부터 이교도의 자만심에 이르기까지 스러진 영웅 율리시스가 저질렀을 법한 모든 범죄의 수렁"을 요약하고, 그것들이 가능성 있는 해석이긴 하나 궁극적으로 만족스럽지는 않다고 결론을 내린다.5 그럼에도 호기심을 품은 것이 율리시스의 죄라고 생각한다면, 책략이 넘치는 모험가인 그에 대한 단테의 비전이 좀더 명확해진다.

시인으로서 단테는 말, 그리고 율리시스가 자신의 이야기를 하는 장면들을 통해 그의 성격과 모험을 입체적으로 보여줘야 할 뿐 아니라 이 이타카의 왕이 이야기하는 배경에 다면적으로 깔린 문맥까지 모두 독자들에게 전달해야 한다. 그와 동시에 자신의 열정적인 화자가 희망하는 선에 도달할 가능성을 허락하지 않아야 했다. 여정으로도 충분치 않고, 단어들로도 충분치 않다. 율리시스는 실패해야 한다. 모든 것을 희생할 준비가 되어 있는 호기심으로 인해 그가 과학의 언어와 과학을 혼돈했기 때문이다.

꼼꼼한 장인처럼 글을 엮어내는 단테는 극도로 정형화된 기독교적 내세관에 부합되도록 《신곡》의 프레임워크를 짰다. 지옥에서 율리시스가 벌을 받는 곳은 넓게 말하면 영적 도적 행위의 죄를 지은 영혼들이 가는 곳이라고 정의할 수도 있다. 그는 자신의 지적 재능을 사용해서 다른 사람들을 속인 것이다. 그러나 그런 사기 본능을 자극한 것은 무엇일까? 소크라테스와 마찬가지로 율리시스도 덕(virtue)과 지식을 동일시하고, 따라서 덕에 대한 지식을 가진 것이 덕을 가진 것과 같다는 수사학적 허상을 만들어낸다.6 하지만 이런 식의 지적 죄악을 폭로하는 데 단테가 관심을 가진 것은 아니다. 그보다 단테는 트로이에서 돌아오는 길에 넵튠이 율리시스를 방해하기 위해 만들어놓은 모든 장애를 극복한 후에도 편안한 침대와 벽난로가 있는 집이 아니라 미지의 세계로 율리시스의 발길을 돌리도록 한 것[7]이 무엇이었는지를 본인의 입으로 듣고 싶어 했다. 단테는 율리시스가 호기심을 갖도록 하는 것이 무엇이었는지를 알고 싶어 한 것이다. 이 질문을 더 자세히 살펴보기 위해 그는 이야기를 하나 꺼낸다.

복잡하게 엉킨 역사를 살펴보면 같은 이야기가 서로 다른 형태와 모양을 띠고 반복해서 나타나는 것을 알 수 있다. 어떤 이야기가 언제 처음 이야기되었는지는 아무도 확신할 수 없다. 오직 확실한 것은 우리가 듣는 그 이야기가 이야기되는 것이 마지막은 아닐 것이라는 점이다. 우리가 아는 첫 여정의 기록이 나오기 전에도 이미 우리는 전혀 알지 못하는 《오디세이아》가 분명 있었을 것이고, 우리가 아는 첫 전쟁 이야기가 노래되기 이전에 이미 호메로스보다 더 아스라한 옛 시인이 《일리아드》를 노래했을 것이다.

이미 살펴본 바와 같이 상상력은 인류가 이 세상에서 살아남는 도구이고, 좋으나 싫으나 우리는 모두 율리시스의 '아르도레ardore'를 지니고 태어났고, 인류가 처음 모닥불 주변에 둘러앉은 그 순간부터 이야기는 상상력을 동원해서 이 아르도레를 만족시키는 방법이었으므로, 어떤 이야기도 진정으로 독창적이고 유일무이할 수는 없다. 모든 이야기는 데자루déjà lu(어디선가 읽은 듯한 느낌) 느낌을 준다. 이야기는 끝이 없어 보이지만, 사실 시작도 없다. 최초의 이야기라는 것은 애초에 존재하지 않으며, 이야기는 우리에게 소급적으로 불멸성을 부여하기 때문이다.

자신이 하는 질문에 형태를 입히기 위해 우리는 이야기를 만들어낸다. 그리고 알고자 하는 것이 무엇인지를 이해하기 위해 이야기를 읽거나 듣는다. 작가가 되었든 독자가 되었든, 우리는 질문을 하고 싶은 동일한 충동에 떠밀려 누가, 무엇을, 왜, 어떻게 했는지를 묻는다. 그리고 그 과정을 통해 우리 자신이 무엇을 어떻게 왜 하는지, 그리고 어떤 일을 하거나 하지 않았을 때 무슨 일이 일어날지 자문할 수 있다. 이런 의미에서, 모든 이야기는 우리가 아직 알지 못한다고 믿는 것의 거울이다. 이야기는, 그것이 좋은 이야기라면, 그것을 듣는 사람의 마음에서 다음에 무슨 일이 일어날지 알고 싶어하는 욕구와 이야기가 절대 끝나지 않았으면 하는 모순되는 욕구를 이끌어낸다. 이럴 수도 없고, 저럴 수도 없는 이 딜레마는 이야기를 하고자 하는 우리의 충동을 정당화하고 호기심의 불을 꺼뜨리지 않는 역할을 한다.

이것을 알고 있음에도 불구하고, 우리는 이야기의 결말보다 시초에 더 신경을 쓴다. 우리는 결말을 당연시한다. 심지어 가끔은 결말을 영원히 유보하고 싶어 하기도 한다. 결말은 우리를 편안하게 하는 경향이 있다. 결말은 결론이 났다는 시늉을 할 수 있도록 하고, 바로 이런 이유에서 우리는 메멘토 모리memento mori(죽음의 상징)를 필요로 한다. 우리 자신의 종말을 인식할 필요가 있다는 사실을 상기시키기 위해서 말이다. 시초는 우리를 날마다 괴롭힌다. 우리는 무엇이 어디서 어떻게 시작했는지 알고 싶어 한다. 그래서 어원학에서 지혜를 얻으려 하고, 새 생명이 태어날 때 그 자리에 있고 싶어 한다. 아마 무엇인가가 세상에 처음으로 생겨났을 때를 알면 그 다음에 오는 일을 정당화하거나 설명할 수 있다고 느끼기 때문일 것이다. 우리는 그 과정이 아무리 어렵고 의혹으로 얼룩져 있다 하더라도 모종의 이야기를 상상해서 우리가 돌아볼 수 있는 시작의 시점을 만들어 안정감을 얻고자 한다. 그에 비해 결말을 상상하는 것은 늘 더 쉽게 느껴진다. "착한 사람은 행복한 결말을 얻고, 나쁜 사람은 불행한 결말을 만났습니다"라고 오스카 와일드Oscar Wilde의《진지함의 중요성The importance of Being Earnest》에서 프리즘 양은 우리에게 말한다. "바로 그것이 '픽션'의 의미예요."[8]

시초에 관한 픽션은 복잡다단한 발명품이다. 예를 들어, 성경의 시작 부분은 수많은 서사의 가능성이 있음에도 불구하고, 이 책을 기본으로 하는 종교들을 위해 노골적인 이야기로 시작을 한다.《창세기》의 첫 부분은 두 개의 창조에 관한 이야기가 연달아 나온다. 그 중 하나는 "하나님이 자기 형상, 곧 하나님의 형상대로 사람을 창조하시되 남자와 여자를 창조하시고(1:27)"라는 이야기이다. 두 번째는 어떻게 신이 아담에게 "돕는 배필"을 마련해주기 위해 그를 깊은 잠에 빠뜨리고, 그의 갈빗대 하나를 꺼내, 거기서 "여자를 만들었"는지를 이야기한다(2:18, 21-25). 신의 이러한 창조 행위에는 여성의 굴종적인 역할이 암시되어 있다. 수없이 많은 성서 해설자들이 바로 이런 이유에서 여성은 열등한 존재이니 남성에게 복종해야 한다고 설명한다. 다행히도 이러한 가부장적 문구들을 더 평등주의적 시각에서 재해석하는 사람들도 많다.

1세기에, 유대인 학자 알렉산드리아 필론은 창세기의 이중 서사 구조에 호기심을 품고 이 성경의 첫 장에 플라톤적 해석을 적용시켜보자고 제안했다. 그는 신이 제일 먼저 창조한 인간이 자웅동체("남자와 여자를 창조하시고")였고, 한 몸 안에 있지만 남성 쪽 반쪽이 여성 쪽 반쪽보다 더 우월하게 만들어졌다고 말함으로써 다시 한 번 여성폄하적 해설을 내놓는다. 필론은 남성 반쪽(아담)을 정신nous으로, 여성 반쪽(이브)을 육체적 감각aesthesis으로 분류한다. 애덤에게서 갈라져 나온 이브는 이성에서 분리된 감각을 상징하는 것으로 해석할 수 있기 때문에, 이브는 창조 과정에서부터 애덤의 원초적 무고함을 가지는 것을 허락받지 못했고, 따라서 인류의 타락을 초래하는 역할을 한다는 것이 필로의 해석이었다.[9]

그로부터 2세기가 흐른 후, 성 아우구스티누스는 창세기에 대한 자의 해석을 통해 이브의 원초적 무고함을 회복시켰다. 그는 첫 번째 서사에서 아직 이름이 붙여지지 않은 애덤과 이브가 정신적·육체적 성격을 모두 가질 가능성을 지니고 창조된 것으로 나온다고 선언했다. 다시 말하면 그 성격들이 가상적인 상태에서 모두 존재했고 두 번째 서사에서 묘사된 바와 같이 결국 실체로 꽃필 것이라는 설명이다.[10] 꿩도 먹고 알도 먹는 것의 원조가 바

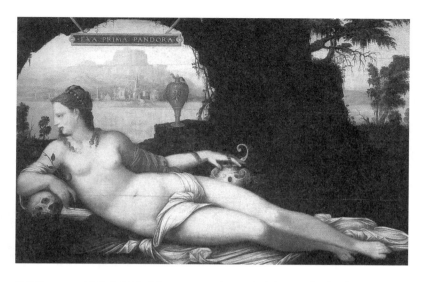

장 쿠생Jean Cousin, 〈첫 번째 판도라, 이브Eva Prima Pandora〉, 1550년, 파리 루브르 박물관 소장. 이 그림에서 장 쿠생은 이브와 판도라를 노골적으로 동일시한다.

로 이것이다.

학자들은 창세기가 기원전 6세기경에 쓰였을 것이라는 데 대체로 동의한다. 그보다 3세기쯤 전 그리스에서 헤시오도스Hesiodos가 여성을 비난하며 책임을 덮어씌우는 또 다른 이야기를 한다. 헤시오도스는 올림푸스의 신들에게서 불을 훔쳐 인류에게 준 프로메테우스에게 격노한 제우스가 아름다운 처녀를 땅에 내려 보내 복수하기로 결심했다고 전한다. 헤파이스토스가 빚어내고 아테나가 옷을 입힌 후, 페이토의 금목걸이와 호라이의 화관으로 장식을 한 그녀의 마음을 헤르메스는 온갖 거짓말과 헛된 약속으로 채운다. 마지막으로 제우스는 그녀에게 말의 재능과 판도라라는 이름을 선물하고, 그녀를 프로메테우스의 동생 에피메테우스에게 보낸다. 올림푸스의 신 제우스로부터 어떤 선물도 받지 말라는 프로메테우스의 경고를 잊고, 에피메테우스는 판도라와 사랑에 빠져 그녀를 자신의 집으로 들인다.

그때까지만 해도 인류는 걱정과 질병의 굴레를 지지 않고 살고 있었다. 걱정과 질병은 뚜껑이 잘 닫힌 상자 안에 갇혀 있었기 때문이다. 상자 안에 무엇이 들어 있는지 호기심이 든 판도라는 뚜껑을 열었고 그 결과 온갖 종류의 고통과 근심이 세상으로 퍼져나갔다. 더불어 제우스가 혀를 사용하지 못하도록 만든 질병이 우리를 침묵 속에서 밤낮으로 괴롭히게 되었다. 자기가 벌인 일에 깜짝 놀란 판도라는 다시 뚜껑을 닫으려고 했지만 모든 고통은 이미 상자에서 빠져나간 후였고, 상자 바닥에는 오직 '희망'만 남아 있었다.

판도라의 이야기는 충동적 호기심에 내포된 모순의 개념을 너무도 잘 표현하고 있어서 16세기 시인 조아심 뒤 벨레Joachim du Bellay는 판도라를 고대 로마에 비유했다. '영원한 도시' 로마, 로마가 상징하는 모든 것, 로마의 모든 선과 로마의 모든 악이 모두 그 이야기 속에 들어 있다.[11]

이브와 판도라의 이야기를 기독교의 유형학적 접근법으로 해석해서 호기심과 호기심을 가진 데 대한 벌로 이해하는 것은 2세기까지 거슬러 올라가 테르툴리아누스Tertullianus와 성 이레니우스Irenaeus의 글에서도 찾아볼 수 있다. 두 저자는 하느님이 인류에게 더 알고자 하는 마음을 선물로 준 다음 그 마음에 따라 행동하면 벌을 준다고 주장했다. 그 개념에 깔린 여성폄하적 결말은 잠시 접어두고, 두 이야기 모두 야망의 한계에 문제를 제기한다. 어느 정도의 호기심은 허용되지만, 너무 호기심을 많이 부리면 벌을 받는다. 도대체 그 이유는 무엇일까?

앞에서도 살펴봤지만 단테가 그린 율리시스가 사후 벌을 받는 것은 잘못된 조언을 해서가 아니라 신이 허용한 한계 이상의 호기심을 품어서였다. 에덴 동산의 아담과 이브처럼, 율리시스는 이해가 가능한 세상 전체를 탐색할 수 있는 허락을 받았었다. 그에게 금지된 것은 오직 그 세상 끝의 지평선 너머에 놓인 영역뿐이었다. 그러나 눈에 보이고 물리적으로 존재하는 지평선은 선악과의 존재와 같았다. 금지된 지평선과 금지된 열매는 쉽게 얻을 수 있는 것 말고 다른 것이 있다는 사실을 암묵적으로 인정하는 것이나 다름 없다. 이는 19세기의 소설가 로버트 루이스 스티븐슨Robert Louis Stevenson이 성장기에 했던 경험과 일치한다. 장로교가 세력을 떨쳤던 에든버러에서 자란 그는 눈이 닿는 잿빛 건물마다 앞면에 '너는… 하지 말지어다'가 반복되는 십계명이 새겨져 있었던 것을 기억하고, 후에 이를 '부정의 법'이라고 불렀다. 검은 거울을 보는 것처럼 그런 짓을 할 생각도 못했던 사람들마저 그 계명들이 금지한 행위들이 쾌락을 줄 것이라는 유혹을 느끼게 된다는 의미였다.[12]

단테는 율리시스의 치명적인 호기심을 제이슨의 호기심과 대비시킨다. 아르고 호의 선장 제이슨은 선원들을 이끌고 황금 양털을 찾기 위한 원정을 성공적으로 마치고 귀환한다. 천국의 여정을 거의 끝마칠 무렵, 마침내 말로 형언할 수 없는 우주 전체의 모습을 본 단테는 그 놀라운 느낌을 아무도 오지 않는 신들의 바다에 인간으로서는 처음으로 발을 내딛은 제이슨의 배가 드리운 그림자를 본 넵튠의 느낌에 비유한다.[13] 단테는 제이슨을 언급해서 허락을 얻어 떠난 축복받은 원정, 따라서 칭찬 받을 만한 원정과 자신의 여정을 연결한다. 이는 금지된 미지의 세계로 떠나 처음부터 책망의 대상이었던 율리시스의 불운한 여정과는 다르다.

율리시스의 원정은 물리적이고, 물질적이며, 지나치게 야심차다. 테니슨이 율리시스의 여정을 묘사하기 위해 그의 입을 통해 외친 용감한 말들, "분투하고, 찾고, 발견하며, 굴복하지 않겠노라"는 많은 부분 희망사항에 불과했다. 우리가 너무도 잘 알고 있듯이, 분투하고 찾는 것은 항상 발견으로 이어지지 않고, 굴복하는 것은 경우에 따라 선택지에 아예 포함되어 있지 않을 수도 있다. 단테의 원정은 영적이고, 형이상학적이며, 겸허하다. 두 사람 모두 호기심은 인간 본성의 핵심이며 인간이라는 존재를 규정짓는 특징이라고 생각했다. 그러나 '있다(to be)'라는 것이 율리시스에게는 '어느 공간에 있다(to be in space)의 뜻이지만, 단테에게는 '어느 시간에 있다(to be in time)'라는 뜻이다(이 두 표현의 차이는 영어보다 이탈리아어에서 더 명확하다. 이탈리아어에는 '특정 장소에 있다'의 경우에는 'stare'를 사용하고, 존재한다는 의미로는 'essere'를 사용한다). 그로부터 3세기 후, 햄릿은 이제 유명해진 질문형 대사를 통해 두 가지를 합쳐서 문제를 해결하려고 노력한다.

이브와 판도라 둘 다 잘 알고 있었듯, 호기심은 질문을 하는 기술이다. 선과 악을 안다는 것은 무엇인가? 에덴동산에서의 내 역할은 무엇인가? 이 잠긴 상자 안에는 무엇이 들어 있을까? 나는 어디까지 알도록 허락받은 것일까? 내가 알지 못하게 되어 있는 것은 무엇일까? 그리고 그 이유는? 그것을 결정한 주체는 누구 혹은 무엇인가? 우리의 질문이 무엇인지를 이해하기 위해 우리는 호기심을 서사로 변장시켜서 질문을 말로 표현하는데, 그렇게 하고 나면 결국 더 많은 질문이 생기곤 한다.

이런 의미에서 문학은 계속 이어지는 일련의 대화라고 할 수 있고, 그것은 '필풀pilpul'이라고 알려진 탈무드식 논쟁법과 비슷하다. 필풀은 주로 탈무드의 율법과 해석을 둘러싼 문제를 두고 유태교 율법학자들 사이에 점점 더 날카로운 질문들을 던지는 방법으로 지식을 얻는 문답식 논쟁법이다(간혹 아주 사소한 것까지 따지고 드는 논쟁으로 빠지기도 하지만). 질문하는 기술은 너무도 중요해서 18세기 랍비 나흐만 브라츨라브Nahman of Bratslav 는 신에 대한 의문을 전혀 가지지 않는 사람은 신을 전혀 믿지 않는 사람이라고 단언하기까지 했다.[14]

아주 구체적이고 현실적인 의미에서, 이야기를 쓰고, 이야기를 모으고, 이야기의 기록을 모은 도서관을 만드는 것은 방랑 충동이 있는 호기심에 뿌리를 내리게 하는 활동들이다. 앞에서 언급했듯이 '무슨 일이 벌어졌는지'를 알고자 하는 독자의 호기심은 여행자의 호기심과 아주 밀접하게 얽혀 있다. 율리시스의 원정은 결국 배를 세 번 크게 돌게 만든 다음 배와 배에 탄 모든 선원들을 통째로 집어삼켜 바닷물에 가라앉도록 한 커다란 소용돌이를 만나게 되는 지경에 도달한다. 단테의 여정은 끝까지 일관성을 잃지 않고 시적으로 끝을 맺는다.

> 그 깊은 곳에서 나는 보았나니
> 온 우주에 낙엽처럼 흩어졌던 것들이
> 한 권의 책처럼 사랑으로 한데 모였구나.[15]

단테가 본 비전은 그 광대함에도 불구하고 (혹은 그 광대함 때문에) 그것을 우리가 이해할 수 있는 말로 전달하는 것이 불가능했다. 그는 그 비전을 보고 있지만, 그것을 읽을 수는 없다. 책을 모으는 것으로 우리는 단테의 몸짓을 흉내내본다. 그러나 인간이 쓴 책 한 권으로 우주를 해석하고 전달하는 것은 불가능하기 때문에, 우리의 시도는 결과보다 의도에 더 의미를 둘 수 있다는 점에서 율리시스의 원정과 닮아 있다. 우리가 무엇을 성취할 때마다 생기는 새로운 의혹은 또 다른 원정에 나서도록 유혹해서 우리를 끊임없는 의문과 짜릿한 불안감 속에서 살 수 밖에 없는 운명에 처하게 만든다. 이것이 바로 호기심에 내재한 역설이다.

르네상스 후기에는 '호기심 기계'라고 부를 수 있는 물건을 통해 이 역설을 가시화했다. 이 놀라운 기억력 증진 및 학습 도구는 인쇄된 문헌, 표, 세밀화, 심지어 입체 모형 등의 형태를 띠는데 연상작용을 기계적으로 체계화시키고, 정보를 검색할 수 있도록 해서 질문을 가진 사람의 호기심을 충족시킬 수 있도록 고안되었다.

모든 것의 의미는 우리가 도달할 수 있는 한계 내에 있다는 믿음을 현실시킨 이 르네상스 기계들은 여러 가지 기발한 형태를 띠고 있다. 어떤 것은 가지가 아주 많은 가계도처럼 고안된 무척 섬세한 엑셀 도표 같은 것도 있고, 어떤 것은 바퀴 같은 것을 두 개 겹쳐서 안쪽과 바깥쪽 바퀴가 따로 돌아가게 만들고 가장자리에 쓰여진 개념들이 다양한 조합이 되도록 만들어진 것도 있었다. 가구처럼 방 안에 세워놓도록 만들어진 것도 있었다. 1588년 아고스티노 라멜리가 설계한 '책 바퀴wheel of books'는 독서가의 책상 바로 옆에 서서 3차원 '윈도우즈Windows' 역할을 하도록 되어 있었다.[16]

각각의 기계들은 모두 다른 원리로 움직였다. 오라지오 토스카넬라orazio toscanella의 《주된 수사학자 모두의 하모니Armonia di Tutti I principali Retori》에 묘사된 극도로 복잡한 기계는 어떤 전제가 주어져도 수사적 논쟁 구조를 만들어낼 수 있도록 설계되어 있었다.[17] 작동도 전혀 간단치 않았다. 처음 제시된 아이디어는 단일한 명제로 농축하고, 그런 다음 주어 부분과 술어 부분으로 나눈다. 그 요소들을 토스카넬라의 기계에 달린 네 개의 바퀴에 적힌 다양한 범주 중 하나로 분류한다. 첫 번째는 주어, 두 번째는 술어, 세 번째는 관계, 네 번째는 누가, 왜, 무엇을 등의 질문을 담당한다.

각 바퀴의 모든 지점은 새로운 원정의 시작점일 수 있다(혹은 시작점이 된다). 서로 연결된 생각, 고려, 사색, 질문, 깨달음들로 이루어진 놀라운 그물의 시초가 되는 것이다.

이 기계들은 나처럼 학자가 아닌 일반인이 정확히 설명하기에는 너무 복잡하다. 규칙을 더 잘 이해한다 하더라도 그런 기계를 효과적으로 사용할 수 있을지에 대해서도 확신이 서질 않는다. 그러나 한 가지 확실한 점은 이 기계들은 호기심을 추구하는 방법을 보여주는 물리적 실체이고, 사용자가 원하는 결론에 도달했을 때마저도 끊임없이 새로운 탐색의 길을 다양하게 보여준다는 사실이다. 선사시대 사람들이 언어를 환청으로 생각했다면, 이 기계들도 미래를 내다보고 과거를 다시 불러오는 자발적인 환각 현상을 불러일으키도록 만들어졌다. 이 '호기심 기계'들은 작동 방법을 설명하는 사용 안내서나 분류 도구의 기능을 넘어서, 사용자들이 생각하는 것을 도울

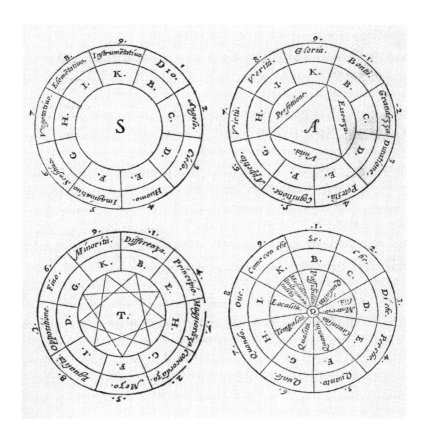

오라지오 토스타넬라의 〈주된 수사학자 모두의 하모니〉에서 묘사한 네 개의 바퀴. 옥스퍼드대학 보들레이안 도서관 소장.

의도로 만들어졌다. 그런 기계의 발명자들 중 하나인 로도비코 카스텔베트로는 이 기술을 "왜인지를 묻는 과학"이라고 정의했다.[18]

토스카넬라의 기계와 같은 장치들은 단테와 율리시스의 원정을 물리적으로 형상화한 것으로, 두 사람이 추구한 서로 다른 여정을 잘 보여준다. 기계를 사용하는 방법을 익힌 사람들은 질문에 질문을 거듭하고, 겉으로 봐서는 서로 관련이 없는 듯한 생각과 생각의 꼬리를 물고 따라가는 과정에서 의식적으로 하기보다는 충동적인 호기심이 이끄는 데로 나오는 질문에 더 우선권을 준다. 단테 자신도 연옥산 기슭의 해변에서 이 충동을 "갈 길을 고민하는 사람들이/ 마음은 이미 앞으로 나아가지만 몸은 그대로 서 있는 것"에 비유한다.[19]

저명한 《신곡》 해설가 카를로 오솔라Carlo Ossola는 단테가 율리시스의 'curiositas(호기심)'와 자기 행동의 'necessitas(필요성)'를 대비시킨다고 지적한다. 율리시스의 호기심은 단테의 호기심의 그림자이자, 그를 비극적인 죽음으로 몰고 가는 요인이다. 단테의 필요한 여정은 모든 희극의 결말처럼 행복하고 성공적인 임무의 완수로 종결된다. 그러나 단테가 반복적으로 강조하듯 그의 성취는 인간의 언어로 표현할 수 없는 성질의 것이었다.

단테는 내세를 여행하는 도중 만난 수많은 공포와 경이, 심지어 자신이 주저하며 벌이는 모험들마저 대부분은 가능한 한 가장 명확한 표현으로 전달하지만, 가장 마지막 비전은 인간 능력 한계를 넘어선 광경이어서, 말로 형언할 수 없었다. 이것은 부분적으로는 단테가 아리스토텔레스가 말하는 원초적 선을 향해 나아가는 것을 묘사하고 있었고, 그가 자신의 서한 중 하나에서 밝혔듯이 "움직이는 모든 것은 어딘가 부족한 면이 있고, 한 번에 자신의 모든 성질을 보유하지 못"기 때문이다. 이것은 베르길리우스가 처음 단테에게 이야기할 때 권했던 '또 다른 길'로 이미 언급되었다. 단테가 처음 선택한 길은 어두운 숲 가장자리의 세 마리 야수가 막아서던 그 길이고, 두 여행자가 지옥의 두 번째 원의 가장자리에 다다랐을 때 베르길리우스가 미노스에게 길을 비키라고 명령한 그 '운명의 길'이다. 이 길은 또 《마태복음》(2:12)에서 세 동방박사에게 헤롯왕 쪽이 아닌 구세주가 탄생하는 곳으로 떠나라고 알리는 꿈에서 택하라고 언급된 '다른 길'이다.[21]

스토아학파에서는 율리시스의 호기심을 모범적으로 여긴다. 1세기 초, 세네카는 율리시스가 우리에게 "조국과 아내와 아버지를 사랑하는 방법과 폭풍을 만나도 명예로운 목표를 향해 항해를 해나가는 방법"을 가르쳐줬다고 칭송했다. 그러나 동시에 그는 "율리시스가 이탈리아와 시실리 사이에서 방황을 했든, 혹은 우리가 아는 세상 너머로 향했든" 그의 세세한 여정에는 관심이 없다고 선언했다. 그 이전에 율리시스의 긴 여정은 "큰 규모의 알레고리"에 불과하다고 주장했던 헤라클레이토스는 하데스(죽은 자들의 나라)로 내려가기로 한 율리시스의 "결정은 현명한 것"이라고 규정하면서, 그 결정은 어떤 곳도, 그곳이 지옥 밑바닥일지라도 탐험하지 않고는 못 배기는 그의 호기심에 대한 증명이라고 주장했다. 몇 십 년 후, 요한 크리소스토무스Joannes Chrysostomus는 율리시스를 소피스트 철학자 히피아스Hippias와 짝을 지우면서 "어떤 상황에도 모든 것에 특출한" 그는 철학자의 요건을 모두 갖췄다고 칭찬했다. 디오의 동시대인인 에픽테토스는 율리시스를 길에서 만난 아름다운 여관에 주의를 빼앗기지 않는 여행자에 비유하면서, 사이렌의 노래를 듣기 위해 귀를 막지는 않지만, 항해를 멈추지 않고 원정의 목적지에 성공적으로 도달하기 위해 나아가는 율리시스의 태도는 호기심을 가진 모든 여행객들이 갖춰야 할 덕목이라고 말한다.[22]

단테는 율리시스의 여정이 성공이 아니라 재앙으로 끝을 맺었다고 봤다. 율리시스의 항해는 비극적이었다. 하려고 했던 임무를 완수하는 것이 성공이라 한다면, 율리시스의 시도에서 실패는 처음부터 필수적인 요소였다. 마찬가지로 모든 것을 포함하고 이해하려는 단테의 시적 프로젝트도 실패의 요소를 안고 있었다. 마지막 광경을 말로 표현할 수 없었기 때문이다. 그런 실패는 사실 모든 예술적·과학적 시도에 필수적으로 포함되어 있는 위험 요소다. 예술은 실패를 통해 발전하고, 과학 또한 대부분 실수를 통해 새로운 것을 배워나간다. 우리가 성취하지 못한 것들은 우리가 성취한 것들만큼이나 우리의 야심이 나아가야 할 방향을 정하는 데 큰 역할을 한다. 미완성의 바벨탑은 우리의 부족함을 되새겨주기보다는 우리의 의기양양한 대담함을 축하하는 기념비다.

단테도 분명히 알고 있었을 테지만, 인간의 탐구 여정은 오로지 하나의 성격만을 띠는 법이 절대로 없다. 우리가 하는 노력은 어느 것도 율리시스의 모험과 단테의 모험 둘 중 하나의 패턴만을 배타적으로 따르지 않는다. 모든 조사, 모든 의문, 모든 탐색은 도덕적·윤리적·실용적·즉흥적 질문들로 빽빽이 들어차 있다. 그리고 우리는 그 질문들을 통해 진보하고, 그 질문들로부터 우리를 떼어낼 수 없다.

물론 어떤 경우에는 진보하지만 거기에 수없는 의혹과 머뭇거림이 따르기도 한다. 그렇지 않을 때는 죄책감이 너무도 커서 희생양을 찾는 경우도 있다. 이브와 판도라, 마녀, 이단적인 사상가, 호기심이 많은 유대인, 사회적 관습에 순응하지 않는 동성연애자, 공동체의 융합을 해치는 외부자, 전통을 따르지 않는 탐험가 등은 모두 그 희생양들이었다. 상상력이 풍부한 생물학자와 화학자, 공식적인 역사의 뒤를 캐는 용감한 학자, 예술과 문학에 새로운 의미를 부여하는 비평가, 혁명적인 저자, 작곡가, 화가들, 모든 분야의 명석한 과학자들은 모두 단테가 추구했던 것에 버금가는 진실을 탐색하는 과정 내내 율리시스의 마지막 여정에서 그를 기다리던 위험을 반복해서 직면해야 한다. 이것이 바로 우리의 사고가 진화하는 방법이다. 즉, 매번 모퉁이를 돌 때마다 우리는 우리의 질문들에 대한 가능한 답을 찾게 될 뿐 아니라─다시 말해서 그 다음에 해야 할 질문들을 만날 뿐 아니라─미지의 세계에 발을 딛면서 전혀 예측하지 못한 결과, 때로는 비극적인 결과를 만날 위험도 감수해야 한다.

치명적인 질병을 어떻게 치료해야 할지 질문하면 점점 늘어가는 노년 인구를 어떻게 먹여 살려야 하는지에 관한 질문도 하게 된다. 평등한 사회를 만들고 보호하려면 어떻게 해야 하는지라는 질문에 대한 답을 찾다보면, 선동적인 파시즘의 유혹을 어떻게 방지하는지에 대한 질문을 하게 된다. 일자리를 창출하기 위해 경제를 개발하는 방법에 관한 질문은 일자리를 만드는 과정에서 인권과 환경을 보호하는 데 게을러질 위험이 있을 수 있지 않을까 하는 문제에 대한 질문을 하지 않을 수 없도록 한다. 어떻게 더 많은 양의 정보를 모을 수 있는 기술을 개발할까 하는 질문은 그런 정보에 어떻게 접근하고, 어떻게 골라 쓰고, 어떻게 오용을 방지할 수 있는지에 대한 질문을 낳는다. 미지의 우주를 어떻게 탐험할지에 관한 질문은 지구상에서 혹은 외계에서 우리가 발견하게 될 것들을 인간의 감각으로 이해할 능력이 있을지에 대한 불안한 질문을 하게 만든다.

단테가 율리시스를 만난 지 7세기가 지난 2011년 11월 26일, 작은 자동차 정도 크기의 우주 탐사선이 케이프 캐너버럴에서 오전 10시 2분에 발사되었다. 3억 5천만 마일 이상을 여행한 후, 그 탐사선은 2012년 8월 6일 에이올리스 팔루스라는 화성의 황량한 평야에 착륙했다. 탐사선의 이름은 호기심이라는 뜻의 '큐리오시티'였다. 단테가 '아르도레'라고 불렀던 지식을 향한 욕구, 그리고 율리시스가 마지막 치명적인 여정을 떠나도록 한 바로 그 호기심. 큐리오시티호가 착륙한 평야는 바람의 신 아이올로스의 이름을 딴 곳이다.

율리시스도 아이올로스 신의 영역에서 여정을 멈춘 바 있다. 《오디세이아》 제10권에서 호메로스는 율리시스가 자신을 '노바디nobody'라고 속여서—이 이름은 동시에 '에브리바디everybody'라는 뜻도 될 수 있다—키클롭스에게서 도망친 후 아이올로스의 섬에 도착한 일을 이야기한다. 그곳에서 율리시스는 아이올로스 왕의 환대로 한 달 동안 잔치를 벌인다. 출발할 때 그는 소가죽 자루를 선물로 받는다. 아이올로스가 직접 바람을 가두고 은 밧줄로 입구를 꽁꽁 동여맨 그 자루는 서풍인 제피르만이 율리시스를 도울 수 있도록 만들어져 있었다.(중세 후기 도상학에 따르면 제피르는 낙천적인 사람을 뜻한다. 다시 말해 낙관적이고, 끊임없이 무언가를 찾는 율리시스와 같은 존재였다).[23]

아흐레 동안 여행한 후, 선원들은 아이올로스가 준 자루에 보물이 들어 있고, 율리시스가 그것을 독차지하려 한다고 생각했다. 선원들이 은밧줄을 풀자 자루에 갇혀 있던 바람은 무서운 돌풍처럼 빠져나오고 끔찍한 폭풍이 되어 배를 아이올로스의 섬으로 다시 몰아갔다. 그들의 부주의함에 화가 난 바람의 왕은 율리시스와 그의 선원들을 자신의 영역에서 추방하고 한조각의 미풍도 없이 바다로 보낸다. 율리시스의 새로운 항해가 시작되는 부분에서 이번에는 여성이 아니라 호기심에 가득 찬 남자 선원들의 잘못으로 재난을 겪는 것으로 나온다.

율리시스의 선원들과 화성 표면에 착륙한 큐리오시티호를 유형적으로 굳이 연결시켜보면, 발견의 위험에 관한 교훈적인 이야기를 만들어낼 수도 있을 것이다. 그러나 더 흥미롭고, 더 도움이 되며, 어쩌면 더 보람 있는 일은 호메로스가 쓴 시 전체와 그에 대한 이해를 돕는 단테 작품의 문맥 안에서 위의 이야기들을 생각해보는 것일 수도 있다. 그런 시각에서 보면, 자루에 갇혀 있던 바람을 풀어주는 것은 모험 중간에 만나게 되는 환경적 재난이고, 거기에서 우리는 원정의 결말이 항상 우리가 어떻게 행동하는가에 달려 있지만은 않다는 사실을 교훈으로 얻으면 된다.

율리시스의 실적을 깎아내리는 대신 이 이야기는 그의 결의, 그리고 더 알고자 하는 갈증, 그의 '아르도레'를 더 돋보이도록 한다. 그리고 결국 호메로스의 이야기에서처럼 오디세우스호가 이타카에 도착해서 아내에게 구혼을 하던 사람들을 물리치고 페넬로페에게 자신의 입장에서 이야기를 하든지, 단테의 상상에서처럼 이야기를 끝내기를 거부하고 탐색을 계속하든지 간에 중요한 것은 율리시스가 질문을 던지는 것을 절대 포기하지 않는다는 사실이다.

너무도 방대해서 완전히 이해하는 것은 불가능하고 미약한 기억으로밖에 가질 수 없는 대답을 받은 단테가 율리시스의 운명을 시기한다는 사실을 우리는 감지한다. 그리하여 시의 논리에 부응하기 위해 율리시스를 비난

하지만, 단테가 불꽃 속에서 고통 받는 그에게 준 대사를 통해 율리시스는
운명을 뛰어넘고, 저주에 아랑곳하지 않는 모습으로 기억된다.

제3장

우리는 어떻게 추론하는가

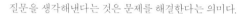

질문을 생각해낸다는 것은 문제를 해결한다는 의미다.

－카를 마르크스Karl Marx, 《유대인 문제에 관하여》

내가 다닌 고등학교는 '콜레지오 나시오날 드 부에노스아이레스Colegio Nacional de Buenos Aires'였다. 학교에는 스페인 문학 선생님이 몇 분 계셨지만 나는 운이 좋게도 고등학교 6년 중 2년을 이사이아스 레르너 선생님께 배울 수가 있었다. 그는 스페인 문학의 황금기를 전공한 훌륭한 선생님이었다. 우리는 레르너 선생님과 함께 《라사리요 데 토르메스의 생애La vida de Lazarillo de Tormes》, 가르실라소De la Vega Garcilaso의 시들, 《돈키호테》, 《셀레스티나La Celestina》 등등 스페인 문학의 고전을 철저하고 꼼꼼히 공부했다. 레르너 선생님은 그 책들을 사랑했고, 그 글들을 읽는 것을 즐겼다.

선생님의 사랑과 즐거움은 우리에게도 전염되었다. 나와 급우들은 손에 땀을 쥐게 하는 스릴러물마냥 마음을 졸여가며 젊은 라사리요의 모험을 읽었고, 가르실라소의 사랑의 시를 읽을 때는 각자 달콤한 백일몽에 빠져들었으며, 어린 마음에 새로 싹튼 정의감을 불태우며 돈키호테의 용감한 원정을 따라다녔다. 그리고 《셀레스티나》의 어둡고 관능적인 세상을 대할 때면 늙은 뚜쟁이가 악마를 저주하면서 내뱉는 "네 슬프고 어두운 지하 감옥에 빛으로 홍수가 나게 해주리"라고 한 말에 온몸으로 기쁨을 느끼며 읽곤 했다.

사춘기의 우리는 독특하고 특별했다. 나이가 들면서는 우리가 자랑스럽게 1인칭 단수로 말할 때, 그것이 사실은 우리에게 크고 작게 영향을 준 타인들을 조각보처럼 이어 붙여 만들어진 화자라는 것을 깨닫게 된다. 이런 식으로 투영된, 혹은 학습된 정체성을 알아차릴 수 있다는 것은 나이가 들어가면서 우리가 얻는 위로다. 흙으로 돌아간 지 오래된 누군가가 우리를 통해 여전히 살고 있다는 사실을 안다는 것, 우리 자신도 우리는 알지도 못하는 누군가의 존재를 통해 계속 살아갈 것이라는 것을 안다는 데서 얻는 위로 말이다. 예순여섯 살이 된 나는 이제 레르너 선생님이 그런 불멸의 영혼이라는 것을 깨닫는다.

고등학교 졸업반이던 1966년, 군부 정권이 학교를 장악했고, 레르너 선생님과 15인의 다른 선생님들은 이에 항의하다가 바로 해직되고 말았다. 그 자리에 새로 부임한, 겨우 글이나 읽는 정도의 사람은 레르너 선생님이 우리에게 "마르크스 이론"을 가르쳤다고 비난했다. 레르너 선생님은 계속 후학을 가르치기 위해 미국으로 망명했다.

레르너 선생님은 학생들을 가르치는 데 핵심적인 것이 무엇인지를 이해한 분이었다. 교사는 학생들이 미지의 영역을 발견하는 것을 돕고, 전문적인 정보를 공급하고, 학생들 스스로 지적 단련 방법을 만들어내도록 이끌어줄 수 있다. 그러나 가장 중요한 교사의 역할은 학생들이 상상력과 호기심을 발휘하고, 생각하는 방법을 배울 수 있는 정신적 자유의 공간을 만들어주는 일이다. 프랑스의 사상가 시몬 베유Simone Weil는 문화란 "관심을 형성하는 것"이라고 말했다. 레르너 선생님은 그 필수적인 훈련, 즉 관심을 기울이는 기술을 우리가 얻을 수 있도록 도와주셨다.

레르너 선생님은 우리에게 책 전체를 한 줄씩 한 줄씩 읽어나가게 하다가 필요한 곳에서 논평을 곁들이는 교습 방법을 썼다. 사춘기 학생들의 지적 능력과 끈질긴 호기심을 믿었던 선생님의 논평들은 수준이 높았다. 그리고 때로는 웃기고 때로는 무척 비극적이었다. 선생님은 독서는 무엇보다 감정적 경험이라 생각했기 때문이다. 선생님에게 독서는 또 오랜 옛날에 대한 연구이기도 했다. 한 번 누군가에 의해 상상이 된 것들은 모두 우리가 현재 상상하는 것에 스며들어 있다는 것을 알았기 때문이다. 그것들은 또 우리가 사는 세상과 밀접한 관계를 맺고 있었다. 선생님은 문학이 항상 현재의 독자들을 대상으로 한다는 것을 알고 있었기 때문이다.

하지만 선생님은 우리 대신 생각해주지 않았다. 셀레스티나가 거짓말은 한마디도 하지 않고도, 모든 것을 너무도 꼬고 왜곡시켜 겉보기에는 흠 없는 논리를 만들어내서, 그녀의 이야기를 따라가는 사람이라면 누구나 그녀의 말을 사실로 받아들이는 함정에 빠지는 부분에 이르자, 레르너 선생님은 책을 읽던 것을 멈추고 미소를 지었다.

"신사 여러분, 여러분은 그녀가 하는 말을 믿습니까?"

우리는 수업 전에 미리 집에서 그 책과 관련 비평을 읽고 오도록 숙제를 받았었고, 우리는 고지식하게 숙제를 모두 하는 편이었다. 선생님의 말을 거역할 생각은 하지도 못했기 때문이다. 그런 상황이 되면 우리 중 한 명이, 자기가 아는 것을 뽐내고 싶은 사춘기 특유의 충동에 용기를 얻어 대답을 시도하곤 했다. "아, 선생님, 그건요, 말키엘은 이렇게 말했지 않습니까……" 하면서 권위 있는《셀레스티나》비평가의 말을 인용하기 시작한다. 그러면 선생님은 "아니지요, 학생" 하고 말을 가로막곤 했다.

"말키엘 박사에게 묻는 게 아니에요. 그녀의 의견은 이미 훌륭한 저서에서 다 읽었어요. 아마 성실한 여러분도 모두 그 책을 읽었겠지요. 하지만 지금 내가 묻는 건 바로 여러분의 의견입니다."

선생님은 그렇게 해서 차근차근 우리가 셀레스티나의 논리를 파헤치고, 미로 같은 그녀의 논쟁을 따라가도록 유도했다. 우리는 선생님을 길잡이 삼아 천박한 지식과 예부터 내려오는 격언, 고전에서 따온 상식, 전설 등을 엮어서 상대방이 빠져나오기 힘든 그물을 만드는 그녀의 논쟁을 헤쳐 나아갔다. 비운의 사랑을 한 칼리스토와 멜리베아도 그녀의 이야기에 넘어갔고, 큰 소리치고, 거짓말도 잘한다고 스스로 장담하던 우리도 넘어갔다. 그렇게 해서 우리는 "사실만으로 이루어진 거짓말"이 무엇인지 배웠다.

16세기 뚜쟁이의 간계를 통해 배운 그 개념은 후에 우리가 대통령궁의 발코니에서 일련의 군장성들이 팔을 휘두르며 했던 정치 연설들의 진정한 의미를 이해하는 데 도움이 되었다. 우리가 이미 하고 있던 "왜?", "누가?" 그리고 "언제?"와 같은 질문 목록에 레르너 선생님은 "어떻게?"를 보태도록 가르쳤다.

· · ·

단테가 어두운 숲에서 엠피리언(최고천)에 이르기까지의 저승을 훑어보는 여정(9장과 14장에서 살펴볼 예정)을 한 수단은 언어였다. 그는 자신의 호기심을 추동력 삼아 베르길리우스가 정해놓은 경로를 따라간다. 그리고 다른 이들의 호기심에서 힘을 얻어 죄의 사함을 받는 마지막 비전을 볼 수 있도록 허락받는다. 그가 한 질문의 여정을 따라가면서 우리들, 즉 독자들도 옳은 질문을 할 수 있는 방법을 배울 수 있을지도 모른다.

베아트리체의 손에 이끌려 첫 일곱 하늘을 건넌 후, 단테는 항성천에 이른다. 그곳에서 베아트리체는 축복받은 영혼을 기다리고 있는 것이 무엇인지 이미 단테도 조금 맛을 보는 신의 은총을 입었으니 그가 성인들의 식탁에서 함께 마시는 것을 허락해달라고 간청한다. 성인들은 기쁘게 그녀의 부탁에 응했고, 가장 빛나는 별들 사이에서 성 베드로가 나타나 노래를 부른다. 그 노래는 너무도 놀랍고 아름다웠기 때문에 단테는 그것을 다시 기억해낼 수도, 받아 적을 수도 없다.

그러나 내 펜은 자꾸 건너뛰고, 나는 그 모든 것을 적을 수가 없네.
우리가 그리는 이미지와 우리의 말은
그런 굽이치는 아름다움을 표현하기에는 너무 번드르르하기만 하지 않은가.[1]

그런 다음 베아트리체는 성 베드로에게 그는 단테가 바르게 사랑하고, 희망하고, 믿는다는 사실을 모두 알고 있지만 (그가 볼 수 없는 것은 아무것도 없으므로) 단테가 직접 자신의 이야기를 하게 해달라고 부탁한다. 천국의 모든 시민은 자신이 진정한 믿음을 가지고 있다는 것을 증명해야 하기 때문이다. 베아트리체가 고집해서 단테는 결국 어디로 보나 학교 시험이라고밖에 할 수 없는 시험에 임해야만 했다.

스승이 결론이 아니라 허락을 내리기 위해
질문을 준비하는 동안
학생이 입을 다물고 마음의 준비를 하는 것처럼,

나도 그렇게 모든 논쟁에 대한 준비를 하며
그녀가 말을 하는 동안, 마음을 정돈해서
모든 시험관과 모든 고해에 대한 대비를 했다.[2]

성 베드로는 "믿음은 무엇이냐?"라는 질문으로 시작해서, 단테가 한 대답들을 기쁜 마음으로 칭찬하는 것으로 끝을 맺는다. 사실 단테와의 대화에 너무도 만족한 성 베드로는 다음과 같이 감탄한다.

아래 세상에서

모든 가르침을 이렇게만 이해하고 있다면

소피스트의 궤변이 설 자리가 없으리.[3]

성 베드로가 단테에게 낸 시험은 널리 인정된 중세 스콜라 학파의 전통을 엄격하게 따른 것으로, 명확하게 정해진 경로를 따라 지적 호기심을 발전시켜 나가도록 수백년 동안 사용되어온 방법이었다. 인본주의의 발흥에 따라 전통적인 교수 방법이 변화를 겪은 르네상스 운동이 도래하기 전까지, 유럽의 기독교적 대학 교육은 대체로 12세기경부터 전해 내려온 스콜라 학파의 방식을 사용했다. 스콜라 학파(스콜라Schola라는 라틴어는 원래 배운 사람들 사이의 대화 혹은 논쟁을 의미했다가 후에 한 학파를 칭하는 단어가 되었다)는 세속적 이성과 기독교적 신앙 모두 일치하는 지식을 얻기 위한 시도에서 비롯되었다. 성 보나벤투라Bonaventura와 같은 스콜라 철학자들은 자신을 혁신가나 독창적인 사상가가 아닌 '이미 인정받은 견해들을 모으고 엮어내는 사람들'이라고 여겼다.[4]

스콜라 학파의 교수 방법은 다음과 같은 몇 가지 단계를 밟도록 되어 있다. 수업 중에 권위 있는 문헌을 읽는 렉티오Lectio(강의), 설명과 해설을 하는 메디타티오Meditatio(명상) 그리고 문헌 자체를 비판적으로 분석하기보다는 이슈를 토론하는 디스퓨타티오네스Disputationes(토론). 학생들은 고전 문헌들과 그에 관한 인정받은 비평들에 대해 이미 공부를 모두 한 상태라고 간주된다. 위의 단계가 끝난 후에는 특정 주제에 대한 질문들을 학생들에게

주고 풀어나가도록 한다. 이 모든 과정에서 "소피스트의 궤변" 같은 것은 아주 엄격하게 배제되었다.[5]

"소피스트의 궤변"은 진실인 것처럼 보이는 허위 논리를 제시하는 능력을 (셀레스티나가 즐겨 사용했던 것처럼) 말한다. 보통 논리를 왜곡하거나, 진실과 비슷해보이는 정보를 제시하거나, 받아들일 수 없는 결론에 이르는 논리를 사용하는 등의 방법으로 토론에서 이기는 것을 말한다. 그 용어와 경멸적인 의미는 소피스트들이 사기꾼, 도둑과 다르지 않다고 여겼던 아리스토텔레스의 생각에 기반을 두고 있다. 아리스토텔레스는 소피스트들이 미묘한 거짓을 사용해 겉으로 보기에는 논리적인 주장을 펼쳐 허위 결론을 도출하고, 다른 이들을 거짓으로 인도하는 데 큰 힘을 쏟기 때문에 유해하다고 가르쳤다. 예를 들어, 소피스트는 반박할 방법을 모두 미리 알고 있는 전제(심지어 토론하려는 주제와 전혀 상관이 없는 것일 때도 있다)를 상대방에게 받아들이도록 설득하기도 한다.[6]

아리스토텔레스, 플라톤, 소크라테스 등의 험담 때문에 소피스트들은 철학의 역사에서 그다지 좋은 평판을 누리지 못했다. 그러나 형이상학적인 논리에 제한되었던 플라톤 학파와 경험론적 논리에 제한되었던 아리스토텔레스 학파의 한계를 탈피한 소피스트들은 양쪽 모두를 포용해서 형이상학적 문제를 경험론적 방법으로 탐구하곤 했다. 역사학자 G.B. 커포드는 바로 이런 방법론 때문에 소피스트들은 길 잃은 영혼처럼 소크라테스 이전의 철학과 플라톤, 아리스토텔레스의 철학 사이를 이도저도 아닌 상태로 영원히 헤매게 되었다고 평했다.[7]

플라톤 이전까지만 해도 그리스어 소피스테스sophistes는 '지혜로운'과 '지혜'의 의미를 지닌 소포스sohpos와 소피아sophia 같은 단어와 연결되어 긍정적인 의미를 가지고 있었고, 점쟁이, 시인, 음악가와 같은 기술을 가진 장인들을 부르는 용어로도 쓰였다. 전설적인 그리스의 7현인들은 '소피스타이

sophistai'라고 불렸고(호메로스 시대에 소피sophie란 모든 종류의 기술을 의미했다), 소크라테스 이전의 철학자들도 소피스타이라고 불렸다. 플라톤 이후에는 '소피스트리sophistry'라는 용어가 '그럴 듯하지만 허위와 거짓말이 가득한 논리', 즉 궤변이라는 의미를 갖게 되었고, 소피스트의 담론은 그릇된 논법, 착각을 불러일으키는 비유, 왜곡된 인용, 그리고 말도 안 되는 메타포를 섞어서 쓰는 것을 통틀어 일컫는 말이 되었다.

역설적이게도 소피스트 논리에 대한 이러한 정의는 그들이 훨씬 더 큰 문제를 이미 이해하고 있다는 사실을 전제로 하고 있다. 마르틴 하이데거 Martin Heidegger는 "플라톤은 소피스트들을 철학자의 정반대 개념으로 해석하는 것이 가능하다는 것을 알고 있었다"라고 썼다. "단, 그 철학자에 대해 잘 알고 있어서 그의 철학에 대해 자기가 어떤 입장을 취할 수 있을지 잘 안다는 것이 전제가 되어야만 했다." 플라톤과 그의 추종자들은 자신들의 작업을 정의하는 것보다, 반대파라고 인식되는 사람들의 작업에서 오류를 지적하는 더 쉬운 방법을 선택했다. 2세기에 루키아노스Lukianos는 기독교인들을 "십자가에 못 박힌 소피스트를 숭배하고 그의 법에 따라 사는 사람들"이라고 묘사했다.[8]

중세와 르네상스 초기 유럽인들은 소피스트들에 대한 멸시적인 태도와 근저에 깔린 문제의식을 모두 물려받았다. 15세기와 16세기에 대학과 수도원 등에서 성행한 삼단논법을 이용한 논거, 현학적 수사, 내용이 없는 학식의 과시 등의 행동에 이름을 붙여야 할 필요가 생겼을 때, 에라스무스 Desiderius Erasmus와 그의 추종자들은 '소피스트들'이라는 표현에 조롱을 섞어 사용했다. 스페인의 저명한 학자 프라이 루이스 데 카르바알Fray Luis de Carvajal은 자기가 '스콜라 학파의 궤변'이라 이름 붙인 관행에 반대하는 에라스무스의 사상적 입장을 지지했다. 그는 에라스무스의 성서 해석을 처음에는 옹호하다가 나중에 비판하는 쪽으로 돌아선 사람이기도 하다. "나도 분쟁적이지 않고, 소피스트적이거나 불순하지 않은 신학, 아무런 오염도 되지 않은 신학을 가르치길 희망한다."9

고대 소피스트들이 직접 남긴 문헌들은 사라진 지 오래고, 그들에 대한 희화화된 캐리커처만 남아 있지만, 많은 인본주의자들은 유럽의 대학들이 충분한 수의 교수를 확보하지 못하고 플라톤과 아리스토텔레스가 비난했던 소피스트적 죄를 범하는 실력 없는 학자들만을 보유하고 있다고 비난했다. 16세기에 접어들면서 소피스트는 멍청하다는 개념이 완전히 확립되어서, 프랑수아 라블레François Rabelais 같은 이들은 소르본의 스콜라 학파 신학자들을 조롱하는 데 술에 취하고, 지저분하고, 돈을 밝히는 '소피스트 철학자'라는 표현을 썼다. 그가 만들어낸 인물인 엄청나게 웃기는 마스터 자노튀 드 브라고마도Master Janotus de Bragomardo는 외래어가 많이 섞인 프랑스어와 엉터리 라틴어, 잘못된 인용구를 써가며 거인 가르강튀아가 훔쳐다 자기 말에 달아놓은 노트르담 성당의 종을 복구해야 한다는 내용의 스콜라 학파식 연설을 한다.

> 종이 없는 타운은 지팡이가 없는 맹인, 마구가 없는 당나귀, 종을 달지 않은 소와 같다. 그러므로 잘 알아두기 바란다. 종을 돌려줄 때까지 우리는 너를 쫓는 것을 절대 그만두지 않을 것이다. 지팡이를 잃은 맹인, 마구가 없어서 히힝거리고 우는 당나귀, 종이 없는 소처럼 울면서 계속 포기하지 않을 것이다.10

라블레가 전통적인 문학 형식을 받아들이지 않은 것은(그의 《가르강튀아와 팡타그뤼엘》은 모작 연대기, 파스티슈, 카탈로그 형식, 공격적인 패러디를 모은 반체제적 작품이었다) 대중 설화와 신념 체계—혹은 영적 위기를 겪으면서 점점 커져가는 불신 체계—에 대한 뿌리 깊은 공감과 대학, 수도원의 공식적인 기독교 문화 아래쪽에서 자라고 있는 민중 문화에 대한 지식에 바탕을 둔 것이라는 설명이 널리 받아들여져 있다.[11] 단테 시대부터 이미 무너지기 시작한 사회적 질서는 16세기에 이르러서는 위아래가 뒤집힌 모양새가 되어 있었다. 모든 것이 있어야 할 자리에 있지 않고 대척점에 가 있는 세상, 당나귀가 선생이고, 개가 주인인 그런 세상 말이다.[12]

가르강튀아의 아들 팡타그뤼엘과 그의 동료들이 제5권의 마지막 장에서 조언을 구하는 '오라클 병'은 "네가 세상에 나설 때, 가장 큰 보물과 가장 감탄을 자아내는 것들은 땅 밑에 있으며, 거기에는 그럴 만한 이유가 있다는 것을 확인하고, 목격하는 것을 잊지 말라"고 조언한다. 오라클의 사원 벽에는 "모든 것이 끝을 향해 나아간다"라는 글이 새겨져 있다. 이런 문구들을 통해 라블레는 신과 인간의 호기심은 모두 끝까지 추구하도록 되어 있다고 말하는 듯하다. 우리의 호기심을 만족시키기 위해서는 위에 있는 하늘을 보기보다는 아래의 땅을 봐야 한다. "고대의 철학자들과 현인들은 신에 대한 앎과 진정한 지혜에 안전하고 기분 좋게 도착하기 위해서는 두 가지를 필수적 요건으로 꼽았다. 그 첫째는 신이 은총으로 이끌어주는 것, 둘째는 인간의 도움을 받는 것이다."[13] 이전에 살았던 단테와 마찬가지로, 라블레에게도 불운한 소피스트들은 사심 없이 진실을 추구하는 사람들 대열에 끼워줄 수 없는 사람들이었다.

그 후 세월이 흐르면서, 소피스트들을 이렇게 도매금으로 폄하하는 데 대한 반론이 생기기 시작했고, 어떤 경우는 그런 주장이 상당히 무게 있게 받아들여지기도 했다. 헤겔Georg Wilhelm Friedrich Hegel은 초기 소피스트들을 '그리스의 거장들masters of Greece'이라고 불렀다. 헤겔은 그들이 엘레아 학파 철학자들처럼 존재의 개념에 대해 사색만 하는 데 그치거나, 이오니아 학파의 '피지올로고이phisiologoi'들처럼 자연의 사실에 대한 토론에만 집중하지 않고, 전문 교육자가 되는 쪽을 선택한 것을 높이 평가했다. 니체 Friedrich Wilhelm Nietzsche는 그들을 선과 악의 한계를 허무는 용기를 낸 사람

O Bouteille
Pleine toute
De myſteres:
D'une oreille
Je t'eſcoute,
Ne differes,
Et le mot proferes,
Auquel pend mon cœur.
En la tant divine liqueur,
Qui eſt dedans tes flancs recloſe
Bacchus, qui fut d'Inde vainqueur
Tient toute verité encloſe,
Vin tant divin loing de toy eſt forcloſe
Toute menſonge, & toute tromperie.
En joye ſoit l'aire de Noach cloſe,
Lequel de toy nous fit la temperie.
Sonne le beau mot, je t'en prie,
Qui me doit oſter de miſere.
Ainſi, ne ſe perde une goutte
De toy, ſoit blanche ou ſoit vermeille.
O Bouteille
Pleine toute
De myſteres:
D'une oreille
Je t'eſcoute.
Ne differes.

〈프랑수아 라블레 저작집〉(1565)에 실린 오라클 병. 파리 국립도서관 소장.

들이라고 정의했다. 질 들뢰즈Gilles Deleuze는 그들의 사상은 우리 안에 잠들어 있던 관심을 깨우는 효과가 있다고 찬양하며 이렇게 썼다. "새로운 명제에 포함된 참신성 말고 다른 의미의 정의는 없다."[14] 그러나 소피스트들이 추구하던 것은 참신함이 아니라 모종의 효율성이었다.

기원전 5세기 초 어느 시점, 아마도 기원전 421년경 아테네에 유명한 철학자 한 명이 도착했다. 아테네가 스파르타와의 위태로운 평화를 유지하고 있던 시기였다. 그 철학자의 고향인 엘리스는 펠로폰네소스 북서쪽 구석에 있는 도시국가로, 좋은 말의 산지로 유명하고 3세기 전에 최초의 올림픽 경기를 주최한 명성을 자랑하는 곳이었다. 그의 이름은 히피아스였고, 뛰어난 기억력(그는 한 번 듣고도 50개 이상의 이름을 기억할 수 있었다고 한다)과 원하는 사람에게 상당한 보수를 받고 철학뿐 아니라 천문학, 기하학, 수학, 문법, 음악, 운율학, 계보학, 신화학 등을 가르치는 것으로 이름이 난 사람이었다.[15] 그리고 원과 똑같은 면적의 정사각형을 그리는 방법을 찾으려는 과정에서 곡선과 콰드라틱스quadratix의 관계를 발견한 장본인이며, 각의 삼등분도 그의 공로라고 알려져 있다.[16]

히피아스는 호기심이 많은 열렬한 독서광이었고, 자기가 좋아하는 구절들을 선별해《모음집Synagoge》이라는 제목의 문집을 펴내기도 했다. 그는 또 고전 시인들의 작품에 대한 연설집을 썼고, 아마도 수준 높은 도덕적 문제들을 다룬 시적 작품이었을 그 글들을 기회가 있을 때마다 낭독하겠다고 자원했다. '아마도'라는 단어를 써야 하는 것은 히피아스의 광범위한 저작물 중 단 한 편도 보존된 것이 없기 때문이다. 그에 대한 언급은 플루타르크, 크세노폰, 필로스트라투스, 그리고 가장 대표적으로는 플라톤 등 그를 비판하는 사람들의 저서에 몇 번 인용되는 것만 전해내려올 뿐이다.[17]

플라톤은 초기 대화록에 소크라테스의 주요 대화 상대로 히피아스를 등장시킨다. 길이에 따라《대 히피아스Hippias Major》,《소 히피아스Hippias Minor》라고 제목을 붙인 두 책 모두에서 히피아스의 이미지는 좋지 않은 쪽으로 그려진다. 히피아스에게 눈꼽만큼의 애정도 없는 플라톤은 소크라테스의 입을 빌어 약간 장난스럽게 그에게 정의와 진실에 대한 중요한 질문을 한다. 히피아스가 답을 하지 못할 것이 분명한데도 말이다. 머뭇거리며 답을 하는 히피아스는 "어떤 분야에서도 나보다 더 나은 사람을 한 번도 만나보지 못했다"고 떠벌이는 현학적인 허풍선이로 그려진다. 어떤 어려운 질문도 대답할 자신이 있다고 장담하는(헬라스의 축제 때 실제 그가 그런 장담을 했다고 전해내려온다)[18] 그는 아주 쉽게 우쭐거리기도 하지만, 동시에 묘하게 순진하고 남을 잘 믿는 성격이기도 했다. 고전학자 W.K.C 거스리Guthrie는 히피아스가 '화내기가 힘든 상대'였을 것이라 추측한다.[19]

그는 그리스 전역을 돌면서 돈을 받고 학생들을 가르쳤기 때문에 소피스트라고 불렸다. 당시 그 표현은 철학의 한 학파나 분파를 가리킨 것이 아니라 떠돌아다니는 교사라는 뜻으로 쓰였기 때문이다. 소크라테스는 소피스트들이 스스로를 지식과 덕목의 조달자라고 광고한다는 이유로 그들을 경멸했다. 지식과 덕이야말로 절대 가르칠 수 없는 것들이라 생각했기 때문이다. 어쩌면 아주 소수의 사람, 주로 숭고한 신분을 타고난 사람들은 어질고 지혜로운 사람이 되는 법을 배울 수 있을지도 모르지만, 그것도 스스로 배우는 수밖에 없다. 어차피 소크라테스는 인류 대부분은 그 둘 중 하나도 배울 수 있는 희망이 없다고 생각했다.

사실 소크라테스의 추종자들과 소피스트들 사이의 가장 큰 차이는 계급이었다. 귀족 출신이었던 플라톤은 이 도시 저 도시 돌아다니며 시장 바닥에서 벼락부자가 된 새 중산층의 돈을 받고 그들을 가르치는 사람들을 경멸했다. 주로 상공인들로 이루어진 이 계층은 새로 획득한 부를 바탕으로 무기를 사고, 보병 부대에 자원을 해서 정치적 힘도 키웠다. 그들의 목표는 구 귀족 세력의 자리를 차지하는 것으로, 그러기 위해서는 의회에서 효과적으로 연설하는 방법을 배울 필요가 있었다.

소피스트들은 돈을 받고 그들이 필요로 하는 수사학적 기술을 배울 수 있는 기회를 제공했다. I. F. 스톤Stone은 "플라톤의 저서들에서 소피스트들은 돈을 받는다는 이유로 경멸적인 어조로 언급된다. 그 후 오랜 기간 동안 고전학자들은 이 플라톤의 태도를 아무런 비판 없이 그대로 반복했다. 그들 자신도 보수 없이 가르칠 형편이 못 되었는데도 말이다"라고 말했다. 그러나 소피스트들 모두가 받은 돈을 자기가 쓴 것은 아니다. 어떤 소피스트들은 번 돈을 가난한 학생들에게 나눠주기도 했고, 희망이 없다고 생각되는 학생들은 가르치기를 거부하기도 했다. 하지만 대부분 돈을 내는 사람은 누구나 가르쳤기 때문에 크세노폰은 소피스트들이 지적 자유를 포기하고 고용주의 노예가 되었다고 주장했다.[20]

한 가지 짚고 넘어갈 점은 소크라테스와 그의 추종자들이 과거와 현재의 모든 소피스트들을 부정적으로 이야기한 것은 아니라는 사실이다. 그들은 동시대 소피스트들만 비판적인 태도를 보이면서, 단순히 사회적·철학적으로만 반대한 것이 아니라 진실을 왜곡한다는 비난까지 퍼부었다. 크세노폰은 "오늘날 소피스트라고 불리는 사람들이 자신들이 젊은이들을 어진 사람으로 만들 수 있다고 주장하는 것을 보고 놀라지 않을 수 없다. 사실은 그와 정반대로 가르치고 있지 않은가. 소피스트들은 젊은이들에게 말을 하는 기술만 가르치지 생각하는 기술을 가르치지 않는다"고 말했다.[21]

소피스트들은 또 과시하는 몸짓과 억지스러운 태도 때문에도 비판을 받았다. 소피스트들을 존경했고, 그들을 찬양하기 위해 2세기에 〈소피스트들의 생애〉를 쓴 필로스트라토스Philostratos는 진정한 소피스트라면 자신의 위상에 맞는 귀한 자리에서만 연설을 해야 한다고 주장했다. 사원, 극장, 의회 혹은 '왕족' 급의 청중들에게 어울리는 정도의 장소는 되어야 한다는 것이었다. 그들의 얼굴 표정과 몸짓은 아주 조심스럽게 제어되어야 한다. 얼굴은 명랑하고 자신감 있어 보이면서도 진지해야 하고, 시선은 침착하면서도 예리하게 유지해야 한다. 물론 연설의 주제에 따라 시선은 달라질 수 있지만 말이다.

분위기가 달아오르면 소피스트는 몇 걸음씩 걸어다니기도 하고, 옆으로 몸을 흔들거나, 허벅지를 치고, 머리를 열정적으로 젖히는 것도 허용되었다. 소피스트는 결벽증이 있다고 할 정도로 청결하고, 아름다운 향수 냄새를 풍겨야 한다. 수염은 늘 단정하게 정리되고, 멋진 곡선을 띠어야 하고, 옷은 흠잡을 데 없이 우아해야 한다. 그보다 한 세대 전에 사모사타의 루시안Lucian of Samosata은 풍자적인 글을 실은《수사학자의 필휴 안내서*The Rhetorician's Vade Mecum*》에서 소피스트들에게 다음과 같이 조언한다.

"밝은 색이나 하얀색 옷이 좋은데, 몸매가 잘 드러나는 타렌툼산 옷이 가장 좋다. 신발로 말하자면 위가 막히지 않은 아티카Attika 여자신 모양 혹은 하얀 안감이 보이는 시키온Sikyon 풍을 추천한다. 항상 뒤따르는 사람들 여럿과 함께 움직여야 하고, 손에는 책을 한 권 들고 있어야 한다."[22]

소크라테스는 정의와 진실에 대한 신념이 강했을지는 모르지만 모든 인간이 평등하다고 믿지는 않았다. 소피스트들은 (물론 소피스트라고 분류된 모든 사람들이 모두 똑같다고 하는 오류를 범하지 않도록 조심해야 하지만) 인간 평등을 믿었다. 알키다마스Alkidamas와 같은 몇몇 소피스트들은 심지어 노예제도에 도전하기도 했다—소크라테스와 그의 제자들은 소수의 교육받은 엘리트들이 사회를 다스릴 권리를 독점하는 데 의문을 제기하지 않은 것과 마찬가지로 노예제도에 대해서도 전혀 이의를 제기하지 않았다. 반면 히피아스는 일종의 실용적인 사해동포주의를 신봉해서 모든 인간 사이의 관계를 증진하기 위해서는 국가법에 반대하는 것까지도 정당화할 수 있는 보편적 연대를 강조했다. 이런 믿음은 부분적으로 델포스 문화의 영향을 받은 것이 아닌가 추측된다. 델포스는 외국 문화와 종교에 관대한 분위기여서, 알렉산더 시대에 그리스 문화와 '이방인/야만인'의 문화가 융합할 수 있는 토양이 되었지만, 플라톤이 소중히 여겼던 고대 그리스 도시국가(폴리스Greek polis)의 와해를 초래하는 원인이 되기도 했다.[23]

히피아스는 전통의 힘만으로 유지되는 법은 모순적이어서 정의롭지 않은 행동을 허용하므로 가치가 없다고 생각했다. 그러나 자연법은 보편적이기 때문에 종국에 가서는 민주적인 정치 생활을 위한 법이 될 수 있다고 믿었다. 히피아스는 성문법보다 불문법을 지지했고, 공동체의 복지를 통해 개인의 복지를 신장해야 한다고 주장했다. 플라톤의《공화국》에서 거론되는 기존 정치 체제 중 이상적이라고 선택되는 체제는 하나도 없다. 결국 소크라테스는 (플라톤이 그린 소크라테스는) 민주적 법의 통치가 아니라 어려서부터 "현명하고 선하도록" 단련을 받은 철학왕 혹은 철학 독재자가 다스리는 사회를 이상적으로 생각했다는 것이 분명히 드러난다.[24]

플라톤과 히피아스가 살았던 반세기는 페리클레스의 시대이기도 했다. 페리클레스는 아테네 역사상 보기 드물게 정치적·지적 자유가 번창하는 동시에 효율적인 정부 행정이 이루어진 짧지만 기적적인 시대를 이끈 인물이다. 심지어 아크로폴리스에 새 건물을 짓는 계획마저도 늘어나는 실업을 해결하기 위해 페리클레스가 계획했다는 설도 있다. 페리클레스 이후, 아테네 시민은 웅변의 기술과 논리를 가진 사람이면 누구나 정부를 운영하는 데 자신의 목소리를 낼 수 있다는 희망을 갖게 되었다. 이 이상적인 도시국가에는 자연스럽게 다른 지역으로부터 사람들이 모여들었다. 독재를 피해 온 사람, 자신의 재능을 발휘할 출구를 찾는 사람, 자유로운 상업 활동으로 이윤을 추구하기 위해 온 사람 등 다양했다. 그 이민자들 중에는 소피스트들도 있었다. 도덕적 질서와 체재의 비밀을 보존한다는 평계로 이방인들을 걸핏하면 추방시키는 스파르타와는 대조적인 분위기였다. 사실 아테네도 스파르타처럼 외국인 혐오까지는 아니지만 자신들의 사고방식에 순응하지 않는 사람들은 추방하거나 심지어 사형에 처하기도 했다. 소크라테스도 그 중 하나였다.

세 시기로 구분되는 플라톤의 저술 중 중간 시기의 대화록 《프로타고라스》에 등장하는 프로타고라스는 히피아스에 대해 비판적인 소피스트다. 자신의 친구인 페리클레스가 만들어낸 체재를 찬양하면서 그는 소크라테스에게 자신이 생각해낸 효율적인 정치 체제를 설명하기 위해 신화 하나를 이야기해준다. 성질 급하고 화 잘 내는 인간들이 어떻게 평화로운 사회를 이루고 살게 되었는지를 설명하는 대목에서 프로타고라스는 끊임없는 분쟁으로 인류의 생존 자체가 위협을 받게 되자 제우스가 인간들이 비교적 조화롭게 살 수 있도록 할 두 가지 선물을 헤르메스에게 주고 그를 땅으로 내려보냈다는 이야기를 한다. 선물 중 하나는 아이도스aidos로 전장에서 배신자가 느낄 법한 수치심이고, 또 다른 하나는 디케dike로 정의감과 타인의 권리에 대한 존중을 뜻한다. 이 두 가지는 정치 기술의 가장 기본적인 요소다.

헤르메스는 그 선물들을 이 분야에 전문적으로 종사할 선택된 소수에게만 줄 것인지, 모든 사람들에게 다 줄 것인지를 물었다. "모두에게 주어라." 제우스가 대답했다. "소수만이 아이도스와 디케를 가지고 있으면 도시가 형성될 수 없기 때문이다." 소크라테스는 프로타고라스의 이야기에 반응하지 않는다. 그는 그 신화를 "훌륭하고 잘 다듬어진 소피스트의 연기"라고 일축한 다음, 그 주제에 대해서는 더 이상 논의하지 않고 사람들에게 덕을 가르칠 수 있다고 생각하는지에 관해 프로타고라스를 몰아붙이는 데 열중한다. 민주주의라는 주제는 소크라테스에게는 한순간도 고려할 가치가 있는 문제가 아니었다. 그 점은 덕이라는 가치의 의미에서도 마찬가지여서, 이 문제 또한 두 사람의 대화의 주제가 되지 못했다.[25]

《프로타고라스》에서 덕에 대한 토론을 피한 것처럼, 《소 히피아스》는 무엇이 진실인지 토론하기를 피하는 진실된 사람의 정의에 관한 대화다. 책에 등장하는 히피아스는 시인들, 특히 호메로스에 대한 강의를 막 끝낸 상태다. 청중들 중 한 명이 소크라테스에게 이 훌륭하고 멋진 연설에 대해 칭찬이나 지적할 말이 있는지 물었다. 소크라테스는 사실 몇 개의 질문이 머리에 떠오르기는 했다고 고백하면서 위협적인 온유함을 띠고 히피아스에게 질문을 던진다. 그는 호메로스가 아킬레우스를 가장 용감한 자, 네스토르를 가장 현명한 자라고 부르는 이유는 이해하겠으나 왜 오디세우스를 가장 교활한 자라고 부르는지는 이해할 수 없다고 말한다. 호메로스는 아킬레스도 교활하게 만들지 않았는가? 히피아스는 그렇지 않다고 대답하고, 아킬레스가 진실한 사람이라는 것을 증명하는 호메로스의 구절을 인용한다. 그러자 소크라테스가 말한다.

"아, 히피아스, 무슨 뜻인지 알겠어요. 그러니까 오디세우스가 교활하다고 할 때 당신은 그가 진실하지 않다는 뜻으로 그렇게 말하는 것이 확실하지요?"[26]

거기서부터 대화는 누군가의 거짓 행동이 고의적인 것과 고의가 아닌 것 중 어느 쪽이 나은지에 대한 토론으로 발전한다. 소크라테스는 히피아스에게 실력이 없어서 넘어지는 레슬러보다 의도적으로 넘어지는 레슬러가 더 나은 레슬러라는 사실을 인정하도록 만든다. 그리고 음치보다 고의적으로 음정이 틀리게 부르는 가수가 더 나은 가수라는 것도 인정하게 한다. 결론은 모든 궤변을 깨부수는 궤변이다.

소크라테스 불의를 행하는 것은 나쁜 행동이고, 불의를 행하지 않는 것은 좋은 행동입니까?

히피아스 그렇습니다.

소크라테스 더 선하고, 그리고 더 능력 있는 영혼은 잘못된 행동을 할 때 자발적으로 하고, 악한 영혼은 비자발적으로 잘못된 행동을 하게 됩니까?

히피아스 당연히 그렇지요.

소크라테스 선한 사람은 선한 영혼을 가진 사람이고, 악한 사람은 악한 영혼을 가진 사람입니까?

히피아스 네.

소크라테스 그렇다면 선한 영혼을 가진 사람이 선한 사람이라면 그런 사람들은 잘못된 행동을 자발적으로 하고, 악한 사람은 비자발적으로 한다는 말이지요?

히피아스 물론 그렇습니다.

소크라테스 그렇다면, 히피아스, 자발적으로 잘못되고 불명예스러운 일을 하는 사람이 있다면, 그 사람은 선한 사람입니까?

그러나 그쯤부터 히피아스는 소크라테스의 논리에 더 이상 수긍할 수가 없다. 논리에 대한 신념보다 더 강한 무엇인가를 지켜야 한다고 생각하게 된 히피아스는 소크라테스의 길게 꼬인 논쟁이 인도하는 길에서 마지막 치명적인 발걸음을 떼기 전 호흡을 멈추고, 속임수가 짙게 깔렸을 뿐 아니라 터무니없기 짝이 없는 논리에 승복하기를 거부한다. 정직한 소피스트 히피아스는 "그 부분은 동의할 수 없습니다"라고 대답한다.27

"나도 나 자신과 동의할 수 없습니다."

놀랍게도 소크라테스도 그렇게 대답한다.

"그럼에도 현재 우리가 볼 수 있는 한도 내에서는, 그것이 우리가 펼쳐온 논쟁을 따라가면 도달하는 결론인 듯 보이는군요. 이전에도 말한 바 있지만, 나는 어찌할 바를 모르고, 당황하기를 잘 하여 늘 의견을 이랬다저랬다 바꾸기를 잘 하는 사람입니다. 나처럼 평범한 사람이 영문을 모른 채 헤매는 것은 놀라운 일이 아닙니다만, 당신과 같은 현명한 사람도 헤매기 시작해서, 우리가 당신에게 찾아와 헤매는 것을 멈추고 안정감을 찾지 못한다면, 그것은 당신에게나 우리에게나 심각한 문제가 아닐 수 없습니다."28

지혜에 대한 히피아스의 허세를 조롱하려는 소크라테스의 의도는 명백하다. 무엇이 선하고, 진실되고, 정의로운지에 대한 지식의 추구는 확실한 결론이 나지 않는 끊임없는 노력의 과정일 뿐이라는 그의 입장이 분명히 드러나 있기 때문이다. 그러나 히피아스의 허세를 폭로하는 데 사용한 소크라테스의 방식은 점잖기로 소문난 그의 명성에 걸맞지 않는다. 두 사람 중 오히려 히피아스가 더 옳고 진지한 토론자로 보인다. 히피아스가 아킬레우스라면 소크라테스는 오디세우스의 역할을 하고 있기 때문에 소크라테스가 더 교활하게 보이고, 그 덕분에 역설에 대한 논쟁은 "슬랩스틱 코미디로 변하고 말았다."[29]

이에 더해 드러난 사실, 그것도 아주 강력하게 드러난 사실은 히피아스의 가르침에 내용이 없다는 것을 소크라테스가 폭로했다기보다, 연이은 질문을 던져 상대방의 대답에서 모순을 발견해내는 소크라테스의 방식이 위험한 오류로 흐를 수 있다는 사실을 히피아스가 드러내는 데 성공했다는 점이다. 소크라테스 자신도 이 점을 알아차린다. 그도 정당치 못한 행동을 정당한 방법으로 행하는 것과 정당한 행동을 정당치 못한 방법으로 행하는 것의 차이를 알았음이 분명하다.

몽테뉴는 (에라스무스를 인용해서) 소크라테스의 아내가 독배를 마시라는 법원의 판결을 듣고 이렇게 외쳤다고 전한다.

"그 형편없는 판사들이 당신에게 부당하게 사형 선고를 했구려!"

그러자 소크라테스는 "그러면 내가 '정당하게' 사형 선고를 받는 쪽이 나았겠소?" 하고 대답했다고 한다.[30] 그러나 《소 히피아스》에서 만큼은 소크라테스가 의도적으로 역설적 문답을 유도했다고 강조해도 그의 논쟁이 잘못되고, 인간적으로 받아들일 수 없는 결론에 이르렀다는 사실은 피할 수 없는 결론이다. 아마도 그것은 플라톤이 의도한 바는 아니었을 것이다.

꼭 기억해야할 점은 우리가 아는 히피아스라는 인물이 거의 전적으로 소크라테스의 해석을 통해 전해진 모습인 것처럼, 우리가 아는 소크라테스도 대부분 플라톤이 전한 모습이다. 문학 비평가인 조지 스타이너George Steiner는 "중요한 대화에 등장하는 소크라테스의 모습은 어디까지 플라톤이 만들어낸 허구일까?"라고 묻는다. "어쩌면 지적 영향으로 말하자면 희극적·비극적 효과 모두에서 존 폴스타프John Falstaff, 프로스페로, 이반 카라마조프를 능가할지도 모른다."[31] 어쩌면 우리가 폴스타프의 커다란 몸집 속에서 왕자 시절 헨리 5세의 또 다른 그림자를 엿보고, 학자 프로스페로의 이면에 숨은 또 다른 종류의 칼리반을 발견하고, 야수 같은 이반 카라마조프를 통해 (이 생각은 무척 불편하긴 하지만) 더 공감력이 뛰어난 동생 알렉세이를 볼 수도 있는 것과 마찬가지로, 플라톤이 그린 소크라테스를 통해 우리는 꼬치꼬치 캐묻기를 좋아하는 소크라테스가 약을 올리고 조롱하는 히피아스가 아닌, 명석하고 판별력이 뛰어난 사상가, 호기심의 논리에 대한 궁금증을 키워나가는 또 다른 히피아스를 발견할 수 있을지도 모른다.

페리클레스가 건설한 사회는 마케도니아의 군사력도, 그 후 로마의 식민주의 정책도 버텨내지 못했다. 소피스트들의 철학도 그들을 비판하는 사람들의 적대적인 인용을 제외하면 어느 곳에도 보존되지 못했다. 그들의 책은 그들의 생애에 관한 상세한 이야기들과 함께 모두 사라져버렸다. 그러나 그나마 살아남은 저서의 일부와 다른 사람들의 문헌을 통해 조각조각 전해지는 그들의 모습을 보면 복잡하고 복합적인 사상과 발견들을 더 많이 배우고자 하는 건강한 의욕이 넘쳤던 것을 알 수 있다. 그리고 어디에서도 '깨달음의 산파'라고 자처했던, 비록 잘못된 길이지만 소크라테스가 유도하는 논리의 길을 따라가기를 거부하려는 경향은 찾아볼 수 없다.[32]

제4장

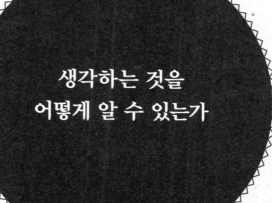

생각하는 것을
어떻게 알 수 있는가

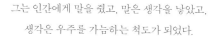

그는 인간에게 말을 줬고, 말은 생각을 낳았고,
생각은 우주를 가늠하는 척도가 되었다.

─퍼시 비시 셸리Percy Bysshe Shelley, 〈사슬에서 풀린 프로메테우스〉

사춘기가 시작된 후 한참 지날 때까지도 나는 번역이라는 개념에 대해 알지 못했다. 영어와 독어 두 가지 언어를 쓰면서 자란 내게는 한 언어에서 다른 언어로 옮겨가는 것이 같은 의미를 한 언어에서 다른 언어로 옮기는 것이 아니라 누구에게 말을 하는가에 따라 선택하는 서로 다른 말투에 불과했다. 그림 형제의 똑같은 이야기도 어떤 언어로 듣느냐에 따라 두 가지 다른 이야기가 되었다. 두꺼운 고딕체 글씨와 어두운 수채화가 그려진 독일판과, 깔끔하고 커다란 글씨와 흑백 판화 그림이 삽화로 들어간 영어판에서 읽는 이야기는 서로 다른 별개의 이야기들이었다. 페이지 위에서 달라보였기 때문에 당연히 다른 이야기들이었다.

결국 나는 텍스트가 달라져도 기본적으로 같은 이야기라는 사실을 깨달았다. 아니, 언어가 달라지면 같은 텍스트라도 다른 정체성이 생긴다는 것을 깨달았다. 그것은 텍스트를 이루는 모든 구성 요소가 폐기되고, 다른 것으로 대체되는 과정이었다. 어휘, 문장 구조, 문법, 음률뿐 아니라 문화적·역사적·정서적 성격까지 모두. 라틴어로 썼지만 지역 고유어를 사용하는 것을 지지하는 내용의 《토착어에 관하여*De vulgari eloquentia*》에서 단테는 한 언어에서 다른 언어로 옮겨질 때 대체되는 구성 요소들을 나열한다.

"첫째, 음악적 요소, 둘째, 각 부분이 다른 부분과 관련해서 갖는 위치적 성격, 셋째, 단어와 음절의 개수."

그러나 어떻게 이렇게 언어에 따라 변화하는 각각의 정체성이 서로 동일한 것이라고 말할 수 있을까? 여러 가지 다른 언어로 번역된 《그림 동화》, 《천일야화》, 단테의 《신곡》 등을 같은 책이라고 할 수 있는 것은 왜일까? 오래전부터 내려오는 철학적 난제 중의 하나는 어떤 사람의 신체 모든 부분이 인공 장기와 인공 사지로 대체된다면, 그 사람은 이전과 같은 사람이라고 할 수 있는가를 묻는 질문이다. 우리 몸의 어떤 부분에 우리의 정체성이 깃들어 있는 것일까? 시를 구성하는 어떤 부분에 그 시의 정수가 들어 있을까? 내가 수수께끼라고 느끼는 문제의 핵심에 놓여 있는 의문은 이것이었다. '만일 문학적 텍스트라는 것이 《그림 동화》 혹은 《천일야화》를 이루는 다양한 요소 모든 것을 가리킨다면, 그 모든 요소를 다른 것으로 대체하고 나면 무엇이 남을까?' 번역은 원문이 경계 바깥에 있는 세상과 접촉을 가능하게 해주는 변장일까? 칼리프 하룬 알-라시드가 농부의 옷을 입고 궁 밖으로 나가 평민들과 어울렸던 것처럼? 아니면 남의 위치를 탐내는 찬탈자인가? 〈거위 치는 소녀〉에서 자신이 모시고 있던 공주의 자리를 빼앗고, 공주의 약혼자인 왕자와 결혼을 하는 그 하녀처럼? 번역문은 어느 정도까지 원문이 가진 정체성을 주장할 수 있을까?

모든 형태의 글쓰기는 어떤 면에서는 생각으로 떠올랐거나 말로 한 단어들을 가시적이고 손에 잡히는 형태로 표현한 것이다. 처음으로 글을 배워서 영어로 둥그런 모양의 n과 m을 쓸 때, 혹은 독일어로 파도처럼 끝이 뾰쪽한 N과 M을 쓸 때 나는 언어가 바뀌면서 어휘만 바뀐 것이 아니라 한 물질적 형태에서 다른 물질적 형태로 바뀌었다는 것을 깨달았다. 《정글북》의 작가 루드야드 키플링Rudyard Kipling의 이야기에서 연애편지로 어떤 단어 혹은 단어들을 나타내는 물건들을 한보따리 보내고, 그것들을 받은 연인이 그 뜻을 해독하는 장면을 보면서 나는 내가 끄적거리며 쓰는 글자들만이 단어를 물리적 형태로 표현하는 유일한 방법이 아니라는 사실을 배웠다. 돌과 꽃 같은 것으로도 글씨가 하는 의미의 물질화가 가능했다. 그리고 나는 그런 방법 외에 또 어떤 방법이 있을지 궁금했다. 우리의 생각을 표현하는 언어는 그 생각을 또 다른 방법으로 시각화하는 것일까?

* * *

어떤 질문이 우리를 호도할지 여부는 그 질문을 하기 위해 선택한 단어들 뿐 아니라 그 단어들이 어떤 모습으로 어떻게 제시되는지에도 달려 있다. 우리는 오래전부터 우리가 뜻하는 바를 전달하는 데 있어서 텍스트의 내용 뿐 아니라 물리적 측면이 갖는 중요성을 이해하고 있었다. 기록된 시기가 3세기인지 5세기인지 확실치 않지만 〈애덤과 이브의 생애〉(다양한 언어로 다양한 버전이 존재하는 《성서》 외경에 포함되어 있다)에서 이브는 아들 세스에게 자신의 이야기와 그의 아버지 아담의 이야기를 기록하라고 말한다. 그녀는 아들에게 "하지만 아들아, 내 이야기에 귀를 기울여라! 돌과 진흙으로 서판을 만들고 나와 네 아버지의 일생과 우리에게서 들은 것과 본 것을 모두 기록하여라. 주님이 우리를 물로 심판하시면, 진흙 서판은 녹아 없어지더라도 돌

서판이 남으리라. 주님이 우리를 불로 심판하시면, 돌 서판은 깨지더라도, 진흙 서판은 더 굳게 구워지리라"[1]라고 한다. 모든 텍스트는 그 텍스트를 무엇이 지원하고 있는지에 따라 달라진다. 그것이 진흙, 돌, 종이가 되었든 컴퓨터 스크린이 되었든 간에 말이다. 모든 텍스트, 심지어 전자 텍스트도 거기 사용된 단어들과 그 단어들이 존재하는 공간의 성격에 따라 규정된다.

'화성천'에서 단테의 조상 카치아구이다Cacciaguida는 플로렌스가 모범적이고 살기 좋았던 옛날 좋은 시절에 관해 이야기하고, 예언자 같은 말투로 단테가 앞으로 망명 생활을 하게 될 것이라고 선언한다. 단테는 그 만남에 감동을 받았고, 그다음으로 베아트리체의 인도를 받아 '목성천'으로 간다. 거기에서 단테를 환영하는 영혼들은 한데 모여 단어 모양을 만들어내고, 단테는 천천히, 그리고 기쁜 마음으로 그 단어들을 해독한다.

> 강둑 위로 솟아오르는 새들처럼,
>
> 먹이를 찾아 기뻐하는 새들처럼,
>
> 원 또는 다른 모양들을 만들어내니
>
> 그 성스러운 존재들이 빛 속에서
>
> 날아다니며 노래를 하고, 몸으로
>
> 모양을 만드니 그 모양은 D에서 I, 그리고 L이 되었다.[2]

영혼들은 35개의 글자를 만들어내서, 'DILIGITE IUSTITIAM QUI IUDICATIS TERRAM', 즉 솔로몬의 〈지혜서〉의 첫 줄에 나오는 "정의를 사랑하라, 이 땅을 다스리는 자들이여"라고 쓴다. 목성은 법을 만들어내는 사람들이 가는 천국이다. 라틴어로 'lex(법)'라는 단어는 어원적으로 라틴어 'lego(독서)', 그리고 이탈리아어의 'leggere(읽다, 해석)'와 관련이 있다.

입법자들의 영혼은 법의 정수에 대한 '해석'을 만들어낸다. 그 법은 인간 사랑의 대상이자 최상의 선이 가진 속성이다. 같은 곡의 후반부에서 마지막 M자는 변신해서 처음에는 가문을 상징하는 문장에 사용되는 백합 모양이었다가 다시 변신해서 독수리가 된다. 경고의 단어들을 만들어냈던 정의로운 영혼들이 그려낸 독수리는 황제의 권위를 상징하고, 신의 정의를 실행에 옮기는 의무를 띠고 있다. 페르시아 전설에 나오는 새인 시무르그처럼, 그 독수리는 모든 영혼이고, 각 영혼은 모두 독수리다.[3]

고대 탈무드에는 세상은 우리가 쓰는 책이고, 우리는 그 책에 씌어 있는 존재라는 언급이 나온다. 목성천의 영혼들은 그 고귀한 개념을 반영하고 있다. 여러 존재로 이루어져 있는 동시에 하나의 존재인 독수리는 단테에게 신의 정의는 인간의 정의가 아니라고 말한다. 신의 행동을 우리가 이해하지 못하면 그것은 우리의 잘못이지 신의 잘못이 아니라는 의미다.

신의 계시로 드러난 말과 인간의 언어 사이의 관계에 대한 의문은《신곡》의 중심을 이루고 있다. 우리는 언어가 의사소통의 가장 효과적인 도구라는 것을 알고 있지만 동시에, 완전한 이해를 방해하는 장애물 역할을 한다는 사실도 알고 있다. 그럼에도 단테가 깨닫게 된 바와 같이, 단어로 형언할 수 없는 그 무엇인가에 도달하기 위해서는 언어를 사용할 필요가 있다. 축복받은 영혼들이 등장하는 비전들만으로는 최종적인 계시를 예상하기에 충분치 않다. 단테가 그 너머에 있는 의미를 깨달으려면 영혼들 자체가 먼저 언어가 되어야한다.

이 이전에도《신곡》에서는 두 번이나 언어가 뭔가 손에 잡히는 것, 즉 '눈에 보이는 말'로 형상화된 적이 있다. 첫 번째 예는 베르길리우스가 단테를 데리고 묘비명이 새겨진 개선문이라고 묘사된 지옥의 문에 이르렀을 때였다. 새겨진 글들은 여행자들에게 어두운 색을 띤 아홉 줄의 시로 소리 없이 말을 건넨다.

나를 통해 슬픈 성으로 향하고,

나를 통해 영원한 고통으로 이어지고,

나를 통해 길 잃은 자들에게 다다르나니.

정의는 높으신 창조주를 움직였고,

신의 힘은 나를 만드셨으니,

최고의 지혜와 원초적 사랑이 함께했도다.

내 앞에 창조된 것은

영원한 것들뿐이고, 나는 영원히 지속되리니,

여기에 들어서는 자, 모든 희망을 버려라.4

《신곡》〈천국편〉 20곡에 곁들여진 지오반니 디 파올로Giovanni di Paolo의 삽화. 정의로운 영혼들로 만들어진 독수리를 묘사했다.

단테는 그 단어들을 감정을 곁들여 읽기는 하지만 이해하지는 못한다. 그리고 베르길리우스에게 그 단어들이 '어렵다'고 고백한다. 베르길리우스는 그곳에 모든 불신과 심약함을 내려놓으라고 말한다. 이제 "지적 능력이라는 선물을 잃어버린 비참한 사람들"을 만나게 될 것이기 때문인데, 베르길리우스는 단테는 그들 중 한 명이 되어서는 안 된다고 경고한다. 신의 생각을 본 따 새겨진 문 위의 단어들은 신의 일부 행동들과는 달리 인간의 사고로 이해하도록 만들어진 것들이었다. 그리고 베르길리우스는 단테를 이끌고 "아직 알지 못하는 것들"로 안내한다.[5] 여정이 시작된 것이다.

두 번째로 언어가 형상화된 것은 연옥을 지키는 천사가 단테의 이마에 자신의 칼로 7대 죄악을 상징하는 일곱 개의 P('페카티Peccati'의 이니셜)를 새기는 장면에서다. 단테 자신은 자신의 이마에 새겨진 일곱 개의 P를 볼 수는 없지만, 그가 연옥산을 오르면서 둘레를 하나하나 지날 때마다 P도 그의 이마에서 하나씩 사라진다. 결국 에덴동산이 자리한 정상에 이르렀을 때 단테는 충분히 정화된 상태가 되었다. P라는 글자를 새기고 그것들이 서서히 지워지는 것은 실제 승천을 하기 전 거쳐야 하는 필수적인 의식의 일부였다. 입구 앞에는 세 개의 계단이 있는데 마음의 참회, 죄의 고해, 행동에 대한 속죄를 상징한다는 해석도 있다. 그 너머에는 가파른 오르막길이 있는데 거기를 올라가는 동안 뒤를 돌아봐서는 안 된다고 천사는 단테에게 경고한다. 롯Lot의 아내에 대한 경고와 마찬가지로, 천사는 단테에게 죄로 가득 찬 과거의 생활을 갈구하지 말라고 명령한다.

들어오라, 그러나 그대에게 경고하노니

뒤를 돌아보는 자는 밖으로 돌아가게 되리라.

단테의 이마에 새겨진 P라는 글자들, 스스로 읽을 수 없지만 거기에 새

겨져 있다는 것은 알고 있는 글자들은 이 경고의 말을 형상화하고 있다.[6]

모든 글쓰기는 생각을 형상화하는 예술이다. 성 아우구스티누스는 이렇게 썼다. "쓰여진 단어는 눈에 신호를 보내고, 귀의 영역을 거쳐 머릿속으로 전달된다."[7] 글쓰기는 아이디어, 감정, 직관 등을 시각화하고 전달하는 마술과 같은 기술이다. 그림, 노래, 독서는 모두 상상을 통해 세상을 경험할 수 있는 인간 특유의 능력에서 비롯된 행동들이다. 아주 오래전, 우리가 상상의 나래를 한껏 펼쳐도 닿기 힘든 아주아주 옛적 어느 날 오후, 우리의 먼 조상들은 행동을 꼭 할 필요가 없이도 그것을 이해할 수 있다는 것을 처음으로 깨달았을 것이다. 머릿속에서 어떤 행동을 해볼 수 있고, 머릿속에서 정한 시간과 공간 안에서 그 행동을 관찰하고, 상세히 파헤쳐보고, 곱씹어보는 것이 가능하다는 것을 알게 된 것이다. 다시 말해서, 시각화한 무엇인가를 거기에 해당하는 소리로 번역해서, 그 소리를 내면 마녀의 주문처럼 처음에 떠올렸던 그 영상을 마술처럼 불러올 수 있다.

어떤 사회에서는 시간이 지나면서 그 소리에 물질적 기호가 주어졌다. 한 줌의 진흙 위에 남긴 표시, 나무 조각에 새긴 흠집, 매끄럽게 다듬은 돌 위에 그린 도형, 종이 위에 끄적여놓은 획들. 이제 현실의 경험을 혀를 통해, 혹은 손을 통해 암호화하고, 귀와 눈을 통해 그 암호를 해독하는 것이 가능해졌다. 마술사가 상자에 든 꽃을 보여줬다가 그것을 사라지게 하고, 다시 나타나게 해서 관객들을 감탄하게 하듯, 조상들은 우리가 마술을 하는 것을 가능하게 해줬다.

글을 읽는 사람은 말을 글로 옮기는 공동체에 소속이 되고, 그런 공동체에 속하는 사람은 모두 의무적으로 (그러나 모두가 그렇게 하는 것은 아니다) 동료 공동체 성원들이 의사소통을 하는 데 쓰는 암호를 배우려고 노력해야 한다. 모든 공동체가 다 자기들이 쓰는 언어를 시각적 암호로 만드는 것은 아니다. 소리만으로도 충분하다고 여기는 공동체도 많다. 구술 사회에서는 오래된 라틴어 경구 "scripta manent, verba volant"가 적용되지 않는다. "글은 남고, 말은 사라진다"라는 뜻의 이 경구가 구술 사회로 가면 "쓰여진 글은 종이 위에서 죽어 있지만, 소리로 내뱉어진 말은 날개를 달고 날 수 있다"의 의미로 해석될 수도 있을 것이다. 그것은 글을 읽는 사람들 또한 공감할 만한 해석이기도 하다. 즉, 쓰여진 글은 누군가에 의해 읽혀졌을 때에만 생명력을 가지고 살아난다.

현재 서로 다른 언어에 대한 이론을 제시하는 두 개의 학파가 존재한다. 그 두 이론을 자세히 살펴보는 것은 이 책에서는 불가능하다. 그러나 대략적으로 말하자면, 명목론자들nominalist은 개별적인 것들만 실제 존재한다고 오랫동안 믿어왔다. 다시 말하면, 모든 것이 우리의 생각과 별도로 독립적으로 존재하고, 단어는 개별적인 것을 칭하지 않는 한 실제 존재하는 것을 가리킬 수 없다는 것이다. 반면 실재론자들realist은 우리가 사는 세상은 우리와 우리의 생각으로부터 독립적으로 존재한다는 데는 동의하지만 "보편자, 혹은 일반자—般者, universals"라고 부르는 종류의 것들도 존재한다고 주장한다. 보편자는 그 성향을 가진 개별 사물에 의존해서 존재하지 않지만, 그 개별 사물과 마찬가지로 말로 된 이름을 붙일 수가 있는 것들이다. 언어는 관대함을 발휘해서 그 두 이론 모두 포용해서 개별적인 것과 보편적인 것들 모두에게 이름을 부여한다. 어쩌면 단어를 글로 쓰는 사회에서는 언어의 이 혼합주의적인 위력에 대한 믿음이 덜 강하고, 구성원들은 단어를 형상화하는 것으로 어떤 사물이나 개념에 생명을 부여하는 언어의 위력을 확인하는 데 익숙해 있을지도 모른다. 그들에게는 말verba로는 충분치 않고, 글scripta이 필요한 것이다.

1976년, 심리학자 줄리언 제인스Julian Jaynes는 인류에게서 최초의 언어는 청각적 환상으로 나타났을 것이라는 아이디어를 내놓았다. 즉, 단어들은 뇌의 우반구에서 만들어지지만, 그 정보는 뇌의 좌반구에서 우리 바깥

외부에서 들어오는 것처럼 인식된다. 제인스는 기원전 3세기경, 문자 언어가 발명되었을 때, 우리는 그 적힌 기호들을 우리와 의사소통을 하고자 하는 신의 목소리로 '들었을 것'이고, 기원전 1세기에 들어서야 비로소 이 목소리들을 내부화하게 되었을 것이라 추측한다.[8] 문자가 발명된 초기에 그것을 읽은 사람들은 소리가 환청처럼 들리는 경험을 했을 수도 있다. 눈으로 읽은 단어들이 귓속에서 물리적인 존재로 형상화하는 것, 즉 글자라는 1차적 현실을 거울처럼 반영해서 우리 뇌 바깥에서 2차적 현실로 나타나는 현상이 벌어졌을 것이라는 의미다.

　말로 하는 언어에서 글로 쓰는 언어로 이행하는 과정은 질의 향상보다는 방향의 변화인 것이 확실하다. 플라톤이 만들어낸 신화에서 이집트의 신 토트(문자를 발명한 신)는 파라오에게 언어를 선물로 주겠다고 한다. 그러나 파라오는 토트에게 그 선물을 거절할 수밖에 없다고 말하면서, 사람들이 글 쓰는 것을 배우면 기억하는 것을 잊어버릴 것이기 때문이라는 이유를 댄다. 그러나 자기가 하려던 이야기의 취지에 들어맞지 않기 때문에 플라톤은 언급하지 않았지만, 문자가 발명된 덕분에 화자는 시간과 공간이 주는 한계를 극복할 수 있게 되었다. 화자는 이제 더 이상 자신이 하는 말을 사람들에게 전달하기 위해 그 자리에 꼭 있어야 할 필요가 없게 되었고, 죽은 자들은 몇 세기가 지난 후까지도 산 자들과 대화를 할 수 있게 되었다. 글보다 말은 덜 직접적이고, 덜 육체적이고, 반응에 더 느리지만, 언어를 잘 다루는 사람의 위력을 강화시키는 동시에 약화시킨다. 물론 이런 효과는 어느 분야에서나 어떤 장치, 혹은 도구를 사용할 때 생기는 효과이기도 하다. G.K.체스터턴 Chesterton은 의자를 "다리가 두 개밖에 없는 장애인을 위한 나무다리 네 개짜리 기구"라고 정의했다.[9]

　문자가 생각을 하기 위한 도구라는 식으로 문자의 존재를 정당화하는 가정을, 문자의 발명을 자극한 영감에 적용하든, 발명된 문자로 인한 결과에 적용하든, 그것은 언어적 운명주의에 지나지 않는다. 우주의 모든 것에 그것을 식별할 수 있는 이름이 주어질 수 있고, 모든 이름은 소리로 표현할 수 있듯이 모든 소리는 그것이 상징하는 대상이 있다. 만들어진 소리 중 글로 적고 읽지 못하는 것은 없다. 그야말로 아무것도 없다. 모세에게 십계명을 받아 적도록 한 신의 말도, 생물학자들이 받아 적는 고래의 노래들도, 존 케이지가 표현하고자 한 침묵의 소리도 적고, 읽지 못하는 것은 없다.

단테는 이러한 물리적 표현의 법칙을 이해했다. 《신곡》〈천국편〉에서 축복받은 영혼들은 뿌연 거울에 비치는 얼굴처럼 보이다가 점점 더 선명하고 알아볼 수 있는 형체로 나타났다. 사실 생각과 마찬가지로, 그들은 물질적 형체를 가지고 있지 않았다. 천국에는 시간과 공간이 없기 때문이다. 그러나 그들은 단테가 앞으로 올 삶의 경험을 목격할 수 있도록 친절하게도 생각을 표현하는 문자처럼 눈에 보이는 형체를 띠고 나타나준 것이다. 지팡이가 필요한 것은 영혼들이 아니라 우리들이다.

우리는 저승의 미적 감각 혹은 미학에 대해 거의 알지 못한다. 그러나 이승에서는 우리가 만들어내는 모든 도구, 그리고 그 도구로 만들어내는 모든 것이 미학적·실용적인 규칙들의 지배를 받는다. 모든 것이 다 그렇다. 크메르 루주Khmers Rouges(캄푸치아 공산당의 무장 군사조직)가 캄보디아 프놈펜에 있는 학교를 개조해서 2만 명 이상을 고문하고 살해한 이른바 보안 감옥을 만들 때, 당국은 건물의 색이 미학적으로 좋은 느낌이 아니라는 결론을 내리고, 부드러운 베이지 색으로 다시 페인트칠을 했다.[10]

미학적 가치와 효용성은 언어가 표현되는 형태도 결정한다. 지금까지 보존된 가장 오래된 글은 기원전 4세기에 길가메시가 다스리는 우룩Uruk이라는 도시에서 만들어진 수메리아의 진흙판에 쓰인 것으로, 구두점으로 보이는 깊게 패인 자국들과 함께 쐐기문자들이 많이 새겨져 있다. 모든 것을 낭만적으로 보는 경향이 있는 우리지만 한 가지 잊지 말아야 할 것은 최초의 문자 기록은 시인들의 작품이 아니라 회계사들의 장부였다는 사실이다. 고대 수메리아인들의 진흙판은 사랑의 노래가 아니라 흙으로 돌아간 지 오래된 농부들이 거래한 곡물과 가축 목록이다. 그것을 읽는 사람에게 그 목록은 실용적인 면뿐 아니라 무의식적으로 느끼는 어떤 미적 충족감도 주었을 것이라고 우리는 추측할 수 있다. 그 의미를 해독하지 못하는 우리 눈에는 그 진흙판들의 두 번째 특징, 즉 미적 충족감이 더 두드러져 보인다.

글로 적은 언어는 다양한 목적을 충족시키고, 서로 다른 미적 기준에 순응하면서 점차 거의 세계 전역에서 발달했다. 수메리아, 바빌론, 이집트, 그리스, 로마, 중국, 인도 등에서는 자체적인 문자가 개발되었고, 그 문자들은 시간이 흐르면서 동남아시아, 이디오피아, 수단, 이누이트 족 등 다른 문화에도 영향을 미쳤다. 하지만 어떤 곳에서는 말에 물질적 가시성을 주는 또 다른 방법을 상상해냈다. 세계의 많은 지역에서 펜으로 쓰거나 쐐기형으로 새기는 방식과 전혀 다른 방식으로 의미를 담는 상징들을 만들어냈다. 수마트라 남쪽의 대나무 조각, 호주 원주민들의 메시지 스틱message stick(신분을 증명하기 위해 지니고 다니는 표상表象이 새겨져 있는 막대기), 토레 해협 제도의 나뭇가지 화환, 북아메리카의 아메리카 인디언인 이로쿼이Iroquois 족의 왐품wampum 벨트, 콩고의 자이르 루바Zaire Luba 족의 나무로 된 루카사lukasa 판자 등이 모두 그 예들이다.

그렇다면, 이 '다른' 형태의 상징들도 각각 통상적인 글씨체, 혹은 글자체에 해당하는 고유의 미적 측면과 가독성이 들어 있을 것이라고 추측할 수 있다. 이 형태의 '글씨체'는 인쇄에는 사용되지 않았을지 모르지만, 단어를 통한 의미 전달에 영향을 주고 그 형태를 결정한다는 면에서는 영어, 이탈리아어, 프랑스어로 쓰인 텍스트에 사용되는 개러몬드체나 보도니체와 다름없었을 것이다.

1606년 마드리드에는 《왕조실록Comentarios Reales》이라는 제목의 묘한 책이 등장했다.[11] 스페인어로 'real'이라는 단어는 '왕족'이라는 뜻과 '실제'라는 뜻이 있는데 이 책의 제목은 그 단어의 중의를 모두 활용하고 있었다. 페루 잉카 왕족의 실제 연대기를 담고 있다고 주장하는 책이었기 때문이었다. 스페인군의 대장과 잉카 공주 사이에서 태어난 작가는 자신의 이름을 '잉카 가르실라소 데 라 베가Inca Garcilaso de la Vega'라고 밝혀, 자신이 물려받은 양쪽 혈통을 모두 강조했다. 그는 쿠스코에 있는 아버지의 집에서 가정교사로부터 라틴어 문법과 운동을, 어머니의 친척으로부터 잉카 공동어인 케츄아Quechua어를 배우며 자라났다. 21세가 되었을 때 그는 스페인으로 와서, 신플라톤주의자 레온 헤브레오Leon Hebreo의《사랑의 대화록Dialogues of Love》을 번역하면서 문학계에 발을 들였다. 진정한 잉카 문명 역사학자로 인정받기를 원한 그는 첫 번째 실록을 펴낸 지 11년 만에 나온 두 번째 실록에《페루 역사 총서Historia General del Perú》라는 제목을 붙였다.

《왕조실록》에서 잉카 가르실라소는 잉카족의 관습, 종교, 정부에 대한 상세한 설명뿐 아니라 그들의 언어에 대해서도 구술, 문어체를 망라해 세심하게 묘사한다. 그 중 한 챕터에는 키푸quipu(케츄아어로 '매듭'이라는 뜻)라고 부르는 결승 문자 체계에 대한 설명이 들어 있다. 저자는 키푸가 기본적으로는 숫자를 세는 단위라고 설명한다. 키푸를 만들기 위해 잉카 사람들은 서로 다른 색의 실을 따고, 매듭을 짓고, 때로는 실을 막대기에 고정시켰다. 색은 종류를 상징했고 (노랑은 금, 하양은 은, 빨강은 전사), 매듭은 십진법을 사용해 1만까지도 셀 수 있었다. 색깔로 구분이 안 되는 것들은 가치에 따라 가장 중요한 것에서부터 시작해서 가장 중요하지 않은 것을 나중에 두는 식으로 배열했다. 예를 들어, 무기 목록을 만들 때면, 처음에 창과 같이 귀한 물건들을 배열하고 그 뒤에 활과 화살, 몽둥이, 도끼, 새총 등이 열거되었다. 키푸 목록은 담당관청에 보관되거나 '회계를 담당하는 사람'이라는 뜻의 키푸카마야quipucamaya라는 서기들이 보관했다. 이 권력을 남용하지 못하도록 하기 위

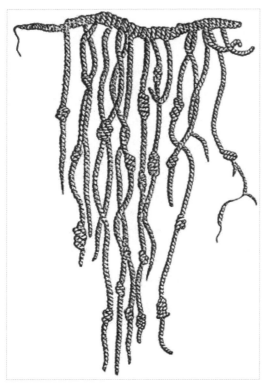

숫자를 세는 단위로 쓰인 키푸. 색은
종류를 상징했고, 매듭은 십진법을
사용해 1만까지도 셀 수 있었다.

해 잉카인들은 아무리 작은 곳이라 하더라도 모든 도시와 마을에 많은 수
의 서기를 뒀다. 가르실라소는 그렇게 해서 "모든 사람이 한꺼번에 부패하지
않으면 아무도 부패하지 못"하도록 했다고 전한다.[12]

　거의 사라져버린 모계 나라의 정신과 제도를 부계의 지배적인 문화와 공
존시키려는 노력을 평생 계속하던 잉카 가르실라소 데 라 베가는 스페인 코
르도바에서 1616년 세상을 떴다. 거의 1세기가 지난 1710년, 후에 산세베로
의 왕자가 된 라이몬도 디 산그로Raimondo di Sangro가 토라마지오레에서 태
어났다. 그는 나폴리 왕국에서 가장 강력한 두 가문의 계승자였다. 산세베
로 왕자는 60세로 세상을 뜰 때까지 평생에 걸쳐 너무도 훌륭한 업적을 많

이 남겼기 때문에 그것을 모두 열거하는 것은 거의 불가능하다.[13]

그는 군대 역사가로서 만화경만큼이나 다양하고 찬란한 커리어 인생을 시작했다.《전쟁술에 관한 백과사전》집필을 시작했지만 알파벳 'O'에서 불행하게도 중단했다. 전쟁에 관한 그의 관심은 화약과 불꽃놀이에 관한 실험으로 이어졌고, 그 분야에서 그때까지는 불가능했던 다양한 초록빛, 군청색, 밝은 에메랄드색, 싱싱한 풀색 등을 내는 방법을 발견했다. 그런 발견들 덕분에 산세베로 왕자는 '불꽃놀이 극장'이라고 부르는 것을 만들어내는 데 성공했다. 이 '불꽃놀이 극장'은 불꽃을 쏘아 올려 신전, 분수, 그리고 정교한 풍경 등을 연달아 연출하는 것이 가능했다고 한다. 엄청난 독서가이기도 했던 왕자는 그 극장 디자인에서 영감을 얻어 인쇄 및 활자에 관심을 갖게 되었다. 늘 번뜩이는 아이디어가 넘쳤던 그는 동판에 컬러 이미지를 평판 인쇄하는 방법을 발명했는데, 이는 알로이스 제네펠더Alois Senefelder의 석판화 기법을 반세기 앞서는 것이었다.

1750년, 산세베로 왕자는 나폴리 왕국 최초의 인쇄기를 자신의 나폴리 궁전에 설치했다. 인쇄기에 들어가는 활자체는 그의 감독 아래 니콜라스 코마렉Nicolas Kommareck과 니콜라 페르시코Nicolà Persico가 디자인했다. 기독교 당국에서는 산세베로의 출판물들을 달가워하지 않았다. 특히 몽포콩 드 빌라르Montfaucon de Villars 수도원장의 이른바 비밀 과학에 관한 책과 영국의 평론가 존 톨랜드John Toland가 미신을 비판한 리비Livy를 옹호하기 위해 쓴 팸플릿 등이 기독교 당국의 신경을 거슬렀고, 2년 후 결국 출판 금지령이 내렸다. 금지령을 우회하기 위해 산세베로는 인쇄기와 활자를 카를로스 3세 왕에게 기증했고, 카를로스 3세는 그 선물들을 기초로 해서 나폴리 왕립 인쇄소를 창립했다.

산세베로의 관심과 열정은 인쇄기에서 그치지 않았다. 출판을 하기 위해 수많은 원고와 외국 간행물들을 훑어보면서 그는 연금술에 관심이 생기기 시작했다. 생명 창조 과정을 이해하기 위한 연금술 실험을 하는 것에서 영감을 얻은 산세베로는 정교한 자동 기계를 만들었다. 이 자동으로 움직이는 기계를 만들면서 그는 기계 과학과 금속 공학, 광물학, 화학을 공부하게 되었다. 1753년, 산세베로의 실험실에 사고로 불이 났는데 그 불을 끄는 데 6시간이 걸렸다. 그 결과 왕자는 '영원한 빛을 주는 램프'를 발견했다고 선언했다. 사람의 해골을 가루로 낸 것과 화약을 섞어서 만든 불을 가리키는 표현이었다.

이 외에도 그는 우연히 발견한 조합을 이용해서 새롭고 기발한 발명품을 많이 만들어냈다. 물에 잘 젖지 않는 옷감, 직조를 하지 않고 실 위에 실을 덧대는 기법으로 만들어내서 그 세밀한 묘사가 유화를 방불케 하는 태피스트리, 주름 지지 않는 마섬유, 그림을 그리고 글씨를 쓰는 데 이상적인 식물성 실크로 만든 종이, 버니싱 공법을 사용하지 않고 흠집도 남기지 않으면서 동을 세척할 수 있는 방법, 그때까지 나온 어떤 것보다 더 얇은 황동판을 만들어낼 수 있는 기법, 도자기를 반투명하게 만들고, 크리스탈을 엄청나게 얇게 만드는 방법, 유리를 가열하지 않고 색을 집어넣는 공법, 고정제를 사용하지 않아도 지워지지 않는 파스텔, 인공 왁스와 '올레오하이드릭oleohydric'을 섞은 재료로 유화 물감과 비슷하지만 캔버스나 나무판에 준비 작업을 미리 하지 않아도 되는 재료 등등 그의 발명은 무궁무진했다.

그는 또 바닷물을 담수화하는 기계도 발명했고, 가짜 마노와 청금석을 만드는 방법을 개발해서 유명한 보석상들을 여러 명 속여 넘기기까지 했다. 그가 개발한 대리석 강화 기법 덕분에 조각가들은 그때까지는 불가능하다 여겨졌던 정도로 대리석을 얇게 조각해서 투명한 베일과 섬세한 레이스를 돌로 표현할 수 있게 되었다. 그는 또 해부학 기계를 만들었다. 지금도 나폴리의 산세베로 가문의 납골당에서 볼 수 있는 이 기계들은 남성과 여성의 순환계를 심장부터 미세한 모세혈관까지 모두 보여주도록 설계되어 있다.

그가 만든 가장 재미있는 발명품은 아마도 하인들이 필요 없이 스스로 세팅이 되는 만찬 식탁과 코르크로 만들어진 말들로 장식된 수상 마차일 것이다. 이 수상 마차는 나폴리 만의 파도를 뚫고 상당한 거리를 갈 수 있었다고 한다.

사람들은 산세베로가 그런 발명을 하는 데 악마의 도움을 받는 것이 아닐까 하는 의심을 하기 시작했다. 그가 피에 가까운 물질을 만들어냈다는 이야기에서 아궁이에서 재가 될 때까지 타버린 민물 게를 다시 살렸다는 이야기에 이르기까지 소문이 무성해졌다. 파라켈수스처럼 그도 재가 된 장미를 다시 피어나게 할 수 있다고 알려지기도 했다. 후에 나폴리인들은 왕자가 하인에게 자기를 부활시키는 방법을 알려주고 자살했는데, 이 신성모독적인 계획을 알아차린 아내가 진심을 다해 그 과정을 방해했다고 믿었다. 시체는 관에서 걸어나오자마자 끔찍한 비명을 지른 후 무너져 내려 먼지로 변하고 말았다고 한다.

산세베로가 인쇄기를 설치한 1750년에 출판된 책 중 가장 흥미롭고 신기한 책은 산세베로가 집필하고, 아름다운 색판들이 동원되어 만들어진 《사과의 편지*Carta Apologetica*》였다. 책에 실린 '편지'의 주제는 고대 잉카의 키푸 시스템이었다. 연구를 좋아한 우리 산세베로 왕자는 모든 일에 흥미를 가진 사람답게 잉카 가르실라소의 책뿐 아니라, 예수교 수사들이 쓴 잉카 언어에 대한 문헌을 통해서도 키푸에 대해 알게 되었다. 예수교 수사들의 문헌에는 특히 다양한 매듭을 여러 색으로 그린 삽화와 함께 그 의미에 대한 설명도 들어 있었다. 산세베로는 거기에 더해 스페인 식민지에서 가져온 진짜 키푸도 봤다. 그 책들과 키푸는 신세계에 다녀온 한 예수교 신부가 가지고 있다가 1745년 왕자에게 판 물건들이었다.

그로부터 2년이 지난 1747년, 전통적인 여성의 역할보다 사상과 학문에 더 관심이 많았던 프랑스의 신여성 프랑수아 드 그라피니*Françoise de*

Graffigny 부인이 《페루 여인의 편지Lettres d'une Péruvienne》를 출판했다. 이 작품은 샤를 드 몽테스키외Charles De Montesquieu의 《페르시아인의 편지Lettres Persanes》로 시작된 서간체 소설이 유행하면서 나온 작품이었다. 그라피니의 사랑 이야기에는 두 명의 잉카 귀족 질리아와 아자가 등장하는데 두 사람은 약혼한 사이였다. 스페인 병사들에게 납치된 질리아는 자신의 슬픈 운명을 약혼자에게 알리기 위해 항상 지니고 다니던 색실 뭉치를 써서 비밀리에 매듭 키푸 편지를 보낸다. 불쌍한 질리아는 자기를 납치한 사람들과 함께 유럽으로 가게 되었고, 거기서도 매듭을 계속 지었지만 바다 건너 멀리 있는 아자에게 보낼 수가 없다. 결국 가지고 있던 실이 모두 떨어지자 그녀는 자신의 사랑을 담은 편지를 계속 쓰기 위해 유럽식으로 잉크로 글을 쓰는 법을 배워야만 한다.

산세베로는 매듭에 기초한 효율적인 문자 시스템이 잉카 제국에 실제로 존재했다고 믿었다. 그러나 계몽주의 시대의 유럽인들은 유럽 밖의 발명품, 특히 전통적인 서구적 모델과 너무도 다른 그런 발명에 대해 무척 회의적인 태도를 보였다. 산세베로는 키푸의 신빙성과 효율성을 믿고 그에 대한 토론을 벌이고 싶었지만 나와 있는 출판물 중에서는 자신의 의견에 유리한 문헌을 발견하지 못하자 (혹은 찾아볼 의향이 없었는지도 모른다) 친구 S**** 공작부인이라는 허구의 인물의 이름을 빌어 그라피니의 소설에 대해 비판적인 글이 있는 것처럼 꾸몄다. 그렇게 무장을 마친 후, 산세베로는 존재하지도 않는 그 문헌에 대해 논한 다음, 《사과의 편지》를 마무리하면서 S****공작부인에게 이야기를 엮는 사람이라는 뜻의 키푸쿠마약quipucumayac(키푸로 글 쓰는 사람)이 되어서 다음 책은 결음문자 키푸로 집필하라고 간청했다.

《사과의 편지》에서 산세베로는 엄청나게 다양한 주제를 맛깔지게 꼬인 문장으로 다루면서 곳곳에서 옆길로 새어나가 여담을 늘어놓는다. 그가 다룬 주제들 중에는 언어의 보편적인 근원, 문자의 발명, 성경의 숨겨진 의미,

카인의 표시가 갖는 의미, 잉카 제국의 옛 시인들이 지키던 관습, 저자가 가지고 있는 특정 키푸 문헌에 대한 상세한 분석 등이 포함되어 있었다. 특히 저자가 보유한 키푸 문헌 중의 하나는 잉카 카르실라소의 책에 인용, 번역되기도 했다.

산세베로는 키푸를 읽을 수 있다는 가정으로 논쟁을 시작한다. 다시 말해, 단어와 숫자를 전달할 수 있는 다양한 색 매듭으로 이루어진 시스템이 존재하고, 키푸 문헌들이 그 시스템에 따라 만들어졌다고 전제한다는 의미다. 샹폴리옹Jean-François Champollion보다 반세기 먼저 그가 사용한 것과 같은 방법을 생각해낸 산세베로는 케츄아어에 많이 사용되는 약 40개의 주요 단어들을 식별해냈다. 케츄아 시인들이 키푸 매듭을 엮어 이야기를 기록하는 사람들에게 받아쓰게 했을 그 단어들 중에는 '신하', '공주', '창조주' 등등의 단어들이 포함되어 있었다. 산세베로는 이 기초적인 개념들에서 출발해 키푸 시스템의 저변에 숨어 있는 언어학적 기호에 해당하는 패턴을 식별해낼 수 있을 것이라고 믿었다.

그중 몇 가지 예를 들어보자. 케츄아어로 '창조주'는 'pachacamac'이다. 산세베로는 가장 핵심적인 기호가 창조주의 영원한 빛을 상징하는 노랑 매듭일 것이라고 생각했다. 이 중심 매듭에는 서로 다른 네 개의 실, 즉 차례로 불, 공기, 흙, 물을 각각 상징하는 빨강, 파랑, 갈색, 초록색 실이 들어 있다. 그러나 동일한 중심 기호가 '태양'(케츄아어로 ynti)을 상징하기도 한다. 이번에는 4색실은 없고, 몇 개의 노랑색 실이 안쪽에서 바깥쪽으로 매듭이 지어진 채 포함되기는 하지만 말이다.

남미에 사는 날지 못하는 새인 난두(아메리카 타조)는 케츄아어로 'suri'다. 키푸에서 이 단어는 사람을 가리키는 매듭과 동일하지만 새의 긴 목을 표현하기 위해 매듭들 사이의 간격이 더 크다.

산세베로에 따르면, 잉카 시인들은 쓰고자 하는 단어를 음절 단위로 나뉘서 기초 단어에 들어 있는 해당 음절을 사용하는 방법으로 모든 소리를 표기할 수 있었다. 그런 다음 핵심 단어에서 해당하는 곳에 더 작은 매듭을 만들어서 어떤 음절을 쓰고자 했는지를 표시했다. 예를 들어 'su'라는 음절로 시작되는 단어는 'suri'를 표시하는 매듭을 만든 다음 더 작은 매듭을 하나 덧붙였다. 그런 다음, 그 단어의 두 번째 음절이 'mac'이면 'pachacamac'을 표시하는 매듭을 만든 다음 더 작은 네 개의 매듭을 덧붙였다. 그 결과 만들어진 단어는 'sumac'으로,《왕조실록》에 등장하는 첫 단어다.

1752년 2월 29일, 아우구스티누스 학파인 도메니코 지오르기Domenico Giorgi는《사과의 편지》가 '진정한 믿음'을 조롱하는 신비주의적 문헌이라고 낙인찍고, 천주교의《금서 목록》에 추가했다. 지오르기 신부는 산세베로가 키푸를 해석하고 옹호한 것은 이집트의 이교도적 상형문자, 장미십자회에서 사용한 피타고라스의 숫자들, 유대교의 세피로트에 그 근원이 닿아 있다고 판결했다. 지오르기 신부는 신비주의자들이 하느님을 우리의 형제라 주장하고, 전지전능한 주님과 그의 창조물인 아담을 같은 끈으로 묶어서 표현했다고 지적했다. 그는 키푸가 그 끔찍한 신격 모독을 신대륙의 방식으로 표현한 것이라고 주장했다.

1년 후, 산세베로는 자신의《사과의 편지》를 옹호하는 청원서를 출간했다. 그러나 그의 주장은 설득력이 없어보였고, 교황은 금서 명령을 해제해주지 않았다. 1771년 3월 22일, 산세베레의 왕자 라이몬도 디 산그로Raimondo di Sangro는 자신의 저서에 대한 교회의 용서를 받지 못한 상태로 나폴리에서 숨을 거뒀다.

당시의 독자에게 산세베로의《사과의 편지》는 수수께끼와 같았다. 산세베로의 책에 아름다운 총천연색 삽화와 함께 등장한 키푸의 다양성, 창의성, 정교함, 아름다움은 다시 논할 여지가 없지만 말이다. 키푸 또한 텍스트의 의미를 전달하는 기본적인 기능을 갖춘 것은 물론이고, 전통적인 서구의 글자체와 마찬가지로 다른 무엇보다도 그 자체로 시각 예술이었다. 다른 문자들과 마찬가지로 키푸 또한 시각적 이미지에서 탄생한 것이다.[14]

글쓰기는 말로 하는 단어들을 재생하는 것이 아니라 그 말들을 시각화한다. 그러나 가시화된 그 이미지를 해독하는 열쇠는 그 시각 예술을 실행하는 예술가가 활동하는 사회 내에서 공유되어야만 한다. 캐나다의 시인 로버트 브링허스트Robert Bringhurst는 글자체에 대한 개론서에서 "글자체는 모두가 공유하는 관심사일 때 번창한다. 욕구와 방향성이 공유되지 않으면 어느 방향으로 가는 길도 열리지 못한다"[15]고 말한다.

잉카인들로부터 시공 모두 멀리 떨어진 곳에 있는 우리로서는 잉카 제국의 사람들이 공유했던 욕구와 방향성을 이해할 수 있는 실마리가 너무도 부족하다. 우리는 우리에게 전해진 키푸들이 가진 개별적인 차이들을 그 사회에서 그 문자를 읽었던 사람들은 식별할 수 있을 것이라고 추정해야 한다. 그들의 눈에는 우아하게 만들어진 것, 조악하게 만들어진 것, 명확하게 만들어진 것, 애매하게 만들어진 것 등등 다양한 성격들이 보일 것이다. 그중 소수는 독창적으로 만들어진 것도 있을 것이고 아마 나머지 대부분은 관습에 따라 만들어졌을 것이다. 우아함, 명확성, 독창성 등이 잉카의 독자들이 중요시하고 좋아하는 것들이었다면 그들의 눈에는 그런 특징들이 더 도드라졌을 것이다.

최근 학자들 다수는 산세베로가 키푸를 해독한 것이 과학적 어문학보다 18세기 당시 유행했던 유럽 출판계의 그림 문자 해독 게임에 영향을 더 많이 받았다고 주장한다.[16] 그런 주장을 하는 학자들은 키푸가 무척 정교하고 세련되었긴 하지만 숫자를 세고 연상을 돕는 기호에 지나지 않는다고 생각한다. 브리티시컬럼비아 해변에서 안데스 산맥 남쪽 끝에 이르기까지 미 대륙 전역에서 사용되었던 기호 체계와 다르지 않다는 것이다.

사실 현대에도 페루의 일부 지역에서는 숫자 정보만을 저장하는 데 키푸를 사용하기도 하지만, 식민 시대 스페인 문헌 여러 곳에서 결음 문자를 기억 보조 장치로 사용해서, 긴 연대기와 시를 낭송하고, 과거 사건들에 대한 기록을 보존하는 키푸카마야에 대한 언급을 찾을 수 있다. 다른 문화권의 시인들은 각운과 두운 등을 이용해 비슷한 목적을 달성한다.

잉카 사회에서 키푸는 질서를 유지하는 도구로 사용되기도 했다. 1553년 페드로 시에자 데 레온Pedro Cieza de Leon은 "스페인 정복군이 몰고 온 전쟁과 잔인성, 약탈, 압재가 너무도 지독해서, 원주민들이 질서와 신의 섭리에 익숙하지 않았으면 모두 전멸하고 말았을 것이다"라고 썼다. 잉카 제국의 부족장들은 "스페인 정복군이 지나가고 나면 키푸 담당자들과 함께 모두 모여, 한 부족이 다른 부족보다 잃은 것이 더 많으면, 빼앗긴 것이 덜한 부족이 그 차이를 메워줘서 모든 부족이 동등한 위치에 설 수 있도록 했다."[17]

브링허스트는 "문학과 글 자체의 관계는 작곡과 음악 연주 사이의 관계와 같다"고 말한다. "둘 다 꼭 필요한 해석을 하는 행위이고, 통찰 혹은 무지로 인해 서로 다른 해석이 나올 가능성이 무한대로 존재한다."[18] 한 가지 다른 점은 키푸의 경우 우리는 의미와 미적인 면 모두에서 어느 것이 통찰력을 발휘한 것이고, 어느 것이 무지로 인한 무딘 해석인지 상당수 추측에 의지할 수밖에 없다는 사실이다. 영감을 곁들여 추측할 수는 있지만, 그것이 추측에 그치지 않는다는 점은 변하지 않는다.

그러나 (우리에게는 수수께끼일 수밖에 없는) 잉카 제국의 키푸 예술가들이 가졌던 실용적·미적 감각을 이해하는 데 몇 가지 단서가 있기는 하다. 스페인 정복군이 잉카의 도시들을 약탈했을 때, 왕궁과 민가에서 훔친 아름다운 금속 공예품들을 녹여 약탈품을 쉽게 분배할 수 있도록 금괴로 만들었다. 현대의 산타페 데 보고타에 있는 '황금 박물관'을 찾는 방문객들은 정문 위의 돌에 새겨놓은, 원주민 시인이 스페인 정복군에게 한 말을 읽을 수 있다.

당신들의 어두운 눈과 어리석음은 실로 놀랍구나.

그토록 아름다운 보물을 벽돌과 돌로 만들어버리고 말다니.

제5장

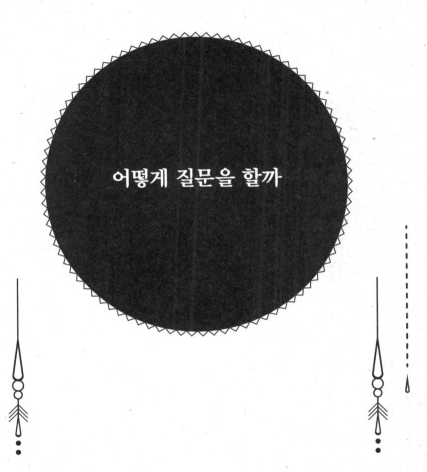

어떻게 질문을 할까

■

◆

●

"오, 어디로 가시오?" 책을 읽던 사람이 말을 탄 사람에게 물었다.
"용광로가 불탈 때면 계곡은 치명적이리니,
저 너머 두엄더미는 그 악취가 정신을 앗아갈 지경이요,
그 간극은 키 큰 자가 돌아올 무덤이리다.

−위스턴 오든Wystan Auden, 〈다섯 노래Five Songs〉

다른 사람들의 말들이 내가 생각하는 것을 돕는다는 사실을 나는 항상 알고 있었다. 인용구 (그리고 잘못된 인용구), 여담, 겉보기에 막힌 듯한 이야기, 탐색, 여기저기 쑤셔보기, 이미 해놓은 말을 주워 담기 위해 하는 말, 마구 앞질러 나가는 이야기 등등은 모두 내게 질문을 위한 소중한 도구로 여겨졌다. 나는 빨강 망토가 가야 할 길에서 자꾸 벗어나고 싶다고 느끼는 충동에도, 무슨 일이 있어도 노랑 벽돌길을 따라가겠다는 도로시의 결심에도 모두 공감한다. 내 서재는 책들을 주제별, 알파벳별로 정리해놓긴 했지만 질서보다는 흥미로운 혼란의 공간이다. 오직 나만 알아볼 수 있는 보물을 찾는 마술 같은 벼룩시장을 상상하면 된다. 필요한 것은 모두 거기 있지만, 눈으로

직접 보기 전까지는 그것이 무엇인지 알지 못할 것이다. 무엇인지 알아보기만 하면 90퍼센트는 성공을 거둔 것이나 마찬가지다.

내가 기억할 수 있는 한 나는 늘 내 서재가 모든 질문에 대한 답을 찾을 수 있는 곳이라 믿어왔다. 설령 답을 찾지 못할지라도, 더 나은 방법으로 질문을 할 수 있도록 해서 이해로 향하는 길을 찾는 것을 돕는 곳이었다. 어떨 때는 특정 작가나 책, 혹은 나와 공감할 수 있는 동반자를 찾기도 하지만, 많은 경우 나는 우연에 몸을 맡기곤 한다. 우연은 뛰어난 사서다. 중세의 독자들은 베르길리우스의 《아이네이스》를 점치는 도구로 사용해서 질문을 한 다음 계시를 받기 위해 책을 펼치곤 했다. 로빈슨 크루소도 길고 긴 절망의 순간에 《성경》의 안내를 받기 위해 똑같은 방법을 사용했다. 모든 책이 그 책에 맞는 독자에게는 예언서가 될 수 있다. 가끔은 묻지 않은 질문에까지 반응을 하는 그런 예언서, 조지프 브로드스키Joseph Brodsky가 '침묵의 북소리'라고 부른 것에 단어들을 입히는 그런 예언서 말이다. 하지만 인터넷이라는 광활한 예언서는 내게 별 도움이 되지 못한다. 아마 사이버 스페이스 안에서 길을 찾는데 내가 익숙치 않기 때문이겠지만, 인터넷에서 찾는 답은 상상력이라곤 없는 글자 그대로의 해석이기에 따분하다.

내 서가에는 팔을 뻗으면 딱 닿는 곳에 조지프 브로드스키의 저서들이 꽂혀 있다. 1960년대 초, 브로드스키는 KGB가 만들어낸 죄명을 쓰고 정신병원에 두 번 강제 구금되었다가 결국 러시아 북쪽에 있는 수용소에 유배되어서 영하 30도를 밑도는 추위에 국유 농장에서 강제노동을 해야 했다. 끔찍한 생활환경에도 불구하고, 너그러운 감독을 만난 덕분에 그는 편지를 보내고 받을 수 있었고, (후에 그가 한 말에 따르면) 상당수의 시를 쓸 수 있었다. 친구들은 그에게 책을 보냈다. 브로드스키는 로버트 프로스트Robert Frost, 마리나 츠베타예바Marina Tsevetaeva, 콘스탄틴 카바피Constantin Cavafy, 위스턴 오든 등 네 명의 시인이 그에게 아주 중요한 존재가 되었는데, 그것은 그들이 가진 '견줄 데 없는 영혼' 때문이었다고 말했다. 오든은 프로스트가 가장 좋아하는 이미지는 폐허가 된 버려진 집이라고 말한 적이 있었다.

비평가 솔로몬 볼코프Solomon Volkov는 브로드스키와 대화를 하던 중, 유럽의 시에서 폐허는 전쟁과 약탈을 연상시키지만, 프로스트에게로 가면 폐허는 '용기의 메타포, 그리고 생존을 위한 인류의 절망적인 투쟁을 상징하는 이미지'가 된다고 말했다. 브로드스키는 굳이 설명을 덧붙여서 그 이미지를 축소시켜버리는 대신 솔로몬의 해석에 동의하는 쪽을 선택했다. 그러나 그는 그 지식을 바로 밝혀서 드러내는 것보다 보이지 않게 묻어두는 쪽을 선호했다. 브로드스키는 창조적 행위를 둘러싼 주변 상황이나 사건들을 설명하는 것을 신뢰하지 않았다. 텍스트는 독자와의 애정으로 얽힌 가운데 그 자체로 말할 수 있도록 놔둬야 한다는 것이 그의 입장이었다. "감옥, 박해, 망명 등의 상황은 반복될 수도 있다. 그러나 그 결과는 예술의 입장에서 볼 때 반복될 수 없다. 따지고 보면 플로렌스에서 망명길에 떠나야만 했던 사람이 단테 한 사람만은 아니지 않은가."

몇 년이 흐른 후, 러시아를 떠나 망명길에 오른 어느 해 겨울, 자신이 사랑했던 베니스에서 야외에 앉아 있던 그는 문득 물 위에 지어진 그 도시의 미로 같은 길들이 얼어붙은 러시아 북쪽에서 자신의 시를 읽는 것과 비슷하다고 했다. 마치 '삶이 인간에게 말을 거는 것처럼'말이다. 브로드스키는 다음과 같이 썼다.

> 그 도시는, 말이 애를 쓰고 있는 동안
> 침묵의 북소리에서 음율을 건지려는 노력을 떠올리게 한다.

* * *

많은 경우, 가장 어려운 질문은 뛰어난 추측에서 시작한다. 연옥산 기슭에 도착한 후, 베르길리우스는 단테에게 아무것에나 다 호기심을 가지면 안 된다고 경고한다. 모든 것이 다 인간의 이해 범위 내에 있는 것이 아니기 때문이었다.

> 삼위일체의 존재가 취하는 끝없는 길을
> 인간의 이성으로 따르려 하는 것은
> 광적인 무모함이로다.
>
> 인류여, 있는 그대로(quia)에 만족하라,
> 인간이 모든 것을 볼 수 있었다면
> 성모 마리아의 출산도 필요 없었으리니.
>
> 욕망을 채우는 데 성공할 수도 있었을 자들의
> 헛된 염원을 목격했을 터이니
> 그들은 영원히 통곡할 것이다.

하고자 하는 말을 더 명확히 하기 위해 베르길리우스는 이렇게 덧붙인다. "아리스토텔레스와 플라톤도 그러했고/ 수많은 사람들이 그러했다." 그런 다음 그는 고개를 숙이고 말이 없어졌다. 자기 역시 그런 욕구를 충족시키려 했던 사람 중의 하나였기 때문이었다.[1]

스콜라 철학은 결과를 받아들이지 않으면 안 된다고 강조했다. 이 교리는 인류가 가진 제한된 용량의 두뇌에 충분한 생각거리를 줄 수 있다고 간주되었다. 아퀴나스는 왜인지를 알고 싶어 하는 것과 무엇인지를 알고 싶어 하는 것 사이의 차이를 분명히 했다. 《신학 대전》에서 그는 "증명에는 두 가지 종류가 있다. 원인에 근거한 증명은 '프롭터 퀴드propter quid'라고 부르고

…… 효과에 의거한 증명은 '퀴아quia'라고 부른다"라고 썼다. 다시 말하면, 무엇이 '왜' 존재하는지 묻지 말고, 단순히 '왜냐하면 그것이 존재하기 때문에'에서 시작해서 그 존재를 탐색해 나아가야 한다는 것이다.

17세기 초, 프란시스 베이컨은 인간의 문제의식에 대해 이와는 정반대의 입장을 내세웠다. "인간이 확신에서 시작하면, 의혹을 가진 채 끝나고 말 것이다. 그러나 의혹에서 시작하는 것으로 만족할 수 있다면, 확신으로 끝낼 수 있을 것이다."[2] 질문하고, 고찰하고, 논리적으로 따지고, 증명하는 데 언어가 핵심적인 도구라는 사실은 자명하다. 망명한 직후, 자신의 세계는 잃었지만 자신의 언어는 함께 잃지 않았다는 확신을 얻고 싶기라도 하듯 단테는 토착어와 토착어를 서정시에 사용하는 것을 다룬 《토착어에 관하여》를 집필했다. 앞에서도 언급했지만 보카치오는 《신곡》이 라틴어로 시작되었다가 플로렌스 지방에서 쓰는 이탈리아어로 바뀌었을 것이라고 전한다. 《토착어에 관하여》는 스콜라 학파풍의 우아한 라틴어로 쓰였다. 아마도 단테는 '속어'라고 업신여김을 당하는 '민중의 언어'를 고찰하는 데는 학문적 도구를 사용하는 것이 더 낫겠다고 생각했을 것이다. 몇 세기 동안 그 책은 거의 읽히지 않았다. 중세시대 후까지 살아남은 필사본은 세 부뿐이었고, 1577년에야 인쇄되었다.

《토착어에 관하여》는 아기들이 부모의 무릎에 앉아 배운 민중의 언어가 학교에서 배우는 규칙에 얽매인 인위적인 언어보다 더 숭고하다는 충격적인 선언으로 시작한다. 자신의 주장을 뒷받침하기 위해 단테는 성경에서 당대에 이르기까지 언어의 역사를 추적한다. 그는 인류 최초의 언어, 즉 인간들 사이에 의사소통이 가능하도록 하기 위한 신의 선물은 히브리어였고, 그 언어를 최초로 사용한 사람은 애덤이었다고 말한다. 인류가 바벨탑을 건설하려는 교만함을 보인 후, 모든 사람이 공유했던 그 원초적 언어는 수많은 언어로 분화되어서 인간들 사이의 의사소통을 교란시키고 혼란을 초래했다.

그 벌의 효과는 오래갔다. 서로 다른 언어로 인해 우리는 동시대인들과의 의사소통뿐 아니라 지금 우리와 다른 방식으로 말을 하던 조상들과의 의사소통도 어려워졌다.

항성천에 이른 단테는 아담의 영혼을 만난다. 아담은 "선악과를 맛본 것은/ 그 자체로 추방당할 정도로 큰 죄가 아니었으나/ 경계를 넘어선 것이 진정으로 큰 죄였"다고 말한다. 단테는 아담에게 당대의 많은 사람들의 마음을 괴롭혔던 질문을 한다. 에덴동산에 얼마나 오래 머물렀었는지? 추방을 당한 후 얼마나 오래 살았는지? 그리스도가 그를 부르기 전까지 림보(지옥의 변방)에서는 얼마나 오래 머물러야 했는지? 그리고 마지막으로, 에덴에서 아담이 사용했던 언어는 무엇이었는지? 마지막 질문에 대해 아담은 이렇게 대답한다.

> 내가 쓰던 언어는
> 니므롯 사람들이 불가능한 시도를 하기도 전에
> 모두 사라져버렸다.
>
> 우리가 머리로 해낸 일이
> (인간의 모든 즐거움은 하늘의 변화와 함께 새로이 바뀌게 마련이므로)
> 변치 않고 영원한 경우는 없나니.
>
> 사람이 말할 수 있는 것은 자연의 선물이지만
> 자연은 그것을 이리저리 사용하는 것을
> 우리 뜻대로 하도록 맡겨두노라.[3]

이 글을 쓸 때즈음에는 언어의 근원에 대한 단테의 생각이 《토착어에 관하여》를 집필했을 때와는 달라졌다는 것을 알 수 있다.《토착어에 관하여》에서 단테는 애덤이 말할 수 있는 능력과 언어 자체를 모두 신이 부여했다고 주장했다.《신곡》에서 애덤은 말하는 능력은 신의 선물이었지만, 자신이 사용한 언어, 즉 바벨탑 전에 사라진 인류 최초의 언어는 스스로 만들어냈다고 말한다. 하지만 그 원초적 언어는 과연 무엇이었을까? 에덴동산에서 쫓겨나기 전과 후에 신을 부르는 단어를 예로 들면서 애덤은 히브리어 용어를 사용한다. 처음에는 '야'라고 발음되는 'J'를, 다음에는 '강력한 자'라는 뜻의 'El'이 등장한다.⁴ 따라서 독자는 에덴동산에서 사용된 언어가 히브리어라는 결론을 내리지 않을 수 없다.

《토착어에 관하여》에서 단테는 히브리어가 두드러진 위치를 차지하게 된 것을 정당화하기 위해 노력하는 모습을 보인다. 신이 애덤에게 '언어 형식forma locutionis'를 주셨고, "바로 이 언어 형식이 그의 후손들이 사용한 언어였다. 그 언어의 사용은 '혼돈의 탑'이라는 뜻의 바벨탑 건설 직전까지 계속되었다. 그리고 이 언어 형식을 물려받은 에벨의 자손들은 에벨의 이름을 따 히브루족이라 불리게 되었다. 언어에 혼돈이 생긴 후, 이 언어 형식이 에벨의 자손들에게서만 유지된 것은, 인간적 측면을 갖추기 위해 그들의 핏줄에게서 태어나야 했던 우리의 구세주가 혼란의 언어가 아닌 은총의 언어를 사용할 수 있어야 했기 때문이다. 바로 이런 이유에서 언어를 사용할 능력을 받은 첫 인류가 만들어낸 언어는 히브리어였다."⁵

그러나 최초의 언어가 산산조각난 후 남은 잔해, 애덤의 자손들이 물려받은 언어 형식의 조각들은 인간들의 머릿속에서 일어나고, 전달하기를 원하는 깨달음을 모두 표현하기에는 충분치 않았다. 따라서 우리가 사용할 수 있는 언어(단테의 경우에는 플로렌스에서 사용하던 이탈리아어)를 재료로 해서 재능 있는 시인들의 도움으로 잃어버린 완벽성을 보완하고 바벨의 저주에 맞서는 것이 가능한 체계를 만들어내는 것이 필요해졌다.

유대교-기독교 전통에서 말은 모든 것의 시작이다. 탈무드 해설자들에 따르면 하늘과 땅을 창조하기 2천 년 전, 신은 중요한 일곱 가지를 먼저 마련했다고 한다. 신의 왕좌, 그 오른쪽에 자리한 낙원, 그 왼쪽에 자리한 지옥, 그 앞에 자리한 천상의 보호구역, 메시아의 이름이 새겨진 보석, "돌아오라, 인간의 자손들아!"라고 어둠 속에서 외치는 목소리, 그리고 하얀 바탕에 검은 불로 쓰인 토라. 토라는 일곱 개 중 가장 첫 번째로 존재했고, 신은 세상을 창조하기 전 토라의 의견을 물었다. 세상의 창조물들이 죄로 가득해질 것을 두려워한 토라는 망설였지만 결국 천지창조에 동의했다. 신의 목적을 깨달은 후, 경이로운 왕관에 불길의 펜으로 씌어 있던 알파벳의 글자들이 내려왔다. 그리고 글자들은 차례대로 신에게 청원했다.

"저를 통해 세상을 창조해주시옵소서! 저를 통해 세상을 창조해주시옵소서!"

스물여섯 개의 글자 중에서 신은 'Blessed'(은총을 입다)의 첫 글자인 '베트'(히브리어 알파벳의 둘째 글자)를 골랐다. 그렇게 해서 세상은 베트를 통해 존재하게 되었다. 해설자들은 신에게 청원을 하지 않은 유일한 글자는 겸손한 알레프(히브리어 알파벳의 첫째 글자)였다는 사실을 주목한다. 그 겸손함에 대한 상으로, 신은 알레프에게 십계명의 첫 자리를 수여했다.[6] 긴 세월이 흐른 후, 복음서를 쓴 성 요한은 살짝 성급하게 그 긴 과정을 이렇게 요약한다.

"태초에 말씀이 계시니라."

이 오래된 확신에서 신을 저자에, 세상을 책에 비유하는 메타포가 탄생했다. 우리가 읽으려고 노력하는 그 책은 또한 우리가 씌어 있는 책이기도 하다.

신의 말씀은 모든 것을 아우르고 완벽하기 때문에,《성경》의 어느 부분도 애매하거나 우연에 의존하지 않는다. 글자 하나하나, 그 글자들의 순서 하나하나, 단어 하나하나의 위치는 모두 의미를 지니고 있어야 한다. 신의 말씀을 더 잘 읽고 해석하기 위해서 1세기에, 아마도 페르시아의 영향을 받은 팔레스타인과 이집트의 유대인들이 《토라》와 《탈무드》를 해석하는 체계를 개발했고, 그 결과 '전통'이라는 뜻의 카발라Kabbalah가 탄생했다. 그러나 이 용어는 10세기가 지난 뒤, 신비주의자들과 신지주의자들에 의해 오용되어버렸고, 이제 우리는 그들을 카발리스트들이라 부른다. 2세기경 족장 랍비 유다가 구전 토라를 요약 집대성한 《미쉬나》에서는 정해진 한계를 넘어서는 인간의 호기심을 부적절하다고 선언한다.

"다음 네 가지를 궁금해하는 자는 세상에 나오지 않는 편이 더 나았을 것이다. 위에 무엇이 있는지, 아래에 무엇이 있는지, 시간이 시작되기 전에는 무엇이 있었는지, 시간이 끝난 다음에는 무엇이 있을지가 바로 그 네 가지다."[7]

카발라는 신의 말씀 자체에 주의를 집중함으로써 그런 비난을 받는 것을 우회해서 피해간다. 신의 말씀은 본질적으로 그 글자 한 자 한 자에 위의 네 가지 질문이 모두 포함되지 않을 수가 없기 때문이다.

13세기 중반에 살았던 뛰어난 카발라 학자인 스페인의 아브라함 아불라피아Abraham Abulafia는 아마도 이곳저곳 여행하던 중 만난 수피교(이슬람의 신비주의교파) 지도자들에게서 얻은 영감을 바탕으로, 초월적 경험들을 통해 글자들의 조합과 숫자를 통한 점치기 기술을 통합한 테크닉을 개발하고 "이름의 길The Way of Names"이라는 이름을 붙였다. 아불라피아는 자신이 개발한 방법을 통해 학자들은 알파벳의 여러 글자를 거의 무한대로 조합해서 각자의 해석과 명상의 결과를 글로 남길 수 있을 것이라고 믿었다. 아불라피아는 이것을 음악 작품의 변주곡을 연주하는 것에 비유했다(수피교 가르침에서 중요하게 여기는 비유다). 글자와 음악의 차이는 음악은 몸과 영혼을 통해 이해하지만, 글자는 눈으로 받아들여 영혼을 통해서만 이해할 수 있다는 점이다. 이는 눈은 영혼의 창문이라는 오래된 비유를 적용한 것이기도 하다.[8]

예를 들어, 아불라피아는 히브루어 알파벳의 첫 글자 '알레프aleph'와 입 밖으로 낼 수 없는 신의 이름인 '테트라그라마톤tetragrammaton(야훼를 이루는 4자음 문자 YHWH)'의 네 글자를 체계적으로 결합해서 각각 50개의 단어로 이루어진 네 개의 표를 만들었다. 7세기가 흐른 후, 아불라피아는 꿈에도 그 존재를 상상하지 못했던 지구 남반구의 신대륙에서 호르헤 루이스 보르헤 스는 동일한 구성과 동일한 페이지로 만들어지고 아불라피아의 조합을 모 두 담은 셀 수 없이 많은 책들이 소장된 도서관을 상상했다. 그 도서관의 또 다른 이름은 '우주'였다.[9]

단테와 마찬가지로 히브리어를 모든 언어의 어머니라고 간주하는 아불 라피아는 각 소리와 그 소리들이 이름으로 일컫는 사물들 사이에 신이 선지 자들을 위해 정립해놓은 관습적 일치성이 존재한다고 주장했다. 이를 근거 로 그는 신생아 때부터 인간과의 접촉이 결핍된 채 성장해도 저절로 히브리 어를 할 수 있을 것이라 주장하는 사람들을 조롱한다. 그 아이에게 기호학 적 관습을 가르쳐줄 사람이 존재하지 않았기 때문에 그런 일은 불가능하다 는 것이 그의 주장이었다. 아불라피아는 유대인들이 조상의 언어를 망각한 채 메시아가 오기만을 열광적으로 기다린다고 탄식했다. 유대인들은 메시 아가 오면 신의 관대함으로 잃어버린 언어에 대한 지식도 복구될 것이라고 믿었다.

12세기 스페인의 철학자 마이모니데스Maimonides를 깊이 존경한 아불라 피아는 자신의 저서 중 특히 《다른 세상의 삶》과 《숨겨진 에덴동산의 보물》 을 마이모니데스의 유명한 저서 《당혹한 자들을 위한 안내서》의 후편으로 여겼다. 마이모니데스의 저서는 그리스 철학과 성경 사이에 존재하는 모순 으로 인해 당황한 학생들을 위한 지침서다. 이 문제를 해결하기 위해 아불 라피아는 세피로트(신격의 힘 혹은 위력)와 미츠보트(토라의 명령 혹은 계율)에 근 거한 카발라의 전통적인 방법과 거리를 뒀다. 아불라피아는 신에 대한 우리의 이해가 지성인들이 상호관계를 하고, 어떤 것이 이해가 가능한 것인지 탐구하고, 지적 능력을 성취하기 위한 행동을 하는 등의 노력으로 이루어질 수 있다고 믿었다.[10] 이 역동적인 삼각 구조를 통해 우리의 호기심은 끝없는 탐색을 계속할 수 있다.

아불라피아에게 쾌락은 신비로운 경험의 가장 중요한 결실이자, 핵심적인 목적이며, 지적인 답을 얻는 것보다 더 중요했다. 이런 점에서 그는 상위의 선을 원하는 목표로 삼는 아리스토텔레스와 마이모니데스의 철학에서 벗어났고, 이로 인해 악명을 얻었다. 히브루어 단어인 벤ben(아들)과 비나binah(이해 혹은 지성) 사이에 우연히 겹치는 어원을 이용해서 아불라피아는 생각의 잉태가 성적 잉태와 동일하다고 주장했다.

단테는 '볼룹타스voluptas(욕망, 육체적 쾌락)'라는 개념과 쾌락주의적 원칙의 일부가 모순이 아니라는 것을 설명하기 위해 고대 로마의 시인 스타티우스Statius에게 베르길리우스와 자신을 연옥의 윗부분으로 안내하도록 한다. 금지된 과실이 열린 이상한 모양의 나무에 이르기 전 여섯 번째 둘레에서 일행은 "맑은 물이 높은 바위에서 떨어져/ 이파리들 위로 퍼지는" 장면을 목격한다.[11] 베르길리우스의 작품들을 접했을 때 스타티우스가 마셨다고 말한(그는 상대방이 베르길리우스인줄 모른 상태로 그렇게 말했다) 시의 샘물인 파르나소스의 물을 정화할 물이 바로 그 물이었다.[12] 베르길리우스는 엄한 눈으로 단테를 바라보며 자신의 정체를 밝히지 못하게 했지만, 단테의 입술에 떠오른 미소를 보고 스타티우스는 무엇이 재미있는지 묻는다. 베르길리우스의 허락을 받은 단테는 스타티우스에게 그들 앞에 선 사람이 바로《아이네이스》의 저자라고 밝힌다. 그러자 스타티우스는 (육신의 그림자도 감정이 북받쳐오를 수 있기 때문에) 몸을 굽혀 존경하는 시인의 발을 껴안으려 한다. 베르길리우스는 그런 그를 멈추게 한 다음 말한다.

형제여,

이러지 마시오, 당신은 그림자고, 당신이 보는 것도 그림자에 불과하오.

스타티우스는 사과한다. 그는 베르길리우스에 대한 자신의 사랑이 너무 커서 두 사람 모두 아무것도 아니라는 사실을 망각했다고 설명했다. 스타티우스처럼 베르길리우스를 모든 시의 "영광이자 빛"으로 숭배하고, "오랜 애정과 커다란 사랑으로/ 당신의 책을 찾아 헤매었다"고 고백한 단테에게 독서를 통해 이룰 수 있는 지적 기쁨은 이제 또 다른 숭고한 쾌락으로 변화되어야 한다.[13]

아불라피아의 제자들은 그의 저작들을 스페인 반도 바깥에 있는 유대 문화의 중심지, 특히 13세기 당시 때때로 카발리스트 연구의 중심지 역할을 했던 이탈리아로 전파했다.[14] 아불라피아 자신도 이탈리아를 몇 번 방문했고, 그곳에서 10년 넘게 살기도 했다. 확실히 알려진 것은 그가 1280년에 교황을 개종시키려는 의도를 품고 로마를 방문했다는 사실이다. 단테는 아마도 여러 도시들에 아불라피아가 방문한 후 지식인들 사이에 벌어진 토론들, 특히 볼로냐의 지식인층에서 벌어진 토론들을 통해 그의 사상을 접했던 듯하다. 그러나 움베르토 에코Umberto Eco가 지적하듯, 르네상스 전에는 기독교인 시인이 유대인 사상가의 영향을 받았다는 점을 인정하고 싶어 하지 않았을 것이다.[15]

2세기가 흐른 후, 르네상스의 신플라톤주의자들이 기억 장치들을 만들기 위해 아불라피아의 조합의 기술을 더 깊게 연구하는 과정에서, 쾌락의— 특히 신비로운 경험, 지적 경험 모두에서 얻을 수 있는 쾌락의 극치감—중요성을 믿었던 그의 신념과 지성이 창조주와 창조물 사이의 초기 매개체라는 그의 개념 또한 재조명되었다. 단테는 그 쾌락의 극치를 여정 말미에 경험한다. 말로 형언할 수 없는 궁극의 비전으로부터 연이은 공격을 당한 그의 머

리는 "얻어맞은 느낌"이 들었고, 매개체의 역할은 이제 단테라는 시인 자신의 것이 되었다.[16]

아불라피아가 상상하듯 신이 아담에게 선물한 언어 형식이 창조 과정에 발휘된 신의 언어와 일치한다면, 시인이 실행에 옮기는 예술적 창조 행위는 아담과 신이 공유한 언어라는 선물이 주는 힘일 것이다. 플라톤은 예술 작품은 의심할 여지없이 거짓을 말하는 모조품이라고 선언했다. '거짓 이미지'를 보여주기 때문이다. 그러나 단테에게 그 거짓들은 'non falaso errori', 즉 '거짓된 거짓이 아닌', 시적 진실이었다.[17]

'거짓 이미지'를 통해 드러난 진실의 예는 베니스 아카데미아 미술관에 소장되어 있는 1506~1508년으로 추정되는 치마 다 코넬리아노Cima da Conegliano의 대작이다. 그림에는 탑이 세워진 언덕들과 항구의 성벽을 배경으로 성 마르크의 사자가 땅과 물 양쪽에 모두 발을 딛고 서 있다. 육지 국가stato da terra이자 해양국가stato da mare인 베니스의 수륙양용적인 성격을 상징한 것이다.[18] 다양한 채색의 날개를 가진 사자는 오른쪽 앞발을 펼쳐진 책 위에 올린 채 네 명의 성인에게 둘러싸여 있다. 후광이 그려진 사자의 얼굴 쪽에는 침례자 성 요한과 《복음서》의 저자인 성 요한이 서 있고, 뒤쪽으로는 성 막달레나 마리아와 성 제로미노가 서 있다. 훨씬 뒤쪽에 있는 그림의 배

치마 데 코넬리아노, 〈성 마르크의 사자〉, 1506년 또는 1508년, 베니스 아카데미아 미술관 소장.

경에는 먼 도시의 건물들이 올라서 있는 절벽 아래 터번을 두른 기사가 말을 타고 있다. 사자가 발을 올리고 있는 책은 《성경》이고, 열려 있는 페이지에는 전통에 따라 마르크가 베니스에 처음 도착했을 때 천사가 한 환영의 말이 적혀 있다. "Pax tibi, Marce, Evangelista meus(마르크, 나의 전도사여, 평화가 그대와 함께하기를)." 성인들은 상호 보완적으로 짝이 이루어져 있다. 세례자 요한과 막달레나 마리아는 신의 말씀을 세상에서 읽은 능동적인 역할을 한 사람들이다. 고문서를 각각 들고 있는 복음서의 저자 요한과 제로미노는 신의 말씀을 책에서 읽은 사색적인 사람들이다. 사자는 양쪽 성인들의 특성을 고루 갖추고 있다.

읽는 행위는 절대 완성할 수 없는 기술이다. 끈질긴 독자라면 텍스트의 모든 음절을 분석하고 가능한 한 끝까지 해석한다 해도 자신보다 앞서 책을 읽은 사람들이 남긴 독서의 결과물들이 여전히 존재한다는 것을 무시할 수 없을 것이다. 숲에 남겨진 동물의 발자국처럼 선배 독자들이 남긴 서사와 의미들은 새로운 텍스트가 되어 읽을 대상으로 남겨져 있다. 그리고 설령 이 두 번째 읽기를 성공적으로 마쳤다 하더라도 첫 번째 읽기로 형성된 텍스트와 논평에 대한 논평, 주석에 대한 주석 등등이 계속 등장할 것이다. 이런 읽기는 마지막 남은 의미까지 모두 꼼꼼히 살펴볼 때까지 계속된다. 책을 끝내는 것은 그저 희망적인 바람일 뿐이다. 움직임에 관한 제논의 역설처럼, 텍스트를 읽는 모든 사람이 받아들여야 하는 역설적인 진실은 좋든 싫든, 읽는 행위는 계속 이어지지만 한계가 있는 행위이고, 언젠가는, 그러니까 생각할 수도 없이 머나먼 미래의 어느 날 오후쯤에 마지막 문헌의 마지막 단어를 읽는 순간이 오기는 할 것이라는 사실이다.

18세기 베르디체프의 랍비 레비 이르착Levi Yitzhak은 왜 바빌로니아 탈무드는 각 장의 첫 페이지가 모두 없는지에 관한 질문을 받고 이렇게 대답했다.

"학구적인 독자가 아무리 열심히 탈무드를 많이 읽어도 아직 첫 번째 페이지에도 이르지 못했다는 것을 상기시켜주기 위함입니다."[19]

없어진 그 첫 페이지는 여전히 우리를 기다리며 유혹의 메시지를 보내고 있다.

첫 페이지를 찾기 위한 탐색이 아직 결실을 맺지 못한 것은 사람들의 노력이 부족해서는 아니다. 15세기 후반 포르투갈의 철학자 이삭 아브라바넬 Issac Abravanel은 마이모니데스의 주장에 범상치 않은 반대 의견을 제시했다. 스페인에 정착했다가 후에 이탈리아로 망명해서 베니스로 간 아브라바넬은 자신의 학술적 독서 원칙에 엄격한 사람이었다. 아리스토텔레스와《성경》의 차이를 해소하려 노력한 것 외에도 마이모니데스는 토라의 신성한 말에서 유대교리의 기초적인 원칙을 추출해내려고 시도했다.[20]

1204년 세상을 뜨기 직전 마이모니데스는 1세기에 알렉산드리아의 필론이 시작한 요약 주석을 확장해서 필론이 작성한 다섯 가지 핵심적 신앙 조목들을 열세 가지로 늘렸다.[21] 그는 이렇게 확장된 열세 가지의 조목들을 유대교에 대한 충성을 가늠하는 시험대로 사용해서 진정한 믿음을 가진 자들과 이교도를 구별해야 한다고 주장했다. 아브라바넬은 마이모니데스의 교조주의에 반대하면서 토라는 음절 하나도 생략할 수 없는 신이 내린 텍스트로서 전체를 그 자체로 받아들여야 하므로, 그 신성한 텍스트를 읽고 일련의 격언을 뽑아내는 것은 이단적이라고까지는 할 수 없을지 모르지만 바르지 못한 것이라고 말했다. 그는 토라가 그 자체로 완전체를 이루고 있으며, 어느 단어 하나도 다른 단어에 비해 더 중요하거나 덜 중요하지 않다고 단언했다.

아브라바넬의 관점에서 보면, 비평은 허용할 수도 있고, 심지어 권장할 만한 독서의 동반자이기는 하지만, 신의 말씀은 그 의미가 모호한 곳이 전혀 없이, 그 자체로 명백하게 모든 것을 드러내게 되어 있다. 이 주장으로 그는 암묵적으로 '저자author로서의 유일한 저자Author'와 '저자author로서의 독자reader'를 구별하고 있다. 독자의 임무는 천사가 선물한 책 전체를 통째로 소화한 에제키엘Ezekiel(《구약성서》 중 한 권인 《에제키엘서》의 저자)처럼 신성한 텍스트를 정신적으로나 물리적으로나 편집하는 것이 아니라 그 전체를 그대로 삼킨 후, 그것이 단맛인지 쓴맛인지를 판단하고, 거기서부터 이해를 시작해나가는 것이다.

아브라바넬은 다윗왕의 자손이라고 주장할 정도로 이베리아 반도에서 가장 유서 깊고 명망 있는 유대인 가문 출신이었다. 그의 아버지는 포르투갈 왕자의 재정 고문을 지냈고, 그의 아들은 신플라톤학파의 고전으로 후에 산세베로 왕자가 나폴리에서 인쇄한 《사랑의 대화》를 쓴 레온 헤브레오였다. 엄청나게 책을 읽어대는 책벌레였던 아브라바넬은 특히 신의 말씀을 읽는 일에 집중했다. 그러나 그는 양피지나 종이에 쓰인 신의 말씀뿐 아니라, 세상이라는 거대한 책에 새겨진 신의 말씀을 읽는 데도 주의를 기울였다.

유대 문화 전통에서 자연이 신의 말씀의 물질적 발현이라고 보는 생각은 겉으로 보기에는 모순처럼 들리는 성서의 글귀들에 그 근원을 두고 있다. 《출애굽기》에서 모세는 시나이산에서 신의 계명을 받은 후 "내려와서 백성에게 주님의 말씀과 법규를 모두 전하니, 온 백성이 한 목소리로 주님께서 명하신 모든 말씀을 지키겠다고 대답했다. 모세는 주님의 모든 말씀을 기록"했다고 적혀 있다(24:3-4, 《신명기》, 《레위기》, 《민수기》도 참조할 것). 그러나 미슈나의 아봇서에서는 "모세가 시나이산에서 토라를 받아 조슈아에게 전하고, 조슈아는 장로들에게, 장로들은 선지자들에게, 선지자들은 대회중에게 전했다(1:1)"라고 씌어 있다. 이 서로 다른 문장들은 각각 진실임이 분명하지만, 그 둘을 어떻게 동시에 받아들일 수 있을까? 아리스토텔레스 철학과 신의 말씀을 동시에 받아들이려고 노력했던 마이모니데스와 아불라피아처럼 아브라바넬도 겉으로 보기에는 모순인 신의 텍스트 차이를 해소할 방법을 찾기 위해 고심했다.

2세기에 살았던 학자 엘리에제르 벤 히르카누스Eliezer ben Hyrcanus가 집필한 것으로 추정되며,《랍비 엘리에제르의 챕터들》로 출처를 밝힐 수 있는 《성서》 논평집이 9세기 초기에 등장했다. 히르카누스는 이 난제에 대한 대답을 다음과 같이 시도했다.

"모세는 신—신의 이름에 영광을 돌리라—앞에서 스승 앞에 앉은 학생처럼, 40일에 걸쳐 낮에는 글로 쓰인 토라의 계율을 읽고, 밤에는 구전 토라의 계율을 익혔다."[22]

이렇게 해서 글로 쓰인 토라와 구전 토라라는 두 가지 토라가 있다는 개념을 정립한다. 그중 글로 쓰인 토라는 신의 말씀으로 이루어진 불변의 핵심을 이루고 책으로 정립되어《성경》이라 부르는 것이 되었고, 구술 토라는 신과 신의 창조물들 사이에 계속된 대화로 영감을 받은 스승들의 해석으로 전달되고, 세상의 언덕과 강과 숲으로 형상화되었다. 17세기에 바뤼흐 스피노자Baruch Spinoza는 신의 이중적 발현을 "God sive natura", 즉 "신은 곧 자연이다"라는 유명한 격언으로 표현했다. 스피노자에게 신과 자연은 같은 텍스트를 두 가지 버전으로 표현한 것이었다.

어쩌면 우리의 임무가 오직 텍스트를 읽기만 하고 거기에 우리의 말을 덧붙이지 않아야 한다는 것을 이해했기 때문에, 위대한 학자 아브라바넬은 종교적 영감이라는 개념을 잘 믿지 않고, 선지자들에 대해 회의적이었는지도 모른다. 그는 서로 다른 버전들을 비교하는 문헌학자적 작업을 선호했고, 자신의 정치적·철학적 기술을 사용해서 세상이라는 책을 글로 쓰인 토라에 비추어 해석했다. 인간의 이해 범위를 넘어서는 신의 도구 중 하나인 천주교도 왕의 이름으로 유대인과 아랍인들을 스페인에서 추방하도록 한 신의 명령에 따라 고통스러운 망명길에 나선 아브라바넬은 타의에 의해 낯선 곳을 헤매게 된 자신의 역경을 배움의 경험으로 바꿔서 오히려 혜택을 본 것이라 생각했다. 자신 앞에 펼쳐지는 시간과 공간을 통해 신의 또 다른 책들을 한 페이지, 한 페이지 연구할 준비를 한 것이다.

1492년 베니스에 상륙한 후, 아브라바넬은 자신이 가진 경전에 대한 지식을 온갖 크고 작은 일로 갈등을 경험하게 만드는 새로운 사회에 적용했다. 예를 들어, 베니스에 도착해서 뜨뜻미지근한 환영을 받은 그는 토라에 비추어볼 때, 도제(베니스 총독)의 정부가 천주교도 왕들의 잔인하고 배타적인 통치와 어떻게 다른지를 고찰했다. 《신명기》(17:14-20)에는 통치를 잘하기 위한 통치자를 선택하는 방법이 나와 있다. 아브라바넬은 스페인 왕이 이 성스러운 수칙을 위반했다고 주장했다. 페르디난드 왕은 《신명기》에 나와 있는 "율법서를 책에 기록하라"는 지시를 따르지도 않았고, "평생에 자기 옆에 두고 읽어 그의 하느님 여호와 경외하기를 배우며 이 율법의 모든 말과 이 규례를 지켜 행할 것이라"는 교훈도 따르지 않았다는 것이다.

아브라바넬은 경전 해석에 자신의 규칙을 확대 적용해서, 《성경》의 이 구절에 대한 《탈무드》의 해설에 따르면 유대인들은 왕이나 황제의 통치를 받지 않아도 된다고 주장한다. 그러나 그들의 통치를 받는 쪽을 선택했을 경우 왕의 권력은 《신명기》가 정해놓은 제한 사항을 따라야 할 것이라고 말했다. 페르디난드 왕이 그 규칙을 따르지 않은 것이 명백하기 때문에 아브라바넬은 베니스 총독들이 토라법에 더 가깝다고 결론지었다. 그는 덧붙여 총독들은 비록 "자기를 위하여 은금을 많이 쌓지 말 것이니"라는 《신명기》의 금지 사항은 명백히 어겼지만, 베니스 공화국의 사치 금지 규정은 크게 어기지 않았다고 말할 수 있는 정도라는 논평도 곁들였다.

아브라바넬은 베니스에 형성된 망명 유대인 공동체의 지도자가 되어 자신의 정치적 기술을 이용해 동포들을 도왔다. 그는 무엇보다도 충실하고 엄격하게 책을 읽는 사람이자 합리주의자이자 실용적인 사람이었고, 예레미야Jeremiah와 에제키엘의 "예언자적 성향"을 비판할 수 있을 정도로 자신감 있고 과학적인 학자이기도 했다. 로마, 볼로냐, 베니스 등지에서 다수의 유대인 학자들이 《신곡》을 읽고 토론했었기 때문에, 그도 아마 단테와 그의 작품에 대해 알고 있었을 것이다. 예휴다 로마노Yehuda Romano라는 학자는 그가 속해 있던 집단을 대상으로 《신곡》에 대한 강연을 하고, 그 작품을 히브리어로 번역했으며, 시인 임마누엘 데 로마(아마 로마노의 이복형제일 것이다)는 유대인 관점을 반영한 《신곡》을 쓰려고 시도하기까지 했다.[23]

유대교 교리의 핵심은 약속된 메시아가 온다는 데 대한 믿음이다. 토라를 면밀하게 읽고, 수학적인 지식을 동원한 아브라바넬은 메시아가 1503년에 강림할 것이라는 결론에 이르렀다(이 시점은 아브라바넬의 동시대인이자 학문이 깊은 의사 보넷 드 라테스Bonet de Lattes에 의해 1505년으로 연기되었다). 아브라바넬은 이 부분에서는 실망을 맛봐야만 했다. 그는 메시아의 도래를 알리기 위해 있을 것이라고 예언된 여러 가지 기적들을 목격하지 못한 채 1508년에 숨을 거뒀다. 끝까지 직역주의자였던 그는 착오가 생긴 것은 자신이 내린 결론의 근거가 되었던 신성한 텍스트가 아니라 자신의 해석 때문일 것이라고 추정했다. 사실, 그의 실패는 경전을 해석하려는 유혹의 위험에 관한 자신의 확신을 오히려 다시 확인시켜주었을 것이라 추측해도 틀리지 않을 것이다.

고대로부터 인간들이 품어온 의도의 대다수가 그렇게 끝나고 말았듯, 원대하고 야심찬 호기심은 우발적인 작은 실패로 인해 묻히고 마는 경우가 많다. 성스러운 텍스트의 온전성과 세상을 신의 말씀을 비추는 거울로 보는 해석학적 자신감을 되찾으려던 아브라바넬의 투쟁은 메시아의 강림을 잘못 계산한 그의 실수에 가려버렸다. 그런 계산을 제대로 하지 못하는데 그의 다른 주장에 신뢰를 가질 사람이 있겠는가?

아브라바넬은 토라를 제대로 읽기 위해서는 시적·예지론적인 연구가 아니라 이성과 논리를 사용해야 한다고 주장했다. 그러나 갈수록 좁게 느껴지는 게토(유대인 강제 주거 지역)의 담장 안에서 살아야만 했던 베니스의 유대인들(1552년 당시 900명이 넘는 규모였다)에게는 《탈무드》를 엄격하게 강독하는 것이상의 무엇이 필요했다. 기적과 같은 도움의 손길은 아니더라도 기적과 같은 희망을 제시할 수 있는 해석이 필요했던 것이다. 20세기 초, 라이너 마리아 릴케Rainer Maria Rilke는 베니스의 게토를 독립적인 도시라 부르고, 유대인들에게 허용된 제한된 공간 때문에 바다를 따라 옆으로 퍼져나가는 대신 하늘로 뻗쳐 올라갔다고 묘사했다. 그들은 이야기를 쌓아 올려 새로운 바벨탑을 만들었다. 그들이 선택한 이야기는 기적의 이야기들이었다.[24]

세상을 떠난 거장의 엄격한 교훈들을 따르는 대신, 대부분의 유대인들이 선택한 것은 그가 말한 (부정확성과는 상관없이) 조짐과 예측들이었다. 연대를 예측하는 데 실패한 사실을 이해하고, 보충하고, 심지어 그에 대한 반론을 제기하기 위해, 베니스의 유대인들은 주술과 점성술, 그리고 고대의 마법에 대한 갈증을 보이기 시작했다. 그런 지식을 통해 그들이 확신하고 있는 메시아 강림의 새로운 시점을 계산할 수 있을 것이라 희망했다. 이와 함께 유대인 서적들에 대해 금지와 허용을 번갈아가며 했던 종교 재판소의 변덕스러운 정책을 틈타 종말론적 비전에서부터 점성술 매뉴얼(아불라피아의 저서와 같은)에 이르기까지 수많은 서적들이 베니스의 인쇄소들에서 끊임없이 발행되었다.[25]

다양한 서적들 중에서도 특히 《탈무드》는 단연 자연과 마술적 지식을 모두 담고 있는 책으로 간주되었다. 그러나 가장 위대한 《탈무드》 학자 중 하나로 인정받고 흔히 라시라고 불리는 랍비 슐로모 이츠하키Shlomo Yitzchaki는 미슈나에서 '실제로' 주술을 사용한 주술사들mekhasheph은 돌멩이 세례의 벌을 받아야 한다고 선언해서 주술에 관해 공부하는 것과 그것을 실행하는 것의 차이를 분명히했다. 랍비 엘리에제르Eliezer는 120년 경 세상을 뜨기 전 괴테의 파우스트처럼 한탄했다. 아주 사소한 것에 이르기까지 큰 지혜를 지니고 있었지만 산헤드린 평의회(유대인 지도자들의 의회)의 판결에 불복종했다는 이유로 가르치는 것을 금지당했던 그는 자신의 모든 지식이 이제 쓸모가 없어진 것을 개탄한 것이다.

> 나는 오이를 심는 방법을 300가지—혹자는 3,000가지라고도 한다—알고 있
> 다. 그런데 그것을 묻는 자가 아키바 벤 요세프 말고는 없구나. 언젠가 그와 함
> 께 길을 가는데 그가 물었다. "스승님, 오이 심는 법을 가르쳐 주십시오." 내가
> 한마디하자, 들판 전체에 오이가 가득 찼다. 그가 말했다. "스승님, 오이를 심는
> 법을 가르쳐주셨으니 오이를 거두는 법을 가르쳐주십시오." 내가 한마디하자
> 그 오이들이 모두 한 곳에 쌓였다.

이 기적을 탈무드는 이렇게 해석한다.

> 성경 말씀에 "너는 그 가증한 행위를 본받지 말 것이라"《신명기》, 18:9)라고 하시
> 니 행위는 배우지 말아야 하나, 이해하고 가르치는 것은 배울 수 있다.[26]

《탈무드》는 상상 속의 행동과 실제 행동의 차이, 글과 상상으로는 허용
하지만 실제로는 허용할 수 없는 것의 차이를 강조한다.

그런 중요한 문제에 대한 고찰을 하기 위해서는 《탈무드》를 보는 것이 중
요했다. 유대인 법률shulkhan Arukh에서는 《탈무드》를 자주 공부하기 위해 시
간을 할당해놓아야 한다고 명한다. 인쇄 기술이 발명되기 전에는 예시바(정
통파 유대교를 위한 대학)의 학생들이 직접 각 경전을 필사하거나 필경사에게
경전을 베끼도록 했다. 그러나 그것은 "시간이 많이 걸리고 쉽게 실수를 낳
는 방법"이었다.[27] 이 문제를 해결할 방법이 필요했다.

16세기 초, 베니스 출판계는 인쇄공들의 숙련된 솜씨와 규모 등 모든 면
에서 자타가 공인하는 유럽 출판의 중심지였다. 비록 베니스에서 최초로 인
쇄된 히브리어 책인 야코프 벤 아셔Jacob ben Asher의 《네 개의 성사Arba'ah

Turim》는 랍비 메슐람 쿠시 가문에서 운영하는 출판사에서 발행되었지만 베니스의 출판업계는 거의 모두 다니엘 봄베르그Daniel Bomberg, 피에트로 브라가딘Pietro Bragadin, 마르코 지우스티니아니Marco Giustiniani 등 비유대인들이 장악하고 있었다. 그들은 히브리어 서적을 출간할 때면 유대인 기술자들을 고용해서 '조판을 하고 수정을 돕'도록 했다.[28] 그럼에도 중요한 문제는 누가 책을 인쇄했는가가 아니라, 히브리어 책들을 쉽게 손에 넣을 수 없었다는 점이었다.

이런 면에서 구텐베르그의 발명은 유대인들과 책 사이의 관계를 변화시켰다고 할 수 있다. 15세기 말까지만 해도 유대인 공동체중 장서를 제대로 갖춘 도서관을 보유할 수 있는 곳은 극소수에 불과했고, 정확한 텍스트를 얻기 위해 오류를 편집하는 데 큰 노력을 기울여야만 했다. 인쇄기가 발명된 후, 유럽 전역의 출판업자들은 유대인들뿐 아니라 비유대인들 사이에서도 히브리어 책에 대한 수요가 있다는 것을 재빨리 깨달았다. 히브리어 성경, 기도서, 랍비 주석서, 그리고 유태 신학과 철학 서적들이 수없이 쏟아져 나와 각계각층의 독자들에게 읽혀졌고, 특히 유대인들이 의무적으로 수행해야 하는 토라 연구에 도움을 줬다. 베니스 출판계가 국제 시장에서 독보적인 우위를 점하기 전까지인 초기 간행본기(1501년 이전)에 140종의 히브루어 서적이 유럽에서 출판되었다.[29]

아마도 베니스에서 출판된 히브리어 서적 중 최고의 명작은 최초로 완전한 전집으로 발매된 《바빌로니아 탈무드》라는 데 별 이견이 없을 것이다. 이 책은 아브라바넬이 세상을 뜬 지 50여 년이 지난 뒤 다니엘 봄베르그가 출판했다. 태어났을 때 주어진 이름은 다니엘 반 봄베르겐Daniel van Bomberghen이었던 안트페르벤 출신의 봄베르그는 1516년 베니스에 정착한 후 자신의 이름을 히브리어로 번역해서 사용했다. 30년 동안 베니스에 살면서 (그는 1548년 고향으로 돌아가 1년 후 타계했다) 봄베르그가 출판한 책들 중에는 유대인 서적의 최고봉이라고 꼽히는 서적들과 중요한 저작들이 많이 포함되어 있다. 그중 한 예가 《비블리아 랍비니카*Biblia rabbinica*》(아랍어로 번역되고 저명한 중세 학자들의 주석이 첨가된 히브리어 성경)로, 봄베르그는 현명하게도 이 책을 교황 레오 10세에게 헌정했다.

무엇보다도 봄베르그는 사업가였고, 잘 팔릴 것이라고 믿는 책만 출판했지만, 그는 동시에 학자들이 '선교사적 목적 의식'이라고 부른 열정을 가지고 자신이 하는 일을 사랑하는 출판업자였다. 아마도 검열관들의 주의를 돌리기 위해서였겠지만 1539년 봄베르그는 유대인들을 위한 책들과 함께 반유대주의 문헌인 제라드 벨트비크Gerard Veltwyck의 《사막을 헤매는 유대 민족*Itinera Deserti di Judaicis Disclpini*》을 출판했다. 그것은 그가 발행한 유일한 반유대주의 서적이었다.[30]

펠리체 다 프라토Felice da Prato 수사의 도움을 받아 봄베르그는 《모세 5경》을 시작으로 히브루 문자로 인쇄된 책들을 발행하기 시작했다. 《모세 5경》 다음에는 예언서들이 이어졌고, 후에 11세기 라시의 주석을 포함한 《바빌로니아 탈무드》와 《팔레스타인 탈무드》까지 출판했다. 봄베르그는 유대인과 비유대인 학자들을 고용해서 《탈무드》 출판 작업을 함께함으로써, 유럽 대부분의 다른 출판사들이 유대 문헌을 편집할 때 따르는 작업 모델을 정립했다.

총 12권으로 이루어진 《바빌로니아 탈무드》는 완성하는 데 3년이나 걸린 대작이었다. 봄베르그는 장식을 싫어해서, 각 권의 제목이 적힌 페이지마저도 가문의 문장이나 출판사 표시 같은 것은 흔적도 찾아볼 수 없다. 《페사힘*Pesahim*》의 제목 페이지(제3권)에는 다음과 같은 글귀가 적혀 있다.[31]

페사힘 주석본. 페이삭스 리숀Pesach Richon과 셰니Sheni(첫 번째와 두 번째 유월절)

라시Rashi, 토사포트Tosafot, 피스케이 토사포트Piskei Tosafot, 아세리Asheri 주석은 학문적 정확성을 저해하는 모든 장애로부터 자유로움을 보증한다. 주의 손길이 우리를 편애하시니, 이전에 한 번도 인쇄된 적이 없는 이 문헌들은 부디 주님의 은총으로 처음 의도한 바대로 여섯 개 문헌 모두를 무사히 마칠 수 있기를 기원한다.

안트페르벤의 다니엘 봄베르그의 이름으로 베니스에서 출판함.

그 이전에 다른 도시들에서도 탈무드의 주석본을 개별적으로 펴낸 예는 있지만, 학문적으로 집대성해서 탈무드 전체를 한 번에 펴낸 것은 이것이 최초였다. 봄베르그는 1334년 출간된 《뮌헨 코덱스Munich Codex》라고 부르는 현존 유일한 필사본에 기초해서 책을 펴냈다. 봄베르그 간행본의 페이지 레이아웃은 그 효율성과 독창성에서 감탄을 자아낸다. 탈무드의 텍스트 자체는 히브리어 활자로 각 페이지의 중심에 자리 잡는다. 라시의 주석은 페이지 가장자리의 안쪽 여백에, 토사포트tosafot(다양한 학자들의 비평을 담은 추가적 주석)는 바깥쪽 여백에 등장한다. 둘 다 '랍비체' 혹은 '라시체'라고 알려진 반흘림체의 고딕 활자체로 인쇄되었다. 그 후 나온 모든 《바빌로니아 탈무드》는 봄베르그가 발명한 레이아웃을 전수받아서 각 단어와 글자의 정확한 위치를 그대로 따랐을 뿐 아니라 텍스트 자체와 주석의 성격도 그대로 유지했다.

프랑스 학자 마크-알랭 퀘크낭Marc-Alain Ouaknin은 봄베르그 탈무드의 레이아웃은 베니스라는 도시의 구조 자체에서 영감을 얻은 것이 아니냐고 제안했다. 거기에 더해 베니스 내에 유대인 게토가 자리 잡은 위치에서도 영감을 얻었다는 추측도 가능하다. 도시 자체는 땅과 물로 둘러싸여 있고 베니스 안쪽에 유대인들이 사는 중심이 있는 모습은 틀 안에 틀, 그 틀 안에 또 틀이 있는 봄베르그 탈무드와 비슷하다. 아브라바넬이 세상을 뜬 지 10년도 채 되지 않은 1516년 3월 29일, 베니스의 유대인들은 처음으로 게토벽

다니엘 봄베르그의 《바빌로니아 탈무드》 중 한 페이지.

안을 떠나지 말라는 명령을 받았다. 유대인들이 "밤중에 도시를 배회하"는 것을 막기 위해 자정이 되면 두 개의 문을 잠그고 유대인들의 돈으로 월급을 받는 경비원 두 명이 보초를 섰다. 게토로 정해진 지역은 1500년 야코포 데 바르바리Jacopo de' Barbari에 의해 인쇄된 베니스 투시도에서도 이미 상당히 눈에 띄기 시작했다. 운하와 건물들에 둘러싸인 게토는 위 사진에서 섬처럼 보이는 텍스트와 모습이 많이 닮아 있었다.[32]

베니스를 방문하는 모든 사람이 그렇듯, 봄베르그도 베니스의 중첩되고 복잡한 구조에 큰 인상을 받았음이 틀림없다. 도시 자체와 거미줄처럼 얽힌 운하, 섬들에서 영감을 받았든, 담으로 둘러싸인 게토를 더 큰 도시의 모습을 반영한 소우주로 보고 거기서 영감을 얻었든, 결과물로 나온 책의 페이지는 발행인의 상상력에 자신이 정착한 곳의 미로 같은 지형이 의식적으로

야코포 데 바르바리, 〈베니스 투시도〉, 1500년, 베니스 두칼레 궁전 소장.

든, 무의식적으로든 반영되었다는 것을 알 수 있다. 베니스와 게토가 나온 지도를 옆으로 돌려보면 선명한 선이 꼬이고 부숴지는 꿈속의 그림 같은 모양, 탈무드의 한 페이지와 비슷한 모양을 볼 수 있다. 그곳을 방문하는 사람은 누구나 만나게 되는 독특하고도 비현실적인 이 도시는 신이 써내려간 책인 동시에 신의 업적에 대한 주석의 역할을 하는 책에 그대로 반영되어 있다. 토라에 대한 주석을 다는 《탈무드》는 자연이라는 책에 주석을 다는 베니스를 거울처럼 그대로 비추고 있다. 《탈무드》에서 모세가 유대 민족에게 전달한 신의 말씀이 학자들의 인용구로 둘러싸여 있듯, 불과 공기의 도시 베니스는 신의 땅과 물로 둘러싸여 있다. 그 땅과 물은 땅과 바다 사이에 떠서 불타듯 빛나는 성들에 대해 황홀경에 빠진 연사의 숨결처럼 주석을 단다.

G.K. 체스터턴은 "아마도 신은 단조로움에서도 큰 기쁨을 찾을 수 있을 정도로 강한 듯하다"라고 말한 적이 있다. 신은 매일 아침마다 태양에게 "다시 한 번 반복하라"하고 말하고, 매일 밤마다 달에게 "다시 한 번 반복하라"라고 말하는지도 모른다.[33] 별, 우주 수준의 스케일을 가진 신의 책은 유일무이한 동시에 반복적이다. 그리고 그 책의 주석 정도 되는 우리는 책의 본

문과 궤를 같이하기 위해 노력한다. 이와 동일한 맥락에서 손에 잡히지 않지만 독특한 베니스의 중심은 다양한 주석들—지리학적, 건축학적, 시적, 예술적 주석—로 그 틀이 변화하는 한편,《탈무드》는(구텐베르그의 발명에 힘입어) 이미 나 있는 길을 따라 가듯 원래의 디자인과 이미 받아들여진 주석을 반복해서 재생산한다. 모든 디자인은 우연이 아니라 숙고 끝에 만들어진 것이므로, 베니스의 레이아웃과 탈무드의 레이아웃은 둘 다 독자들이 베니스의 지형과 책의 디자인을 이용해서 자신의 직관력과 문화적 기억력을 시험할 수 있도록 한다.

베니스를 찾는 방문객은 누구나 그 도시에서는 지도가 아무 소용이 없다는 사실을 깨닫게 된다. 반복해서 길을 걷고 다리를 건너고, 도시의 '캄피campi'와 빛나는 건물들이 익숙해질 때까지 그 앞을 지나치고, 단테의 눈길도 머물렀을 것이 분명한 다른 시대에 세워진 사자들이 지키는 '아스날Arsenal' 등을 보고 또 본 사람만이 정처 없이 구불구불해보이는 베니스 내부에 숨어 있는 질서를 조금이나마 이해할 수 있다. 베니스를 진정으로 알려면 낭만주의자들이 말했던 '책 안에서 자신을 잃는 것'과 비슷하게 도시 안에서 자신을 잃는 것이 필요하다. 베니스를 진정으로 음미할 줄 아는 사람들은 눈을 가린 채 어디에 데려다 놔도 손에 닿는 감각과 냄새와 소리로 자신이 어디에 있는지 알 것이다. 그 도시의 곳곳을 속속들이 마음의 눈으로 읽을 수 있기 때문이다.

《탈무드》안에서도 길을 알려주는 지도는 소용이 없다. 그럼에도《탈무드》를 꾸준히 읽는 현명한 독자는 각 페이지에 무엇이 있는지 기억을 통해, 그리고 습관을 통해 알고 있다. 샤스 폴락Shass Pollak(샤스는 히브루어로 '탈무드'를 줄여 말하는 것이고 폴락은 '폴란드의'라는 의미다) 예시바yeshiva(정통파 유대교도를 위한 대학)의 읽기 시험에서는《탈무드》를 무작위로 연 다음, 아무 단어에나 핀을 꼽는다. 시험을 보는 학생은 무작위로 고른 다른 페이지의 같은 위치에 어떤 단어가 있는지를 알아야 한다. 학생이 대답하면 핀을 꾹 눌러서 질문에 언급된 페이지까지 핀 끝이 닿도록 한다. 학생이 진정한 학자라면, 다시 말해 《탈무드》 안에서 자신을 잃'어본 적이 있어서 머릿속에 텍스트 전체를 시각화할 수 있는 사람이라면 맞는 답을 할 것이다. 《탈무드》의 진정한 독자는 자신이 어디에 있는지를 정확히 아는 사람이다.[34]

13세기, 성 보나벤투라Bonaventure는 신이 말씀을 통해 세상을 창조한 후, 그 세상이 책 페이지 위에서 생기를 잃는다는 것을 깨닫고, "또 다른 책을 통해 첫 번째 책을 설명해서 모든 것의 의미를 보여주는 것이 필요하다는 결론에 이르렀다"고 설명했다. 보나벤투라는 이렇게 결론짓는다. "이 책이 바로 '세상이라는 책'에 쓰여진 것들의 유사성과 특징과 의미를 알려주는 '신성한 경전, 즉 성경'이다."[35] 《탈무드》 주석학자들과 마찬가지로 보나벤투라는 한 책(성경)이 다른 책(세상)을 읽도록 도와주는 역할을 하는 것으로, 두 책이 기본적으로 동일한 텍스트를 담고 있다고 생각한다. 《탈무드》 학자들은 계속해서 그 책의 텍스트를 필사하고, 그 의미를 명확히 하고 확장한다. 그 과정에서 독서의 겹이 더해지고, 세상이라는 책에 거대하고 팔림프세스트palimpsest(원본의 일부 또는 전체를 지우고 다시 쓰는 문서) 작업이 계속 진행된다는 것을 이해하고 인식한다. 이런 식으로 독서는 두 가지 다른 방향으로 진보한다. 하나는 보편적인 텍스트의 핵심을 헤아려 보려는 의중으로 안쪽으로 파고드는 작업, 또 다른 하나는 수많은 세대에 걸친 독자들이 자기만의 독특한 개성을 보태서 끝없이 늘어나는 텍스트를 향해 외향적으로 뻗어나가는 작업이다.

자기만의 독특한 개성을 보태는 과정에 참여하고 있다는 사실을 인정한 적은 없지만, 베니스 또한 이 두 개의 서로 다른 독서 성향이 낳는 긴장 상황 안에서 존재하고 있는지도 모른다. 사실 베니스처럼 도시의 신화와 역사에 대해 노골적인 곳도 많지 않다. 베니스를 처음 만난 순간부터 우리는 상상력을 자극하는 그 도시의 뿌리를 탐험해야 할 것 같은 충동을 느낀다. 땅과 물과 돌과 행동에 스민 뿌리를 찾아 방문객은 걷는 걸음마다, 따라가는 운하마다 시간을 거슬러 올라가 베니스의 전설적인 시초를 향해 나아간다. 그러나 그와 동시에 베니스는 잇따른 역사적 해석을 통해 현재의 정체성을 정립하길 원한다. 그 과정에서 모든 새로운 해석은 (처음 볼 때는 깨달음을 주는 듯한) 반복적이고, 따분하고, 시시하다고 버리면서 계속 새로운 해석을 요구한다. 베니스를 만족시킬 방법은 없다. 한편으로는 역사책에 등장하는 이론적인 도시, 또 다른 한편으로는 상상력을 자극하는 이야기와 그림의 도시라는 두 가지 상반된 방향으로 독자들을 인도하는 베니스는 (세상과 마찬가지로) 그 과정에서 자신도 곧잘 길을 잃고 만다.

베니스의 광신도들이 828년에 알렉산드리아의 무덤에서 성 마르크의 유해를 훔친 이야기는 유명하다. 이 'furta sacra'(성스러운 절도)의 결과로 성 테오도르와 그의 용 대신 성 마르크와 그의 사자가 베니스의 수호 성인이 되었다. 이제는 이 두 성인이 사이좋은 동반자로 성 마르크 광장을 내려다보며 함께 서 있다. 성 마르크의 이 지적인 사자는 어떨 때는 번영을 상징하는 열린 책과 함께, 어떨 때는 전쟁 기간을 표시하는 닫힌 책과 함께, 많은 경우 칼과 후광으로 장식된 채 나타나 자신의 상징적 의미를 계속 변화시키고 더 풍요롭게 심화시킨다. 이 상징주의에 간혹 이의가 제기되긴 했지만, 아직까지는 위의 해석이 가장 널리 받아들여지고 있다.[36]

마이모니데스는 《토라 공부를 위한 법칙 Hilkhot Talmud Torah》에서 "공부를 위한 시간은 세 부분으로 나눌 수 있다. 3분의 1은 글로 쓰인 토라, 또 다른 3분의 1은 구술 토라에 할애해야 한다. 그리고 마지막 3분의 1은 사색하고, 특정 가정에서 결론을 도출해보고, 한 의미에서 또 다른 의미를 유추해보고, 하나와 또 다른 하나를 비교해보고, 토라를 공부하도록 만들어진 규칙들을 판단하는 데 사용되어야 한다. 그 공부는 토라가 모든 규칙의 기본이라는 지식에 도달할 때까지 계속되어야 한다. 그렇게 해서 듣는 것을 통해 배우는 것 중 어떤 것이 금지되고 어떤 것이 허용되는지를 이해하는 것을 배워야 한다. 그 상태를 바로《탈무드》라고 부른다'라고 했다. 마이모니데스는 현명해진 학자는 더 이상 글로 쓰인 토라(선지자들의 말)를 읽거나, 구술 토라(학자들의 주석)를 듣는 데 헌신하지 않아도 된다고 생각했다. 대신 현명한 학자는 "스스로의 이성과 지성의 성숙도가 지시하는 데 따라" 연구하는 데 헌신하면서 자신의 호기심에 따른 탐색을 할 수 있다.[37]

물론 코넬리아노의 사자는 베니스에서 흔히 볼 수 있다. 고부조, 저부조, 괴물 석상, 기치, 문장, 분수대 장식, 모자이크, 스테인드글라스 창문, 기둥머리, 우물머리, 총안, 이맛돌, '아스날'을 장식하는 조각들, 그리고 여러 박물관의 수많은 그림들 등등 이 사자가 들어가지 않은 것은 찾아보기 힘들 정도다. 걷는 모습 중에서도 머리가 정면으로 보이는 모습 혹은 단축법을 사용해서 묘사된 모습, 집에서 기르는 가축처럼 뭔가를 기다리듯 주저앉은 모습, 체셔 고양이의 미소처럼 모든 것을 생략하고 간추린 모습, 근육질의 몸 전체가 화려한 금빛 액자를 가득 채운 모습, 장서 주인의 이름 주변을 장식하는 아웃라인, 인공 눈이 들어간 중국제 플라스틱 스노우볼 등등 베니스에서 코넬리아노의 사자를 피할 수 있는 곳은 없다. 그리고 그 모든 경우에, 그것이 사자 자신의 늠름한 존재감이든, 주변에 반영된 환유법적 분위기든 성마르크의 사자는 한 번의 해석으로 추정할 수 있는 의미를 뛰어넘는 뜻을 항상 내포하고 있다.

신의 두 가지 책 사이에 존재하는 코넬리아노의 사자는 활동적인 성인과 사색적인 성인 사이에 서 있다. 거의 눈에 띄지 않는 기사는 책과 세상이라는 가시화된 해석의 상징 너머의 굳건한 풍경을 탐색한다. 그것은 마치 직감적으로 두 책 모두가 그 자체만으로는 충분치 않다는 것을 알기라도 한 듯(마이모니데스가 용감하게 주장한 것처럼), 화가가 세 번째 선택지로 그림 안에 포함시킨 장치다. 아불라피아의 매개와 맞먹는 상징 말이다.

《시편》32편에서는 "너희는 무지한 말이나 당나귀처럼 되지 말지어다, 그것들은 굴레와 재갈로 단속하지 아니할 수가 없다"고 조언을 한다. 거기에 《시편》33편은 "구원하는 데 군마는 헛되며 군대가 많다 하여도 능히 구하지 못하는 도다"라고 덧붙인다. 짐승의 무지함을 억제하고, 그 짐승이 해로움으로부터 우리를 보호하지 못할 것이라는 알고, '많은 군마, 즉 커다란 힘'을 굳건하고 확실한 목표를 향하도록 하면서, 코넬리아노의 그림에 등장하는 기사는 성경과 주석의 혹평을 피하고, 아직 쓰이지 않은 말들로 이루어진 새로운 풍경을 창조해낸다. 그 풍경은 기억 속의 말과 세상이, 호기심 가득한 상상 속에서 탐구되고 주석이 달리면서 변화하고 변신하는 것이 허용된 텍스트다. 도시를 탐험하든, 책을 탐험하든 간에 글로 쓰이고, 구술로 전해지는 신의 말씀과 인간의 세상 사이에서 그림의 기사는 모든 독자에게 허용되어야 하는 바로 그것을 추구할 자유를 허락받는다. 통역이 불가능한 조상들의 관습적 상징들 안에서 어쩌면 답을 하는 것이 불가능한 질문을 하는 이 질문자도 모종의 기능을 하고 있는지도 모른다.

제6장

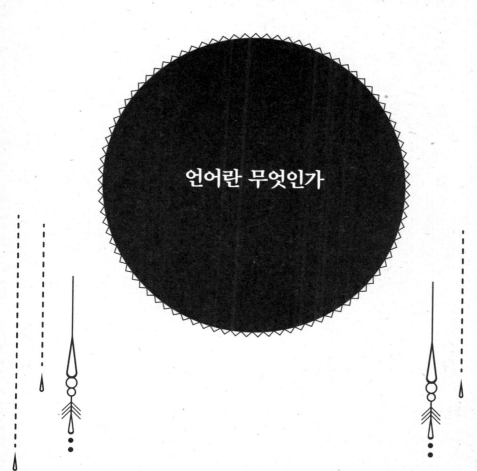

언어란 무엇인가

세상은 이야기를 한 다음 남는 인상과도 같다.

—발미키Valmiki, 《요가 바시스타》

　　2013년 크리스마스를 일주일 앞둔 날 초저녁 즈음 나는 편지에 답장을 하기 위해 책상에 앉았다. 그러나 편지를 쓰려고 하는데 단어들이 내게서 도망치는 느낌이 들었다. 마치 단어들이 종이에 닿기 전에 공기 중으로 사라져버리는 듯했다. 나는 놀랐지만 걱정은 하지 않았다. 그냥 매우 피곤해서 그러려니 하고, 그 편지만 쓴 다음에는 쉬겠다고 마음먹었다. 집중을 더 하면서 나는 내가 쓰려고 했던 문장을 머릿속에서 미리 만들어보려고 했다. 그러나 하려는 말이 무엇인지는 알고 있었지만 내 머릿속에서 문장이 만들어지지가 않았다. 단어들이 반항하면서 내 말을 듣는 것을 거부했다. 험프티 덤프티Humpty-Dumpty(루이스 캐럴의 《거울 나라의 앨리스》에 등장하는 달걀 캐릭터 이름)와는 달리 나는 '누가 대장인지 보여줄' 만한 힘이 없었다.

상당한 정신적 고통을 겪으면서 나는 결국 겨우 뜻이 통하도록 몇 단어를 엮어서 종이 위에 적어내는 데 성공했다. 마치 알파벳 수프를 휘저어대다가 그중 한 글자를 떠내기 위해 수저를 가져다대는 순간 아무 의미도 없는 조각으로 녹아 없어지는 것을 봐야 하는 듯한 느낌이 들었다. 집으로 다시 돌아간 나는 배우자에게 뭔가 잘못되었다고 말하려고 했지만, 글을 쓰는 것만 불가능한 것이 아니라, 고통스럽게 더듬거리며 몇 마디 내뱉는 것 말고는 말을 하는 것도 불가능하다는 것을 깨달았다. 그런 나를 보고 그는 구급차를 불렀고, 한 시간 후 나는 응급실에서 뇌졸중이라는 진단에 따라 치료를 받았다.

내가 단어들을 기억 못하는 것이 아니라 입 밖에 꺼내 표현을 못할 뿐이라는 것을 내 자신에게 입증하기 위해 나는 외우고 있던 책들의 내용을 머릿속에서 암송하기 시작했다. 단어들은 유연하게 머릿속에 떠올라줬다. 후안 데 라 크루즈Juan de la Cruz(십자가의 요한)와 에드거 앨런 포Edgar Allan Poe의 시, 단테와 빅토르 위고Victor Hugo의 작품들, 아르투로 카프데빌라Arturo Capdevila와 구스타프 슈바브Gustav Schwab의 해학적인 시들이 내 병실의 어둠 속에 명징하게 울려 퍼졌다. 글을 읽는 능력도 사라지지 않았고, 몇 시간 후에는 쓰는 데도 문제가 없어졌다. 그러나 간호사에게 말을 하려고 하니 더듬거리는 말밖에 나오지 않았다. 머뭇거리거나 더듬거리는 증상은 그 후로도 4~5주 동안 계속된 다음에야 차차 사라졌다.

그 경험은 무척 두려운 것이기도 했지만, 동시에 생각과 언어의 관계를 생각하도록 만드는 계기가 되었다. 내가 믿는 대로 생각이 우리 머릿속에서 단어를 매개체로 해서 형성된다면, 그 생각이 점화되는 1초의 몇 분의 일도 안 되는 찰나 같은 순간에 단어들이 따개비처럼 그 주변에 달라붙어서 우리 자신도 생각과 단어들을 구분하기 힘들 정도가 된다. 생각이 단어들로 이루어졌다는 것은 '잠재적으로in potentia'만 가능하다. 생각의 주변에 뭉쳐서 붙은 단어들로 인해 우리 마음의 눈은 그것을 물속의 형체처럼 대략적인 윤곽은 볼 수는 있지만 상세한 부분은 볼 수가 없다. 사용자의 언어를 통해서만 모습을 드러낼 수 있기 때문에(그리고 각 언어는 그 언어 특유의 생각을 창출해내고, 그 생각은 다른 언어로 불완전하게 번역이 될 수밖에 없다), 우리의 마음은 특정 언어 안에서 마음속에 떠오른 생각을 표현하기에 가장 적절한 단어를 선택한다. 마치 자석 주변에 붙는 쇳가루처럼 생각 주변에 단어들이 붙는 것이다.

뇌로 혈액을 공급하는 동맥이 혈전 때문에 막혀서 몇 분 동안 산소 공급이 이루어지지 않았고, 그 결과, 일부 신경 통로가 차단되어서 소멸되었다. 아마도 머릿속에 떠오른 단어들을 말로 하는 단어로 전환하는 전기 신호를 전달하는 신경 통로들이었을 것이다. 머릿속에 떠오른 생각을 표현하지 못하게 되자, 나는 어둠 속에서 무엇인가를 잡기 위해 허우적거리다가 그것이 내 손에 잡히자마자 사라져버리는 느낌을 받았고, 그래서 내 생각을 문장으로 만드는 것을 무엇인가가 막는 듯했다. 자석과 쇳가루의 비유를 계속 적용하자면, 내 사고가 자성을 잃어버려 그 주변에 언어라는 쇳가루가 모여들어 형체를 이루게 하는 힘을 잃은 것과 같았다.

이 현상은 내게 한 가지 의문을 남겼다. 언어라는 성숙한 단계까지 가지 못한 생각은 어떤 것들일까? 바로 이것이 단테가 "내 마음은 번개를 맞은 듯/ 원하고 찾던 것이 떠올랐다"라고 했을 때 말하고자 했던 것, 바로 아직 단어들로 표현되지 않고 머릿속에서 맴돌던 생각들이었을 것이다. 아리스토텔레스는 우리 마음이 이전에는 인식하지 못했던 것을 떠올릴 수 있는 능력인 '판타지아phantasia(시적 상상력)'에 대해 언급했다. 인간에게는 그렇게 떠오른 이미지를 언어로 표현할 수 있는 능력이 바로 판타지아일 수도 있다. 정상적인 상황에서는 생각이 잉태됨과 동시에 그 사람이 쓰는 특정 언어 범주의 단어들이 그 생각을 별자리처럼 에워싼 다음 말이나 글로 표현되는 과정이 거의 즉각적으로 벌어질 것이다. 우리는 그 과정의 각 단계를 따로 인지하지 않는다. 예외가 있다면 반쯤 잠든 상태이거나 환각 상태에 빠졌을 때일 것이다(나는 이 현상을 20대에 LSD를 복용했을 때 경험했다). 다른 모든 의식의 과정이 그렇듯, 이 과정에서 우리의 추동력이 되는 것은 욕망이다.

내 생각을 특정 단어로 표현하고자 하는 욕망과 그렇게 할 수 없는 상황 사이에서 괴로움을 겪는 동안, 나는 내가 하려는 말들의 동의어를 찾으려고 애를 썼다. 이 과정을 설명하는데도 비유법을 쓰는 것이 도움이 될 듯하다. 그것은 강물에 뜬 채 흘러내려가다가, 앞을 막는 댐을 만나면 가던 길을 계속 가기 위해 옆으로 난 운하를 찾는 그런 느낌이었다. 입원해 있는 동안, "내 사고 능력은 그대로지만 말하는 것이 어렵다"는 말을 하는 것이 불가능해서 나는 그냥 "단어들은 잊지 않았어요" 하고 말했다. 부정적 표현을 하는 것이 특히 어려웠다. 두뇌 기능도 느려져서, 간호사의 질문에 대답할 때 "통증은 없습니다" 하고 대답하고 싶으면, 머릿속에서 '통증은 있습니다'라고 생각한 다음 거기에다 '아니요' 혹은 '네'를 붙이곤 했다. 그런 다음, 보통 내가 말하는 속도대로, 한꺼번에 대답을 하려고 하면 머릿속에서 생각을 부정형으로 형성하기도 전에 말이 "물론이죠," 혹은 "네" 하고 먼저 튀어나와버리곤 했다. 내 마음속에서는 긍정이 부정보다 먼저 형성이 되는 것이 분명했다(뭔가를 부정하기 위해 먼저 긍정을 하는 이 과정은 사실 '서술의 원형'이다. 돈키호테는 처음에 허약한 늙은이로 소개되었지만 그것은 그가 허약한 늙은이라는 것을 부정하고 그가 용감한 기사라는 것을 긍정했다가, 다시 그가 용감한 기사라는 것을 부정하고 허약한 늙은이라는 것을 긍정한다).

나는 그 후, 어쩌면 이것이 사람들의 문학적 스타일이 형성되는 방법이 아닐까 추측했다. 즉, 선택적으로 자기에게 적절한 물길을 찾아가는 것 말이다. 그것은 언어적 표현이 막혀서가 아니라, 흔히 사용되는 큰 물길("고양이가 매트 위에 있다')을 사용하지 않는 쪽을 선택하는 각자가 가지고 있는 특유의 미적 감각("고양이가 매트 위에서 졸고 있다") 때문일 것이다.

병원에 누워서 관처럼 생긴 기계 안에 들어가 내 뇌를 스캔하도록 하면서, 나는 중세 신학자들은 신이 아닌 이상 가능하지 않다고 여겼던 호기심들을 갖는 것이 현대에는 가능해졌다고 생각했다. 우리가 관찰하는 것을 관찰하고, 우리가 생각하는 것을 표로 그리고, 지극히 개인적인 정신 활동을 하는 주체인 동시에 그것을 관찰하는 관객 입장이 될 수 있는 특권을 누릴 수 있지 않은가. 영원히 같이 하도록 되어 있는 두 사람을 이별시킨 죄로 자신의 베인 목을 들고 다녀야 하는 벌을 받은 단테의 베르트랑 드 보른처럼 우리는 우리의 뇌를 손에 쥐고 있는 것이다.

···

답을 할 수 없는 질문을 하는 것은 변증법적 기능을 한다. 마치 어린아이가 "왜요?" 하고 질문할 때 만족스러운 설명을 기대한다기보다는(짜증난 어른이 "그냥 그러니까 그런 거야!" 하고 악쓰는 것으로 끝날 때도 있지만) 대화를 시작하기 위해서일 때가 많은 것처럼 말이다. 단테의 의도는 물론 이보다 더 복합적이다. 베르길리우스의 지도 아래, 단테는 자기처럼 죄를 지은 동료 남녀들의 영혼을 만나서, 그들의 이야기를 자세히 듣고자 한다. 어쩌면 그것은 그의 병적인 호기심일 수도 있고 (이 때문에 그는 베르길리우스의 꾸지람을 듣는다), 자기 자신의 상황을 비추어보려는 것일 수도 (이 부분은 베르길리우스로부터 무언의 승낙을 받는다) 있을 것이다.[1] 이승에서 기억되기를 원하는 마음으로 단테에게 자신의 이야기를 하고 단테가 그것을 글로 적기를 바라는 영혼도 있었다. 반면 배반자 보카 델리 아바티Bocca degli Abati와 같은 일부 영혼들은 죽은 다음에 유명해진다는 개념 자체를 비웃기도 한다. 이 모든 만남은 말을 통해서 이루어진다. 그리고 단테는 말이라는 것이 얼마나 빈약하고 효과가 없는 도구인지 한탄한다.

> 분명 모든 사람의 언어가 충분치 않으니
> 우리의 말과 기억은
> 이해해야 할 것에 비해 너무도 작기 때문이다.[2]

그리고 마침내 천국의 영광을 경험한 자신의 이야기를 독자들에게 할 준비가 되었을 때, 그는 아폴론에게 기도를 한다. 그 시점까지는 뮤즈들의 영감만으로도 충분했지만, 이제는 그것이 아무리 고통스럽다 할지라도—모든 신의 현신은 늘 끔찍한 경험이기 때문에—아폴론 신의 직접적인 도움이 필요했던 것이다. 단테는 이 과정을 마르시아스의 형벌과 비교한다. 마르시아스는 아폴론에게 피리불기 내기를 하자고 도전했다가 진 후, 나무에 묶인 채 산채로 가죽이 벗겨지는 형벌을 받은 피리 부는 숲의 신이다. 단테는 다음과 같은 말로 무서운 아폴론 신을 부른다.

> 내 가슴에 들어오시어 당신의 숨을 불어넣어주시오.
> 마르시아스의
> 사지를 칼집에서 뽑아내듯 꺼냈던 것처럼.[3]

아폴론의 도움으로 (사실은 주로 그의 도움 없이), 우리는 말을 사용해서 사건을 재현하고, 묘사하고, 설명하고, 판단하고, 요구하고, 애걸하고, 확인하고, 암시하고, 거부한다. 그렇지만 어떤 경우에도 대화 상대가 지적 능력과 관대한 마음을 동원해서 우리가 만드는 소리를 듣고 우리가 전달하려는 느낌과 의미를 해석하지 않으면 아무 소용이 없다. 이미지들에 내재한 추상적

멜키르 마이어, 〈아폴론과 마르시아스〉, 1581년, 뉴욕 메트로폴리탄 미술관 소장.

언어도 우리를 그다지 돕지 못한다. 우리는 그런 그림자와 같은 이미지도 말로 표현하고 싶어 하지 않으면 견딜 수 없도록 타고 났기 때문이다. 심지어 표현이 불가능하고, 내재적이고, 무의식적이라는 것을 확실히 알고 있는 것조차 우리는 표현하고 싶은 욕구를 저버리지 못한다. 예를 들어, 단테가 처음 만난 숲도 그 자체로 표현할 수 없는 정의를 가지고 있다. 그럼에도 그는 우리의 이해를 돕기 위해 '어둡고$_{oscura}$', '야생적이고$_{selvaggia}$', '거칠고$_{aspra}$', '강하고$_{forte}$', '쓸쓸한$_{amara}$' 곳이라는 단어들을 빌어 묘사를 해보려고 애를 쓴다.[4] 그러나 '의미론적 결백성$_{semantic\ innocence}$'은 우리의 한계 바깥에 있다.

지옥의 밑바닥으로 떨어지는 무서운 여정의 마지막 부분에서 말레볼제 구렁과 배반자들이 벌을 받는 아홉 번째 원을 분리하는 둑에 선 단테는 짙은 어둠 속에서 울려 퍼지는 나팔 소리를 듣는다. 어렴풋이 보이는 높은 형체들을 보면서 단테는 그것이 도시의 높은 탑일 것이라 짐작하지만, 베르길리우스는 그 형체들이 구렁에 허리까지 파묻힌 거인들이라고 설명한다.5 그들은 성서에 나오는 네피림으로, 《창세기》에 따르면 대홍수 전 인간의 딸들과 신의 아들들 사이에서 태어난 자손들이었다. 그 중 한 명이 알아들을 수 없는 말을 몇 마디 외친다.

"라펠 마이 아메케 자비 알미[Rafel mai amech zabi almi]."

베르길리우스는 이렇게 설명한다.

그가 스스로의 죄를 밝히나니,

이 자가 바로 니므롯Nimrod으로, 그의 순간적인 충동 때문에

온 세상이 더 이상 한 언어만을 말하지 않게 되었도다.

그를 여기에 두고 떠나고, 말을 허비하지 말자.

그에게는 모든 말이 이리 들리고,

그의 말 또한 모든 이에게 이리 들리니, 아무도 이해하지 못할 것이다.6

니므롯이 한 "아무도 이해하지 못할" 말에 대해 단테 학자들은 오랫동안 논쟁해왔다. 대부분의 비평가들은 단테가 그 부분을 알아들을 수 없는 단순한 지껄임으로 읽히도록 의도했다고 주장하지만, 일부에서는 그 단어들을 해독할 수 있는 기발한 해결책을 제시하기도 한다. 도메니코 구에리Domenico Guerri는 니므롯과 거인들이 히브리어를 사용했던 것에 착안해서 불가타 성서에 사용된 다섯 개의 히브리어 단어가 합쳐진 것이라 추측했다. 구에리는 단테가 발명한 원래 표현은 라파임raphaïm(거인), 만man(이것이 무엇인가?), 아말레크amalech(살짝 손을 대는 사람들, 더듬거리며 길을 찾는 사람들), 자불론zabulon(살다), 알마alma(신성한, 비밀의)인데, 바벨에 내린 신의 저주로 언어가

변형된 것과 마찬가지로 이 단어들도 변형되어 알아들을 수 없는 "라펠 마이 아메케 자비 알미"가 되었다고 주장한다. 따라서 이 문장에 숨겨진 의미는 "거인들! 이것이 무엇인가? 비밀의 장소로 더듬거리며 길을 찾아가는 사람들이란 말인가!" 정도가 될 것이다.[7]

어쩌면 구에리의 설명이 맞을지도 모르지만, 전혀 만족스러운 정도는 아니다(보르헤스의 탐정소설 〈죽음과 나침반〉에 나오는 경감은 일어난 사건을 설명할 만한 가정을 탐정에게 제시한다. "당신의 가정은 가능하긴 하지만 흥미롭지는 않군요"라고 탐정은 대답한다. "당신은 현실은 흥미로울 의무가 전혀 없다고 답하겠지요. 하지만 나는 현실은 그런 의무를 지킬 필요가 없으나 가정은 그 의무를 지켜야 한다고 대답할거요").[8] 단테가 실제로 히브리어 단어들을 사용했을 수도 있다. 《성경》 학자들에 따르면 니므롯이 히브리어를 사용했다는 것도 맞는 이야기이고, 단테가 니므롯이 아무도 자신의 말을 알아들을 수 없을 것이라는 저주에 따라 그가 사용했을 히브리어 단어들을 왜곡해서 적었을 가능성도 있다. 그러나 다른 한편으로 단테는 니므롯이 하는 말의 의미가 단순한 비밀이 아니라 정말 풀기 힘든 비밀로 남기를 바랐을 수도 있다. 속 시원히 풀지 못한 수수께끼는 아무 의미가 없다고 무시할 수 있는 문제보다 훨씬 더 괴로움을 준다는 사실을 알고 있었기 때문이다. 야심찬 탑을 건설하는 데 달려들었던 니므롯과 그의 일꾼들은 의미가 혼란스럽지만 전혀 없지는 않고, 이해할 수 없지만 원래의 의미를 완전히 잃어버리지는 않은 언어를 사용해야 하는 저주를 받았다. 니므롯의 말을 듣는 사람들은 그 의미를 먼 거리에서 흘낏 훔쳐볼 수는 있지만 온전히 이해할 수는 없기 때문에 영원히 헛소리로만 받아들일 것이다. 니므롯의 저주는 침묵이 아니라 자신의 깨달음을 아무리 외쳐도 누구도 이해하지 못하는 것이었다.

니므롯만 그런 문제를 가지고 있는 것은 아니었다. 그 전에도 한 번, 지옥으로 내려가는 도중 단테와 베르길리우스는 전혀 이해할 수 없는 말들을 들었고, 그때도 베르길리우스는 그 말들을 무시했다. 탐욕과 낭비의 죄를 지은 사람들에게 벌을 주는 네 번째 원에 들어가던 베르길리우스와 단테는 그 원을 지키는 부의 신 플루토스를 만난다. 플루토스는 일행에게 귀에 거슬리는 목쉰 소리로 이렇게 외친다.

"파페 사탄, 파페 사탄 알레페[Pape Satàn, Pape Satàn aleppe]!"

플루토스의 이 외침은 사탄을 부르는 악령의 호출로 해석되어 왔다. 대부분의 해설가들은 아주 초기부터 '파페pape'와 '알레페aleppe'가 각각 그리스어의 '파파이papai', 히브리어의 '알레프aleph'에서 유래한 '촉구'라는 뜻을 가졌다고 해석했다. 그러나 플루토스의 외침은 두 시인에게 아무런 영향력도 발휘하지 못했다. 베르길리우스는 경멸하는 말로 그 고대의 신을 '부러진 돛대'처럼 땅에 쓰러지도록 만든다.[9]

어떤 언어를 이해하지 못하는 것은 우리가 그 언어를 한 번도 배운 적이 없거나, 그 언어를 망각했기 때문이다. 두 경우 모두 원래는 모든 이들이 이해하는 언어가 존재했을 것이라는 가능성을 전제로 한다. 전 세계 학자들을 오랫동안 이 원초적 언어에 대한 탐색을 계속해왔다. 헤로도토스에 따르면 단테 시대보다 몇백 년 전, 이집트의 파라오 프사메티쿠스는 이 땅에 최초로 살았던 사람들이 누구인지를 알아보기 위해 실험했고, 그 실험은 그 후로도 상당수 지배자들에 의해 되풀이되었다고 한다. 그는 평범한 가정에서 두 명의 신생아를 데려다가 양치기에게 주고, 그의 오두막에서 기르도록 했다. 아기들을 돌보는 데 필요한 모든 것이 허용되었지만 아기들 앞에서는 아무도 말을 한마디도 내뱉지 못하게 했다. 프사메티쿠스는 아기들이 옹알이를 끝낸 다음 제일 먼저 말하는 단어가 무엇인지를 알고 싶어 했다. 헤로도토스는 그 실험이 성공적이었다고 전한다. 2년 후, 양치기는 아이들이 '베코스becos'라고 말하는 것을 들었다. 프리기아어로 '빵'이라는 뜻의 단어였다. 프사메티쿠스는 세상 최초의 인간들은 이집트인이 아니라 프리기아인들이

고, 원초적 언어는 프리기아어라고 결론지었다.[10]

12세기, 신성로마제국의 황제 프리드리히 2세 Friedrich Ⅱ (단테는 그를 이단자들과 한데 묶어 지옥의 여섯 번째 원에서 괴로움을 당하도록 했다)는 프사메티쿠스를 본떠 인간의 본능적인 첫 언어가 무엇인지를 알아보려 했다. 그는 유모 몇 명에게 아기들을 맡겨 젖을 먹이고 씻기기는 하되 말은 하지 못하도록 명령했다. 그렇게 해서 아기들이 내뱉는 첫 단어가 히브리어, 그리스어, 라틴어, 아랍어, 아기들의 생물학적 부모의 언어 중 어느 언어일지 기다렸다. 실험은 실패로 끝났다. 아기들이 모두 죽었기 때문이다.[11]

동료 인간들과 의사소통을 못하는 것은 생매장당하는 것에 비유되었다. 이제는 고전으로 꼽히는 올리버 색스 Oliver Sacks 의 《깨어남 Awakenings》(《사랑의 기적》이라는 제목으로 영화화됨)은 레너드 L.이라는 이름의 46세 남성의 고난을 그린다. 그는 1920년대 중반 미국 전역에 확산되었던 전염성 수면병(기면성 뇌염)의 희생자였다. 1966년, 색스가 뉴욕 시의 마운트 카멜 병원에서 그를 처음 만났을 때, 레너드는 전혀 말을 하지 못했고, 오른손을 작게 움직이는 것 말고는 자의적 운동이 전혀 불가능했다. 레너드는 그렇게 조금 움직일 수 있는 오른손으로 작은 보드에 한 자 한 자 메시지를 썼다. 그의 유일한 의사소통 수단이었다. 비록 책장을 누군가 다른 사람이 넘겨줘야 했지만, 그는 왕성한 독서가였고, 심지어 서평도 써서 병원 잡지에 매달 게재했다. 첫 만남을 마무리하면서 색스는 레너드에게 그런 상태로 살아가는 것이 어떤 느낌인지 물었다. 그 상태를 어디에 비교하겠는가? 레너드는 색스의 질문에 다음과 같은 답을 썼다.

"우리에 갇힌 느낌. 박탈감. 릴케의 '표범' 같은 느낌."

1907년 가을 아니면 다음 해 봄에 썼을 것으로 추정되는 릴케의 시는 말을 하지 못하는 사람이 갖는 갇힌 느낌을 잘 묘사하고 있다.

그의 눈은 끊임없이 지나가는 쇠창살에 지쳐

다른 무엇도 보지 못한다.

마치 천 개의 쇠창살만이 있고, 그 너머에는 아무런 세상도 없는 듯.

비좁은 원을 그리며 계속 터벅거릴 때

그의 강하고 소리 없는 발자국은

강한 의지가 마비된 채 멈춰서 있는 주변을 도는

의식의 춤사위와도 같다.

어쩌다 커튼처럼 드리워졌던 눈이

소리 없이 열리면, 하나의 이미지가 들어와

그의 긴장하고 경직된 근육을 훑고

심장으로 풍덩 빠져들어 사라지고 만다.[12]

릴케의 표범의 '강한 의지'처럼, 레너드의 끈질긴 의지처럼, 니므롯의 반항적인 의지도 언어가 마비되는 저주를 받았다.

니므롯을 만난 후, 베르길리우스와 단테는 제우스에게 반역했던 몇 명의 거인 중 하나인 안타이오스를 만난다. 바다의 신과 땅의 신 사이에서 태어난 안타이오스는 어머니를 만질 때마다 힘이 강해졌지만, 헤라클레스가 그를 높이 쳐들었다가 내동댕이치자 죽음을 맞았다. 베르길리우스는 안타이오스를 니므롯과는 완전히 다르게 대접한다. 그는 안타이오스를 공손히 대하고, 지옥의 마지막 원인 아홉 번째 원으로 내려가는 것을 도와달라고 요청한다. 안타이오스를 설득하기 위해(베아트리체가 아부를 하듯 베르길리우스는 뇌물을 쓴다) 그는 단테를 가리키며 제안한다.

이 사람이 이승에서의 당신의 명성을 다시 회복시켜드릴 수 있습니다.

그는 살아 있고, 앞으로도 살날이 길기 때문입니다.

명을 다하기 전에 신이 부르시지만 않는다면 말이지요.

베르길리우스는 안타이오스에게 단테의 언어를 약속한 것이다. 거인의 물리적 행동은 미래의 언어적 행동으로 보상될 것이다. 움직임, 즉 공간 내의 소통을 시간 내의 소통과 교환한 것이다. 안타이오스는 이 제안을 받아들이고 (지옥에서조차 우리는 선택할 여지가 주어진다), 베르길리우스와 단테를 커다란 손으로 집어 들어 "루시퍼와 유다를/ 집어삼킨 심연"에 내려놓는다. 그런 다음 그는 "배의 돛대처럼" 일어선다.13

안타이오스는 다리이자, 운송수단이자, 배다. 그러나 《신곡》 〈지옥편〉의 마지막 곡에서 독자의 주의를 사로잡는 것은 단연 니므롯의 이해할 수 없는 말이다. 니므롯과의 만남은 신의 말씀이 갖는 구원의 힘 너머에 자신을 두기로 선택한 악마의 우두머리 루시퍼와의 만남을 예시하기 때문이다.

유대 문화 전설에 따르면, 니므롯은 노아의 세 아들 중 하나인 햄의 자손이다. 그는 애덤과 이브가 에덴동산에서 추방되기 전에 신에게서 받은 옷을 아버지로부터 물려받는다. 그 옷을 입은 사람은 천하무적이 되어서, 맹수와 새가 니므롯 앞에 쓰러지고, 전투에 나서면 아무도 그를 무찌를 수가 없다. 그는 옷 덕분에 승승장구한다. 사람들은 니므롯의 힘이 원래 그의 것이라고 착각하고 그를 왕으로 추대했다. 모든 전투에서 승리하는 니므롯은 계속 정복했고, 지상 유일의 권력자이자 최초로 세상을 모두 지배한 인간이 되었다. 그러나 그 선물은 니므롯을 타락시켰고, 그는 우상 숭배의 죄를 범했을 뿐 아니라 후에는 스스로 숭배받기를 원했다. 니므롯은 "사람과 맹수를 잡는 힘센 사냥꾼"으로 알려지게 되었다. 니므롯의 신성 모독을 목격한 사람들은 이제 더 이상 신을 믿지 않고 자신의 힘과 능력에 의존하게 되었다.

그럼에도 니므롯의 야욕은 끝이 없었다. 그는 정복한 땅에 만족하지 못하고, 하늘에 닿는 탑을 쌓아서 하늘까지 자신의 것으로 만들고 싶었다. 탑을 쌓기 위해 니므롯은 자신의 목적을 지지하는 남녀 60만 명을 고용했다. 그중 3분의 1은 신과 전쟁을 할 용의가 있는 사람들이었고, 또 다른 3분의 1은 하늘에 우상을 세워 숭배하자고 제안했고, 나머지 3분의 1은 하늘의 주인들을 활과 창으로 공격하기를 원했다. 몇 년을 쌓은 끝에 탑은 너무도 높아져 짓는 인부가 꼭대기까지 오르는 데 열두 달이 걸렸다. 벽돌 한 장이 인간보다 더 귀하게 여겨졌다. 인부 한 명이 떨어지면 아무도 신경 쓰지 않았지만 벽돌 한 장이 떨어지면, 그것을 대체하는 데 1년이 걸렸기 때문에 모두들 흐느껴 울었다. 여자는 아이를 낳는다 해도 일을 쉬는 것이 허락되지 않았다. 벽돌을 만들면서 아이를 낳았고, 태어난 아이를 강보로 싸서 허리에 맨 다음 다시 벽돌을 만드는 일을 계속했다.[14]

《창세기》에는 다음과 같은 구절이 나온다.

> 여호와께서 사람들이 건설하는 그 성읍과 탑을 보려고 내려오셨더라. 여호와께서 이르시되, 이 무리가 한 족속이요, 언어도 하나이므로 이같이 시작하였으니 이 후로는 그 하고자 하는 일을 막을 수 없으리로다. 자, 우리가 내려가서 거기서 그들의 언어를 혼잡하게 하여 그들이 서로 알아듣지 못하게 하자 하시고 여호와께서 거기서 그들을 온 지면에 흩으셨으므로 그들이 그 도시를 건설하기를 그쳤더라. 그러므로 그 이름을 바벨이라 하니 이는 여호와께서 거기서 온 땅의 언어를 혼잡하게 하셨음이니라. 여호와께서 거기서 그들을 온 지면에 흩으셨더라(11:5-8).

《창세기》의 묘사에 암시된 것은 바벨탑을 지은 사람들의 기술이었다. 그들의 작품은 심지어 신마저도 하늘에서 내려와서 보게 만들 정도로 놀라웠던 것이다. 《탈무드》해설자는 바벨탑은 완성되기 전에 파괴되었다고 말한다. 3분의 1은 땅으로 무너졌고, 또 다른 3분의 1은 불에 타서 없어졌고, 나머지 3분의 1은 폐허가 되어 서 있으면서 그곳을 지나가는 사람들은 알고 있는 모든 것을 잊도록 만드는 저주가 내려졌다.[15]

　　누구나 다 이해하고 공유하는 원초적 언어가 존재했고, 그것이 복수의 언어로 갈라졌다는 개념은 말을 할 수 있는 인간 능력의 원류에 대한 현대 이론과 상징적인 연관성이 있다. 이 이론들 중 하나에서는 ('말 먼저' 이론이 아니라 '몸짓 먼저' 이론), 인간이 모방을 하는 동물이고, 우리가 복잡한 손동작을 모방하는 것(예를 들어, 망치를 달라고 하기 위해 망치로 무엇인가를 치는 동작을 해보이는 것)은 손동작으로 의사 전달을 하던 초기 형태의 수화에서 유래했다고 주장한다. 이 '초기 수화'들은 '초기 발성'으로 발전했고, 흉내를 내는 몸짓과 목으로 내는 소리는 둘 다 '초기 언어'를 탄생시킴과 동시에 인류 최초의 의사소통 방식과 최초의 인간 언어라고 인정할 수 있는 언어를 잇는 고리가 되었다. '몸짓 먼저' 이론에서는 인간이 언어를 가진 이유(그리고 다른 동물들이 언어를 갖지 않은 이유)를 다음과 같이 설명한다.

> 인간의 두뇌는 언어를 배울 준비가 되어 있다. 정상적인 인간 어린이가 언어를 자연스레 배우는 능력을 갖췄다는 의미에서 말이다. 이 능력은 갓난아기들이나 다른 생물종들에는 없는 능력이다. 이때 언어란 확장이 가능한 어휘를 문법 구조와 결합해서 단어들에 위계질서를 부여해, 필요에 따라 어떤 의미도 자유롭게 표현할 수 있는 거대한 구조를 말한다. 사실, 인간은 이미 존재하는 언어를 배울 수 있을 뿐 아니라 새로운 언어를 만드는 데도 능동적 역할을 할 수 있다.[16]

　　인간과 DNA의 98.8퍼센트를 공유하는 침팬지들의 뇌는 인간의 뇌와 크기만 다른 것이 아니라, 뇌의 영역과 서로 연결되는 영역의 규모, 그리고 상세한 세포 기능 등에서 차이가 난다. 침팬지들에게 말을 이해하도록 가르치는 것은 가능하지만, 그들에게 말을 하도록 가르치려는 시도는 모두 실패로 끝났다. 침팬지들(그리고 모든 다른 유인원들)은 발성기관을 조절할 신경 제어 메커니즘을 가지고 있지 않다. 그러나 손이 발달했기 때문에 수화는 물론 그림 문자 혹은 "냉장고 문에 붙여놓은 자석 기호들을 움직이는 것"과 비슷한 방법인 기호 문자 등 상징을 사용하는 시각적 언어를 가르치는 것은 가능하다. 칸지라는 이름의 보노보는 이 기호 문자 265개를 배워서 독특한 조합으로 배열할 수 있었다. 그러나 그런 성취가 놀라운 것은 사실이지만 문법을 알고 적용하는 것과는 다르다. 칸지의 놀라운 능력은 보통의 언어 환경에 노출된 두 살 배기 인간 아기의 능력에 버금간다고 과학자들은 선언했지만, 비교는 거기서 멈추고 만다.[17] 그러나 아무리 초보적이라 할지라도 인간 어린이가 아닌 보노보 칸지가 소통하려는 경험은 어떤 것이었을까? 그는 어떤 종류의 경험을 전달하려고 했을까?

1917년 4월, 프란츠 카프카가 친구 막스 브로트에게 보낸 여러 편의 산문 중 〈학술원에 드리는 보고Ein Bericht für eine Akademie〉라는 제목의 글이 있었다. 그 단편 소설은 골드코스트에서 잡힌 후, 훈련 끝에 인간과 닮은 존재로 변화한 유인원이 1인칭 관점으로 쓴 글이었다. 그 유인원은 관습적인 몸짓(예를 들어, '개방'을 상징하는 악수)에서부터 언어에 이르기까지 많은 것을 배웠다.

"아, 꼭 배워야 하면 배우지요. 뭔가 출구를 찾아야 할 때 말입니다."

유인원은 학술원의 저명한 학자들 앞에서 그렇게 말한다.

"어떤 희생을 치르더라도 배웁니다."

그러나 그는 5년에 걸쳐 교육을 받은 경험에 대해서는 아주 자세하고 명확하고 정확하게 말할 수 있음에도 불구하고, 자신이 말로 표현하고 있는 것은 유인원으로서의 경험이 아니라, 자신의 인간 페르소나 시점에서 그 경험을 관찰한 것을 묘사하고 있다는 사실을 잘 알고 있었다. 그는 기대에 가득 찬 청중들에게 이렇게 말한다.

"그때 내가 유인원으로서 느꼈던 것은, 이제 인간의 용어로 표현할 수밖에 없고, 따라서 제대로 전달할 수가 없습니다."

카프카가 직관적으로 이해하고 있었던 것은 유인원의 두뇌가 인간의 두뇌와는 달리 생물학적으로 '언어를 할 준비'가 되어 있지 않다면, '언어를 할 준비'가 된 인간 두뇌로 변화한다는 사실 자체가—글자 그대로, 상징적으로, 심지어 의학적으로 (《닥터 모로》의 미래에 나오는 것처럼)—유인원의 눈으로 본 세상을 인간의 언어로 표현하는 것을 불가능하게 만드는 일일 것이다. 인간의 두뇌로는 (단테의 신앙 체계에 따르면) 신의 말씀을 이해하고 그것을 인간의 용어로 표현하는 것이 불가능한 것과 마찬가지다.[18] 두 경우 모두에서 통역은 배신 행위와 다름없다.

"인간의 한계 바깥으로 나서는 것은/ 말로 표현하기가 불가능한 일이다"라고 단테는 천국에서의 경험을 묘사한다. 토마스 아퀴나스도 이 점을 재확인해준다. "신을 보는 능력은 창조물의 지적 능력에 원래 내제한 것이 아니라, 영광의 빛에 의해 주어지는 것이다. 그 과정에서 이 지적 능력은 일종의 '신의 모습deiformity'을 띤다."[19] 다시 말하면, 교육으로 카프카의 유인원 두뇌를 '인간의 언어를 할 준비'가 된 두뇌로 바꾸었듯이, 신의 은총은 인간의 두뇌를 '신의 언어를 할 준비'가 된 두뇌로 바꿀 수 있다. 그러나 두 경우 모두에서 진짜 경험은 그 경험을 표현하려고 시도하는 과정에서 상실될 수밖에 없다.

초기 언어에서 오늘날 우리가 사용하는 언어로 발전하는 과정에서 우리가 목으로 내는 소리를 구성 성분으로 나눠보고, 복잡한 몸짓을 더 단순하면서 의미 있는 몸짓으로 변화시키는 등 관습화된 언어 표현 혹은 소통의 몸짓을 조각조각 나눠서 구분하는 단계를 거쳤을지도 모른다. 이 이론에 따르면 예를 들어, "이 야자열매를 깰 수 있는 돌이 있어"라는 의미의 목으로 내는 소리가 시간이 흐르면서 '야자', '깨는', '돌', '있어' 등을 의미하는 소리로 분화되었을 것이라는 이야기다. 이는 직관과 반대되는 가정이다. 각각의 단어가 먼저 오고, 그것들을 조합한 문장이 그 다음에 왔을 것이라고 가정하는 것이 더 단순하기 때문이다 (영화 〈타잔〉 초기작에서 조니 와이즈뮬러Johnny Weissmuller의 한 단어짜리 대사들에서 영향을 받았다는 가정하에).

'몸짓 먼저' 이론은 나온 지 몇 십 년에 지나지 않는다. 1500년 이전에, 인디아의 산스크리트어 시인이자 종교 철학가인 바르트리하리Bhartṛha는 현대의 연구 결과들을 예견하는 언어 이론을 만들어냈다. 바르트리하리의 생애는 정확히 알려진 정보가 없다. 심지어 그의 탄생일과 사망일조차도 분명치 않다. 그는 450년경에 태어나 약 60년 정도 산 것으로 추정된다. 바르트리하리에 관해 내려오는 전설 같은 이야기는 수없이 많다. 그중 한 이야기에서는 그가 〈아라비안나이트〉의 샤리야르 왕처럼 정부의 부정을 알아차린 다음 왕위를 버리고 세상을 방랑하며 살았다고 전한다. 브라만 사제에게서 불멸의 과일을 선물로 받았다는 이야기도 있다. 그 선물을 받은 바르트리하리는 사랑의 표시로 그 과일을 왕비에게 주었고, 왕비는 자신의 애인에게, 그 애인은 바르트리하리의 정부에게, 그 정부는 다시 그 과일을 바르트리하리에게 가져왔다고 한다. 사태를 파악한 그는 모든 것을 버리고 숲속으로 들어가 다음과 같은 내용으로 끝나는 시를 썼다.

> 빌어먹을 그녀, 빌어먹을 그, 빌어먹을 사랑의 신,
>
> 또 다른 그녀 그리고 나 모두 빌어먹을![20]

철학자로서의 바르트리하리의 명성은 빠른 속도로 다른 문화권까지 뻗어나갔다. 그가 세상을 뜬 지 1세기가 조금 지났을 때, 중국의 학자이자 방랑 시인인 의정義淨은(그는 중국이 모든 사회의 모델이라고 믿고, "중국을 부러워하고 찬양하지 않는 사람이 인도 전체에 한 사람이라도 있을까?"하고 물었다고 한다.) 바르트

리하리를 세계 문화의 태두 중 한 사람으로 꼽았다.[21] 아마도 자신의 종교 때문에 착각한 듯하지만, 의정은 바르트리하리를 불교 철학의 수호자로 잘못 묘사했다. 사실, 바르트리하리의 믿음은 성스러운 산스크리트 텍스트인 베다(산스크리트어로 '지식'이라는 뜻. 고대 브라만교 경전)에 그 뿌리를 두고 있다. 베다는 선택받은 학자들이 신에게서 직접 받은 것으로 이후 세대들에게는 구전으로 전해졌다. 베다는 인도에서 기원전 1200년부터 200년 사이 천 년이 넘는 세월에 걸쳐 만들어진 네 개의 문헌, 즉 찬가를 담은《리그베다*Rig-Veda*》, 찬송을 담은《사마베다*Sama-Veda*》, 희생 제식의 내용을 담은《야주르베다*Yajur-Veda*》, 복을 불러오는 주술을 담은《아타르바베다*Atharva-Veda*》로 이루어져 있다. 각 베다는 다시 세 부분으로 나뉘는데, 그 중 세 번째 부분인《우파니샤드*Upanishad*》는 우주와 자아의 본질, 그리고 그 둘 사이의 관계에 대한 내용을 다룬다.[22]

베다는 각 개인의 영혼이 모든 현실을 관장하는 성스러운 힘인 브라만 앞에서는 모두 똑같은 동시에 브라만과 동일하다는 믿음에 뿌리를 두고 있다. "브라만은 광대한 '존재의 바다'이고, 그 바다 위로 삼라만상이 수많은 물결과 파도처럼 발현한다"라고《우파니샤드》에서는 말한다. "가장 작은 원자에서부터 데바나 천사에 이르기까지 모든 것이 무궁무진한 생명의 원천인 브라만의 무한한 바다에서 솟아난다. 발현된 어떤 생명의 형태도 그 근원에서 독립적일 수는 없다. 아무리 강력한 파도라도 바다에서 독립적일 수 없는 것과 같은 원리다." 랠프 왈도 에머슨은 자신의 시 〈브라마*Brahma*〉에서 이 개념을 서양 독자들에게 다음과 같이 해석해서 알려준다.

나를 무시할 수 있다 생각하는 것은 잘못 알고 있는 것이니

그들이 날아오를 때 나는 그 날개고,

나는 회의하는 자이며 회의 그 자체다.

나는 브라만이 노래하는 찬미가다.23

바르트리하리가 살았던 5세기의 인디아는 굽타 왕조가 다스리는 융성
하고 행복한 사회였다. 5세기 초반, 찬드라 굽타 2세는 스스로 '초일왕'이라
칭하고 무사로서뿐 아니라 예술을 장려하는 왕으로 명성을 얻었다. 그의 보
호 아래, 위대한 산스크리트어 시인 칼리다사가 황제 수행단의 일원이 되었
고, 그의 황궁에서 열리는 문학, 철학 모임은 제국 밖까지 명성이 자자했다.
굽타의 아들 쿠마라 굽타의 재위 시절, 인도는 중앙아시아의 훈족들로부터
위협당했다. 그 전 세기에 박트리아를 점령한 경험이 있는 훈족은 수십 년
동안 주로 힌두쿠시 산맥을 통해 호시탐탐 인도 제국을 다시 침략할 기회
를 노렸다. 그러나 막상 침략을 감행했을 때, 훈족의 군대는 끝없는 소규모
접전으로 약화되었고, 인도는 그들을 막아내는 데 성공했다. 그러나 위협이
끊이지 않는 상황이 계속되면서 굽타 왕조의 권위는 많이 약화되었고, 결국
강력했던 제국은 몇 개의 소규모 왕조로 나뉘어 서로 싸움을 하기에 이르렀
다.24 바르트리하리가 자신의 언어 이론을 개발한 것은 바로 이렇게 굽타 왕
조가 약화되고 인도 훈족들이 힘을 얻어가던 시기였다.

바르트리하리가 저자일 것이라고 추정되는 몇 권의 원론서들이 있다. 문
장과 단어들에 관한 철학적 고찰을 담은 《문장 단어편Vâkyapadiya》, 위대한
요가 학자 파탄잘리Patanjali가 자신의 어학 문헌들에 일련의 주석을 단 저서
《대주Vâkyapadiyavrtti》에 주석을 단 《대주 해명Mahâbhâshyatikâ》, 그리고 《백송 3
부작Shabdadhâtusamîksha》 등이 그 예다. 바르트리하리는 기존 어학 이론에 기
초해서 베다에 대한 전통적인 주해를 다는 것으로 시작하지만, 결국 자기
고유의 철학적 어학 이론을 개발하기에 이르렀다.

기원전 7세기 문법학자 파니니panini와 같은 이전 시대의 거장들은 산스
크리트 언어에 관한 일련의 규칙을 제안해서 그것들을 《베다》의 텍스트에

도 적용할 수 있도록 했다. 2세기에 파탄잘리는 파니니의 뒤를 이어, 문법학이야말로 《베다》의 진실을 연구하는 학문이고, 《베다》의 암송도 그에 따라야 한다고 주장했다. 바르트리하리는 이 주장을 철학적 영역으로 확장했다. 그는 문법은 성스러운 《베다》뿐 아니라 브라만, 즉 현실 전체를 탐구할 수 있는 지적도구로 여길 수 있다고 말했다. 그는 인간의 언어는 브라만 그 자체와 같아서 일시적인 현세적 사건의 화신의 영향을 받지 않고, 시공을 초월하는 완전체로 전체를 칭함과 동시에 각 부분 모두를 아우르는 것이라고 상정했다. 《문장 단어편》의 첫 연에서 그는 이렇게 결론을 선언한다. 언어는 "시작도 끝도 없는 것, '말씀'을 정수로 하는 만고불멸의 브라만으로, 그것이 발현된 것이 '우주의 창조'다."[25] 뻔한 해석은 생략하기로 하고, 우리는 이 글만으로도 바르트리하리의 주장이 근본적으로 성 요한이 그의 복음서 첫 줄에서 선언한 것과 동일하다는 것을 알 수 있다.

바르트리하리에게 언어는 신성한 창조의 씨인 동시에 그 창조의 결과물이고, 영원히 재생하는 힘임과 동시에 거기서 태어나는 것들의 다양성을 의미한다. 바르트리하리에 따르면 언어는 (신이나 인간에 의해) 창조된 것이라고 말할 수 없다. 언어 이전에는 시간이 존재하지 않았기 때문이다. 어느 산스크리트 학자가 말한 것처럼 "[바르트리하리에게] 언어는 인간 혹은 지각을 가진 존재와 연결되어 있고 그 존재와 함께 종료되는 개념이다."[26]

우리는 언어가 거의 무한대의 방법으로 조합이 가능한 소리를 사용해서 어떤 대상이나 행동을 구두로 표시할 때 나타나는 현상이며, 우주의 다양한 삼라만상, 심지어 그 존재 자체가 타당성 없는 사물이나 상황조차 그에 맞는 언어가 있다는 사실을 알고 있다. 호르헤 루이스 보르헤스의 《바벨의 도서관》은 이 거의 무한대의 단어들을 담는 그릇이다. 비록 그 단어들의 대부분은 아무런 의미가 없지만 말이다. 이 이야기에 붙여진 주석에 따르면, 보르헤스는 실은 이 엄청난 프로젝트를 수행하는 데 도서관은 필요 없다고 말했다. 무한대로 얇은 종이를 무한대로 묶은 책 한 권이면 족하다는 것이다. 이 소설보다 2년 전에 쓴 짧은 수필에서 보르헤스는 키케로를 인용했다. 키케로 는《신들의 본성에 관하여*De Natura Deorum*》에서 이렇게 쓴 바 있다.

> 금이든 뭐든 귀한 것으로 만들어진 스물한 개의 알파벳 글자들을 수없이 많이 만들어 용기에 담았다가 흔들어서 땅에 쏟으면 엔니우스의《연대기》완성본이 나오는 것도 확률적으로는 가능할 것이다. 그러나 실제로는 그렇게 해서 시 한 편이라도 만들어지는 우연마저 가능할지 의심스럽다![27]

키케로와 보르헤스(그리고 그 외의 많은 사람들)는 알파벳을 조합해서 단어 를 만드는 시스템 덕분에 존재하는 단어, 존재하지 않는 단어, 심지어 니므 롯의 외침처럼 알아들을 수도 없는 비명까지도 만들어내는 것이 가능해졌 다는 사실을 주지했다. 그러나 바르트리하리는 언어가 그냥 사물과 사물의 의미(혹은 의미의 부재)에 이름을 붙이는 역할만 하는 것이 아니라, 모든 사물 과 그에 따른 의미가 언어에서 나온다고 주장했다. 인지된 사물과 생각으로 떠올린 사물, 그리고 그것들 사이의 관계는 모두 언어가 부여하는 단어에 의해 결정된다는 것이 바르트리하리의 이론이다. 이는 물론 형이상학적 개 념에도 적용된다.《거울 나라의 앨리스》에서 화이트 퀸과 대화하던 앨리스 는 "불가능한 것들을 믿는 것은 불가능해요"라고 말하면서 바르트리하리의 이론에 반박한다.

"감히 말하건데, 넌 별로 경험이 많지 않구나."

퀸은 바르트리하리의 편을 들면서 앨리스의 말에 반대한다.

"내가 네 나이였을 때, 난 하루에 30분씩 늘 그렇게 하곤 했단다. 흠, 어떨 때는 아침도 먹기 전에 불가능한 일을 여섯 개까지도 믿어본 적이 있어."[28]

바르트리하리의 주장은 전통적 불교와 브라민 니야야(힌두 철학의 6대 정통파 중의 하나) 철학에서 설파하는 내용과 대립한다. 불교에서 '의미'는 사회적 관습이고 특정 의미의 범위는 그 관습의 집단적 상상력을 투사한 것이라는 관점을 가지고 있다. '나무'라는 단어가 목질의 다년생 식물을 가리키는 이유는 그 말을 사용하는 사람들이 나무라는 소리는 물이 아니라 식물을 표현하는 것이라는 데 합의했기 때문이다. 그리고 나무의 의미가 가지는 범위 안에는 떡갈나무, 삼나무, 복숭아나무 등등이 포함되는데, 집단적·관습적으로 그것들이 모두 나무로 상상이 되기 때문이다.[29]

니야야 철학에서는 단어들이 의미를 갖는 것은 외적으로 존재하는 것들을 가리킬 때와 세상에서 사물들이 서로 관계를 맺듯 문장 안에서 조합을 이룰 때뿐이라고 주장한다. '나무'라는 단어가 목질의 다년생 식물을 가리키는 것은 나무라는 사물이 현실에 존재하기 때문이고, 우리가 언어를 사용해서 '나무가 숲에 있다'라는 문장을 만들 수 있는 것은 현실 속에서 나무와 숲이 실제적 관계를 맺고 있기 때문이다.

바르트리하리는 언어를 사용하는 행위, 즉 말을 하는 사람이 발성을 하는 행위와 말을 듣는 사람이 그 발성을 인식하는 행위 안에서 의미가 발생한다고 주장한다. 후대의 독서 기술에 관한 이론가들 중 일부는 텍스트의 의미는 텍스트와 독자 사이의 상호작용에서 발생한다고 제안함으로써 바르트리하리의 의견에 암묵적으로 동의하기도 한다. 이탈로 칼비노Italo Calvino는 "책을 읽는 것은 그 '존재로 막 형성되기 시작하는' 무엇인가에 접근한다는 의미다"[30]라고 썼다. 바르트리하리는 이렇게 '존재가 막 생겨나기 시작하는' 것을 스포타sphota라고 불렀다. 파니니까지 거슬러 올라가는 이 단어는 '구어spoken language'를 의미하는데, 바르트리하리의 이론에서는 싹이 돋는 것처럼 의미 있는 소리를 '터뜨려 내는' 행위라고 정의한다.

스포타는 사용자의 말투(혹은 글을 쓰는 스타일)에 의존하지 않지만 (따라서 어투나 문장 스타일은 중요하지 않다), 문장 안에서 단어들과 조합하는 과정을 거쳐 확실한 의미를 가진다. 이때 의미는 구성 요소로 분해할 수 없다. 언어를 제대로 배우지 않은 사람만 문장을 이해하기 위해 그것을 단어들로 쪼개는 실수를 한다. 대부분의 경우 말을 듣는 사람(혹은 글을 읽는 사람)은 전달되는 것을 즉각적으로 깨닫고 의미 전체를 통째로 받아들인다. 이 깨달음은 스포 타에 의해 전달되지만, 바르트리하리는 그 깨달음이 이미 청자(혹은 독자)의 뇌에 존재하고 있다고 주장한다. 현대적인 용어로 표현을 해보자면 깨달음 은 '언어를 배울 준비가 되어 있는 뇌'에 스포타가 접수되었을 때 일어나는 현상이다.

바르트리하리는 거기서 한 걸음 더 나아간다. 인지와 이해가 본질적으로 말을 기초로 한 것이라면, 우리가 보는 것과 본다고 믿는 것 사이의 번민에 찬 간극, 우리가 경험하는 것과 그 경험 중 진실 혹은 허위라고 아는 것 사 이의 간극은 모두 허상에 불과하다. 단어들은 존재하는 현실 전체, 그리고 그 현실을 보는 우리만의 고유한 시각을 만들어낸다. 그래서 우리는 우리 세상을 브라만에서 의사소통이 가능한 언어의 형태로 '터뜨려 나'왔다고 본 다. 이것이 바로 천국에서 자신이 목격한 것을 표현하는 데 어려움을 겪던 단테가 경험의 의미를 인간의 단어로 드러내는 과정을 '가죽을 벗기는 것' 에 비유한 이유다.

단테는 언어가 인간의 특성 중 최상위의 것이라고 믿었다. 그 능력은 다 른 신의 창조물 어느 누구도, 동물도 천사도 가지지 못한 능력으로, 인간들 이 '언어를 할 수 있는 준비가 된', 신에게서 받은 두뇌 속에 형성된 것을 표 현하는 것을 가능하게 한다. 단테에 따르면 언어는 인간 사회를 지배하고, 우리가 공동체 안에서 사는 것을 가능하게 하는 도구다. 우리가 사용하는 언어는 관습적 신호로 이루어져 있어서, 같은 언어를 쓰는 무리 안에서 생 각과 경험을 표현할 수 있도록 해준다. 단테에게 언어는 그 언어로 이름을 불러주는 사물에, 단순히 이름을 불러주는 것만으로 존재성을 부여한다.

단테가《토착어에 관하여》에서 말했듯 "어떤 것도 자기의 본질이 아닌 다른 것을 만들어낼 수는 없"기 때문이다.[31] 어쩌면 바로 그 이유에서, 그것이 성취할 수 없는 임무라는 것을 상징하기 위해 단테는《토착어에 관하여》를 미완성으로, 그것도 다음과 같은 문장을 끝맺지 않고 중단했는지도 모른다.

> 부정하는 단어는 언제나 제일 마지막에 놓여야 한다. 다른 모든 단어들은 서서히 적절하게 느린 속도로 결론에 도달……[32]

제7장

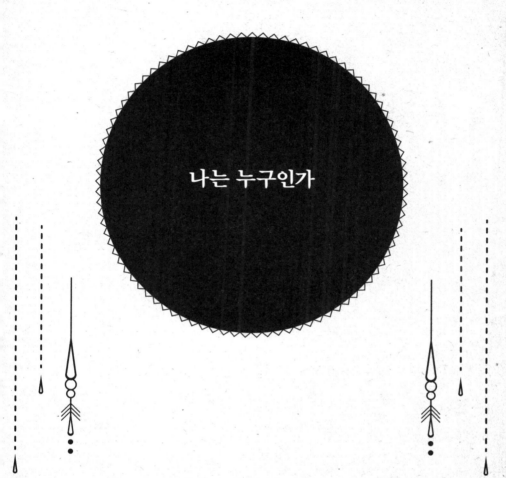

나는 누구인가

■

◆

●

달빛에 비친 뚱뚱한 사람의 그림자가

내가 걷는 길을 앞서가네.

내가 몸을 돌려 뛰기 시작하면, 그도 나를 쫓아오겠지.

그는 내가 익숙해져야 할 사람이로구나.

–제임스 리브스James Reeves, 《앞으로 닥칠 일들Things to come》

지금 내 앞에는 1960년대 초반에 찍었던 내 사진이 놓여 있다. 그 사진 안에 있는 사춘기 소년은 풀밭에 엎드려서 종이에 뭔가를 적거나 그리다가 고개를 들고 위를 쳐다보고 있다. 오른손에는 연필인지 펜인지가 들려 있다. 머리에는 모자 같은 걸 쓰고, 하이킹 신발을 신고, 허리에 스웨터를 묶은 채, 땅딸막한 사과나무처럼 보이는 나무 옆에 있는 벽돌 벽의 그늘 아래 엎드려 있다. 바로 그 뒤에 서 있는 다리가 짧은 개는 죽은 십자군 원정 기사들의 묘석 앞에 누운 개들을 연상시킨다. 내 사진이지만 나는 그 사진 속의 나를 기억하지 못한다. 그것이 나라는 것은 알지만, 내 얼굴이 아니다.

사진은 반세기쯤 전에, 파타고니아에서 캠핑 여행을 하던 도중 찍은 것이다. 요즘 거울을 들여다보면, 흰머리와 유쾌한 인상의 흰 턱수염에 둘러싸인 피곤하고 약간 부은 얼굴이 보인다. 좁은 테 안경을 쓴 잔주름이 많이 간 작은 눈은 주황색 점이 좀 들어간 올리브 브라운 색이다. 언젠가 영국에 입국하면서 내 눈이 초록색이라고 적힌 여권을 내밀었더니 입국 심사대의 관리가 나를 빤히 쳐다보면서 여권의 눈 색깔 표시를 파란색으로 바꾸지 않으면 다음 번에는 입국을 거부당할 것이라고 말했다. 하지만 내 눈은 가끔은 회색으로 보이기도 한다. 어쩌면 내 눈동자 색은 보바리 부인의 눈동자 색처럼 그때그때 바뀌는지도 모르겠다.

하지만 내 눈의 색이 변하는 것이 보바리 부인의 경우처럼 어떤 의미가 있는지는 잘 모르겠다. 어찌되었든 거울에 보이는 얼굴은 나다. 나일 수밖에 없다. 하지만 그것은 내 얼굴이 아니다. 다른 사람들은 내 특징을 보고 나를 알아본다. 하지만 나는 아니다. 어쩌다 우연히 가게 유리창에 내 모습이 비친 것을 보면서 나는 저 뚱뚱하고 나이든 남자가 왜 내 옆에 걸어가는지 의아하게 생각하곤 한다. 나는 혹시라도 내 자신을 길에서 만나면 그게 나인지 못 알아볼 것이라는 작은 공포심을 가지고 있기도 하다. 경찰서에서 범인을 식별하기 위해 용의자를 주욱 세워놓은 것처럼 해놓고 나 자신을 고르라고 하면 나는 분명 나를 집어내는 데 실패하고 말 것 같다.

단체 사진에서도 나는 나를 잘 찾아내지 못한다. 내 얼굴이 너무 빨리, 너무 극단적으로 노화를 해서인지, 아니면 내가 머릿속에 담아놓은 글귀들에 비해 내 자신의 이미지에 대한 기억에 덜 얽매여서인지 잘 모르겠다. 사실 이 생각이 완전히 기분이 나쁜 것은 아니고, 오히려 살짝 위안이 되는 일이기도 하다. 본연의 나, 특정 상황이나 시각으로 봐도 나라고 알아보지 않을 수 없는 본연의 나라는 개념이 존재한다는 사실은 내가 나이기 위한 모종의 조건들을 따라야 한다는 의무감에서 벗어난 자유를 느끼게 해줘서 행복하다.

단테에 따르면, 기독교의 교리에서는 우리가 죽은 후 마지막 심판 때 이 땅에서 살던 신체를 다시 얻을 것이라고 한다. 한 사람도 빠짐없이. 유일한 예외는 자살한 사람들이다. "인간이 자신에게서 빼앗은 것을 다시 가지는 것은 정의롭지 못하기 때문"이다. 과학의 발달로 우리는 인간의 몸이 주기적으로 자살한다는 것을 알게 되었다. 우리 몸속의 각 기관, 모든 뼈, 모든 세포는 7년을 주기로 죽었다가 다시 태어난다. 우리 몸의 특징 중 어느 것도 과거와 현재가 같은 것은 없다. 그럼에도 우리는 눈먼 자의 자신감으로 무장한 채 과거의 우리가 현재의 우리와 동일하다고 선언한다.

문제는 '우리 자신이다'라는 것이 무슨 의미일까 하는 점이다. 우리 자신을 식별할 수 있는 부호는 무엇인가? 내 몸의 모양이나, 내 목소리, 내 손길, 내 입, 내 코, 내 눈 등이 아니라 나를 나이게 하는 것 말이다. 그것은 눈에 띄는 육체적인 특징들의 정글 뒤에 숨어 있는 겁 많은 작은 동물과도 같다. 내 눈에는 내가 사용하는 위장과 가면들 중 그 어느 것도 나 자신의 표현이 아니고, 단지 불확실한 암시나 사소한 예감에 지나지 않아 보인다. 잎새들이 뒤척이는 소리, 얼핏 스치는 향기, 작게 숨죽인 신음 같은 것처럼 말이다. 나는 안다. 숨어 있는 나 자신이 존재한다는 사실을. 그 자신을 만날 때까지 나는 기다린다. 어쩌면 그 존재는 내 생애의 마지막 날에야 확인할 수 있을지도 모른다. 덤불 속에서 갑자기 일어서서 순간적으로 완전히 모습을 드러낸 후 다시 사라져버리는 식으로 말이다.

* * *

자신의 언어가 결론을 부정하기보다는 "서서히 적절하게 느린 속도로 결론에 도달하"도록 하기 위해, 여행을 하는 내내 단테는 호기심이 많은 여느 여행객과 마찬가지로 자신이 방문하는 곳의 관습과 믿음, 지리, 역사 등에 대한 질문을 한다. 그는 특히 자기가 만나게 된 사람들이 누구인지를 알고 싶어 한다. 베르길리우스의 영혼과 처음 만난 때부터 단테는 "당신이 누구인지, 유령이든, 진짜 사람이든!" 자기에게 말해달라고 요청한다.[1] 어떤 영혼들은 베르길리우스가 한 것처럼 그의 질문에 직접 답을 한다. 그러나 어떤 영혼들은 처음에는 답을 하기를 거부하다가, 단테가 이승으로 돌아갔을 때 그들의 이야기를 써서 영원히 기억되도록 해주겠다는 약속을 한 다음에야 설득되었다. 하지만 어떤 영혼들은 강제로 자백하도록 해야 하기도 했고, 어떤 영혼들은 단테를 위해 베르길리우스가 대신 질문하기도 했다. 이승에서의 명성 혹은 인연으로 단테가 알아본 경우도 있고, 저승을 간 후 너무도 많이 변해서 단테가 알아보지 못해 불쌍한 영혼이 자기 입으로 자신의 정체를 밝혀야 한 경우도 있었다.

물론 단테가 누구를 알아보는 작업을 하기 위해 저승으로 향한 것은 아니었다. 단테가 저승을 여행한 이유는 자신에 대해서 배우고, 다른 사람들을 거울삼아 자신의 비참함을 돌아보고 구원의 가능성을 발견하기 위함이었다. 저승이라는 곳은 단순히 여행을 하는 자에게도 깊은 영향을 준다. 거기서 형벌을 받고 값을 치러야 하는 죄뿐 아니라, 가끔은 신성한 참 행복까지 그곳을 방문한 사람에게도 스며들어 좋은 쪽으로든 나쁜 쪽으로든 영향을 미친다. 단테는 분노한 자들의 분노와, 오만한 자들의 경멸을 자기의 가슴속에서 직접 느낀다. 천국의 하늘에서 만난 신성한 빛은 선택받은 자들에게 비치는 것을 살짝 엿본 것만으로도 그의 눈을 부시게 하고 새로운 사람으로 거듭나게 하기에 충분했다.

베르길리우스와 베아트리체가 그를 안내해서 보여준 3막으로 이루어진 비전은 그를 위해 계속해서 벌어지는 공연과도 같았고, 그 공연 안에서 그는 자신의 잘못, 공포, 망설임, 유혹, 실수, 타락, 심지어 깨달음의 순간까지 실연되는 것을 자기 눈과 귀로 직접 보고 듣는다. 《신곡》 전체는 한 명의 관객을 위해 펼쳐지는 공연이지만, 그 한 명의 관객이 주인공이기도 하다. 문맥은 다르지만 융 심리학자인 크레이그 스티븐슨Craig Stevenson이 "다면적이고 모호한 연극 무대의 살아 있는 전형과 같은 인물들이 사는 곳, 기억과 경계선적 의식이 쌓아올려져 만들어진 곳, 연기와 관람이라는 인식론적 반대 현상이 동시에 벌어지는 곳, 안을 들여다봄으로써 우리 자신에 대해 배우는 동시에 밖을 바라봄으로써 우리의 세상에 대해 배우게 하는 곳"2이라 정의한 곳이다.

단테가 영혼들의 이야기를 통해서만 그들이 누구인지 혹은 누구였는지를 알게 되는 것은 아니었다. 연옥산 정상에서 그리 멀지 않은 곳에서, 베르길리우스와 시인 스타티우스 뒤를 따라 걷던 단테는 탐식의 죄를 지은 사람들이 벌을 받는 둘레에 이른다. 그곳에서는 이승의 것들을 과도하게 사랑한 사람들이 극심한 굶주림을 통해 죄의 사함을 받고 있었다. 옛 시인들이 자신들의 예술 세계를 논하는 동안, 오만의 죄를 청산해서 고귀한 성에 도착했을 때 호메로스의 환영을 받기까지 했던 단테는 스승들 뒤를 겸손하게 걸으면서 그들의 대화에서 가르침을 얻는다.

그들은 앞으로 걸어갔고, 나는 혼자서,

뒤를 따르며, 그들의 대화에 귀를 기울이니,

시를 논함으로 나에게 가르침을 주셨다.

세 시인들을 맞이한 것은 창백한 침묵의 영혼 한 무리였다. 피골이 상접한 모습에, 눈은 보석이 빠진 반지처럼 어둡고 텅 비어보였다. 어쩌면 베르길리우스와 스타티우스가 시에 관해 나눈 대화를 듣고 단테가 모든 것이 스스로의 메타포라는 생각을 떠올렸는지도 모른다. 현실을 경험한 것을 언어로 옮기려 노력하는 과정에서 우리는 사물에 붙은 이름으로만 사물을 보고, 그 특징을 묘사한 글을 통해서만 특징을 파악하는 경우가 있다. "사람의 얼굴에서 OMO를 읽는 사람은 분명히 거기서 M을 본 사람이다"라고 단테는 말한다. 단테의 아들 피에트로 알리기에리는 《신곡》에 단 주해에서 이 이미지는 단테의 시대에는 잘 알려진 것이라고 설명한다. 고딕 문헌에서 글자 O는 사람의 두 눈처럼 보이고 M은 눈썹과 코처럼 보인다.[3] 이는 모든 창조물의 모습에 그 이름이 새겨져 있어서 그들을 창조한 직후 각자에게 이름을 붙이라는 신의 명령을 받은 애덤이 각 창조물을 식별하고 그에 맞게 명명할 수 있었다는 《창세기》의 이야기에 부합한다(2:19-20).

소크라테스도 플라톤의 《크라튈로스Kratylos》에서 이름은 사람이 만든 것이라고 믿는다고 말한다. 소크라테스는 신이 우리에게 첫 언어를 주었다고 제안하는 것은 설명이 아니라 설명할 수 없는 데 대한 변명일 뿐이라고 주장한다. 플라톤의 대화에서 이름에 관한 토론이 두 친구 사이에 벌어진다. 그 둘이 소크라테스처럼 플라톤의 스승들이었을 가능성이 있다는 것 말고 우리는 그들에 대해 거의 아는 것이 없다. 크라튈로스는 사물의 이름이 사물의 본질에서 유래한 '진실 혹은 올바름'을 담고 있다고 믿는다. 그와 대화하는 상대자인 헤르모게네스Hermogenes는 거기에 동의하지 않고 언어는 인간의 창조물이라는 소피스트의 입장을 내세운다. "내 의견으로는 특정 사물에 어떤 이름을 붙이더라도 그것은 맞는 이름이라고 생각합니다. 그리고 그 이름을 바꿔서 다른 이름을 붙인다 하더라도, 그 새 이름은 이전 이름만큼이나 맞는 이름이 될 것입니다"라고 그는 말한다. "어떤 것에도 본질적으로 이름이 주어지지는 않기 때문입니다. 모든 것이 관습이고, 사용자의 습관에서 나온 현상입니다." 소크라테스는 다음과 같이 주장한다(혹은 적어도 이렇게 제안한다). "맞게 주어진 이름은 그 이름이 주어진 대상의 모습이자 초상화다." 그러나 그는 이어서 대상의 이미지보다 그 대상 자체에서 직접 이해하는 것이 더 숭고하고 명확하다고 덧붙인다.[4]

이름은 우리를 외부로부터 정의한다. 우리가 스스로 자신의 이름을 선택한다 하더라도, 이름이 전달하는 정체성은 외부적인 것, 우리가 타인의 편의를 위해 걸치는 것이다. 그러나 어떨 때는 이름이 개인의 본질을 정확히 포착할 때가 있다.

"카이사르가 나였다. 이제 나는 유스티니아누스다."

6세기에 로마법을 성문화한 황제는 그렇게 선언한다. 그는 《신곡》〈천국편〉에서 단테를 위해 고대 로마의 역사를 요약해서 들려준 사람이기도 하다. 또 다른 예를 들자면, 천국의 태양천을 단테가 방문했을 때, 프란체스코 수사 보나벤투라는 도미니크 수도회의 창립자를 칭송하면서, 도미니크('신에게 속하는'이라는 의미)라는 이름을 지어준 그의 부모에게 "성령이 하늘에서 내려와 그를 그리 부르라 명했다. 신에게 속하는 소유형 형용사로 된 그의 이름대로 그는 전적으로 신의 소유였다"라고 지적한다. 그는 도미니크의 부모의 이름인 펠리체(행복)와 지오반나(성 제로니모에 따르면 '주님의 은총'이라는 의미) 또한 그들의 본질을 표현하고 있다고 설명해서 크라튈로스의 믿음과 궤를 같이하는 주장을 펼친다.

> 오, 그의 아버지, 진정으로 행복(펠리체)하도다!
> 오, 그의 어머니, 진정으로 주님의 은총(지오반나)을 입었도다,
> 그들의 이름을 해석한 것이 바로 그들의 존재의 의미다![5]

그러나 이름만으로는 "내가 누구인가?"라는 질문에 대한 완벽한 답을 제시하지 못한다. 단테 또한 여정의 끝에서 답을 얻은 것은 이름에 대한 지식을 통해서가 아니었다. 최종적으로 정체성에 대한 의문은 더 깊은 고찰을 필요로 한다.

《신곡》의 딱 중간 부분인 〈연옥편〉의 30곡에서는 에덴동산에 그리핀

griffin이 끄는 마차가 나타나면서 세 가지 중요한 일이 동시에 벌어진다. 베르길리우스가 사라지고, 베아트리체가 모습을 나타내고, 《신곡》 전체에 걸쳐 처음이자 마지막으로 단테의 이름이 불린다. 그를 안내해주던 대시인이 사라지고, 베아트리체에게 이끌려 모욕적인 고난을 겪기 전, 그 중간 시점에 단테의 이름을 누군가가 불렀고, 그는 그 목소리를 알아보고 몸을 돌린다. "내 이름을 부르는 소리를 듣고 몸을 돌렸다／ 어쩔 수 없이 여기 적게 되는 내 이름." 그런 다음 베아트리체는 자신을 바라보라고 단테에게 명령한다.

　　나를 잘 보시오. 내가 맞지 않은가, 내가 베아트리체요.
　　어찌 감히 이 산에 오르셨소?
　　여기에서는 사람들이 행복하다는 것을 몰랐다는 말이오?[6]

　물에 비친 자신의 이미지를 보고 황홀경에 취한 나르키소스와는 반대로, 레테의 강을 흘깃 본 단테는 거기 비친 자신의 모습을 참을 수 없어서, 역겨운 마음으로 눈을 돌린다.

　　내 시선이 맑은 샘물이 있는 아래로 향했다.
　　그러나 거기 비친 내 모습을 보고, 나는 풀밭 쪽으로 시선을 돌렸다,
　　무거운 수치감이 나를 짓눌러 고개를 들 수가 없었다.[7]

　지옥의 바닥까지 내려갔다가 연옥의 둘레를 오른 후, 단테는 자신의 정체성을 깨닫는다. 그러나 그것은 그의 이름을 입 밖에 내어 부르는 과정이 아니라 물에 비친 자신의 이미지를 바라본 결과 얻어진 성과였다. 그때까지 베르길리우스 안내를 받으면서 단테는 다른 이들이 재연하는 그들의 과오를 보면서 간혹 그와 비슷한 자신의 과오를 떠올리기는 했지만, 이제 처음

으로 자기 자신이 무대에 등장해서 공연하는 장면을 목격하고 있다는 것을 깨닫는다.

그는 자신의 외적인 모습을 위해서가 아니라 자신의 가장 깊은 자아를 위해서 울어야 한다는 것을 알게 되었다. 존경하는 베르길리우스가 떠난 것도, 사랑하는 베아트리체에 대한 애정도 아닌, 자기 자신의 죄를 위해서 울어야 하는 것이다. 이제 마침내 자신이 누구인지를 알게 되었고, 과거의 자신에 대한 회개를 할 수 있게 된 것이다. 그런 연후에야 레테의 강물을 마시고 모든 것을 망각할 수 있다. 천국에서는 죄의 기억은 하나도 남아 있지 않다.

"나는 누구인가?"라는 질문에 대해 이름으로 답을 하려는 시도가 불충분한 것은 책의 제목으로 그 책의 내용을 완전히 파악할 수 없는 것과 비슷하다. 셰익스피어의 희극《끝이 좋으면 다 좋아*All's Well That Ends Well*》에 등장하는 겁쟁이 군인 패롤리스Parolles는 이름에서부터 그가 거짓말을 하고 허풍을 떠는 데 말을 사용한다는 사실이 드러나 있다(셰익스피어의 연극을 보는 관객들은, 비록 변변찮은 프랑스어 실력을 가지고 있었겠지만, 작가가 의도한 국제적 말 장난을 알아차렸을 것이다). 패롤리스가 모욕을 당하기 전에 피할 방법을 찾기 위해 혼잣말을 하는 것을 두 귀족이 엿듣는다. 그가 자신에 관해 말하는 것이 그처럼 모두 사실인 장면은 연극이 시작된 후 처음이었다. 그의 말을 엿듣던 귀족 중 하나는 이 바보의 너무도 정확한 추론에 놀라서 묻는다.

"자신의 주제를 저렇게 잘 알면서도 저런 사람으로 사는 것이 도대체 가능한 일일까?"

그는 그렇게 할 수 있고, 그렇게 한다. 셰익스피어는 패롤리스라는 인물을 통해 그를 그이게 만드는 것이 무엇이든, 가면 뒤에 숨은 그것을 찾으려는 시도를 하고 있기 때문이다. 바로 그런 이유에서, 잠시 후 마지막으로 치욕을 당하기 전 패롤리스는 허풍선이 병사의 모습을 벗어버리고 완벽하게 진실된 자신의 모습을 드러낸다.

그는 "나는 이제 더 이상 대장으로 살아가지 않을 거야"라고 말한다.

"하지만 이제부터는 대장처럼 먹고, 마시고, 대장처럼 편안한 잠자리에 들 것이야. 그냥 내 본 모습에 충실하게, 그렇게 살 거야."[8]

"내 본 모습."

패롤리스의 갑작스러운 깨달음은 수없이 오용되어온 햄릿의 질문 밑바닥에 깔린 의문에 답을 제시하고, 신이 모세의 질문에 했던 거대한 답, 즉 "나는 곧 나니라"라는 선언을 뜻하지 않게 반복한다.

부분적으로 한때 자신의 본 모습이라고 믿었었지만 이제는 없어져버린 것이 우리의 본 모습일 수도 있다. "나는 예전에 내가 가졌던 얼굴을 찾고 있어요. 세상이 만들어지기 전에 가졌던 그 얼굴"이라고 예이츠의 시에서 한 여인은 말한다. 간혹 그 얼굴은 정체성의 그림자 같기도 하다. 어렴풋이 기억에 남아 있는 듯하지만 이제는 잊힌 얼굴. 알츠하이머 병 초기 증상처럼 스스로 자기 자신이라는 사실을 확신시켜주는 것들의 일부를 잃어버린 상태말이다.

플라톤의 《향연》에서 아리스토파네스는 인간이 예전에는 세 가지 성별, 즉 태양에서 태어난 남성, 땅에서 태어난 여성, 달에서 태어나 남녀 특징을 모두 가진 자웅동체인으로 분류되었다고 말한다. 그중 가장 강했던 자웅동체인들은 허영심에 사로잡혀(바벨탑을 지은 사람들처럼) 하늘까지 올라가 신들을 공격하려 한다. 그것을 방지하기 위해 제우스는 자웅동체인들을 반으로 갈랐고, 그 후 남성쪽 반은 여성쪽 다른 반과, 여성쪽 반은 남성쪽 다른 반과 다시 결합하기를 갈망하게 되었다. 그 결과 세 가지 종류의 커플이 탄생했다. 태양-남성은 태양-남성을, 땅-여성은 땅-여성을, 이제 둘로 갈라진 달 자웅동체인들은 잃어버린 반쪽을 찾기를 갈망하는 이성연애인들이 되었다. 아리스토파네스는 이렇게 결론짓는다.

따라서, 우리 모두는 아이들이 기념으로 간직하기 위해 쪼개는 동전 조각과 같다. 하나에서 쪼개져 둘이 된 넙치처럼, 우리 모두는 각자 영원히 자기와 딱 맞아떨어지는 반쪽을 찾아헤맨다.

플라톤이 인용한 아리스토파네스처럼, 사랑은 이 갈망에서 자라난 충동이고, 우리의 예전의 모습을 회고함으로써 현재의 우리가 누군지를 알고자 하는 욕망이다.9

자신의 정체성을 짐작할 수 있는 기회는 일찍 온다. 자크 라캉Jacques Lacan은 생후 6개월에서 18개월 사이, 아직 말을 하지 못하고, 몸놀림을 자유자재로 하지 못하는 아이들에게 거울에 비친 자기 모습을 보여주는 실험을 하고 그 결과 나오는 반응의 단계를 '거울 단계'라고 이름 붙였다. 아이는 의기양양하고 기쁜 반응을 보인다. 거울에 비친 자신의 모습은 아직 자신이 성취하지 못한 기능적 통합을 보여주기 때문이다. 아이는 자신이 앞으로 될 이미지와 자신을 동일시한다. 그러나 동시에 그 이미지는 허상일 뿐이다. 거울에 비친 모습이 아이 자체는 아니기 때문이다. 아이가 거울에 비친 이미지가 누구인지를 이해하는 것은 인식과 오인 두 가지 모두에서 시작된다. 정체성에 대한 물리적 이해와, 상상 속의 창조에 대한 이해가 동시에 벌어져야 하기 때문이다.

상상 속에서와 마찬가지로 거울은 우리가 1인칭 단수로 칭하는 인물을 무대에 올린다. 아르튀르 랭보Arthur Rimbaud는 이 역설을 직관적으로 이해한 듯하다. "왜냐하면 나는 또 다른 나이기 때문이다[Car Je est un autre]." 알론소 키하노는 기사도 소설을 좋아하는 늙고 병든 하급 귀족인 동시에 용감하고 정의로운 돈키호테라는 기사이기도 하다. 책 말미에서 자신의 문학적 정체성이 허상이었다는 사실에 설득당하고 나자 그는 숨을 거두고 만다. 이런 의미에서 우리는 모두 도플갱어들이다. 우리는 자신의 원본/사본을 보고도

그것이 우리의 종말을 뜻한다는 사실을 부인한다.[10]

　나를 이루는 모든 요소들을 다 아우른 통합적인 나, 심지어 무의식이라고 부르는 부분(그리고 칼 구스타프 융이 정의한 '잠재적 현실reality in potentia')까지도 모두 아우른 전체로서의 내가 누구인지를 알기 위해서 우리는 평생 자신에게 질문을 던지면서 단서를 찾으려는 노력을 기울여야 한다. 융에 따르면 무의식은 그런 단서를 꿈속에서 우리에게 던지는데, "과거를 뒤돌아보는 꿈 혹은 미래에 대한 예견"은 어느 문화에서나 늘 미래에 대한 암시로 해석되었다고 한다. 무의식이 보낸 이미지가 의식 속에 떠올라서 우리 자신에 대해 무언가를 말해주는 정보는 책에서 이미 읽어서 넘긴 페이지처럼 자신이 누구인지에 대한 지식에 보태진다. 3세기에 아우구스티누스는 이 과정을 찬송가 암송에 비유했다.

　"내가 알고 있는 찬송가를 암송한다고 가정해보자."

　그는 그렇게 《고백록》에서 제안한다.

　"시작하기 전, 암송하려는 찬송가 전체가 내 머릿속의 예상하는 영역 전체에 담긴다. 그러나 일단 암송을 시작하고 나면, 예상 영역에서 꺼낸 찬송가는 암송과 함께 과거로 보내지면서 기억력이 동원된다. 내가 하는 행위의 영역은 기억과 예상이라는 두 가지 기능으로 나뉘어져서 하나는 뒤를 돌아보며 내가 이미 암송한 찬송가들을 관장하고, 또 다른 하나는 앞을 내다보며 내가 아직 암송하지 않은 찬송가들을 관장한다. 그러나 그 과정 내내 집중하는 나의 능력이 동원되고 있어서, 그 능력을 통해서 미래였던 것이 과거가 되는 과정이 벌어진다. 그 과정은 예상의 영역이 줄어드는 만큼 기억의 영역이 늘어나서, 모든 예상의 영역이 기억의 영역으로 흡수될 때까지 계속될 것이다. 그 시점이 바로 내가 암송을 끝낸 시점이고, 예상 영역의 찬송가가 모두 기억의 영역으로 넘어간 시점이다."

　그러나 찬송가와는 달리 무의식을 불러오는 것은 끝이 나지 않는 작업이다. 평생에 걸친 이 작업, 우리 자신에 대한 직관과 깨달음을 형상화하는 이 작업을 융은 '개성화individuation'라 불렀다.[11]

〈개성화의 의미〉라는 제목으로 1939년에 원래 영어로 쓰였다가 후에 독일어로 다시 쓰고, 많은 수정을 거친 논문에서 융은 개성화를 "사람이 심리적으로 더 분할할 수 없는(in-dividual) 개별 단위에 이르는 과정"이라 정의하고, 그 개별 단위란 모든 부분, 심지어 본인이 이해하지 못하거나 낯선 부분까지도 모두 포함되어 일관성 있는 '전체'를 이루는 것"이라고 정의했다(이때 쓰인 영어 단어 'in-dividual'은 '분할할 수 없는'이라는 뜻이고, '-'이 없는individual은 '개인'이라는 뜻이다—옮긴이 주).

융은 64세에 처음으로 개성화를 정의했다. 거의 20년이 지난 후, 세상을 뜨기 5년 전, 그는 일부는 지인들과의 대화 형태를 빌어 오고, 일부는 직접 쓰는 형식으로 일종의 지적 자서전을 펴냈다. 책의 말미에서 융은 개성화의 개념을 다시 꺼내든다. 그러나 이번에 그의 관심을 사로잡은 것은, 알 수 있고, 고통스럽도록 잘 알고 있는 자아가 아니라, 드넓은 미지의 자아였다. 그는 "내 자신이 더 불확실하게 느껴질수록, 내 속에서는 삼라만상과의 유대감이 더 깊어졌다. 사실 세상과 나를 이렇게 오래도록 분리시켰던 그 이질감이 이제는 내 내면 세계로 전이가 되어, 나 자신에 대한 예상치 못한 낯설음을 드러내준다"라고 쓴다.[12]

융은 "내 존재의 의미는 삶이 내게 던진 질문으로 규정된다. 혹은 역으로, 내 자신이 세상에 던져진 질문으로 규정된다고 할 수도 있겠다. 나는 내 답을 말해야 한다. 그렇지 않으면 세상이 내게 하는 답에 의존할 수밖에 없기 때문이다"라고 글을 이어간다.[13] 인류 전체 그리고 개인으로서 자신이 누구인지를 알아내기 위한 원정, 삶의 질문에 대한 대답을 찾으려는 시도를 한다는 사실은 왜 우리가 다른 사람들의 이야기에서 즐거움을 찾는지 그 이유를 어느 정도 설명해준다.

문학은 '세상의 대답'이 아니라, 더 나은 질문이 더 많이 담겨 있는 보물함이다. 단테를 만난 영혼들이 그에게 들려주는 이야기들처럼, 문학은 우리 자신의 비밀스러운 특징들을 발견하는 데 상당히 효율적인 거울을 제공한다. 우리 머릿속의 도서관 안에 든 정보들이 모두 합성되어 우리가 누구인지(혹은 누구라고 믿는지), 혹은 우리가 누가 아닌지(혹은 누가 아니라고 믿는지)를 파악할 수 있는 지도를 만들어낸다. 프로이트처럼, 괴테의 《파우스트》의 첫 부분 장면들을 경탄하며 감상하고, 융처럼 《파우스트》의 확실치 않은 결말에 끌려들어가고, 보르헤스처럼 제인 오스틴Jane Austen보다 조지프 콘래드Joseph Conrad를 선호하고, 도리스 레싱Doris Lessing처럼 무라카미 하루키보다 이스마일 카다레Ismail Kadare를 선택하는 것은 문학 이론상으로 비판적인 입장을 취하는 것이 아니라, 사색적 연민과 공감, 인식에 관한 질문에 반응해서 보이는 태도일 확률이 높다.

독서는 절대적일 수 없다. 문학은 교조주의적 성향을 용납하지 않는다. 우리는 동맹 관계를 바꿔가면서 특정 책의 특정 챕터를 얼마간 좋아하다가 시간이 흐른 후에는 다른 챕터를 좋아하는 걸 주저하지 않는다. 한두 인물에 마음을 빼앗겼다가 이윽고 다른 인물들로 그 사랑이 옮겨가곤 한다. 우리는 숙고 끝에 결정한 자신의 문학적 취향은 시간이 흘러도 잘 변하지 않는다 생각하지만, 독자의 영원한 사랑이라는 것은 우리가 상상하는 것보다 드문 일이다. 우리는 변화하고, 우리의 취향도 변화한다. 오늘 셰익스피어의 〈리어왕〉 속 코델리아에서 자신을 발견한 사람이 내일 고네릴을 사랑하는 자매라고 부르고, 며칠 후에는 어리석지만 정이 가는 노인네 리어왕과 동지애를 느낄 수도 있다. 이런 식으로 여러 번 영혼이 거듭나게 하는 것은 문학이 만들어내는 작은 기적이다.

하지만 문학 역사의 모든 기적 중에서도 《이상한 나라의 앨리스》의 탄생만큼 놀라운 기적은 드물다. 이 이야기는 널리 알려져 있지만 반복할 가치가 있다. 1862년 7월 4일 오후, 찰스 러트위지 도지슨 목사는 동료인 로빈슨 덕워트 목사와 함께 크라이스트 처치 칼리지 학장 리들 박사의 어린 세 딸을 데리고 옥스퍼드 근처 폴리 브릿지에서 출발해 테임즈강을 따라 갓스토우 마을까지 3마일에 걸친 뱃놀이를 떠난다.

"해가 정말 따가웠어요."

앨리스 리들은 세월이 많이 흐른 후 그 날을 회고한다.

"너무 따가워서 강변 어느 초원에 배를 대고 근처에 유일하게 눈에 띄는 그늘에 몸을 피했지요. 새로 만들어놓은 건초더미 아래였습니다. 거기 앉아서 우리 셋은 늘 하던 대로 '이야기해주세요' 하고 조르기 시작했고, 바로 그때 언제 들어도 재미있는 그 이야기가 시작되었지요. 우리를 약 올리기 위해서 그럴 때도 있고, 아마도 너무 피곤해서일 때도 있었겠지만, 도지슨 씨는 갑자기 하던 이야기를 멈추고 '지금은 여기까지. 다음 번에 계속' 하고 말하곤 했어요. 그러면 '아, 하지만 지금이 다음 번이에요' 하고 우리 셋은 모두 외쳤죠. 그리고 조금 더 조르면 이야기가 다시 시작되곤 했어요."

뱃놀이를 하고 돌아온 후, 앨리슨은 도지슨 씨에게 그 모험 이야기를 글로 써달라고 부탁한다. 그는 한 번 해보겠다고 대답하고, 그날 밤 거의 밤을 새워서 이야기를 적었다. 이야기에 곁들여 펜과 잉크로 그린 삽화도 다수 그려 넣었다. 그 후, 《앨리스의 지하 세계 모험》이라는 제목이 적힌 그 책은 학장 관사의 응접실 테이블에 곧잘 놓여 있곤 했다. 3년 후인 1865년 그 이야기는 런던의 맥밀란 출판사에 의해 '루이스 캐럴'이라는 필명과 《이상한 나라의 앨리스의 모험》이라는 제목으로 출판되었다.[14]

덕워트 목사는 그날 했던 뱃놀이를 정확히 기억한다.

"대학 방학 중에 했던 그 유명한 갓스토우 뱃놀이 길에 나는 배 뒤쪽에서, 도지슨 목사는 앞쪽에서 노를 젓고 있었습니다. 리들가의 세 딸도 배에 타고 있었지요. 도지슨 목사는 내 어깨 너머로 큰 소리로 그 이야기를 했습니다. 배 뒤쪽에 앉아 '타수' 역할을 하던 앨리스 리들도 들을 수 있도록 말이지요. 내가 고개를 돌리고 물었던 기억이 납니다. '도지슨, 이 이야기 자네가 즉석에서 지어내는 소설인가?' 그러자 도지슨 목사가 대답했지요. '그렇지, 이야기하면서 즉흥적으로 지어내고 있어.'"

앨리스의 모험을 "이야기하면서 즉흥적으로 지어냈다"니 믿기 어려운 진실이다. 앨리스가 구멍으로 떨어져서 모험을 하면서 만나는 사람, 발견하게 되는 것들, 삼단논법, 말장난, 현명한 농담 등 그토록 일관성 있고 환상적으로 발전하는 이야기를 그 자리에서 즉석으로 만들어낸다는 것은 거의 불가능하게 느껴진다. 오시프 만델슈탐은 단테의 《신곡》의 구성에 대해 논평하면서 자기 앞에 놓인 텍스트가 여러 번의 초고와 여러 방면의 시도를 거친 길고 귀찮은 과정 없이 시인의 머리에서 완성된 모습으로 뚝 떨어진 것이라고 생각하는 독자가 있다면 그는 너무도 순진한 사람이라고 말했다. 만델슈탐은 어떤 문학 작품도 즉흥적 영감으로 태어날 수 없다고 말한다. 많은 경험을 쌓은 장인이 공예품을 다듬듯 고통스러운 시행착오를 거친 다음에 탄생한다는 것이다.[15]

그러나 우리는 앨리스는 다르다는 것을 알고 있다. 바로 그 불가능한 일이 일어난 것이다. 물론 작품 여기저기에 등장하는 농담과 말장난은 그 전부터 캐럴이 머릿속에서 많이 만들어본 것들일 것이다. 퍼즐과 단어 게임들을 좋아했던 그는 자신과 어린이 친구들을 위해 그런 게임들을 직접 만드는 데 많은 시간을 할애했다. 그러나 그런 속임수와 트릭들이 아무리 많다 해도 완벽한 플롯을 이루는 엄격한 논리와 흥미로운 인물들이 즉석에서 만들어졌다는 사실을 설명하기에는 부족하다.

《이상한 나라의 앨리스》의 후편으로 6년 후 《거울 나라의 앨리스》가 출간되었다. 이번에는 다른 책과 마찬가지로 책상 앞에 오래도록 붙어 앉아 써낸 책이었다. 그럼에도 이번 책의 체스 게임이 첫 번째 책의 미친 카드 게임보다 더 잘 만들어진 것도 아니다. 그리고 두 이야기 모두에 나오는 환상적인 넌센스들은 오래전 그 역사적인 오후에 '즉석에서 지어낸' 이야기 하나에 근원을 두고 있다는 것이 확실하다. 신비주의자들은 신으로부터 완벽한 텍스트를 받아쓴다고 알려져 있고, 문학 역사상 수정 없이 한 번에 완성된 작품을 만들어낸 몇 개의 예가 알려져 있기는 하지만—캐드먼Caedmon의 〈천지창조 찬가〉와 테일러 코울리지Taylor Coleridge의 〈쿠블라 칸〉이 그중 두 예다—이 시적 기적들을 증명할 편파적이지 않은 증인이 있는 경우는 거의 없다. 그러나 《이상한 나라의 앨리스》의 경우, 덕워스 목사의 증언은 의심할 여지가 없어 보인다.

그러나 어떤 기적도 설명이 전적으로 불가능한 것은 아니다. 캐롤의 이야기는 아이들 책으로 유명하지만 여느 동화책보다 더 깊은 인간 심리에 뿌리를 두고 있다. 《이상한 나라의 앨리스》는 아이들을 위한 보통의 이야기들과는 다르게 읽힌다. 이 이야기에 나오는 장소들은 유토피아, 아르카디아와 같은 이미 널리 알려진 신화 속의 장소들을 강하게 연상시킨다. 《신곡》에서 연옥산을 지키는 영혼인 마틸다는 단테에게 시인들이 노래해온 '골든 에이지'는 잃어버린 낙원, 이제는 사라져버린 완벽한 행복에 대한 잊혀진 기억이라고 말한다. 어쩌면 앨리스의 '이상한 나라'는 완벽한 이성의 상태에 대한 무의식적 기억일지도 모른다. 그 상태가 사회적·문화적 관습의 눈을 통해서 보는 우리에게는 완전히 미친 것처럼 보이는 것이다.[16]

원형의 장소든 아니든 간에, '이상한 나라'는 이런저런 형태로 늘 존재해온 듯하다. 앨리스를 따라 토끼굴을 타고 떨어져 레드 퀸의 미로 같은 왕국으로 들어가는 경험은 언제 누가 해도 처음 하는 것 같지가 않다. 그 이야기가 만들어지는 순간 그것을 들은 사람은 리들가의 딸들과 덕워스 목사밖에 없었다고 전해지지만, 심지어 그들조차도 데자부를 받았을 것이다. 그 첫 날 이후, '이상한 나라'는 모든 이의 상상 속에 존재하는 곳이 되었다. 마치 한 번도 가본 적이 없지만 우리 모두 에덴동산이 존재한다는 것을 아는 것처럼 말이다. '이상한 나라'는 우리 꿈에 반복해서 나타나는 풍경이다("그곳은 지도에 나와 있지 않다. 진정한 곳은 절대 지도에 나와 있지 않다"고 허먼 멜빌Herman Melville은 또 다른 원형의 장소에 대해 그렇게 썼다).[17]

'이상한 나라'는 물론 우리가 살고 있는 세계다. 혹은 우리 세계의 사물과 사건들이 우리가 볼 수 있도록 펼쳐지고 있는 무대다—그것은 무의식적인 상징의 의미가 아니고(프로이드학파의 해석에도 불구하고), 아니마에 대한 풍자도 아니고(융의 해석처럼), 기독교적 우화도 아니고(뱃놀이 여정에 나오는 이름에서 느껴지는 뜻밖의 우연, 즉 '인간의 어리석음'이라는 뜻이 있는 폴리 다리Folley Bridge에서 출발해서 '신이 있는 곳'이라는 뜻의 갓스토우Godstow에 도착했다는 사실에도 불구하고), 오웰이나 헉슬리의 작품처럼 디스토피아적 우화(일부 비평가들이 주장한 것처럼)도 아니다. '이상한 나라'는 미친 것처럼 느껴질지 모르지만 우리가 날마다 생활하는 곳, 혹은 방문하는 곳이다. 킹 오브 하츠가 화이트 래빗에게 "시작하는 곳에서 시작해서 끝나는 곳까지 계속 가다가 멈추라"고 한 지시에 따라 우리가 일상적으로 맛봐야 할 천국과 지옥과 연옥을 모두 비율에 맞게 갖춘, 우리가 삶 속을 헤매다가 필수적으로 방문해야 하는 곳인 것이다.[18]

이 여정에 나서는 앨리스가 (단테에 대해서도 같은 말을 했지만) 가진 무기는 단 하나뿐이다. 그녀가 체셔 고양이의 숲과 퀸의 크로켓 경기장을 헤쳐 나갈 때 사용할 수 있는 것은 오직 말뿐이다. 어떤 사물이나 사건의 진정한 정체와 겉으로 보이는 모습의 차이를 알아차리는 것도 말을 통해서다. 그녀는 또 질문을 통해 '이상한 나라'의 광기를 부각시킨다. 우리가 사는 세상과 마찬가지로 관습적인 체면의 얇은 막 아래에 감춰진 그 광기 말이다. 우리는 공작부인처럼 모든 것에서 교훈을 찾음으로써 그 광기 안에서 논리를 찾으려 시도하지만, 사실은 체셔 고양이가 앨리스에게 한 말처럼 우리로서는 별로 할 수 있는 일이 없다. 어떤 길을 선택하더라도, 결국 미친 듯한 사람들을 만나게 될 것이고, 스스로 제정신이라고 생각하는 상태를 잃지 않기 위해 우리는 최선을 다해 말을 사용해야 한다.

앨리스는 말을 통해 이 당혹스러운 세계에서 유일하게 확실한 사실은 겉으로 드러난 논리에 따르면 우리 모두 미친 사람들이라는 것을 배우게 된다. 앨리스가 그랬던 것처럼, 우리는 자신이 흘린 눈물에 빠질 위험(그리고 다른 사람들까지도 모두 빠뜨릴 위험)을 겪기도 한다. 도도가 그랬던 것처럼 우리는 어떤 방향으로 뛰든, 아무리 엉망진창으로 뛰든 우리는 모두 승자고, 모두 상을 받을 자격이 있다고 생각하고 싶어 한다. 화이트 래빗이 그랬던 것처럼 우리는 다른 사람이 우리를 섬길 의무라도 있는 것처럼(그리고 그렇게 할 수 있는 것을 영광으로 생각하기라도 하듯) 사방에 명령을 내린다. 캐터필러처럼 우리는 동료들의 정체성에 의문을 제기하면서도 자신의 정체성에 대해서는, 심지어 그 정체성을 잃어버릴 상황에도 아무 생각이 없다.

우리는 공작부인처럼 어린이들의 짜증나는 행동에 대해 벌을 주는 것이 옳다고 생각하지만 그런 행동을 하는 이유에 대해서는 관심이 없다. 매드 해터처럼 우리는 여러 사람을 위해 차려진 테이블에 놓인 음식과 음료를 먹고 마실 자격을 가진 사람은 자신뿐이라고 생각하고, 오늘 말고는 포도주와 잼이 없는데도 배고프고 목마른 사람들에게 냉소적인 태도로 포도주를 권한다. 레드 퀸과 같은 독재자의 지배를 받을 때는 부적절한 도구로 미친 게임을 해야 한다. 고슴도치처럼 굴러가는 공과 홍학처럼 몸을 틀고 꼬는 막대기로 해야 하는 게임 말이다. 그리고 지시 사항을 제대로 따르지 못하면 목을 베일 것이라는 위협을 받는다. 그리폰과 가짜 거북이 앨리스에게 설명하듯, 우리의 교육 방법은 과거에 대한 향수('웃기'와 '슬퍼하기'를 가르치는 것)를 되새기기 아니면 다른 사람을 섬기는 훈련을 하기(가재와 함께 바다에 던져지는 법 배우기) 둘 중의 하나다. 그리고 우리의 사법 체제는, (카프카가 묘사하기 오래 전에 이미) 네이브 오브 하츠를 심판하기 위해 세워진 재판정처럼 이해할 수 없고 불공평하다.

그러나 우리들 중 앨리스만큼 용기 있는 사람은 거의 없다. 그녀는 책 말미에 신념을 굽히지 않고 일어서서(글자 그대로) 입을 다무는 것을 거부한다. 그리고 이 최고로 훌륭한 시민 불복종의 실천 덕분에 앨리스는 꿈에서 깨어나는 것을 허락받는다. 그러나 불행하게도 우리는 그렇게 하지 못한다.

단테의 여정에서도 그랬던 것처럼, 앨리스와 동행하는 동료 여행자로서, 독자인 우리는 그녀의 여정에서 우리 삶에 항상 존재하는 주제를 발견하고 알아차린다. 꿈을 좇고, 그것을 잃어버리는 것, 그에 따른 눈물과 고통, 생존을 위한 경주, 강제로 노예의 신분이 되는 것, 정체성 혼란의 악몽, 결손 가정이 가져오는 피해, 납득할 수 없는 판결에 복종해야 하는 것, 권위의 남용, 왜곡된 가르침, 처벌받지 않은 범죄와 불공평한 처벌, 비이성에 대항하는 이성의 오랜 투쟁 등등. 사실 이 책의 목차는 이 모든 것, 그리고 만연한 광기로 요약할 수 있을 것이다.

《햄릿》에서는 "광기가 무엇인가를 정의한다는 것이 바로 광기가 아니고 무엇이란 말인가?"라고 한다. 앨리스도 그에 동의했을 것이다. 광기는 미치지 않은 다른 모든 것을 제외한 상태고, 따라서 '이상한 나라'에 사는 모든 이는 체셔 고양이의 금언("여기는 모두 미쳤어")이 정의하는 대상이 된다. 그러나 앨리스는 햄릿이 아니다. 그녀의 꿈은 악몽이 아니고, 침울해 있지도, 자신을 유령의 정의를 수행하는 도구라 생각하지도, 명약관화한 것에 대한 증거를 고집하지도 않는다.

앨리스는 즉각적인 행동을 믿는 사람이다. 앨리스에게 말은 살아 있는 생물이고, 생각(햄릿의 믿음과는 달리)으로는 상황을 좋게도 나쁘게도 만들지 않는다고 생각한다. 그녀는 키가 엄청나게 커지거나, 엄청나게 작아지는 것을 원치 않는 것처럼, 자신의 단단한 살이 녹아내리는 것도 원치 않는다(비록 작은 정원 문을 지나가기 위해 '망원경 접듯 몸을 접을 수 있었으면 좋겠다'고 바라지만). 앨리스는 독이 묻은 칼의 유혹에 넘어가지도, 햄릿의 어머니처럼 독배를 마시지도 않았을 것이다. '나를 마셔주세요'라고 쓰인 병을 들면서 그녀는 '독극물'이라는 표시가 되어 있는지부터 확인한다. "앨리스는 불에 데이거나, 맹수에게 잡아먹히거나 기타 별로 유쾌하지 않은 일을 당한 아이들에 관한 흥미로운 이야기들을 여럿 읽었기 때문이다. 그런 일을 겪는 것은 모두 친구들이 가르쳐준 간단한 법칙을 기억하려 하지 않았기 때문이다." 앨리스는 덴마크의 왕자와 그의 가족들보다 훨씬 더 이성적이다.[19]

하지만 햄릿과 마찬가지로 앨리스도 화이트 래빗의 집에 꼭 끼어 있는 동안 자기도 호두껍질에 갇혀 있는 것이 아닐까 하는 의문을 가졌을 것이 틀림없다. 그러나 무한한 공간의 왕(혹은 여왕)이 되는 문제에 대해서 앨리스는 그냥 법석만 떠는 것이 아니라, 그 직위를 얻기 위해 매진한다. 그리고 《거울 나라의 앨리스》에서는 약속된 꿈의 왕관을 얻기 위해 열심히 노력한다.

느슨한 엘리자베스 시대가 아니라 엄격한 빅토리아 시대의 계율에 따른 교육을 받고 자란 그녀는 자기 수양과 전통을 신봉하고, 투덜거리거나 게으름을 피우는 것을 용납하지 않는다. 모험을 하는 내내 그녀는 가정교육을 잘 받은 어린이답게, 단순한 논리로 비이성적인 상황에 대처한다. 관습(인위적으로 만들어낸 현실)은 판타지(자연스러운 현실)와 대비된다. 앨리스는 터무니없는 상황을 이해하고, 숨겨진 규칙을 찾아내기 위해서는 논리를 사용하는 것밖에 방법이 없다는 것을 본능적으로 알고 있었고, 그 방법을 가차 없이, 심지어 자기보다 더 나이가 많거나 신분이 높은 공작부인이나 매드 해터 같은 인물들에게까지 적용한다. 그리고 논쟁을 해도 소용이 없는 것이 확실해지면, 그녀는 적어도 그 허무맹랑한 불의의 상황을 자신이 어떻게 생각하는지를 확실히 밝히기라도 한다. 레드 퀸이 법관들에게 "형벌 먼저, 판결은 나중에"를 요구하자 앨리스는 그 불의에 굴하지 않고 "말도 안 되는 헛소리!"

하고 대답한다. 바로 그 대답이야말로 우리가 사는 세상에서 일어나는 허무맹랑한 대부분의 상황에 맞는 대답이다.[20]

그러나 앨리스는 대답을 얻는 것이 아니라 미해결의 의문을 품고 여정을 마친다. 지하 세계에서, 그리고 나중에 거울 속으로 들어가서 모험할 때 앨리스는 자신은 자기가 생각하는 자신이 아니라는, 혹은 심지어 자기가 생각하는 자신이 더 이상 아니라는 생각에 괴로워한다. 그리하여 결국 캐터필러의 어려운 수수께끼를 피할 수 없는 상황에 이르고 만다. "너는 누구니?"라는 캐터필러의 질문에 앨리스는 수줍게 대답한다.

"저는-저는 잘 모르겠어요, 지금 당장은요. 적어도 오늘 아침에 일어났을 때는 제가 누군지 알았어요. 하지만 그때부터 몇 번 변한 것 같아요."

캐터필러는 엄한 목소리로 그 말이 무슨 뜻인지 설명하라고 말한다.

"미안하지만 설명할 수가 없어요. 왜냐하면 제가 제 자신이 아니기 때문이에요."

앨리스를 시험하기 위해 캐터필러는 기억하고 있는 것들을 암송해보라고 하지만 단어들이 '다르게' 나온다. 앨리스와 캐터필러 둘 다 우리는 우리가 기억하는 것들에 의해 규정된다는 것을 알고 있다. 기억이야말로 우리의 자서전이자 우리 자신에 대한 이미지를 담고 있기 때문이다.[21]

"나를 마셔주세요"라고 쓰인 병에 든 음료의 효과가 나타나기를 기다리면서 앨리스는 자신이 "완전히 사라져버리는 것 아닐까, 촛불처럼. 그렇게 되면 그때는 나는 무엇일지 궁금하군" 하고 생각한다. 그에 대한 답은 《거울나라의 앨리스》에서 트위들디와 트위들덤이 나무 아래 잠들어 있는 것을 레드킹을 가리키는 장면을 통해 드러난다.

"왕은 무슨 꿈을 꾸고 있다고 생각하니?"

트위들디가 묻는다. 앨리스는 아무도 그것을 알 수 없다고 말한다.

"왜, 바로 너에 관해서지!"

트위들디가 외친다.

"그리고 왕이 너에 대해 꿈을 꾸다가 멈춘다면 너는 어디에 있을 거라고 생각하니?"

"물론 지금 내가 있는 곳이지요."

앨리스는 자신 있게 대답한다.

"넌 아니야!"

트위들디가 깔보는 듯한 말투로 대꾸한다.

"넌 아무 곳에도 없을 거야. 넌 왕의 꿈속에 있는 그런 것에 불과하니까!"22

앨리스는 자기가 에이다나 메이블이 아닐까 궁금해한다(하지만 "그녀는 그녀고, 나는 나잖아" 하고 심란한 심정으로 되뇌인다). 화이트 래빗은 앨리스가 매리 앤이라는 사람이라고 생각한다. 피전은 그녀가 뱀이라고 믿는다. 라이브 플라워스는 그녀를 꽃이라 생각한다. 유니콘은 그녀가 전설의 괴물이라 생각하고, 만일 앨리스가 자기의 존재를 믿어주면 자기도 앨리스의 존재를 믿어주겠다고 제안한다.

이 모든 장면들을 읽다보면 우리의 정체성은 다른 사람의 믿음에 달려 있는 것처럼 느껴진다. 우리는 나르키소스가 샘물을 바라보듯 치열하고 줄기차게 전자기기의 화면을 들여다보면서 우리의 정체성이 우리 주변의 세상에 의해서도, 우리의 내적 삶의 작용에 의해서도 아니고, 우리가 가상현실에서 인정하는 타인들이 무의미한 메시지로 우리의 존재를 인정해줌으로서 회복되고 확인되기를 바란다. 우리가 죽은 후 만일 우리가 누구였는지 단서를 찾기 위해 그 가상현실에서 바람처럼 오간 메시지들을 누군가가 읽는다면 오스카 와일드가 상상한 우화가 딱 들어맞는 상황이 될 것이다.

나르키소스가 죽자, 그에게 즐거움을 줬던 샘물은 달콤한 물에서 짠 눈물로 변한다. 그리고 산의 요정 오레아스들이 흐느끼며 숲을 가로질러 와 샘물에게 노래를 불러주며 위로했다.

달콤한 물에서 짠 눈물로 변한 것을 안 오레아스들은 초록빛 머리칼을 풀어헤치고 샘물을 향해 울며 말했다.

"네가 왜 나르키소스를 위해 이렇게 애통해하는지 우리는 의아해하지 않는다. 너무도 아름다운 그였으니까."

"하지만 나르키소스가 아름다웠나요?" 샘물이 말했다.

"너 말고 누가 그 사실을 더 잘 알겠니?" 오레아스들이 대답했다.

"그는 우리를 늘 지나쳐가기만 했지만, 너에게는 일부러 찾아와 네 옆에 누워 너를 내려다보고, 네 물이 만든 거울에 자신의 아름다움을 비춰보곤 했으니."

그러자 샘물이 대답했다.

"하지만 내가 나르키소스를 사랑한 것은 그가 내 옆에 누워 나를 내려다볼 때 그의 눈이 만든 거울에 내 아름다움을 비춰볼 수 있어서였지요."[23]

앨리스는 자기가 누구인지를 결정할 다른 방법을 생각해냈다. 토끼굴 아래 갇힌 앨리스는 자기가 진짜 누군지를 묻고 자신이 원하지 않는 누군가가 되는 것을 거부한다.

"사람들이 머리를 들이밀고 '올라오렴, 아이야!' 하고 말하면 나는 올려다보면서 이렇게 말할 거야. '그럼 내가 누구인가요? 그것부터 말해주세요. 그런 다음에 내가 그 사람인 것이 좋으면 올라갈게요. 그렇지 않으면 내가 다른 사람이 될 때까지 여기 계속 있을 거예요.'"[24]

무언가가 의미가 없는 것처럼 보이면 앨리스는 자기 자신은 납득할 수 있는 의미(그 의미를 표시해줄 정체성)를 선택하고 넘어갔다. 이 부분에서 앨리스는 융의 이론을 따라하는 것일 수도 있다.

"내 답을 말해야 한다. 그렇지 않으면 세상이 내게 하는 답에 의존할 수밖에 없기 때문이다."

앨리스는 캐터필러의 질문을 자기 것으로 만들어야만 한다.

그러나 겉으로 보이는 광기에도 불구하고, 우리가 사는 세상도 '이상한 나라'처럼 의미를 가지고 있고, 우리가 열심히 들여다보면 그 '말도 안 되는 헛소리' 뒤에서 그것을 설명할 무엇인가를 찾을 수 있을 것이라는 암시를 해서 우리를 애타게 한다. 앨리스의 모험은 신기할 정도로 정확하고 일관성 있게 진행되어서 독자로서 우리가 주변의 부조리에 대한 잡기 어려운 느낌을 점점 키워나갈 수 있도록 해준다.

책 전체는 선문답 내지는 그리스식 역설의 느낌, 뭔가 의미 있지만 동시에 설명할 수 없고, 깨달음을 얻기 직전의 무언가가 있다는 느낌을 준다. 앨리스의 뒤를 좇아 토끼굴로 떨어지고 그녀의 여정을 따라다니며 우리가 느끼는 것은 '이상한 나라'의 광기가 무작위로 벌어지는 것도, 순진무구하기만 한 것도 아니라는 사실이다. 부분적으로 서사, 부분적으로는 꿈의 이야기인 루이스 캐럴의 발명품은 단단한 땅과 환상의 나라 사이에 필요한 공간, 세상을 상당히 명백하게 해석해서 거의 그대로 이야기로 만들어 들여다보기에 좋은 장소를 우리 앞에 펼쳐준다. 그를 사로잡았던 수학 공식처럼, 앨리스의 모험은 엄연한 사실인 동시에 숭고한 발명품이다.

《신곡》도 그와 동일하다. 베르길리우스의 손에 이끌려 지옥의 위험한 곳들을 지나갈 때나, 베아트리체의 소중한 미소를 등대삼아 천국의 굳건한 논리를 거쳐 갈 때나 단테의 여정은 이 두 가지 차원을 모두 포함한다. 육신이 있는 현실에 그(그리고 독자로서의 우리)의 발을 굳건히 잡아두는 차원과 그 현실이 재고되고 변신하는 차원 두 가지 말이다. 이 이중 현실은 나뭇가지 위에 웅크리고 앉은 체셔 고양이처럼 어리둥절할 정도로 확실히 보이는 것과 기적처럼 느껴지는 (그리고 확신을 주는) 베아트리체 미소의 환영幻影 같은 것 사이를 부유한다.

제8장

우리는 여기서 무엇을 하고 있는가

■

◆

●

블라디미르: 우리가 여기서 무엇을 하고 있지? 문제는 바로 그거야.

—사뮈엘 베케트, 《고도를 기다리며》

20대 초반에 부에노스아이레스에 있는 신문사에서 일하던 해, 나는 모네스 카존 교구의 도밍고 하카 코르테하레나Domingo Jaca Cortejarena라는 성직자를 인터뷰하기 위해 시골로 내려갔다. 그는 호세 에르난데스José Hernández가 지은 19세기의 아르헨티나 국민시 〈마르틴 피에로Martin Fierro〉를 바스크어로 번역하고 〈매트신 부르딘Matxin Burdín〉이라는 제목을 붙였다. 작은 키에 통통한 몸매, 그리고 늘 미소 짓는 얼굴을 한 코르테하레나 신부는 30대 후반에 아르헨티나에 와서 망명생활을 하면서 성직자의 길에 들어섰다.

자신을 반겨준 나라에 대한 감사의 마음으로 그는 그 시를 번역했지만,

그가 진짜로 열정을 바친 일은 나이든 셜록 홈스처럼 벌을 치는 일이었다. 인터뷰를 하는 도중에도 그는 두 번이나 자리를 떴다. 그는 하카란다 나무들 밑에 줄지어 늘어서서 웅웅거리는 벌집들 사이에 앉아서 나는 이해하지 못할 의식을 행하고 돌아왔다. 그는 벌들에게 바스크어로 속삭였다. 스페인어로 하는 내 질문에 대답을 할 때면 그는 격렬한 몸짓을 했지만, 벌들에게 바스크어로 말을 걸 때면 온화한 몸짓에 목소리도 부드러워졌다. 그는 벌들의 웅웅거리는 소리가 물이 떨어지는 소리를 생각나게 한다고 말했다. 그리고 벌에게 쏘이는 것을 전혀 두려워하지 않는 듯했다.

"꿀을 수확할 때 꼭 벌들이 먹을 것을 조금 남겨줘야 합니다. 산업적으로 양봉을 하는 사람들은 그렇게 하지 않기 때문에 벌들이 화가 나서 탐욕스럽게 행동해요. 벌들은 관대한 사람에게는 관대하게 반응을 합니다."

코르테하레나 신부는 기르는 벌들이 많이 죽어가고 있다고 걱정하면서 이웃 농부들이 살충제를 쓰고 있어서 벌들 뿐 아니라 새들까지 죽는다고 불평했다. 양봉가가 죽으면 누군가가 벌들에게 가서 주인이 죽었다고 말해줘야 한다는 이야기를 내게 해준 사람도 코르테하레나 신부였다. 그 이야기를 들은 후로 나는 내가 죽으면 누군가가 내 책들에게 가서 내가 돌아오지 않을 것이라고 이야기해줬으면 좋겠다고 늘 생각했다.

나와 함께 우거진 정원을 걸으면서(그는 잡초를 좋아한다고 했다), 신부는 에르난데스가 시를 쓰면서 아주 흥미로운 실수를 범했다고 말했다. 〈마르틴 피에로〉는 강제로 징용된 후 탈영을 하는 가우초(남미의 카우보이)의 이야기다. 마르틴 피에로가 탈영한 부대의 하사관은 그를 추적해서 완전히 포위하기에 이른다. 그러나 피에로가 죽을 때까지 혼자서 싸울 준비가 되어 있는 것을 보고 용감한 사람이 죽임당하는 것을 허용할 수 없다며 자기 부하들에게 등을 돌리고 탈영병의 편에 서서 싸운다. 신부는 시에서 가우초들이 땅과 하늘에 대한 묘사를 하는 부분이 나오는데 그 부분이 실수라고 지적했다. 그런 묘사는 도시 사람들이 하는 것이지 시골 사람들은 하지 않는 짓이라는 것이다. 시골에서는 땅과 하늘이 늘 거기 있기 때문에 특별하지 않다. 도시 지식인인 에르난데스는 자연 경관에 대해 호기심이 있었겠지만, 가우초인 마르틴 피에로는 그렇지 않았을 것이라는 이야기였다.

나는 에르난데스의 목가적 관심은 베르길리우스를 모델로 했다고 학교에서 배웠었다. 베르길리우스가 그리는 풍경은 그가 젊은 시절을 보낸 포 밸리(알프스 남쪽, 이탈리아 북쪽의 대부분 지역을 가리키는 말-옮긴이 주)가 아니라 아마도 테오크리투스에게서 배웠을 법한 의도적으로 인위적인 것으로, 사랑에 빠진 양치기와 양봉가가 거니는 풍경에 더 가깝다. 베르길리우스는 키케로와 함께 스페인 식민지 국가들의 학교에서 선호하는 대표적 고전 문학 작가였다. 에르난데스는 고대 그리스어를 공부하지 않았을 것이다. 천주교를 주로 믿는 나라들에서 고대 그리스 문화는 종교 개혁 학자들과의 유사성 때문에 불편한 주제다. 목가적 관습의 전통을 그대로 따랐음에도 불구하고 베르길리우스의 숲, 강물, 초원은 실제 풍경이라고 믿는 것이 가능하고, 벌을 치고, 농사를 짓는 것에 대한 그의 충고도 상당히 일리가 있는 것들이라는 평을 받는다.

에르난데스는 인위적인 느낌을 완전히 없애는 쪽을 선호했고, 시에 등장하는 가우초들이 철학적 명상을 하고, 성인들을 불러내곤 하지만(베르길리우스가 아폴론과 뮤즈를 불러낸 것처럼), 등장인물들이 이 세상에 있음직한 장소에 발을 딛고 선 실제 사람들인 듯한 느낌을 주는 데 성공한다. 마르틴 피에로의 팜파스(남미 초원지대-옮긴이 주)는 읽는 즉시 그곳이 팜파스라는 것을 느끼게 해준다. 광대한 초원에 갑자기 초가집이나 나무가 등장하고, 프랑스 작가 피에르 드리외 라 로셸Pierre Drieu La Rochelle이 '수평적 현기증'을 유발한다고 했던 끝없는 지평선 등이 나온다. 바스크인인 코르테하레나 신부가 지적한 데로 에르난데스가 실수를 했다면 그도 라 로셸이 느꼈던 감정을 느꼈기 때문일 것이다. 외부인, 즉 도시 거주자인 그는 아무것에도 방해받지 않은 하늘 아래 펼쳐진 텅빈 공간에 서서 그 소용돌이치는 감정에 압도되지 않을 수 없었을 것이다. 외로움에 젖어 고개를 들어 별을 본 마르틴 피에로는 거기에 거울처럼 자신의 감정이 비춰 있다는 것을 깨달았다.

> 슬프도다, 툭 트인 전원에서
> 밤이면 밤마다
> 신이 창조하신 별들의
> 느린 여정을 바라보고만 있는데
> 다른 누구도 없이
> 나와 함께 하는 것은 오직 외로움과 맹수들뿐이로구나.

관찰자는 인간이고, 그가 관찰하는 풍경은 인간의 염원과 후회가 한 겹 입혀진 채 묘사된다. 그리고 그 저변에 깔린 질문은 "내가 여기서 무엇을 하고 있는가?"라는 의문이다. 고전적인 전원시에서 풍경은 아마도 고대 그리스인들이 발명했을 행복했던 '골든 에이지'에 대한 향수를 반영하고 있을 것이다. 에르난데스의 작품에서 향수는 물론 문학적 장치지만, 역사적 사실이기도 하다. 다음 시구를 읊는 에르난데스의 주인공은 염원 속의 마법 같은 시대가 아니라 피에로의 삶의 기억, 혹은 군대에 끌려가기 전 그가 자신의 삶이었다고 느끼는 삶을 묘사하고 있다.

> 이 땅은 내가 익숙하게 아는 땅이니
> 농부가 살았고
> 그의 집이 있었던 곳이며
> 아이들과 아내와 함께 살았던 곳이니…….

그가 날마다 사는 것을

보는 것은 얼마나 행복한 일이었는가.

'가우초gaucho'라는 단어는 스페인 사람들이 식민지 사람들을 모욕적으로 부를 때 사용한 말이지만, 스페인 왕에 대항해서 싸운 사람들은 그 단어를 긍지를 담은 표현으로 변신시켰다. 그러나 독립한 지 얼마 안 되어서부터 이 단어는 도시로 가려하지 않고 땅이나 파먹고 사는 사람들을 멸시하는 뜻으로 다시 후퇴하고 말았다. 도시에서 사는 사람들이 보기에 가우초는 문명사회를 거부하는 야만인들이었다.

도밍고 파우스티노 사르미엔토Domingo Faustino Sarmiento는 이 사실을 자신의 고전《파쿤도Facundo》의 제목에서부터 분명히 했다. 뛰어나게 말을 잘 타고, 몰기도 잘하며, 제멋대로 뻗어나가는 대도시를 멀리하고, 원하는 곳이면 어디든 정착해서 사는 가우초들은 적은 양의 농산물과 길 잃은 소를 기르며 살았다. 그리고 간혹 거대한 처녀지의 소유권을 사거나 받은 부유한 아시엔다도haciendado(대농장 아시엔다를 소유한 농장주−옮긴이 주)들을 위해서 일용직으로 일하기도 했다. 그러나 정부가 의무 징병을 하고, 집을 몰수하고, 원주민들의 공격이 점점 더 잦아지면서 그 모든 것이 바뀌었다. 마르틴 피에로는 그 변화를 상징하는 인물이었다. 팜파스는 토지 문서나, 부동산 계약서도 없이 아무나 살 수 있는 열린 공간이 더 이상 아니었다.

가우초들에게 팜파스는 이제 그 땅을 샀다고 주장하고, 땅을 착취할 권리가 있다고 생각하는 사람들 이외에는 아무도 뿌리를 내릴 수 없는 낯선 곳이 되었다. 가우초들은 항상 자신과 땅이 근본적으로 얽혀 있어서, 한쪽에 영향을 주는 것은 당연히 다른 쪽에도 영향을 준다고 믿는다. 지주들에게 땅은 최대한으로 경제적 이득을 뽑아내기 위해 가능한 한 효율적으로 사용해야 하는 재산이었다.

"이 땅에서 우리가 무엇을 하고 있다고 생각하십니까?"

인터뷰한 신부가 나에게 물었다. 답은 기대하지 않는 듯했다.

"내가 아는 것은 우리가 무엇을 하고 있든지 간에 벌들이 죽어가고 있다는 사실뿐입니다."

* * *

단테가 여행한 세 영역 모두에서 두 차원의 현실, 즉 실제 현실과 그 현실의 반영하는 상상의 현실이 존재한다는 사실은 자명하게 드러나 있다. 단테가 만나는 영혼들 뿐 아니라 그가 그리는 풍경도 현실인 동시에 가상의 것이다. 《신곡》에 나오는 어떤 상세한 부분도 임의적인 것이 없다. 독자는 단테가 간 여정을 그대로 따라가면서 그가 본 것을 보게 된다. 어둠과 빛, 냄새, 소리, 바위들이 쌓인 모양, 강, 벌들이 웅웅거리는 듯한 소리를 내며 떨어지는 물소리(내가 인터뷰한 바스크인 신부가 말했던 것처럼), 툭 트인 공간과 협곡, 절벽과 땅이 움푹 꺼진 곳 등등 모두 이승 저편의 세상의 풍경을 이루는 없어서는 안 될 요소들이다. 아니, 사실 그것들은 첫 두 세상을 만드는 요소들이라 하는 것이 정확하겠다. 단테의 천당은 감각으로 느껴지는 곳이기는 하지만, 손에 잡히는 지형은 딱히 없다. 천당에는 시간과 공간이 없기 때문이다.

《신곡》에는 세 개의 숲이 자라고 있다. 단테가 베르길리우스와 만나기 전에 빠져 나와야 했던 어두운 숲, 〈지옥편〉의 13곡에 나오는 끔찍한 자살자들의 숲, 연옥산 꼭대기의 에덴동산. 반면 천당에는 최고천에 영혼들을 모으는 괴물 같은 장미를 제외하고는 식물이 전혀 없다. 세 개의 숲은 모두 그곳에 누가 사는지와 연관되어 존재한다. 숲을 이루는 나뭇가지 밑에 누가 사는지에 따라 그 숲의 성격이 결정되고 이야기의 배경이 되는 것이다. 단테의 작품에서 늘 그렇듯, 우리의 행동이 우리의 지형을 결정한다.

13세기에 존 러스킨John Ruskin은 '아름다움의 법칙'이라고 이름 붙인 개념을 발견한 것에 대해 "궁극적인 진실에 대한 이런 발견들은 철학적 사고가 아니라 항상 본능적으로 이루어진다고 나는 믿는다"고 말했다. 방대한 연구와 독서가 신곡의 바탕을 이루고 있을 것이라는 사실은 의심의 여지가 없지만, 러스킨이 올바르게 경고하듯, 그 작품에 나오는 하나하나 작은 부분까지 모두 학문적 과정을 거쳐 나온 결과일 수는 없다. 작품 전체의 단어 하나하나를 모두 의식적으로 골랐다고 하기에는 너무도 정밀하기 때문이다. "연옥에 대해 우리에게 전달할 때 밀턴은 연옥을 한계가 모호한 곳으로 만드는데, 단테는 그곳을 명확한 곳으로 만드는 데 모든 노력을 집중했다"라고 러스킨은 지적한다.

바로 이런 이유에서 속죄의 불길로 된 벽을 대담하게 건넌 후 에덴동산에 도착한 단테가 애정을 담아 '빽빽한 숲'이라고 묘사한 숲을 들어갈 때 독자들은 《신곡》의 첫 부분에 나왔던 '어두운 숲'을 연상하게 된다고 러스킨은 말한다. 그리고 "숲 속에 길이 없다는 사실은 죄가 많고 부족했던 시절에는 상상할 수 있는 일 중 가장 끔찍한 일이었겠지만, 정화가 된 지금의 상태에는 기쁨이 되었다. 경계가 없고 우거진 잡목숲과 같은 죄악은 옥죄어오는 듯한 두렵고 영원한 벌을 두려워하게 했지만, 경계가 없고 우거진 잡목숲과 같은 자유로운 덕과 선은 사랑으로 가득찬 영원한 행복으로 이어진다."[1]

그보다 더 절절한 예는 자살자의 숲에서 찾아볼 수 있다. 켄타우루스 네수스의 안내로 살인의 죄를 지은 사람들이 벌을 받는 피의 강을 건넌 다음, 단테와 베르길리우스는 다시 한 번 길이 보이지 않는 우울한 숲에 이른다. 이 숲은 부정형으로 이루어져 있고, 3행 연구의 첫 부분을 '아니오no'로 시작하고, 두 번째 연의 모든 행도 '아니오no'로 시작해서 '아니오no'의 세례를 받는 느낌을 준다. 그곳은 존재 자체가 부정되는 장소다.

아니오, 네수스는 아직 돌아오지 않았고[No, Nessus had not yet returned]

우리는 깊은 숲 속[When we moved deep into a wood]

아무런 길도 나있지 않는 곳으로 향했으니[That was not marked by any path].

아니오, 녹색 잎은 어디에도 없고 빛바랜 색만이 보이고[No green foliage, but of a murky hue],

아니오, 부드러운 가지는 자취가 없고, 옹이가 가득한 비틀어진 가지뿐이며 [No smooth branches, but all knotted and warped],

아니오, 있어야 할 과실 대신 마르고 독이 든 잔가지 밖에 없는 곳[No apples were there, but dry and poisoned twigs].

아니오, 이 곳처럼 거칠고 두터운 잡목이 있는 곳에는[No undergrowth so rough and thick]

농부들의 땅을 싫어하여[Have the wild beasts that loathe the farmer's plots]

체치나와 코르네토 사이에 사는 맹수들조차 오지 않는 곳[Between Cecina and the Cornetto].

그 끔직하고 가시 많은 나무들 위에 하르피들이 둥지를 틀고 있었다. 커다란 날개를 지닌 이 괴물들은 인간의 목과 얼굴을 하고, 새 발톱과 새 털이 난 배를 한 모습으로 앞으로 닥칠 슬픔을 고하는 우울한 비명을 끝없이 질러댄다.[2]

더 앞으로 나아가기 전, 베르길리우스는 단테에게 그곳이 7번째 원의 두 번째 둘레라고 말해주고, 주의를 기울이라고 조언한다. "내 말을 믿지 못하도록 할 것들을 보게 될 것"다. 그림자로 가득찬 그 곳에서는 말이 해체되어버리기 때문이었다. 단테는 통곡 소리는 듣지만 아무도 보이지 않자, 덤불

속에 영혼들이 숨어 있는 것 아닐까 추측한다. 그의 의혹을 없애기 위해 베르길리우스는 주변의 나무들에서 작은 가지 하나를 꺾어보라고 말한다. 단테가 그 말대로 하자 가지를 꺾인 나무가 고통스러워하며 비명을 지른다. "그대는 왜 내 몸을 찢어내는가?" 그리고 가지를 꺾은 자리에서 어두운 색의 피가 흐르기 시작한다.

> 나무가 다시 말했다: "그대는 왜 내 몸을 찢어발기는가?"
> 그대는 추호의 동정심도 없는 사람인가?
>
>
> "우리는 인간이었으나, 이제는 나무 둥치가 되고 말았으니:
> 진정으로 그대의 손에 조금 더 자비가 깃들어 있었어야 했도다,
> 우리가 뱀의 영혼 그 자체라 하더라도."

깜짝 놀란 단테가 뒷걸음을 치는 사이 가지가 부러진 자리에서 피와 말이 함께 쏟아져 나온다. 《아이네이스》에서 베르길리우스는 트로이 해안을 떠난 아이네이아스가 자신의 어머니 비너스와 다른 신들에게 영광을 돌리기 위해 희생 제물을 바칠 제단을 장식할 셈으로 산딸나무와 도금양 나무의 가지를 꺾는 장면을 묘사한다. 그러나 그는 가지들을 꺾은 자리에서 갑자기 검은 피가 스며나오는 것을 보고 놀란다. 그와 동시에 땅에서 목소리가 울려나와 바로 거기가 폴리도로스의 무덤이라고 알려준다. 폴리도로스는 그의 아버지 프리아모스 왕의 부탁을 받고 그를 보호하던 트라시아 왕이 배신하는 바람에 살해당한 인물이다.[3] 베르길리우스는 단테가 자신의 서사시에 나오는 그 이야기(상상의 차원)를 잊어버렸다는 사실을 깨닫고 나무들도 피를 흘릴 수 있다는 사실(사실에 기반을 둔 현실의 차원)을 단테에게 경험적으로 증명해보일 필요가 있다고 생각했다. 그렇게 함으로써, 베르길리우스는

단테에게 우리의 존재성을 완전히 이해하기 위해서는 두 차원 모두를 경험해야 할 필요가 있다는 것을 일깨워준다.

'용서를 구하기 위해' 베르길리우스는 상처입은 영혼에게 누구인지를 묻는다. 나중에 단테가 산 사람들의 세상에서 그 영혼의 위상을 회복시켜줄 수 있도록 하기 위해서였다(이승에서 확실한 명성을 누리는 베르길리우스는 지옥을 여행하는 내내 죽은 자들 모두가 산 사람들이 자신을 어떻게 생각하는지에 대해 신경을 쓴다고 단정한다). 알고 보니 흐느끼는 나무는 정치인이자 시인이었던 피에르 델레 비네Pier delle Vigne였다. 양 시칠리아 왕국의 재상과 아이들을 대상으로 재앙으로 끝난 언어학적 실험을 했던 프리드리히 2세 시절 장관이었던 델레 비니에는 반역의 누명을 쓰게 되자 자살했다. 그러나 죽음으로 치욕을 벗어날 수 있다고 생각했던 그는 이제 그의 영혼이 '정의로운 나를 정의롭지 못하게 만들었'기 때문에 벌을 받고 있었다.4

나무들은 피가 흐르는 동안만 말을 할 수가 있었다. 그때까지 전혀 동정을 받지 못한 그들은 이제 단테에게 동정을 구한다. 그들을 보며 단테는 이 냉혹한 곳에서 이전에 딱 한 번 느꼈던 연민, 즉 육욕의 죄를 지은 자들의 계곡에서 만난 프란체스카의 이야기를 듣고 느꼈던 것과 맞먹는 강한 연민을 느낀다. 연민에는 항상 어느 정도 자기 연민이 섞여 있다는 점을 감안하면, 고통스러운 망명생활을 하는 동안 시인 단테 또한 자살을 고려했다가 아닌 쪽으로 결론 내렸을 가능성도 있다. 자살의 문제는 단테에게 괴로운 주제였음이 틀림없다. 천주교 교리에서 자살은 영혼을 담은 성전인 육신에 대한 죄를 짓는 것으로 간주된다. 성 아우구스티누스는 자살을 십계명의 여섯째 계명으로 금지한 살인과 동일하다고 단정짓는다. "살인을 하지 말지어다'라는 계명이 인간, 즉 다른 인간과 나 자신에 적용된다는 사실에는 변함이 없다."5 그러나 아우구스티누스가 (그리고 단테가) 좋아하던 이교도 저자들 중에서는 자살을 숭고하고 명예로운 행위라 생각하는 사람들이 많았다.

이 이야기에 대한 심오한 고찰을 하면서 올가 세다코바는 피에르 델레비니에가 "우리는 인간이었으나"라고 한 의미가 무엇이었을까를 묻고, 여기서 '인간'이라 함은 말을 할 수 있고, 그 말을 타인이 들어주는 존재라는 의미가 아니었을까 하는 의견을 제시한다. "인간은 다른 무엇보다도 메시지와 신호의 존재다"라고 그녀는 쓴다. 그러나 무엇을 신호한다는 것일까? 그 신호는 고통을 말로 표현해야 할 필요로 인해 고통 받는다는 의미에서 피와 언어를 연결하는 것임은 확실하다.

바로 이런 이유에서 세다코바의 말에서 한 발자국 더 나아가서, 세상을 책으로 생각하는 오래된 비유를 빌자면, 자연이라는 책에 쓰인 것은 인간의 고통과 인간이 자연에 가한 고통을 모두 반영한다고 말할 수 있을 것이다. 인간의 고통이든, 땅의 고통이든, 고통은 반항과 참회 혹은 기도의 언어로 표현되어야 한다(몇 년 전, 브리티시콜럼비아에서는 벌목으로 황폐해진 풍경 사진 위에 셰익스피어의《율리우스 시저》에서 따온 인용문이 쓰인 포스터가 나왔었다. "오! 그대 피 흘리는 대지여/ 나를 용서해주소서/ 내가 이 도살자들을/ 순하고 온유하게 대하는 것을"이라는 포스터의 인용문은 살해당한 시저의 시체와 땅을 동일시하고 있다).《토착어에 관하여》에서 단테는 에덴동산에서 추방된 후 모든 인간은 고통을 표현하는 단어 "아히Ahi!"를 내뱉으면서 고통의 삶을 시작한다고 말한다.6

세다코바는 단테의 세계관에서 삶/생명과 폭력은 완벽한 반대의 개념이며, 폭력은 모든 의미에서 죽음의 영역에 속한다고 믿었다. 만일 그것이 사실이라면, 우리의 삶을 침범한 폭력은, 생명력 넘치고 창의적인 인간의 어휘들을 그 어두운 뒷면을 표현하는 어휘들로 변화시키고, 우리에게 주어진 것을 상실한 상태를 표현하는 것이라고 말할 수도 있겠다. 그리고《신곡》에서는 언어를 통해 모든 일이 벌어지는 풍경을 만들어내므로, 폭력적인 언어의 침입은 그 풍경을 치명적인 것으로 변화시켜 하르피들이나 살 만한 죽은 숲으로 만들고 만다.

고대인들에게 하르피는 산 자들의 영혼을 망치러 오는 죽은 영혼들을 상징했다.[7] 따라서 자신에 대한 폭력이 그 폭력을 저지른 죄인 자신의 존재를 앗아가버리고, 말 못하고 열매도 맺지 못하는 나무가 되어 피를 통해서만 자신을 표현할 수 있도록 만들어버린다면, 자연에 대한 폭력, 그런 숲을 만드는 고의적인 행동은 집단 자살의 한 형태로, 살아 있는 땅을 황무지로 만듦으로써 우리가 몸을 담고 있는 세상을 살해하는 행동이라 할 수 있겠다.

최초로 농사를 짓기 시작한 신석기 시대부터, 우리와 자연의 관계는 점점 더 많은 문제를 낳아왔다. 우리가 땅을 황폐하게 만들지 않으면서 땅의 열매를 누리려는 문제에 모순된 방식으로 대응해왔기 때문이다. 인류는 역사 전체를 통해 쟁기질을 하고, 씨를 뿌리고, 수확을 하고, 관개시설을 짓고, 비료를 뿌리고, 작물을 해충으로부터 보호하고, 필요할 때를 대비해 음식을 저장하는 데 필요한 실용적 전략을 세우면서도 한편으로는 거대한 모성으로 자연을 보는 시적 상상력을 키워왔다.

고대인들은 숲을 "부의 원천이자 몸을 기댈 피신처"로 여기고, 인간에게 관대한 성스럽고 영이 깃든 장소라고 간주했다고 러스킨은 지적한다.[8] 중세에 와서 이 시각은 변화를 거쳐 이중적인 상상력으로 재탄생했다. 이제 전원은 문명 도시의 악마적 그림자가 드리워진 위험한 곳이라는 시각과 바빌론의 죄악에 대비되는 금욕적 정화의 장소로 보는 시각이 공존하게 되었다. 범죄자와 맹수, 사이비 불법 교파들이 숨어들어 입에 담지도 못할 관행들이 벌어지는 야만적 장소로 묘사되는 동시에 낙원 같은 곳, 잃어버린 '골든 에이지'를 되찾을 수 있는 곳, 추악한 일상생활에서 벗어난 안식처라는 시각이 동시에 팽배하게 된 것이다.

이 이중적 시각은 시각 예술에도 반영되었다. 중세 초기, 많은 화가들이 종교적 교리와 초상화를 그리는 데 요구되는 규칙들을 최대한 반영하기 위해 헬레니즘 로마 시대에 유행했던 장식적 풍경화와 같은 익숙한 장르들을 서서히 포기하고 일상생활을 뒷배경으로 넣은 은유적인 장면이나 성서 이야기 등을 그리기 시작했다. 자연의 순환 주기와 변화를 자세히 관찰하고, 농축산업 기술에 대한 지식이 풍부했던 단테도 자신이 지나치는 풍경을 놀라울 정도로 자세히 묘사한다. 그것들은 인간에게 벌어지는 사건들의 무대이자, 영감을 주는 신의 창조물의 예이기도 하다. 음울한 지옥에서 벌거벗은 몸뚱이들의 허연색에서 드러나는 그들의 고통이 견디기 힘들 정도로 명백하게 보일 때도, 혹은 이승과 많이 비슷한 연옥에서 여명과 밤, 그리고 밝은 태양 아래에서 영혼들이 고통스럽게 연옥산을 오르는 모습에 빛이 들고 그림자가 드는 모습을 볼 때도, 단테가 그리는 풍경은 철저하게 현실적이면서 심오하게 상징적이다. 그의 여정 전체를 통해 형태와 의미는 서로를 드러내주면서 상호작용한다.

단테는 가능한 모든 지혜, 인간의 존재에 대한 모든 지식, 신의 의지에 대한 모든 직관은 "신의 사랑이/ 이 사랑스러운 것들에 최초로 생명을 불어넣었을 때"부터 돌과 별 등의 자연 자체에 구체적으로 드러난다고 생각했다. 자연을 경험하는 것은 세상을 스쳐간 신의 손을 경험하는 것과 같고, 다른 모든 살아 있는 것들과 상호작용을 할 줄 아는 것은 우주 내에서 우리의 위치를 인식하는 방법과 통한다. 우리가 우리 자신에게 하는 행동은 세상에 하는 행동과 같은 것이므로, 단테의 '콘트라파소contrapasso'법을 따르자면, 우리가 세상에 하는 행동은 우리 자신에게 하는 행동과 같다고 할 수 있다.[9]

단테의 기분과 의혹, 두려움과 깨달음은 그가 지나가는 풍경들의 일상적인 모습에 반영된다. 말레볼제의 부서진 바위들, 자살자의 숲에 있는 고통받는 나무들, 마틸다의 작은 숲의 생명력 넘치는 초목, 지옥의 7번째 원의 불타는 모래, 그리고 산들바람이 부는 에덴의 초원은 모두 단테의 몸과 기분에 영향을 미친다.

베르길리우스 또한 우리와 자연의 복잡한 관계, 그리고 우리의 행동이 어떻게 자연의 운명과 우리의 운명을 결정하는지를 이해하고 있었다. 베르길리우스는 기원전 42년 필립피 전투에서 브루투스Marcus Junius Brutus와 카시우스Gaius Cassius Longinus가 패배하면서 가족 소유 농장을 잃었지만, 시로 된 농사 지침서라고도 할 수 있는 〈게오르기카Georgics〉를 읽어보면 농업에 대한 그의 경험이 잘 드러나 있다. 예를 들어, 작물을 공격하는 해충과 잡초를 묘사하면서 베르길리우스는 농부를 훈계한다.

> 따라서 계속 괭이로 잡초들을 몰아내고, 소리를 높여 새들을 쫓고, 칼로 색이 변한 땅 그림자를 확인하고, 비를 내려달라는 기도를 하지 않는 한, 아이! 너의 눈은 이웃의 풍요로운 작물을 바라만 보고, 숲에 들어가 배고픔을 달래기 위해 떡갈나무를 흔들게 될 것이다.[10]

베르길리우스의 관점은 자연에 대한 인간의 책임에 두 가지 생각이 팽배했던 고대 그리스 문화를 떠올리게 한다. 그중 하나는 나무들까지도 영혼을 가지고 있다고 주장했던 피타고라스 추종자들의 생각이었다. "전나무나 떡갈나무를 베는 것보다 소나 양을 도살하는 것이 왜 더 큰 잘못인가? 나무에도 영혼이 깃들어 있다는 생각을 하면 그럴 이유가 없다." 반면, 아리스토텔레스를 따르는 무리들은 동물과 식물은 오로지 인류를 위해 존재한다고 가르쳤다. 1세기 대 플리니우스Gaius Plinius Secundus는 아리스토텔레스의 가르침을 되풀이하면서 이렇게 선언했다.

"자연이…… 나무를 만들어낸 것은…… 목재를 제공하기 위해서다."[11]

2세기 중반 경 로마에서는 세도가 지주들이 노예를 써서 투자 영농을 하기 위해 작은 땅에서 오랫동안 농사를 지어온 농부들을 쫓아내는 현상이 두드러지기 시작했다. 전통적인 농업 정신을 되살리기 위해, 133년 당시 호민관이었던 그라쿠스Gracchus 형제는 토지 개혁을 위한 법을 제정했다. 그즈음 로마 공화국 전체에서 농사 지침서가 큰 인기를 끌었다. 카르타고인 마고 Mago의 책처럼 외국어에서 번역이 되기도 하고, 카토Marcus Porcius Cato, 콜루멜라Lucius Junius Moderatus Columella, 바로Marcus Terentius Varro 등의 저서가 원서로 읽히기도 했다. 후에 아우구스티누스 황제는 시인들에게 농업에 관련된 주제를 다루도록 장려해서 전통적인 방식으로 농사를 짓는 것이 로마 신사의 진정한 천직이라는 생각을 확산시켰다. 어떻게 농사를 지을지 실용적인 조언을 하든, 자연에 관한 신화를 재구성하든, 혹은 고된 도시 생활을 즐거운 시골 생활과 비교를 하든 간에 라틴어 문화권의 시인들은 자연을 주제로 다루는 것을 즐겼고, 그들의 작품은 몇백 년에 걸쳐 계속 영향을 미쳤다.[12]

중세의 농사법 발달에 관한 문헌은 그다지 많이 보존되어 있지 않다. 이모작이 사용되었던 곳들에서는 고대 그리스나 로마보다 노동력과 관개 시설이 더 많이 필요했고, 이로 인해 더 효율적인 도구들이 발명되었다. 아랍인들이 유럽을 정복하면서 관개시설을 필요로 하지 않는 다수의 새로운 농작물과 곡물이 유럽으로 들어왔다. 그중에서도 스파게티나 빵의 원료인 경질 소맥(지중해 연안 지역의 주식으로 자리 잡았다)과 수수가 대표적 작물이다. 주로 홍수나 가뭄 등의 자연 재해 때문에 흉년이 들었지만, 과도한 경작과 벌목을 포함한 인간적 요인들도 잦은 기아 현상을 일으키는 데 일조했다. 아랍 세계에서는 '히마hima'라는 시스템이 있어서 과도한 경작과 과도한 방목을 최소화할 수 있었다.

이 시스템은 일부 지역의 부족들에게 특정 땅에 대한 집단적 권리를 주는 제도였지만, 유럽 사회에는 부적합했다. 10세기 내지 11세기경에 이르러서는 대부분의 땅이 황폐해졌고, 그에 따라 농촌의 안정감도 기울었으며, 화폐 경제 체제는 농부들을 돕는 데 실패했고, 연이은 역병으로 인해 유럽 전역의 농업이 쇠퇴하기에 이르렀다. 단테는 베르길리우스의 입을 빌어 7번째 원의 영혼들 중 일부는 "자연과 자연의 선의를 경시하는" 삶을 살아서 벌을 받고 있다고 말한다.[13] 자연에 대해 우리가 어떻게 행동을 해야 하는지 두 가지 상반된 개념 중 아리스토텔레스의 관점이 주류를 이루게 된 것이다.

자연에 대한 아리스토텔레스 학파의 영향은 오래도록 지속되었다. 인간 활동이 자연에 미치는 악영향에 대해서 쓴 글을 1950년대부터 계속 발표해 온 미국의 한 해양 생물학자가 1962년 《침묵의 봄》이라는 책을 발간했다. 그 책의 영향으로 여러 나라의 보건 정책이 바뀌고, 전 세계적으로 환경 운동이 촉발되었다. 이 책의 저자인 레이첼 카슨Rachel Carson은 미국 어류 및 야생동물국에서 일하면서 방사성 폐기물을 바다에 버리는 데 따른 결과와 그 때까지 아직 밝혀지지 않았던 지구 온난화 현상에 대해 눈을 뜨게 되었다. 살충제 오용 및 남용에 대한 그녀의 연구는 농업계가 위험할 정도로 비효율적이고, 대중에게 공개해온 정보가 정직하지 못했다는 사실을 폭로했다. 그녀의 전기를 쓴 린다 리어Linda Lear는 《침묵의 봄》을 통해 "카슨은 기존 과학계에 도전하고 새로운 살충제 규정을 도입, 실행하게 한 것 이상의 일을 해냈다. 그녀와 그녀의 저서에 대해 보인 기득권의 적대적 반응이야말로 많은 정부와 산업계 관리들이 그녀의 주장이 사실이라는 것을 인정했다는 증거다. 그녀의 연구 결과는 새로운 살충제의 혜택에 대한 과학자들의 결론뿐 아니라 그들의 도덕성과 리더십에도 의문을 제기한 것이었다"고 평한다.

단테는 그들을 자연을 거스른 죄를 지은 죄인이라고 판단할지도 모르겠다. 자연에 대한 책임을 인정하지 않은 죄로 자신이 훼손한 풍경을 보며 그쪽을 향해 타오르는 모래밭에서 영원히 달려야 하는 7번째 원의 비참한 영혼들처럼 말이다. "이 '난폭한 자들의 원'에서 독자는 불모지의 느낌을 강하게 받는다"고 찰스 윌리엄스Charles Willams는 지적한다. "그곳에 있는 피가 흐르는 강, 삭막한 숲, 혹독한 모래밭 등은 열매를 맺지 못하는 불모의 상징이기도 하다."[14]

카슨은 화학물질이 위험한 이유는 그것을 이용하는 사람이 자신이 원하는 결과 이외의 다른 영향은 보지 않겠다는 고집 때문이라고 본다. 그녀는 (단테가 직관적으로 꿰뚫은 바와 같이) 치명적인 부작용들을 고의적으로 모르는 척하는 것은 자연이 제공하는 '코제 벨레cose belle' 즉 '아름다운 것들'을 의도적으로 회피한다는 의미이고, 그것은 부족한 겸손함과 과도한 욕심으로 인한 자기 파괴의 한 형태라는 사실을 이해하고 있었다. "자연을 제어한다는 것은 오만함에서 나온 표현이고, 자연이 인간의 편의를 위해 존재한다고 생각했던 야만적인 시대의 생물학적, 철학적 사고의 산물이다"라고 카슨은 썼다.[15]

앞에서도 거론되었듯이 이것은 아리스토텔레스의 가정이었다. 아리스토텔레스는 노동이 아니라 재산 소유가 생계를 유지하는 수단이고, 재산을 소유한 사람은 시민의 자격을 갖춘 사람이라 생각했다. 재산은 인간이 살아갈 수 있도록 자연이 제공하는 것들로, 평범한 농부가 데리고 밭을 가는 소, 사냥꾼들이 잡는 사냥감, 어부와 수렵꾼들이 잡는 생선과 새, 수확한 작물 등이 모두 포함된다. 아리스토텔레스는 다음과 같이 쓰고 있다.

> 우리는 식물은 동물을 위해 존재하고, 다른 모든 동물들은 인간을 위해 존재한다는 것을 믿어야 한다(노예 또한 인간을 위해 존재한다. 그는 '열등한 인간들'을 잡아서 노예로 만드는 것은 자연스러운 인간 활동이라고 주장했다).[16]

아리스토텔레스의 얽히고 꼬인 주장—자연을 착취할 권리와 다른 '열등한' 인간들을 착취할 권리—은 인류의 경제 역사를 관통해서 현재까지도 영향을 미치고 있다. 1980년 유엔 환경 프로그램(UNEP, United Nations Environmental Programme)은 삼림 파괴에 따른 사막화로 인해 지구 땅 표면의 35퍼센트, 전 세계 인구의 20퍼센트가 위협받고 있다는 보고서를 내놓았다. 예를 들어, 꾸준한 감소 추세를 보이다가 2012년에 다시 3분의 1 이상 급격한 증가를 보인 아마존의 엄청난 규모의 삼림 파괴 현장에 고용된 수만 명의 사람들은 노예와 같은 조건으로 일하고 있다. 세계야생기금(WWF, World Wildlife Fund)은 "시골 동네와 가난한 지역에서 유인된 사람들은 외딴 곳에 형성된 대두 농장(나무들을 베어난 자리에 콩을 심은)으로 보내져서, 야만적인 환경에서 일을 하게 된다. 탈출을 막기 위해 총을 겨누고 감시하는 경우도 허다하고…… 병에 걸리면 버려지고 그 자리는 다른 사람으로 메워진다"고 보고했다.[17]

최근 들어 인간 심리와 주변의 자연 환경 사이의 관계를 탐구하는 새로운 심리학 분야가 생겨났다. 1992년 '대항문화counterculture'라는 용어도 만들어낸 바 있는 역사학자 테오도르 로작Theodore Roszak에 의해 처음으로 생태심리학ecopsychology이라는 조금 화려한 이름이 붙여진 이 분야는 폭풍처럼 휘몰아치는 열정과, 꽃이 핀 들판을 행복한 순간과 연결시켜온 시인들이 원래 오래전부터 항상 이해해왔던 현상을 연구하는 학문이다. 존 러스킨은 이를 '한심한 오류'라고 일축했다. 우리가 스스로의 감정을 자연에 투영시키는 것을 분석하고자 시도하면서 생태심리학자들은 우리가 자연과 뗄 수 없는 한 부분이기 때문에, 자연과 분리되면(방치, 무관심, 폭력, 공포 등의 이유로) 심리학적 자살에 맞먹는 결과를 낳게 된다고 주장한다. 심리학자이자 시인인 아니타 배로우Anita Barrow는 아리스토텔레스를 염두에 둔 듯 "우리가 피부로 둘러싸인 몸 '안'으로만 그 존재가 제한되고, 다른 모든 사람들과 다른 모든 것들은 그 바깥에 존재한다고 믿는 것은 오로지 서양식 사고방식의 산물이다"[18]라고 말했다.

단테는 자신의 마음 상태와 환상과 같은 만남들을 설명하기 위해 자연경관에 대한 기억을 묘사하는 방법을 자주 썼다. 위선자들의 둘레에서 도적들의 구렁으로 건너가는 돌다리에 이르렀을 때, 단테와 그의 안내자는 다리가 부서졌다는 것을 깨닫고 큰 걱정에 빠진다. 자신이 느꼈던 감정을 독자에게 설명하기 위해 단테는 과거의 기억을 한 자락 꺼내든다.

새로운 해가 아직 장성하지 않은 시기,
햇살이 물병자리 아래서 힘을 서서히 키워가고
밤이 이미 하루의 절반을 향해 갈 무렵,

백발의 서리가 땅에
눈처럼 흰 누이의 이미지를 그리려 하나
그의 붓은 잠시밖에 힘을 발휘하지 못하네.

저장해놓은 양식이 이미 바닥을 드러낸 농부가
일어나 사방을 둘러보다가
들이 하얗게 된 것을 보고 자신의 허벅지를 내리치고

집으로 다시 들어가, 중얼거리며 서성이는 모습이
무엇을 할지 모르는 바보와 같구나.
그러다가 다시 밖으로 나가보니 희망이 다시 샘솟네.

그토록 짧은 시간 사이에 세상이 너무도 변한 것을 깨닫고
농부는 지팡이를 들고
양들을 먹이기 위해 몰고 나가는구나.

이런 부분을 보면 단테는 자연에 대한 아리스토텔레스의 실용주의적 관점보다는 베르길리우스의 관점을 채용하고 있다는 것을 알 수 있다. 베르길

리우스의 관점 중에서도 서정적 목가시 〈시선〉이 아니라, 목가적 시골 생활에 대한 환상을 버리고 고된 농사일과 거기서 얻는 보람, 그리고 자연에 대한 농부의 책임에 초점을 맞춘 사색적인 〈게오르기카〉의 관점이다. "고된 노동으로 세상을 정복했다." 베르길리우스는 그렇게 썼다. "지칠 줄 모르는 고된 노동, 그리고 삶이 어려울 때 우리를 졸라매는 궁핍."[19]

그러나 그는 이어서 "자연이 나무를 기르는 방법은 다양하다. 어떤 나무는 인간의 손길도 전혀 받지 않고 스스로 싹을 돋우고, 멀리 그리고 널리 퍼져 평야와 굽이치는 강물을 자기 것으로 만든다…… 그러나 어떤 나무들은 떨어진 씨에서 솟아나, 키 큰 밤나무, 넓은 잎을 가진 나무, 팔을 벌려 조브(주피터)에게 그늘을 드리워주는 숲속에서 가장 강한 나무, 그리스인들이 신탁의 나무라 섬긴 떡갈나무로 자라난다." 이 같은 자연의 관대함의 혜택을 누리는 자는 그에 대한 의무도 져야 한다는 사실을 베르길리우스와 단테는 이해하고 있었다.

2014년 3월 31일, 기후에 관한 정부간 협의체(IPCC, Intergovernmental Panel on Climate Change)에서는 '인간의 활동으로 인해 생긴 전 세계적 기후 변화'에 대한 보고서를 발표했다. 70개국 출신 309인의 전문 작가들이 이 보고서를 쓰는 일에 뽑혔고, 거기에 추가로 436인의 기고가와 총 1,729인의 전문가 및 정부 논평가들의 도움이 투여되었다. 이들은 기후 변화가 가져온 자연에 대한 위협이 점점 더 명확해지고 있기 때문에 각국 정부들은 이 변화의 피해로 고통을 받을 것인지, 국가 경제 체제가 추구하는 경제적 이익을 포기하거나 감소시킬 것인지 둘 중 하나를 즉시, 그리고 과감하게 선택해야 한다는 결론을 내렸다. 보고서에서는 이 변화로 인해 가장 피해를 입을 인구 집단, 산업, 생태계 등을 식별하고, 기후 변화가 위험한 이유는 미래에 닥칠 재난에 우리 사회가 취약하고 준비가 되어 있지 않기 때문이라는 결론을 내렸다.

변화하는 기후의 악영향은 그 변화가 얼마나 빨리, 얼마나 강하게 나타날 것인지에 달려 있고, 그에 따라 그 변화가 돌이킬 수 있을지 없을지 여부가 결정될 것이다. "지속적인 온실 가스 배출량의 증가로 인한 높은 수준의 온난 현상의 위험은 제어하기가 어려울 것이고, 이에 대한 적응을 위한 상당 액의 지속적 투자마저도 그 효과는 한정적일 것이다"라고 한 패널의 의장이 말했다. 그는 "기후 변화는 이미 농업과 인류 건강, 육지와 바다의 생태계, 수자원 공급에 심각한 영향을 미쳤고, 열대지방에서 극지방에 이르기까지, 작은 섬나라에서 큰 대륙에 이르기까지, 가장 부자 나라에서 가장 가난한 나라에 이르기까지 모든 사람의 생계와 삶이 그로부터 영향을 받고 있다"[20]고 덧붙였다. 다시 한 번, 아무도 이야기해준 적이 없다는 핑계는 통하지 않을 정도로 우리는 이미 경고를 받은 셈이다.

단테는 아리스토텔레스를 최고의 사상가로 생각했을지도 모른다. 그가 "아는 사람들의 스승"이라고 그를 부르기는 했지만, 우리와 "신의 또 다른 책"과의 관계에서는 "maestro di color che sanno" 즉, "아는 사람들의 스승"이 틀렸을 것이라는 그의 직관적인 의심이 《신곡》의 덤불숲 아래에 늘 도사리고 있었다.[21]

제9장

우리의
자리는 어디인가

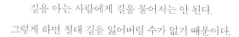

길을 아는 사람에게 길을 물어서는 안 된다.
그렇게 하면 절대 길을 잃어버릴 수가 없기 때문이다.

—랍비 브라트슬라브 나흐만, 〈이야기들〉

열다섯 살이 되던 생일에 나는 그때까지 내가 살았던 곳들을 세는 것을 포기했다. 한 곳에서 어떤 때는 몇 주 동안, 어떤 때는 10년이 넘게 살았던 내 마음속에 그려진 세계 지도는 어릴 적 침대 옆에 놓여 있던 지구본 위에 그려진 그림이 아니었다. 내가 제일 긴 시간을 보낸 곳은 제일 크게, 짧게 지나친 곳은 작은 섬으로 표시되어 있었다. 신체 부분을 각자 생각하기에 중요한 순서대로 크기를 정해서 그리는 생리학자들의 해부도처럼, 내가 생각하는 세상의 모습은 내 경험의 지도와 상응했다.

내 고향이 어딘지를 묻는 질문에 답하는 것은 쉽지가 않다. 내 집과 서재는 바다 달팽이의 집과도 같지만, 내가 지금 천천히 기어가고 있는 곳은 대양저의 어디쯤일까? 데릭 월콧은 "나는 이제 나라가 없다. 내 나라는 상상 속에만 존재할 뿐이다"라고 썼다. 그것은 어릴 적이나 지금이나 내게도 너무나 잘 들어맞는 말이다.

어릴 때 집 안에 서서 바깥에 있는 정원과 그 너머에 있는 거리, 동네, 도시를 상상해보려고 했던 기억이 난다. 내 과학 책에 나온 우주의 그림처럼 어둡고 광대한 우주 속에 찍힌 점인 나를 중심으로 점점 큰 동심원을 그려가며 내 머릿속에 떠오르는 공간을 넓혀가려는 상상 말이다. 스티븐 데덜러스Stephen Dedalus도 나와 같은 충동을 느꼈던 것 같다. 지리학 책 날개에 자신의 이름을 쓰면서 "엘레먼트 반, 클롱고우스 우드 칼리지, 샐린스, 킬데어 카운티, 아일랜드, 유럽, 세계, 우주"라고 쓴 것을 보면 말이다. 우리는 우리를 감싸고 있는 것의 끝이 무엇인지 그 전체를 알고 싶어 한다.

내가 사는 장소는 적어도 거기 있는 동안만큼은 다는 아니더라도 어느 정도 나를 규정한다. 주변에 시장이 있는지 숲이 있는지, 그 지역의 사건이나 관습, 거기 사람들이 쓰는 언어 등등은 모두 내가 하는 행동과 반응에 수없이 많은 변화를 가져온다. 괴테는 "야자수 나무 밑에서 어슬렁거리면서 아무 일도 일어나지 않기를 바랄 수는 없다. 코끼리와 호랑이가 사람과 공존하는 곳에 살면 생각은 변하게 마련이다"라고 말했다. 내가 산 곳의 동물과 식물들이 내 성격과 체질을 결정한다. 내가 있는 곳과 내가 누구인지는 내 안에 모두 뒤엉킨 채 나를 만들고, 늘 서로에게 의문을 제기한다. 어느 장소에서 떠난 다음 나는 내가 이제 어떻게 다른지를 스스로에게 질문하곤 한다. 입맛과 촉감, 어투 등이 어떻게 달라졌는지, 생각을 정리하고 구성하는 데 미묘한 차이가 생겼는지 등을 살펴보는 것이다.

물론 기억 또한 다르다. 로렌스 더럴Lawrence Durrell의 《콘스탄스: 혹은, 고독한 관습Constance; or, Solitary Practices》에서 맥리오드 여사는 〈나일강 위의 영국 여자〉라는 제목의 일기에 "이집트에서는 충동적으로 행동하게 된다. 비가 오지 않아 명상에 잠길 틈이 없기 때문이다"라고 단상을 적었다. 영국에 사는 수단 사람에게는 그 반대 현상이 일어난다. 〈북으로 이주하는 계절〉의 화자에게 자신의 이야기를 털어놓는 수수께끼 같은 이방인 무스타파 사이드는 축축한 런던에서는 "내 영혼에서 재미라고는 한 방울도 찾아볼 수 없다"고 말한다. 우리가 장소를 규정하듯, 장소도 우리를 규정한다. 머릿속의 지도는 상호 작용을 하면서 서로를 완성해나가는 예술이다.

우리가 이름을 붙이는 장소들은 자의적으로 생기는 것이 아니라, 우리가 마술사처럼 주문을 외워 그 장소들을 불러내는 것이다. 우주는 자기 자신의 넓이와 차원과 속도와 기간에 무관심하다. 그리고 신격에 대한 중세의 정의처럼 세상은 원이고, 그 중심은 모든 곳이며, 원주는 아무 곳도 아니다. 그러나 우리는 우리 안에 그 중심을 품고 있다가, 자기만의 구석에서 우주에게 "너는 내 주변을 돌고 있어" 하고 말을 건넨다. 고향, 읍, 도, 조국, 대륙, 반구 등은 유니콘이나 바실리스크처럼 모두 우리가 필요해서 만들어낸 개념이다. 〈스나크 사냥〉에서 벨만은 이렇게 말한다.

> "메르카토르의 북극과 적도와 열대와 시간대와 자오선은 다 어디다 쓰라고 있는 건가?"
> 벨만이 그렇게 외치면, 선원들은 이렇게 대답하곤 했다.
> "그것들은 그저 관습에 따른 표시일 뿐이야!"

약속한 대로 벨만은 선원들에게 엄청나게 정확한 최고의 지도를 그려준다. 그 지도는 완벽한 공백으로만 되어 있었다(보는 사람이 존재하지 않는 상태의 우리의 우주를 정확히 정의한 지도였던 것이다). 그 공백 안에 우리는 네모와 원을 그리고, 한 곳에서 다른 곳으로 이어지는 길을 그려서, 자기가 어딘가에 갔었고, 자기가 누구라는 환상을 갖기 위해 애쓴다. 노스럽 프라이Northrop

Frye는 이누이트족 안내자와 함께 극지방 툰드라를 건너다가 눈보라를 만난 의사 친구에 대한 이야기를 한다. 춥고 어둡고, 자기가 아는 한계 밖으로 내던져진 느낌이 든 그 의사는 외친다.

"우리는 길을 잃었어요[We are lost]!"

그러자 그의 이누이트 안내자가 생각에 잠긴 채 그를 바라보다가 대답했다.

"그런 게 아니에요. 우리는 여기 있잖아요[We are not lost, We are here]."(영어에서 '길을 잃었다'를 '자신을 잃어버리다'라고도 해석할 수 있는 'to be lost'라는 표현을 이용한 이야기다-옮긴이 주)

우리는 본능적으로 머릿속에 지도를 그린다. 우리는 자신이 있는 곳에 '여기'라고 라벨을 붙인 다음 낯선 영역으로 이동해 다닌다고 믿는다. 어쩌면 그것은 우리가 발을 딛고 서 있는 기초와 정체성에 대한 감각을 흔들어보기 위함인지도 모른다. 그렇게 해서 우리는 어떤 장소에서는 자신이 홀로 외부 세계를 내다보지만, 또 다른 곳에서는 동지들과 함께 서서 과거 어딘가에 두고 온 자기 자신을 돌아본다고 믿는다. 우리는 집에서 외국으로, 혼자만의 고유한 경험에서 낯선 공동체적 경험으로, 과거의 자신에서 미래에 될 자신으로 여행을 하는 것처럼 가장하면서 계속되는 망명 상태로 산다. 우리는 우리가 어디에 있든 그곳이 바로 '여기'라는 사실을 망각하고 있다.

* * *

단테가 1300년 부활절 금요일 아침에 빠져나온 어두운 숲은 아리스토텔레스가 생각하는 순종적인 자연과는 거리가 먼 곳이었다. 그 해는 기독교 세계가 처음으로 주빌리를 경축한 해였다. 독자들을 위해 자신의 경험을 묘사하려고 시도하면서 그는 다시 한 번 거기서 느꼈던 두려움이 가슴 속에 되살아나는 경험을 했다. 그곳은 "사납고 거칠고 강했다." 그리고 너무도 "씁쓸해서" 죽음도 이보다 더 나쁘지 않을 것 같았다고 그는 회상한다.

단테는 당시에 너무 졸린 상태여서 어떻게 그 숲으로 들어갔는지를 기억하지 못하지만, 마침내 어둠을 벗어나 밖으로 나와 보니 앞에 펼쳐진 계곡 끝에 산이 솟아 있고, 그 산 위로 부활절의 태양이 비추고 있는 것을 보았다. 그의 글에는 숲의 정확한 위치가 나와 있지 않다. 그 숲은 어디에나 있고, 어디에도 없고, 우리의 감각이 흐리고 무뎌졌을 때 들어갔다가 햇빛이 우리를 깨우면 벗어나는 곳이다. 성 아우구스티누스가 "세상이라는 씁쓸한 숲"이라고 부른 어두운 곳이 바로 그곳이다.

어릴 때 듣고 자란 옛날이야기처럼 어둠 속에서는 어두운 일들이 일어난다. 그러나 인류가 낙원의 숲에서 쫓겨난 후, 끔찍한 그 다른 숲 사이로 난 길이 빛으로 향하는 약속의 길인 것은 거의 확실하다. 단테는 '밤새 너무도 가련하게 보낸' 그 숲을 가로지른 후에야 자신의 인간성을 이해할 수 있는 여정을 비로소 시작할 수 있었다.[1]

《신곡》 전체는 숲으로부터의 탈출기이자 인간적 조건을 향한 순례의 여정으로 읽는 것이 가능하다(단테 자신도 성경의 "이스라엘 민족이 이집트에서 나설 때"라는 구절을 올바르게 읽어야 한다고 강조했다).[2] 그리고 그 순례는 순례자의 개인적 특수성만을 위한 것이 아니라, 다른 사람들이 한 행동과 그들의 존재로 인해 오염되고 구원을 받은 인류의 일원으로서 단테가 자신을 돌아보는 목표를 향한 것이라는 중요한 의미를 가지고 있다. 숲을 떠난 후 모든 여정에서 단테가 혼자인 적은 한순간도 없었다.[3] 베르길리우스 혹은 베아트리체가 길잡이를 해주고, 벌을 받거나 구원을 받은 영혼들과 이야기를 나누고, 악마와 천사들의 말을 듣는 등, 단테는 다른 이들과 계속적인 대화를 나누면서 앞으로 나아간다. 그는 대화를 통해 전진한다. 단테의 여정은 곧 그 여정에 대한 이야기와 동일하다.

앞에서 논의한 바대로, 죽은 자들이 언어의 선물을 잃지 않을 수 있는 것은 오로지 대화 덕분이다. 대화를 통해서 죽은 자들은 산 자들과 의사소통을 할 수 있고, 바로 그 덕분에 그들의 육신이 땅에서 이미 사라진 후인데도 불구하고 길을 가던 단테는 자기와 대화를 하는 상대가 무형의 영靈이 아니라 사람임을 알 수 있었던 것이다. 어두운 숲 속에서 그는 혼자였지만, 그 후로는 한 번도 혼자였던 적이 없다.

단테의 외로운 숲은 우리 모두 한 번은 지나가야 하는 곳으로, 그곳을 빠져나온 후에야 비로소 우리는 자신의 인간성에 대한 더 확고한 의식을 가질 수 있다. 여러 숲들이 연이어진 그곳은 끔찍한 어둠 속에서 솟아올라 있고, 그중 어떤 숲은 인류 문학의 시작점에서 길가메시가 헤쳐 나아가야 했던 악마의 숲처럼 오래되었고, 어떤 숲은 오디세우스와 아이네이스가 원정 길에 건넜던 숲 같은 곳도 있다. 새로 솟아올라 앞으로 전진해서 맥베스를 패배시킨 숲, 빨강 망토, 엄지 왕자, 헨젤과 그레텔 등 순수한 영혼들이 길을 잃은 검은 숲, 사드 후작을 만난 불운한 여주인공들의 피로 물든 숲, 심지어 루드야드 키플링과 에드가 라이스 버로우Edgar Rice Burroughs 등이 동심에게 교훈을 주는 가르침의 숲 등 수없이 다양하다. 저승의 가장자리에 있는 숲, 영혼의 밤들로 이루어진 숲, 에로틱한 고통의 숲, 위협적인 환상의 숲, 노인들이 절뚝거리며 마지막으로 걷는 숲, 십대의 염원이 펼쳐지는 숲도 있다. 헨리 제임스Henry James의 아버지가 사춘기를 거치는 아들들에게 쓴 편지에 언급되는 숲들이 바로 그런 숲이다.

지적으로 10대 정도의 수준에라도 이른 사람은 누구나 인생은 희극이 아닐지도 모른다고 의심하기 시작한다. 심지어 점잖은 코미디조차도 아니다. 오히려 그 인생의 주인공의 뿌리가 뻗어 내려간 곳에서 만나는 극도의 궁핍함과 깊고 깊은 비극에서 인생의 꽃이 피고 열매가 맺힌다. 영적 삶을 영위할 능력이 있는 모든 사람이 태생적으로 물려받는 것은 울부짖는 늑대와 밤새 **짹짹거리는** 잡스러운 새들이 사는 다듬어지지 않은 숲이다.5

그런 다듬어지지 않은 숲은 언제나 표리부동하다. 일이 벌어지는 곳이 바로 그곳 어둠 속이라고 우리가 착각하도록 만들지만, 그럼에도 숲이 숲이기 위해서는 나무와 그 틈으로 새들어가는 빛뿐 아니라 숲을 둘러싸고, 그 숲에 문맥을 부여하는 땅과 그 땅이 주는 틀도 필요하다는 것을 우리는 알고 있다. 우리는 숲 속으로 들어가도록 유도되지만, 숲 바깥에 또 다른 세상이 있다는 사실을 잊는 것 또한 절대 허용되지 않는다. 그 안은 어둠이 깔려 있을지 모르지만 (너무 많이 인용되는 밀턴의 '보이는 어둠darkness visible'일지 모르지만), 그물처럼 얽힌 나뭇가지의 형체와 그림자는 여명의 하늘을 약속한다. 준비 단계, 앞으로 경험할 일, 즉 타인과의 만남을 위한 입문의 장인 그곳에서는 우리 모두 홀로 서야만 한다.

숲의 그림자에서 32곡만큼의 거리를 전진한 후, 지옥을 향해 내려가는 여정의 거의 막바지에 이르렀을 때, 단테는 배반자들의 영혼이 얼음 속에 목까지 얼어붙어 갇혀 있는 얼음 호수에 다다른다. 고함을 치고 저주를 내뱉는 무시무시한 머리통들 사이를 지나치다가 단테의 발에 채인 머리가 있었다. 멈춰 선 단테는 부들부들 떨고 있는 그 머리통이 익숙한 사람의 것이라는 사실을 깨달았다. 플로렌스에서 자기 당을 배반하고 적의 편에 서서 무기를 든 보카 델리 아바티였다.

단테는 그 분노한 영혼에게 이름을 묻고, 여행하는 내내 그랬듯, 산자들의 세상에 돌아가면 그에 대해 글을 써서 이승에서 이름을 남길 수 있도록 해주겠다고 약속한다. 보카는 자기가 원하는 것은 단테가 약속한 것의 정반대라고 답하면서 뉘우치지 않는 고집스러운 자신을 두고 떠나라고 명한다. 모욕당한 것에 격노한 단테는 보카의 목덜미를 붙잡고, 대답하지 않으면 머리카락을 죄다 뽑아버리겠다고 위협한다.

> 그러자 그가 내게 말했다.
> "네가 나를 대머리로 만들지라도,
> 내 이름을 말하지도, 내 얼굴을 보여주지도 않을 테다.
> 내 머리를 천 번 내리친다 하더라도 변함이 없다."

그 말을 듣고 단테는 "한 줌도 넘는" 머리카락을 뽑았고, 죄인은 고통으로 비명을 지른다(또 다른 저주받은 영혼이 그에게 소리친다. "보카, 무슨 일인가." 그렇게 해서 그의 이름이 밝혀진다).[6]

계속 길을 가던 단테와 베르길리우스는 얼음에 갇힌 영혼들을 더 만난다. 그들은 '자신의 흐느낌으로 인해 더 이상의 흐느낌이 불가능해진' 상태, 다시 말해, 눈물이 얼어붙어 눈을 뜨지 못하고 있었다. 단테와 베르길리우스의 말소리를 들은 한 영혼이 눈물이 다시 얼어붙기 전에 눈에서 '이 단단한 베일'을 걷어달라고 부탁한다. 단테는 부탁을 들어주겠다고 하면서 맹세한다.

"내가 당신을 구해주지 못하면 얼음의 밑바닥까지 가도 좋습니다."

그러나 그 조건으로 영혼은 자신의 정체를 밝혀야한다고 요구했다. 영혼은 그 말에 승낙을 하면서 자신이 아브리고 수사라고 설명했다. 그는 자기를 모욕한 형제와 조카를 살해한 죄로 벌을 받고 있었다. 아브리고는 단테에게 이제 손을 뻗어 약속을 이행하라고 요구하지만 단테는 거절하면서 "그에게는 무례가 친절이다"라고 말한다. 이 모든 일이 벌어지는 사이 하늘에서 보내준 안내자 베르길리우스는 침묵을 지킨다.[7]

베르길리우스의 침묵을 승인의 뜻으로 읽을 수도 있다. 얼마 전 다른 원에서, 두 시인이 배로 스틱스강을 건널 때, 단테는 분노의 죄를 지은 영혼이 더러운 강물 위로 떠오르는 것을 보고 여느 때와 마찬가지로 누구인지를 묻는다. 그 영혼은 이름을 말하지 않고, 자신을 단지 우는 사람이라고만 밝힌다. 단테는 거기에 마음이 흔들리지 않고, 그 영혼에게 호된 욕을 퍼붓는다. 베르길리우스는 기뻐하며 단테의 팔을 잡고 그를 크게 칭찬한다. 그가 사용한 표현은 성 누가가 자신의 복음서에 그리스도를 칭송하면서 쓴 표현이었다("너를 낳은 여인에게 축복이 내리길").**8** 베르길리우스의 격려에 힘을 얻은 단테는 죄인이 저 끔찍한 소용돌이로 다시 던져지는 것을 보는 것만큼 기쁜 일은 없을 듯하다고 말한다. 베르길리우스도 이에 동의하고, 그 에피소드는 단테가 자신의 소원을 들어준 신에게 감사하면서 마무리된다. 숲 바깥의 교전 규칙은 우리의 윤리 규범을 따르지 않는다. 그 교전 규칙을 정하는 것은 우리만이 아니기 때문이다.

수세기에 걸쳐 해설자들은 단테의 행동이 토마스 아퀴나스가 "숭고한 분노" 혹은 "정당한 노여움"이라고 정의한 감정에서 나온 것이라는 이유를 대며 정당화하려고 노력했다. 분노의 죄를 지은 것이 아니라 "옳은 명분"에 의해 일어난 선한 감정이라는 것이다.**9** 벌을 받던 다른 영혼들이 고소해하며 단테에게 그 죄인의 이름을 가르쳐준다. 그는 필리포 아르젠티Filippo Argenti 였다. 단테와 동시대에 플로렌스에 살았던 동향인으로, 그의 정적 중 한 명이었고, 단테가 추방된 후 압수된 재산 일부를 받은 사람이기도 했다. 아르젠티는 자기 말에 쇠가 아니라 은으로 갑옷을 입혀서 '실버'라는 별명을 얻었다.

그의 추행은 악명이 높아서 다리를 양옆으로 벌린 채 말을 타고 플로렌스 거리를 지나가면서 행인들의 옷에 자기 신발을 닦았다는 일화도 전해진다. 보카치오는 그를 "깡마르고 힘이 세고, 남을 멸시하는 태도에, 쉽게 화를 내고 괴팍한 행동을 하는 사람"이라고 묘사했다.**10** 아르젠티의 전력을 고려하면, 단테는 개인적인 복수심과 숭고한 정의감이 한데 엉긴 감정 때문에

"옳은 명분"의 이름으로 욕을 퍼붓는 행동을 한 듯하다.

물론 문제는 "옳은" 것에 대한 해석에 달려 있다. 이 경우에 "옳다"는 것은 "의문의 여지가 없는 신의 정의에 대한 단테의 해석"을 가리킨다. "사람이 어찌 하나님보다 의롭겠느냐?" 욥의 친구가 묻는다.

"사람이 어찌 그 창조하신 이보다 깨끗하겠느냐?(《욥기》 4:17)"

이 질문에는 벌을 받는 영혼에 대해 동정심을 느끼는 것은 "옳지 않다"는 믿음이 암묵적으로 담겨 있다. 그런 감정을 가지는 것은 인간으로서는 헤아리기 힘든 신의 의지에 맞서서 신의 정의에 의문을 제기한다는 의미이기 때문이다. 3곡 전만 해도 단테는 음탕한 자를 벌하는 바람에 영원히 휩쓸려 다녀야 하는 프란체스카의 사연을 듣고 동정심이 복받쳐 기절하지 않았는가. 그러나 이제 지옥을 더 경험한 단테는 감정적으로 반응하는 것을 줄이고, 더 높은 권위를 신뢰하는 사람이 되어가고 있다.[11]

단테의 종교적 신념에 따르면 신이 정한 법적 체계는 실수가 있거나 불공정할 수가 없다. 따라서 그 체계에 따라 정의롭다는 결정이 난 것은 그것이 무엇이든, 인간의 능력으로는 타당하다고 이해할 수 없다 하더라도 정당한 것이다. 진실과 신의 정의의 관계에 대해 논하는 과정에서 아퀴나스는 진실은 두뇌와 현실을 공유하는 것이라고 주장했다. 그런데 우리 두뇌는 본질적으로 오류가 있기 때문에 인간의 경우 이 연결이 항상 불완전할 수밖에 없다. 전지전능한 신의 경우 진실에 대한 이해는 절대적이고 완벽하다. 따라서 신의 지혜를 기본으로 해서 내려지는 신의 정의를 우리는 진실과 동등하다고 간주해야 한다. 아퀴나스는 이 부분을 이렇게 설명한다.

그러하므로 신의 정의는 신의 지혜에 따른 통치에 부합하는 질서를 정립하기 위한 판결을 내리는 것이니, 신의 정의의 법이 바로 신의 지혜이므로 그것을 진실이라 부르는 것이 적합하다. 따라서 우리도 인간들의 일을 판단할 때 정의가

진실이라 이야기할 수 있다.¹²

단테가 추구하는 이 "진실로서의 정의"는(얼음에 갇힌 죄인에게 고의적으로 고통을 주고, 곤경에 처한 다른 죄인들을 보고자 하는 그의 병적 욕구) 신의 법에 순종하고, 신의 우월한 판단력을 받아들이는 태도로 이해되어야 한다(고 그의 지지자들은 말한다). 그러나 대부분의 독자들에게는 그런 식으로 깔끔하게 선을 긋는 것이 만족스럽지 않다. 현대에 살인과 고문을 자행한 정부 관리들이 정부 명령에 따라 그런 행동을 했다는 이유로 그들을 조사하고 처벌하면 안 된다고 하는 사람들의 주장이 바로 아퀴나스의 주장과 유사하다. 그런 주장이 아무리 신학적·정치적으로 일리가 있다 하더라도 단테의 작품에 나오는 이 정나미 떨어지는 부분을 읽는 독자들은 거의 모두 씁쓸한 뒷맛을 느끼지 않을 수 없을 것이다.

만일 단테의 행동이 신의 의지의 본질에 의거해 정당화될 수 있다면, 그것은 종교적 교리로 용서를 받기보다는 그 교리를 약화시키고, 인간의 본성이 신에 의해 승격되었다기보다 모욕당한 것처럼 보이기 때문일 것이다. 같은 논리로, 인권 침해가 이제는 바꿀 수 없는 과거에 벌어졌고, 이전 정부의 법과 권위에 따라 행해졌다 해서 고문한 사람들을 암묵적으로 용인하는 것은 현 정부의 정책에 대한 신뢰를 굳건히 하기보다는 현 정부에 대한 신뢰와 정책들을 약화시키는 결과를 낳는다. 그보다 더 나쁜 것은, 늘 너무도 많이 사용되는 "나는 그냥 명령에 따랐을 뿐이다"라는 변명에 도전하지 않고 그냥 넘어갔을 때 그런 변명들이 암묵적으로 받아들여져서 새로운 권위가 부여되고, 미래의 변명을 위한 선례가 된다는 사실이다.

그러나 단테의 행동을 보는 또 다른 시각이 있다. 신학자들은 죄가 전염성이 있다고 본다. 죄인들을 많이 만나다 보니 단테도 그들의 잘못에 오염되어, 욕정의 죄를 지은 사람들을 만나면 육신의 욕망에 약한 사람들에게 연민을 느낀 나머지 기절할 정도가 되고, 분노의 죄를 지은 사람들 사이에서는 맹수 같은 분노가 그의 가슴을 채우고, 배반자들이 있는 곳에서는 자기 자신의 인간적 조건마저 거역하고 만다. 단테는 물론이고 누구나 다른 사람들이 저지른 죄를 저지를 수 있는 가능성을 항상 지니고 살기 때문이다. 우리의 잘못은 사악한 일을 할 수 있는 가능성에 있는 것이 아니라 사악한 일을 하겠다고 동의하는 데 있다. 어디를 보나 사악함이 보이는 곳에서는 그런 동의를 하기가 쉬워진다.

풍경은 《신곡》의 가장 중요한 요소 중의 하나다. 어디서 일이 벌어지는가 하는 것은 어떤 일이 벌어지는가 하는 것만큼 중요하다. 그 둘은 공생 관계다. 저승의 지리적 환경은 벌어지는 사건과 그곳에 있는 영혼들에 색을 입혔고, 사건과 영혼들은 구렁과 둘레, 숲과 물에 색을 입혔다. 수세기에 걸쳐 단테의 독자들은 사후 세계가 물리적 현실의 법칙에 따라야 하고, 그런 정확성이 《신곡》의 위력을 한층 더 강하게 한다는 사실을 이해하고 확신해왔다.

프톨레마이오스의 우주관을 근본으로 하고, 아리스토텔레스의 영향을 강하게 받아 그것을 수정한 우주관을 가진 단테는 지구가 우주의 중심에 자리 잡은 고정된 구체이고, 지구를 중심으로 아홉 급에 달하는 천사들의 계급에 일치하는 천상의 세계 아홉 개가 동심원을 그리며 존재한다고 믿었다. 일곱 하늘은 월광천, 수성천, 금성천, 태양천, 화성천, 목성천, 토성천이라 부르는 행성천이고, 그다음 여덟 번째 하늘은 항성천이다. 아홉 번째 하늘은 수정으로 된 하늘로 천체가 주기적으로 회전하도록 하는 보이지 않는 힘의 근원인 원동천이다. 그 주변을 둘러싸고 있는 것이 엠피리언, 즉 최고천으로 성스러운 장미가 피어 있고, 그 중심에 신이 있다.

지구 자체는 두 개의 반구로 나뉘어 있다. 북반구에는 인간들이 살고 있고, 그 중심은 예루살렘인데, 동쪽의 갠지스강과 서쪽의 헤라클레스의 기둥(지브롤터)으로부터 등거리에 위치한다. 남반구는 인간의 탐험이 금지된 물의 영역으로, 그 중심에 연옥산이 있는 섬이 있고, 그곳에서 보이는 수평선은 예루살렘에서 보이는 수평선과 같은 곳이다. 연옥산의 꼭대기에 에덴동산이 자리한다. 예루살렘 아래로는 뒤집어진 깔대기 모양의 지옥이 있고, 그 중심에는 악마 루시퍼가 파묻혀 있다. 루시퍼의 추락으로 인해 땅이 솟아올라 연옥산이 생긴 것이다. 두 강과 성도聖都, 남쪽의 산은 지구라는 구체 안에 십자가 모양을 그린다. 지옥은 점점 작아지는 원 아홉 개로 나뉘어져 있어서 원형극장의 관객석 모양을 연상시킨다. 첫 다섯 원은 상위 지옥이고, 다음 네 원은 하위 지옥으로, 쇠로 된 벽으로 강화된 성이다. 레테강의 물이 지옥의 바닥에 틈을 만들어서 연옥산의 기슭으로 이어지는 길이 생겼다.

극도로 상세한 단테의 지리적 묘사 덕분에 르네상스 시대에 다수의 학자들이《신곡》에 나와 있는 정보를 근거로 단테가 그린 저주받은 자들의 세계의 정확한 크기를 계산하려고 시도했다. 그중 한 명이 플로렌스 플라톤 학술원Platonic Academy of Florence 회원이자, 학술원의 창립자인 위대한 인문주의자 마르실리오 피치노의 친구인 안토니오 마네티Antonio Manetto다. 단테의 열광적 독자였던 그는 정치적 관계를 이용해서 로렌초 드 메디치Lorenzo de' Medic가 단테의 유골을 플로렌스로 반환하는 절차를 돕도록 영향력을 행사했다. 그에 더해 마네티Giannozzo Manetti는 크리스토포로 란디노Cristoforo Landino가 편집하고 1481년 출판된 중요한《신곡》주해판에 자신의 해박한 지식을 바탕으로 한 서문을 싣기도 했다. 이 주해판에는 란디노가 계산한 지옥의 크기도 실려 있다. 서문에서 마네티는《신곡》전체를 주로 언어학적 관점에서 논한다. 그러나 그 후 1506년 사후 발표된 그의 글에는 〈지옥편〉의 지리학적 묘사에 대한 심층적 연구도 실려 있다.

과학적 영역에서와 마찬가지로 문학적 영역에서도 독창적인 의견이 나오면 그에 대한 반대 의견도 쏟아져 나오는 듯하다. 마네티의 반대편에는 또 다른 인문주의자 알레산드로 벨루텔로Alessandro Vellutello가 있다. 베니스로 이주해서 그곳 사람이 된 벨루텔로는 마네티의 '플로렌스적' 관점을 조롱하고, 더 보편적인 시각을 채용해야 한다고 주장하면서 단테의 '지옥편'에 대한 지리학을 새로 쓰겠다고 나섰다. 벨루텔로에 따르면, 란디노의 계산은 오류가 있고, 플로렌스인 마네티가 그 선례에 의존해서 계산을 하는 것은 '장님이 외눈박이의 안내를 받는 것'과 다르지 않다고 주장했다.13 플로렌스 학술원의 회원들은 그의 이런 논평을 모욕으로 받아들이고 복수를 다짐했다.

1587년, 회원들의 분노를 잠재우기 위해 학술원은 재능 있는 젊은 과학자 한 명을 초대해서 벨루텔로의 주장에 반박하기로 결정했다. 당시 스무 살이었던 갈릴레오 갈릴레이는 추의 움직임에 대한 연구와 유압식 저울의 발명으로 학계에서 명성을 얻은 신진 수학자였다. 갈릴레오는 학술원의 초대에 승낙했다. 팔라초 베키오Palazzo Vecchio의 '200인의 방Hall of the Two Hundred'에서 행한 그의 강연 제목은 "단테의 지옥의 형태, 위치, 크기에 관해 플로렌스 학술원에서 행해질 두 편의 강의"였다.

첫 번째 강의에서 갈릴레오는 마네티의 묘사를 추적하고, 거기에 아르키메데스와 유클리드를 능숙하게 언급해가면서 자신의 계산을 추가한다. 예를 들어, 루시퍼의 높이를 계산하기 위해 그는 니므롯의 얼굴이 로마에 있는 성 베드로의 청동 솔방울(단테 시대에는 성당 앞에 설치되어 있었고, 길이는 2.3미터 가량되었다)만큼 길다고 단테가 언급한 부분과 단테의 키와 거인의 키의 비율이 거인의 키와 루시퍼의 팔길이의 비율과 같다는 것을 출발점으로 삼았다. 그런 다음, 알브레히트 뒤러Albrecht Dürer의 인체 치수표(《인체 비율에 대한 네 권의 책Four Books on the Human Proportions》이라는 제목으로 1528년에 출판되었다)에 기초해서 갈릴레오는 니므롯의 키가 645길이라는 결론을 내렸다. 그는 이 치수로 루시퍼의 팔 길이를 계산하고, 비례법을 사용해서 루시퍼의 키가 1,935길일 것이라고 추측했다. 갈릴레오는 시적 상상력도 보편적 수학의 법칙을 따른다고 생각한 듯하다.14

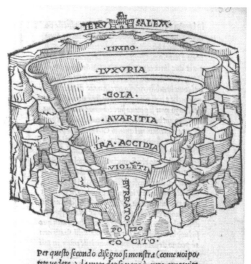

Per questo secondo disegno si mostra (come noi po/
tete uedere) la meta depso uano ò uero concauita
di questo inferno & qualche cosa piu che si ue-
de nel girare de lati che è falso, perche detto ua/
no apparisca incauo cosi come egli ha essere in
uerita. In questa figura sono (come noi uede-
te) distincti tutti e suo cerchi & pauimeti beche
quanto alle loro distantie & misure quasi ogni
cosa ci sia falsa & fuori di proportione rispetto al

G ij

안토니오 마네티, 〈디알로고〉(1506)에 나오는 지옥의 구조. 위부터 각각 육욕의 죄, 탐식의 죄, 탐욕의 죄, 분노와 시무룩한 죄, 폭력의 죄, 불화를 일으킨 죄를 지은 자들의 지옥이 이어진다. 우물처럼 파인 곳 바닥에는 얼어붙은 호수가 있다.

두 번째 강의에서, 갈릴레오는 벨루텔로 계산법의 허점을 드러내고 거기에 반론을 제기한다. 바로 그것이 플로렌스 학술원 회원들이 기다리고 바라던 결론이기도 했다. 5세기라는 세월이 지난 후 독자 입장에서 이 강의를 읽어보면, 두 강의 모두에서 갈릴레오는 놀랍게도 프톨레마이오스의 지동설적 우주관을 수용한 것처럼 보인다. 아마도 벨루텔로의 주장에 반박하기 위해서는 단테의 우주관을 당연한 것처럼 받아들이는 것이 더 편리했기 때문이어서인지도 모르겠다.

앙갚음은 한번 만족스럽게 하고 나면 금방 잊히는 경우가 많다. 학술원 회원들은 그 강의를 다시 언급하지 않았고, 갈릴레오 사후 1642년, 그의 제자 빈센초 비비아니Vincenzo Viviani가 스승의 업적을 담아 펴낸 책에도 갈릴레오가 젊었을 때 했던 지옥에 대한 탐구는 실려 있지 않다. 그러나 세상의 빛을 보기까지 놀라운 참을성을 보여주는 문헌들이 간혹 있다. 3세기가 지난 1850년, 잘 알려지지 않은 16세기 문헌학자를 연구하던 이탈리아 학자 옥타보 질리Octavo Gigli는 자신의 손에 들어온 얇은 원고의 필체가 갈릴레오의 것이라고 확신했다. 이전에 우연히 조각가 친구의 집에서 갈릴레오의 손글씨를 본 적이 있어서였다(학문적 기적은 이렇게 이루어진다). 결국 그 원고는 갈릴레오의 〈단테에 관한 강의〉라고 판명되었다. 강의가 행해졌을 당시 학술원의 총무를 맡고 있던 사람이 과도하게 꼼꼼해서, 갈릴레오가 학술원의 정식 회원이 아니라 초빙강사였기 때문에 그의 강의를 공식적으로 등록하고 기록하지 않아서 외부인의 손에 들어간 원고였다(행정 절차의 문제는 동서고금을 막론하고 변함이 없다).

오래전, 코페르니쿠스의 발견으로 인해 우리의 자리는 우주의 중심에서 벗어났고, 그 이후 우리는 점점 더 우주의 가장자리 쪽으로 계속 밀려나가고 있다. 우리, 인류가 우연히 생겨난 존재이고, 중요하지 않으며, 자기 복제를 하는 분자들의 편의로 생겨난 존재라는 사실에 대한 깨달음은 큰 희망이나 원대한 야망에 그다지 도움이 되지 않는다. 그럼에도 철학자 니콜라 키아로몬트Nicola Chiaromonte가 "의식의 벌레"라고 부른 것 또한 우리 존재의 일부다. 바로 그 이유에서 아무리 덧없고, 주변적 존재라 할지라도, 특정 우주진으로 만들어진 우리라는 존재는 우리 자신을 포함한 모든 것을 비추는 거울이기도 하다.[15]

이 작은 영광이면 족하다. 우리가 잠시 거쳐 가는 것(그리고 아주 작은 규모지만 우리와 함께 거쳐 가는 우주도)은 우리가 기록해야 할 우리의 일이다. 인내심이 필요하면서도 헛된 이 노력은 우리가 처음으로 세상을 읽는 시도와 함께 시작되었다. 우리가 세상이라고 부르는 곳의 지리적 풍경과 마찬가지로, 우리가 세상의 역사라고 부르는 것은 계속 진행되는 연대기로, 우리는 즉흥적으로 그 연대기를 만들어가는 동시에 이해하는 시늉을 한다.

처음부터 그 연대기는 목격자들에 의해, 그들의 증언이 진실이든 거짓이든 간에 그들의 진술로 작성된 것으로 되어 있다. 《오디세이》 8권에서 오디세우스는 그리스인들의 불운을 노래한 음유시인에게 "마치 그 일들을 직접 목격했거나, 목격한 사람에게서 직접 들은 것처럼" 묘사했다고 칭찬한다.16 여기서 '마치……한 것처럼'이라는 표현이 중요하다. 우리가 그것을 받아들이면 역사는 무슨 일이 있었다고 '우리가 말한' 일들로 이루어진다. 아무리 정당화하려고 애를 써도 정당화되지 않는 증언이라도 말이다.

그로부터 몇백 년 후, 엄격한 독일 학교의 한 교실에서 헤겔은 역사를 세 개의 범주로 분류한다. 직접 증인이라고 추정되는 사람들에 의해 기록된 '사실로서의 역사ursprüngliche Geschichte, 역사에 대한 반성을 통해 역사를 생성하는 반성적 역사reflektierende Geschichte, 그리고 철학적 역사philosophische Geschichte가 그것이다. 그중 철학적 역사는 우리가 세계 역사Welt-Geschichte라고 부르기로 합의하는 역사가 되는데, 이야기하는 행위 자체까지 이야기에 포함되는 끝나지 않는 이야기다. 이보다 앞서 임마누엘 칸트는 인류의 집단적 진화에 대한 두 가지 서로 다른 개념을 상상했다. 즉, 사실을 단순히 다시 반복해서 이야기하는 역사(히스토리에Historie)와, 그 사실에 대한 해석(게쉬히터Geschichte)—심지어 앞으로 벌어질 것이라고 선언된 일들의 연대기인 선험적 역사(아 프리오리a priori Geschichte)도 포함—이 그것이다.

헤겔은 독일어에서 게쉬히터는 객관적·주관적 의미를 모두 포함하고 있고, '사건의 연대기적 역사historia rerum gestarum'와 '공훈 혹은 사건 자체의 역사historia res gestae'라는 의미도 동시에 가지고 있다고 지적했다. 헤겔에게 중요했던 것은 사건의 흐름 전체를 이해하는 것(혹은 이해한다는 환상)이었고, 거기에는 사건이라는 강이 흐르는 강바닥부터 옆의 강둑과 멀리서 그 강을 지켜보는 관찰자들까지 모두 포함되었다. 그리고 강이라는 주된 사건에 집중하기 위해서 그는 우각호나 삼각주 등을 배제했다.[17]

〈시베리아에서 헤겔을 읽은 도스토예프스키, 울음을 터뜨리다〉라는 멋진 제목의 수필에서, 헝가리 학자 라슬로 펠데니이László Földényi는 시베리아의 감옥에서 도스토예프스키가 절망에 빠져 울음을 터뜨린 장면을 상상한다. 스스로를 역사의 희생자라 생각하는 도스토예프스키가 역사는 그의 존재를 무시하고, 그의 고통에 전혀 관심이 없으며, 심지어 인류의 흐름에 아무런 영향을 미치지 못한다는 것을 깨닫고 절망에 빠진 것이다. 도스토예프스키의 눈에 (그리고 펠데니이의 눈에) 비친 헤겔의 주장은 카프카가 막스 브로드에게 하는 말과 동일하다.

"희망의 끝이 없어. 그게 단지 우리에게는 해당되지 않는 말이지만."

헤겔의 경고는 이상주의자들이 말하는 "감지되지만 보이지는 않는 존재"라는 허상의 존재보다 더 끔찍하다.[18] 그런 가정은 펠데니이로서는 (도스토예프스키와 마찬가지로) 받아들일 수 없는 것이었다.

역사는 그 경로에 서 있는 누구도 무시할 수 없을 뿐 아니라, 오히려 그 반대가 맞다. 즉, 모든 사람의 존재를 인정하고 주의를 기울이는 것이야말로 역사가 존재하는 데 필수적인 요소다. 나라는 존재는 다른 모든 사람의 존재에, 다른 모든 사람의 삶은 나의 삶에 달려 있다. 그리고 나와 다른 모든 사람은 헤겔, 도스토예프스키, 펠데니이의 존재를 위해 존재해야 한다. 우리(익명의 다른 사람들)이야말로 그들의 증거물이고, 그들을 위한 바닥짐(열기구나 배에서 무게 중심을 잡기 위해 바닥에 놓는 무거운 물건-옮긴이 주)이며, 독서를 통해 그들에게 다시 생명을 부여하는 사람들이기 때문이다. 바로 이것이 고대로부터 내려오는 직관적 지혜다. 즉, 우리는 형언할 수 없는 전체의 일부여서, 그 전체 내에서 일어나는 각각의 죽음과 각각의 고통이 인류 집단 전체에 영향을 미친다는 지혜 말이다.

여기서 말하는 전체란 각각의 물리적 한계에 의해 제한되지 않는 전체, 단테가 각 부분 몇 개를 통해 이해하려는 시도를 하지 않으면 안 된다는 것을 감지했던 바로 그 전체다. 의식의 벌레는 우리의 존재를 파고 들어가기도 하지만 우리라는 존재를 증명하기도 한다. 그것을 거부하는 것은, 비록 그것이 믿음의 표현이라 하더라도 아무 소용이 없다. 펠데니이는 현명하게도 "자기 부정을 하는 신화, 알고 있는 척 가장하는 신앙, 바로 그것이 잿빛 지옥이고, 도스토예프스키가 맞닥뜨린 보편적 정신분열증이었다"라고 말한다.[19]

상상력은 우리에게 항상 이미 깨어져버렸거나 달성한 희망을 넘어 한 번 더 희망을 품도록 해서 도달할 수 없어 보이는 프런티어를 볼 수 있도록 하고, 결국 그곳에 도달하는 것이 성공하면 또다시 조금 더 멀리 있는 프런티어를 보여준다. 이 무한성을 망각하면(헤겔은 역사에 포함시킬 수 있는 것의 개념을 축소시킴으로써 이 상태를 획득하려 했다) 우리는 세상과 우리 삶에 벌어지는 일들이 완전히 이해 가능한 것이라는 멋진 상상 속에 살 수 있다. 그러나 그렇게 하면 우주에 대한 질문을 교리문답 수준으로, 우리의 존재를 독단론으로 축소시키고 만다. 단테도 들었으면 동의했을 펠데니이의 주장처럼, 우리가 원하는 것은 외형적으로 타당하고 개연성 있어 보이는 것이 아니라, 시베리아의 처녀지와 같은 불가능한 것, 지평선 너머에 항상 존재하는 '여기'다.

'너머에'라는 단어는 답이 없는 질문을 암시하지만 그것은 또한 우리가 세상을 상상할 때 우리를 중심으로 생각한다는 사실과 우리가 저 바깥에 있는 낯선 타인들에 비해 더 우월하다고 주장할 수 있는 고지에 서 있다는 사실을 시사하는 표현이기도 하다. 고대 그리스인들은 델피를, 고대 로마인들은 로마(로마의 비밀 이름은 '사랑'이다. Roma를 거꾸로 읽으면 사랑이라는 듯의 amor가 된다)를 우주의 중심으로 간주했다.[20] 이슬람교도들에게는 세상의 중심이 메카고, 유대인들에게는 예루살렘이다. 고대 중국에서는 '세상의 중앙에 있는 왕국(중국, Middle Kingdom)'의 신성한 네 개의 산들로부터 등거리에 있는 태산이 세상의 중심이라 생각했고, 인도네시아인에게는 발리가 세상의 중심이었다. 어느 지점을 지정학적인 중심으로 지정하는 사람들은 그 사실을 기반으로 자신에게 정체성을 부여하고, '그 너머 바깥'에 있는 것들은 주로 잠재적 위협이나 전염성이 있는 위험한 성질을 가진 것으로 간주하는 경우가 많다.

자신의 원래 세상의 중심을 떠난 여행자들은 문화적·상업적 접촉을 통해, 그리고 심상적·상징적 대화를 통해 '그 너머 바깥'에서 일어나는 일들로부터 영향을 받는다. 영어권에서는 그냥 단순히 알-비루니Al-Biruni라는 이름으로 알려진 페르시아의 박식가는 10세기에 인도를 방문해서 그곳의 종교 의례를 본 다음 이렇게 말했다.

"그들의 믿음이 우리와 다르고, 심지어 일부 이슬람 교도들에게는 신성모독인 것처럼 보이더라도, 나는 이 말 밖에 할 말이 없다. 이것이 힌두교도들이 믿는 것이고, 이것이 사물을 보는 그들만의 방법이다."

그러나 모든 사람이 알 비루니처럼 개방적이고 이해심이 많지는 않다. 오랜 전통을 지닌 제국주의적 사고방식에서는 그 너머 바깥을 개조하는 유일한 방법은 노예로 삼거나 동화시키는 것이라 생각했다. 베르길리우스는 안키세스가 아들 아이네아스에게 하는 다음과 같은 대사를 통해 이 사실을 분명히 했다.

다른 이들에게 살아 생동감 넘치는 청동을 빚도록 하라,

대리석을 다듬어 살아 있는 듯한 얼굴을 깎아내기도 할 것이다.

어떤 이들은 뛰어난 웅변가, 어떤 이들은 도구를 써서

하늘을 도는 행성들의 궤적을 따르고, 어느 별이 나타날지 예언한다.

그러나 로마인들이여, 그대들의 도구는 정부라는 사실을 잊지 말지어다.

그것이 그대들의 기술이니―평화의 옷을 입은 자들이여,

정복당한 자들에게 관대함을, 공격한 자들에게는 단호함을 보여라.21

1955년, 클로드 레비-스트로스Claude Lévi-Strauss는 자신의 문화 경계선 바깥에 있는 사람들과 대화를 시도한 점에서 제국주의적 시각을 극복했다는 명성을 얻은《슬픈 열대Tristes Tropiques》를 출판했다. 카두비오족, 보로로족, 남비크와라족, 투피-카와힙족과의 교류를 통해 레비-스트로스는 고압적이지 않은 태도로 의사소통을 하고 배우며, 그들의 생각을 자신의 신념 체계로 해석할 수 있는 방법을 찾았다. 단순한 불교 의례에 대한 자신의 의견을 이야기하면서 레비-스트로스는 이렇게 썼다.

이해하려는 모든 노력은 연구하는 대상을 파괴하고 성격이 다른 또 하나의 대상을 등장시킨다. 이 새로 등장한 대상을 이해하기 위한 노력을 기울이면 그 대상이 파괴되면서 세 번째 대상이 등장한다. 그렇게 계속되다가 마침내 파괴되지 않는 한 존재에 도달하는데, 그 지점이 되면 의미와 의미의 부재 사이의 차이가 사라진다. 처음 시작했던 그 지점과 동일한 지점으로 돌아온 것이다. 인류가 최초로 이러한 진리를 발견하고 정립한 지 2,500년이 흘렀다. 그 기간 동안 우리는 새로운 것은 하나도 보태지 못했고, 다만—그 딜레마에서 빠져나오기 위해 온갖 방법을 시도하는 동안—우리가 피하고 싶은 결론을 뒷받침하는 증거만 계속 추가로 쌓여갔다.

여기에 레비-스트로스는 이렇게 덧붙인다.

이 위대한 반지식의 종교는 이해하지 못하는 우리의 성격에 기초한 것이 아니다. 오히려 이해할 수 있는 능력을 입증하고, 존재와 지식의 상호 배타성이라는 형태의 진리를 발견할 수 있는 수준으로 우리를 고양시킨다. 한 걸음 더 나아간

대담함으로, 형이상학적인 문제를 인간 행동의 문제로 축소시킨다―이와 같은 특징을 가진 또 다른 사상은 마르크스주의뿐이다. 대승 불교와 소승 불교의 차이는 개인의 구원이 인류 전체의 구원에 달려 있는지 여부에 대한 근본적인 시각의 차이로, 사회학적 수준의 시각 차이였다.[22]

단테의 《신곡》에서는 그 질문에 부정적인 답을 제시한다. 단테의 구원은 단테 자신에게 달려 있다. 이에 관해 베르길리우스는 여정이 막 시작되었을 때 단테를 이렇게 질책한다.

"무엇 때문인가? 왜, 왜 그대는 뒤로 물러서는 것인가? 왜 그대의 가슴 속에 그토록 큰 겁쟁이를 품고 있는가? 왜 용기와 결단을 보이지 않는가?"[23]

단테의 의지, 다른 어떤 것도 아닌 단테의 의지만이 그를 저주받은 자들의 끔찍한 상황을 목격하고 7대 죄악을 씻어 내린 후, 마지막에 기다리고 있는 은총이 깃든 비전에 도달하게 할 수 있다.

단테가 천국으로 올라갔을 때 그를 기다리는 첫 번째 이미지는 신의 태양을 바라보고 있는 베아트리체의 모습이었다. 오비드의 시에 등장하는 외딴 섬에서 신비한 약초를 맛본 후 깊은 바다에 뛰어들고 싶은 염원에 사로잡힌 어부 글라우코스에 자신을 비유하면서, 단테는 신의 섭리에 대한 염원으로 온몸이 가득참을 느낀다. 그러나 동시에 단테는 자신이 인류 공동체의 일원으로 그곳에 있다는 것, 즉 인간이라는 존재가 단독으로 존재하는 것이 아니라 인류 전체의 한 부분이라는 사실을 절감한다.

개인의 의지와 감각과 사고는 비록 그것이 개인적 독특함을 지니고는 있지만, 고립된 경험이 전혀 아니다. 레비-스트로스의 말을 빌리자면 "개인이 단체 안에서 혼자가 아니고, 모든 사회가 다른 사회들과 함께 존재하듯, 인류도 우주 안에서 혼자가 아니다." 단테가 자신의 비전을 묘사하는 마지막 부분에 사용하는 무지개 이미지를 이용해서 레비-스트로스는 이렇게 결론을 내린다.

> 무지개와 같은 다양한 인간 문화들이 마침내 우리가 만들어낸 광기가 만들어
> 낸 구멍으로 빠져 들어간다 하더라도, 우리가 존재하고, 세상이 존재하는 한,
> 접근이 불가능한 그곳과 우리를 잇는 그 끈질긴 무지개 다리는 계속 존재해서
> 노예가 되는 길과 반대의 방향으로 우리를 안내할 것이다.24

　세상을 홀로 경험하는 말로 표현할 수 없는 고통을 겪은 후 그 경험을 우리 자신에게 이야기하는 과정에서, 우리는 의식적·무의식적으로 공유하는 세상에 발을 들이게 되지만, 그곳에서 의사소통, 완전한 의사소통은 더 이상 불가능하다는 것을 깨닫게 된다. 역설적이지 않은가. 다른 사람들도 그렇게 해왔다는 습관적인 말로 변명하면서 우리는 자신이 끔찍한 행동을 하는 것을 허락한다. 전 세계적으로도 우리는 끊임없이 똑같은 정당화를 되풀이하면서 폭력을 휘두른 자에게 폭력을 휘두르고, 배반자들을 배반한다.
　어두운 숲은 끔찍하지만, 그 숲은 스스로를 규정하고 한계가 분명하다. 그렇게 함으로써 바깥 세상에 틀을 제공하고, 우리에게 우리가 획득하고 싶은 것이 무엇인지, 그것이 해변인지 산의 정상인지를 식별할 수 있도록 한다. 그러나 숲 너머에 있는 경험의 세계에는 그런 경계가 없다. 그 너머에 있는 모든 것은 우주와 마찬가지로 한계가 있는 동시에 무한히 팽창한다. 경계가 없는 것이 아니라 그 한계를 상상할 수 없고, 경계 자체에 대한 의식이 없는, 연대기적 역사historia rerum gestarum인 동시에 사건 자체의 역사res gestae의 무대가 된다. 여기에서 우리는 이야기를 연기해내는 연기자인 동시에 그것을 지켜보는 증인이고, "개인" 그리고 "인류 전체"의 한 부분이다. 그리고 우리가 사는 곳은 바로 여기다.

제10장

우리는 어떻게 다른가

■

◆

●

남자들은 여자들이 자기를 비웃을 것이라 겁을 내고,
여자들은 남자들이 자기를 죽일 것이라 겁을 낸다.

―마거릿 애트우드Margaret Atwood

내가 어린 시절에 읽었던 책들 중 다수는 '파랑 문고'라는 뜻의 '라 비블리오테카 아줄La Biblioteca Azul'에 속한 것들이었다. '파랑 문고'는 〈저스트 윌리엄Just William〉 시리즈와 쥘 베른의 소설, 그리고 엑토르 말로Hector Malot의《집 없는 소년》등을 스페인어로 번역해서 펴낸 것이었다. 그중에서도 나는《집 없는 소년》을 읽고 말로 표현할 수 없는 공포에 사로잡혔었다. 나의 여자 사촌은 '파랑 문고'의 자매 시리즈인 '분홍 문고', '라 비블리오테카 로사 La Biblioteca Rosa'를 가지고 있었고, 찬밥 더운밥 가리지 않는 수집가의 자세로 '분홍 문고'의 일부로 매달 발행되는 신간을 계속 사 모았다. 남자 아이였던 나는 '파랑 문고'의 책들만, 여자 아이였던 나의 사촌은 '분홍 문고'의 책들만 읽어야 한다는 무언의 규칙이 있었다. 나는 가끔 그녀의 '분홍 문고'에 있는 《빨간 머리 앤》이라든지 세귀르 백작 부인의 이야기가 실린 책들이 탐이 났다. 하지만 그 책을 읽으려면 색으로 남녀 구분을 해놓지 않은 다른 버전의 책을 찾아야 한다는 것을 나는 알고 있었다.

우리의 어린 시절을 지배하는 다른 많은 규칙들과 마찬가지로, 남자 아이에게 적합하다고 간주되는 것과 여자 아이에게 적합하다고 간주되는 것을 구분함으로써 남녀 사이에는 절대 무너지지 않을 보이지 않을 벽이 세워진다. 색, 물건, 장난감, 운동 등으로 구분해서 의문을 제기할 수도 없는 격리를 함으로써 우리는 자신이 아닌 것에 따라 자신이 누구인지를 규정해야 한다고 강요당한다. 그렇게 성별에 따라 세워진 벽 너머에 있는 영역에는 그곳에만 해당하는 활동과 언어를 하고, 이쪽과는 다른 권리를 누리고, 그들만의 금지 사항으로 고통을 받는 원주민들이 존재한다. 한쪽이 다른 쪽을 이해하지 못할 때 마치 격언처럼 "그 애는 여자 아이잖아!" 혹은 "그 애는 남자 아이잖아!"라고 말하면 특정 행동을 충분히 설명하는 것으로 받아들여지곤 했다.

그리고 늘 그랬듯이 문학의 도움으로 나는 그런 규칙에 반기를 들 수 있었다. '파랑 문고'의 〈산호섬〉을 읽으면서 나는 랠프 로버가 질릴 정도로 아부를 하고, 사과처럼 코코넛 껍질을 벗길 수 있는 재주를 가졌다는 점에 혐오감을 느꼈다. 그러나 〈하이디〉(중성적인 '무지개 문고'의 일부)를 읽으면서 그녀가 이가 없는 할아버지를 위해 부드럽고 하얀 빵을 용감하게 훔치자 환호성을 올렸다. 독서를 하는 동안 나는 성별을 무지개 빛 비늘돔처럼 유연하게 바꾸곤 했다.

강요된 정체성은 불평등을 낳는다. 우리는 우리의 성격과 몸을 독특한 정체성을 가진 긍정적인 특징으로 보는 대신, 알 수 없는 신비한 타인, 튼튼하게 쌓아놓은 성벽 바깥에 있는 타인들과 반대되는 특징들로만 보도록 배운다. 바로 이 첫 부정적인 가르침에서 다른 모든 부정적인 가르침이 유래해서, 우리가 아니라고 배워온 모든 것을 비추는 거대하고 어두운 거울을 만들고 만다.

어릴 때 나는 내 세상 밖에 있는 낯선 것에 대한 의식이 전혀 없었다. 그러나 나중에는 그것 말고는 거의 다른 것에 대한 생각을 할 수가 없었다. 내가 보편적 전체에 속하는 독특한 일부분이라는 것을 배우는 대신, 나는 내가 분리된 개체이고, 알베르토라는 호칭을 가진 이 외로운 존재는 다른 모든 사람들과 다르다고 확신하게 되었다.

* * *

역사가 계속되는 사이 우리는 각 개인이 전체 인류의 일부라고 자랑스럽게 선언하기를 수없이 반복했다. 사실 이 숭고한 개념이 언급될 때마다 우리는 그에 반대하고, 그 개념을 수정하고, 예외를 찾아서 결국 매장시키는 데 성공하지만 얼마 지나지 않아 다시 한 번 똑같은 선언이 반복되곤 한다. 그러면 우리는 그 평등주의적 사회라는 개념이 표면에 잠시나마 떠오르는 것을 허락했다가 다시 한 번 그것을 침몰시킨다.

기원전 5세기, 플라톤의 시각으로 본 사회적 평등은 남성 시민들이 동등한 권리를 갖는 것이었다. 남성 시민들의 숫자는 소수에 불과했고, 외국인, 여성, 노예들은 이 특권에서 제외되었다. 《국가》에서 소크라테스는 정의로운 사회가 무엇인지에 관한 토론을 통해 진정한 정의(혹은 진정으로 정의로운 남자의 개념)의 의미를 발견해야 한다고 제안한다.

플라톤의 대화집이 모두 그렇듯이 《국가》도 이렇다 할 시작도, 결론도 없이 정처 없는 대화들이 오가는 가운데 오래된 질문에 새로운 형태를 입히고, 간혹 대답 비슷한 것을 슬쩍 비치기도 한다. 《국가》가 특별히 놀라운 것은 어느 부분도 강조하지 않는다는 점이다. 소크라테스는 이리저리 대화를 이끌어서 무엇을 정의하려고 노력해보지만 독자 입장에서는 그중 어느 것도 확정적이지 않아 보인다. 《국가》는 여러 가지 제안과 시도, 그리고 발견을 위한 준비의 연속으로 보이지만, 막상 아무런 발견도 이루어지지 않는다. 공격적인 소피스트 트라시마코스Thrasymachus가 정의는 '관대한 순수함'에 지나지 않고, 불의는 '재량'의 문제라고 선언했을 때 우리는 그가 옳지 않다는 것을 안다. 그러나 소크라테스가 던지는 질문들은 트라시마코스가 실수했다는 것을 결정적으로 밝힐 증거를 제시하는 대신, 그저 서로 다른 사회와 그 사회의 정부들의 장단점, 그들의 정의와 불의에 관한 토론으로 이어질 뿐이다.[1]

　소크라테스는 정의가 "그 자체를 사랑해야 하지만, 거기서 나오는 결과도 사랑해야 행복한 것"이라고 주장한다. 그러나 그 행복은 어떻게 규정해야 할까? 그 무엇을 그 자체로 사랑한다는 것은 무슨 의미인가? 그렇게 아직 정의되지 않은 정의로부터 나오는 결과는 무엇인가? 소크라테스는 (혹은 플라톤은) 시간을 들여서 이 문제만을 고려하고 싶어 하지 않는다. 그가 관심 있는 것은 대화를 통한 사고의 흐름이었다. 따라서 정의로운 사람과 정의롭지 못한 사람이 무엇인지를 토론하고, 그에 따라 무엇인 정의인지를 이야기하기 전에, 소크라테스는 정의로운 사회(도시 혹은 폴리스), 혹은 정의롭지 못한 사회의 개념을 고찰해보자고 제안한다. "우리는 특정 개인에게 적합한 정의가 존재하지만, 도시 전체에 적합한 정의는 그와는 또 다른 정의라고 말하고 있지 않은가?"[2] 정의를 규정하기 위해 벌어지는 플라톤의 대화는 그 불가능한 목표에서 점점 멀어지고, 《국가》는 질문과 대답을 잇는 직선의 경로를 제시하는 대신 끊임없이 지연되는 여정을 제안한다. 그러나 그 여정에서 옆길로 새는 대화와 잠시 머무는 곳들은 독자에게 신비로운 지적 쾌감을 허락한다.

《국가》에 나오는 답이 없는 질문들을 앞에 둔 우리는 어떻게 하면 정답에 가까워지기라도 할 수 있을까? 만일 모든 형태의 정부가 어떤 이유에서든 비도덕적이라면, 윤리적·도덕적으로 흠잡을 데가 없다고 장담할 수 있는 사회가 어디에도 없다면, 정치가 오명으로 얼룩진 행위라면, 모든 집단적 노력이 개인의 사악함과 배신으로 무너질 수밖에 없다면, 인류는 협조하고 서로를 돌보는 과정을 통해 혜택을 보면서 평화롭게 같이 모여 살 수 있는 희망을 어떻게 가질 수 있겠는가?

불의의 장점에 대한 트라시마코스의 선언은 독자들 눈에 터무니없어 보일지 모르지만, 수백 년에 걸쳐 사회 체제를 악용하는 사람들에 의해, 그 체제가 어떤 것인지 상관없이, 반복적으로 자행되어온 일이기도 하다. 그것은 봉건 영주들, 노예 상인들과 그들의 고객, 포악한 군주와 독재자들, 반복적인 경제 위기를 초래하는 현대의 금융가들이 하는 주장과 크게 다르지 않다. 보수주의자들이 옹호하는 '유익한 이기주의', 다국적 기업가들이 옹호하는 공공재와 서비스의 민영화, 은행가들이 주장하는 억제 장치가 없는 자본주의는 모두 "정의란 간단히 말해서 가장 강한 사람에게 편리한 것이다"라는 트라시마코스의 명언을 다양하게 해석한 결과물들이다.[3]

트라시마코스의 역설적인 결론은 여러 개의 추정에 근거를 두고 있다. 그중 가장 중요한 것은 정의롭지 못한 것으로 보이는 현상이 사실은 자연법의 결과일 수도 있다는 생각이다. 노예 제도는 패자는 승자가 누리는 특권을 누릴 자격이 없다거나 혹은 특정 인종이 열등하다는 식의 주장으로 정당화되었다. 여성 폄하는 가부장제의 장점을 높이 치하하는 한편 성별에 따른 힘과 역할을 구분함으로써 정당화했다. 동성애자들에 대한 혐오는 남자와 여자의 '정상적' 성행위 기준을 만들어냄으로써 정당화했다.

각각의 경우 모두 그런 위계질서를 확립하기 위한 상징과 은유의 언어가 동원되었다. 예를 들어 여성에게는 수동적인 역할이(그렇게 해서 여성들의 가사

활동을 폄하하거나, 생색하는 투로 치하하는 경우가 많아졌고, 이 오류를 꿰뚫어본 버지니아 울프Virginia Woolf는 여성의 첫 임무는 '집 안의 천사를 죽이는 일'이라고 말했다), 남성에게는 능동적인 역할이(그렇게 해서 폭력적인 전쟁과 사회적 경쟁을 미화하게 되었다) 할당되었다. 이런 식의 남녀 역할이 보편적인 것이 아님에도—예를 들어 소포클레스의 〈콜로누스의 오이디푸스Oedipus at Colonus〉에서 오이디푸스는 그리스와 이집트의 남녀 역할이 다르다는 이야기를 하면서 "그 나라(이집트)에서는 남자들이 집 안에 앉아서/ 베틀을 돌리고, 아내들은 밖으로 나가/ 그날 먹을 양식을 구한다"고 말한다—사람들의 뇌리 속에 깊이 박힌 이 상징적인 역할로 인해 여성은 언어, 남성은 행동에 능하다는 선입견도 생겨났다. 이 개념은 또 반대적 현상에 대한 인식에도 영향을 미쳐서 《일리아드》에서는 여자들이 말을 하기 시작하고 나서야 싸움이 멈추는 장면이 나온다.4

그러나 전통적으로, 여자들의 말은 사적인 영역에 한정되었고, 대중을 상대로 말을 하는 것은 남성의 특권으로 여겨졌다. 《오디세이아》에서 텔레마쿠스는 그의 어머니 페넬로페가 사람들 앞에서 버릇없는 음유시인에게 말을 하기 시작하자, 그런 일은 "남자가 알아서 하겠다"고 말한다. 그러나 고대 그리스에서는 여성들의 사적인 발언과 공적인 발언이 겹치는 적이 간혹 있었다. 델피에서 시빌라는 삼각대 위에 앉아서 아폴론의 예언적인 영을 자신의 질로 받아들이면서 말을 한다. 이는 고전학자 매리 비어드Mary Beard가 제안했듯, "먹고 말하는 입"과 "성기의 입"을 노골적으로 연결시키는 장면이다.5

심지어 한 사회나 도시의 정체성도 가부장적 권위가 차지하고 만다. 아테네의 이름을 짓는 전설은 좋은 예다. 성 아우구스티누스는 로마의 역사가 마르코스 테렌티우스 바로Marcus Terentius Varro의 권위를 빌어 그 이야기를 다시 한다. 아테네가 앞으로 생겨날 자리에서 올리브 나무 한 그루와 샘물이 갑자기 솟아올랐다.

이 기적들을 전해들은 케크로푸스 왕은 델피의 아폴론 신전에 사람을 보내 그 의미를 묻고 어떻게 해야 할지 상의하도록 했다. 그리고 올리브 나무는 미네르바(혹은 아테나) 여신을 의미하고 샘물은 넵튠(혹은 포세이돈)을 의미하므로, 시민들은 두 신들의 상징 중 하나를 택해 도시의 이름을 지어도 된다는 답이 돌아왔다. 이 신탁을 받은 케크로푸스 왕은 남녀 시민 모두를 불러 투표하도록 했다. 그 지역, 그 시기에는 공적 문제를 숙고하는 데 여성들도 참여하는 것이 관례였기 때문이었다.

사연을 들은 시민들 중, 남성들은 넵튠에 표를 던졌고, 여성들은 미네르바에 표를 던졌다. 그리고 여성들의 수가 한 명 더 많았기 때문에 미네르바가 승리했다. 격분한 넵튠은 바다에서 큰 파도를 보내 아테네인들의 땅을 황무지로 만들었다. 악령들이 아주 쉽게 물을 널리 퍼뜨렸기 때문이다. 넵튠의 화를 가라앉히기 위해 여성들에게 세 가지 벌이 내려졌다. 여성들은 더 이상 투표를 하지 못하게 되었고, 자식들이 어머니의 성을 받지 못하게 되었으며, 아무도 여성들을 아테네인이라 부르지 못하게 되었다.

그렇게 해서 자유주의적 사상의 어머니이자 유모인 도시, 그리스의 가장 유명하고 가장 숭고한 위대한 철학자들을 수없이 낳은 이 도시는 악령들의 조롱과 남녀 신들의 갈등이 있었지만 여성들의 지지로 여신이 승리를 거둬 아테네라는 이름을 받았다. 하지만 추방당한 신에 의해 재앙을 맞자 미네르바의 무기보다 넵튠의 물이 더 두려워 승자들의 승리를 벌하지 않을 수가 없었다. 그렇게 벌을 받은 여성들을 통해, 승리를 거둔 미네르바 또한 패배했고, 심지어 자신에게 표를 던진 지지자들도 완전히 도울 수가 없었다. 그때부터 여성들은 투표할 권리를 잃었고, 어머니는 자녀에게 자신의 이름을 물려줄 수 없었지만, 미네르바의 도움으로 적어도 아테네인이라 불릴 수는 있게 되어 그들이 승리를 안겨준 여신의 이름에 영광을 돌릴 수 있게 되었다. 이에 관해 무엇을, 어디까지 말할 수 있는지는 우리가 서둘러 다른 이야기로 옮겨가지 않는 한 자명하다.

어쩌면 '무엇을, 어디까지 말할 수 있는지'는 그다지 자명하지 않을지도 모른다. 가부장제의 뿌리에 관한 중요한 논문에서 게르다 러너Gerda Lerner 는 이른바 '여성의 노예화'는 계급과 계층 억압보다 더 먼저 벌어진 현상으로, 이미 기원전 2세기 메소포타미아에서 여성의 생식 및 성기능을 상품화함으로써 시작되었다고 주장했다. 그녀는 이것이 "최초의 사유 재산 축적"의 의미를 지닌다고 판단했다. 남성과 여성 사이에 만들어진 사회 계약에 따라 경제적 지원과 물리적 보호를 남성이 제공하는 대신 여성은 성적 서비스와 가사일을 제공하게 되었다. 역사 전반에 걸쳐 성적 정체성은 사회가 변하는 흐름에 따라 변화해왔지만, 그 계약은 사라지지 않고 늘 그 자리에 있었다. 그리고 계약 내용이 타당하다는 주장을 뒷받침하기 위해 "이 모든 것이 어떻게 시작되었는지에 대한 이야기"를 해서 남성과 여성 사이의 위계적 차이가 신의 섭리에 근거하고 있다고 설명할 필요가 있었다. 아테네의 기원, 판도라 이야기, 이브의 우화 등이 모두 그 예다.[6]

시몬 드 보부아르Simone de Beauvoir는 가부장적 신화 중 페미니즘적 시각에서 재해석이 편리하게 가능한 부분만 따로 떼서 읽는 것은 위험하다고 지적했다. 그러나 이야기의 재해석과 재구성은, 비록 그 노력이 상반된 결과를 초래할지도 모르는 일이지만, 새로운 정체성과 새로운 계약을 상상해내는 데 도움이 될 수도 있다. 예를 들어, 여성 폄하가 팽배했던 단테의 13세기에도 어떤 틈이나 구멍이 사회 체제에 존재해서 원론적인 이야기들의 새로운 버전을 상상하는 것이 가능했다. 가부장제 자체를 뒤집는 데까지는 성공하지 못했다 하더라도 적어도 그 체제의 규범이 뿌리박은 배경이라도 바꿔서 그 의미를 변화시키려는 시도를 하는 이야기들 말이다.

기독교 신학이 강요하는 기준과 자기 개인의 윤리적 의식 사이의 갈등을 항상 느끼는 단테는 평등한 정의를 어떻게 이루는가 하는 문제를 한순간도 등한히 할 수 없었을 것이다. 그 문제는 기독교 교리 안에서 남성과 여성을 포함한 모든 사람에 관한 것이었다. 베아트리체를 비롯해 남녀 모두가 포함된 여러 등장인물들의 입을 통해 단테는 이성과 논리의 향상, 깨달음의 능력은 모든 사람에게 존재하고, 그 능력의 차이는 성별이 아니라 신의 은총으로 결정된다는 자신의 믿음을 표현한다. 베아트리체는 단테에게 이렇게 설명한다.

> 내가 말하는 질서 속에서, 모두 다른 방법으로
> 온갖 것들이 자기의 정수를 향해
> 혹은 멀고 혹은 가깝게 다가가나니,
>
> 그곳에서 다양한 항구를 향해
> 존재의 드넓은 바다에서
> 각자 자기에게 주어진 본능을 품고 움직인다.[7]

단테의 세계에서는 각 개인에게 서로 다른 위치가 할당되었고, 그 위치에 따른 권리와 의무가 주어져서 각 개인이 자유 의지를 사용해서 그것을 받아들이거나 거부할 수가 있었다. 그리고 남성과 여성은 모두 동일한 도덕적 규범의 지배를 받고, 거기에 따르지 않으면 그 결과를 스스로 감당해야만 했다. 인간의 삶이 던지는 거대한 질문들과 우리가 알고자 하는 것의 많은 부분이 우리의 한계 밖에 있다는 의식은 여성과 남성이 공유하는 부분이었다.

회개를 미루던 자들의 연옥에서 단테는 피아라는 이름의 사랑이 가득한 영혼을 만난다. 그다지 중요한 인물이 아니라 잠깐 언급되고 마는 이 여인에게 허락된 일곱 행의 대사 중 "시에나가 나를 낳았고, 마렘마가 나를 죽였다"라는 행이 있다. 별다른 자료가 없는 상태에서 역사학자들은 이 여인이 남편에게서 살해당한 사피아라는 인물이라고 주장해왔다. 그녀의 남편은 질투에 사로잡힌 것인지, 다른 여자와 결혼을 위한 것인지 이유를 알 수 없지만 아내를 창문 밖으로 던져서 살해했다. 피아는 자기를 기억해달라 애걸하면서도, 제일 먼저 단테가 먼 길을 와서 고단하겠으며, 휴식이 필요하겠다는 말부터 부드럽게 건네는 것을 잊지 않는다. 피아의 이야기에서 중요한 것은 남자가 그녀에게 나쁜 짓을 했다는 것이 아니라, 그녀가 과거에 일어난 불의의 사건에 대해 모종의 균형을 회복하려는 노력을 하는 연민 어린 영혼이라는 사실이다.[8]

인간은 모두 공평하게 고통을 받는다는 점은 《신곡》에서 여러 번 분명하게 언급된다. 지옥의 두 번째 원에서 과도한 사랑, 혹은 잘못된 사랑으로 벌을 받는 영혼들(클레오파트라, 헬렌, 아킬레스, 트리스탄)의 운명을 목격하면서 단테는 너무도 진한 동정심으로 거의 기절할 지경에 이른다. 바로 그때 애욕의 죄를 지은 사람들의 소용돌이 속에서 프란체스카가 나타나 영원히 함께 지옥에 갇힌 자신과 비운의 애인 파올로에 관해 이야기한다. 란셀롯과 지느비에브의 이야기를 읽다가 서로 사랑에 빠졌다고 고백하는 그녀의 사연을 들은 단테는 바로 전에 느꼈던 동정심에 다시 한 번 압도당하지만, 이번에는 그 감정이 너무 강해서 마치 죽을 것 같은 느낌을 받는다.

"나는 죽어 넘어지듯 쓰러졌다." 단테가 느끼는 동정심은 점점 커져서 급기야 연민 혹은 공감(com-passion, 함께 느끼는 열정)으로까지 발전하고, 자기 자신도 그곳의 연인들과 같은 죄를 졌다는 사실을 상기한다. 단테도 알다시피, 문학은 공감을 배우는 데 가장 효과적인 도구다. 등장인물들의 감정에 독자들도 동참할 수 있기 때문이다. 아서왕 시대의 로맨스 이야기에서 란셀롯과 지느비에브가 나눈 비밀스러운 사랑은 프란체스카와 파올로가 자신들의 마음속에서 움트고 있었다는 것조차 모르고 있던 사랑의 감정을 드러내주는 역할을 했다. 그리고 파올로와 프란체스카의 사랑은 단테가 옛사랑의 기억을 떠올리도록 했다. 《신곡》의 독자들은 이 사랑의 릴레이를 이어받을 거울이다.[9]

《신곡》이 제시하는 윤리적 딜레마 가운데 가장 복잡한 것 중의 하나는 강제로 파렴치한 행위를 하거나 그 행위의 피해를 입은 사람의 자유 의지의 문제다. 어느 시점부터 희생자는 희생을 끼치는 사람의 공범이 되는 것일까? 언제 저항이 끝나고 순응이 시작되는 것일까? 우리의 선택과 결정의 한계는 무엇일까? 〈천국편〉에서 단테는 남자에 의해 강제로 종교적 서약을 깬 두 명의 여성을 만난다.

단테의 친구 포레세 도나티의 누이 피카르다는 단테가 월광천에서 만나는 첫 영혼이고, 그가 다른 도움 없이 누구인지 알아본 유일한 영혼이다(하늘에서는 영혼들이 이승의 것이 아닌 아름다움을 띠게 되어 살아 있을 때와 모습이 달라진다). 피카르다는 또 다른 형제 코르소 도나티에 의해 수녀원에서 강제로 끌려나와 그의 정치적 야망에 도움을 줄 수 있는 강력한 플로렌스 가문에 시집을 가야 했다. 피카르다는 결혼한 직후에 죽었고, 이제 가장 낮은 하늘에 머무르고 있다.

두 번째는 콘스탄자였다. 그녀는 단테가 연옥에서 만난 반군 지도자 맨프레드의 할머니였다. 맨프레드는 12장에서 더 자세히 다룰 예정이다. 콘스탄자는 피카르다와 마찬가지로 수녀원에서 강제로 끌려나와 신성로마제국의 황제 하인리히 6세와 결혼해야만 했다는 전설이 있고, 단테는 그것을 사실로 받아들인다. 그러나 피카르다는 콘스탄자가 수녀의 베일을 버리도록 강요당했지만, "마음속에서는 한 번도 수녀의 베일로부터 자유롭지 않았다"고 주장한다. 의지가 들어간 그 행동으로 인해 그녀는 천국에 들어갈 수 있었다. 이 이야기를 담은 곡은 변함없는 마음에 대한 기독교의 근본적 상징인 성모 마리아를 찬양하는 찬송가 〈아베 마리아〉를 노래하며 끝난다. 피카르다는 자신의 말이 갖는 영적 무게로 인해 "마치 깊은 물속으로 가라앉는 무거운 물체처럼"[10] 종적을 감춘다.

《신곡》에 나오는 만남들이 암시하는 것처럼, 인간의 의지가 인간이 처한 상황보다 더 강할 수 있다는 확신은 인간의 자유와 평등에 대한 믿음을 더 강하게 만든다. 억압은 항상 물질적 행위뿐 아니라 상징들을 통해 자행되어 왔고, 혁명은 그 상징들을 장악하기 위한 투쟁이다. 레르너는 "억압받는 세력은 지배세력이 제어하는 주류적 상징을 공유하고 거기에 참여하지만 자기들 나름의 상징 또한 개발한다. 혁명적 변화의 시기가 오면 그 상징들은 대안을 만드는 데 중요한 힘이 된다"고 말한다.[11]

상징적으로 보면 콘스탄자와 피카르다의 수난은 여성의 의지와 그들에게 군림하려는 남성의 의지 사이의 갈등이고, 《신곡》이 스스로 자리매김을 한 교조주의적 틀 안에서 그것은 남성적 삼위일체라는 더 큰 상징을 반영한다. 그러나 이 상징적 문맥에서 단테는 개인적인 여성적 삼위일체를 만들어 피카르다와 콘스탄자의 입장에 힘을 부여했다. 마지막 부분에 나오는 '아베 마리아' 찬송가의 가사는 《누가복음》(1:28)에서 천사 가브리엘이 마리아에게 그녀가 구세주를 잉태할 것이라고 선언할 때 그녀에게 건네는 말이다. 그 찬송가를 삽입한 것은 자유 의지, 즉 모든 인간을 평등하게 만드는 힘에 관한 토론이 정점에 도달한 부분에서 여성적인 신격 존재를 언급했다는 데서 큰 의미를 찾을 수 있다.

남성 주인공인 단테는 세 여성의 중재로 구원을 받는다. "이 [단테가 맞닥뜨린] 장애에/ 동정심을 보인" 성모 마리아와, 마리아가 "너에게 충성스러운 자"(단테가 성 루치아에게 헌신적이기 때문에 한 말)를 도우라고 지시한 성 루치아, 그리고 루치아가 찾아서 "왜 당신을 그토록 사랑한 사람을 한 번 구제하려 하지 않는가?" 하고 물었던 베아트리체 등이 바로 그 세 여성이다.[12] 구원의 비전을 단테에게 허락하는 것은, 성부와 성자 그리스도, 그리고 성신이지만, 그의 구원 자체는 세 명의 성스러운 여성이 빚어낸 작품이었다.

우리 시대에 남성과 여성을 상징적으로 분리시키는 것은 신학적 교조주의가 아니라 날마다 벌어지는 사회적 상호 작용이다. 컴퓨터 게임과 아이의 질문에 음성으로 반응해주는 프로그램 등이 나오기 전에 뮤직 박스, 말하는 인형, 짖는 소리를 내는 강아지 인형, 깔깔대고 웃는 광대 인형 등이 있었다. 줄을 잡아당기고, 태엽을 감으면 장난감은 의미를 지닌 소리를 내면서 살아나곤 했다.

최초의 말하는 인형은 "안녕" 혹은 "나랑 같이 놀자", "사랑해" 등의 말을 했었다. 후에 장난감 병사들도 말을 하게 되었다. 그것들에게 주어진 대사는 "싸우자!", "넌 용감해!", "공격!" 등이었다. 장난감들이 소년/소녀에게 적합하다고 간주되는 이미지에 암묵적으로 상응하는 상용어를 말하도록 만들어졌다는 사실은 그다지 놀라운 일이 아닐 것이다(1980년대에 한 무리의 페미니스트들이 말하는 바비 인형과 미군 병사 모습을 한 인형들을 여러 개 사서 소리 내는 장치를 바꿔 단 다음 매장에 반환한 일이 있었다. 그렇게 변환된 장난감을 산 소비자들의 자녀들이 인형의 목소리를 켜자 병사 모습의 인형은 여성스러운 목소리로 "쇼핑 가고 싶어!"라는 말을, 바비 인형은 "죽여! 죽여! 죽여!" 하고 사납게 으르렁거리는 소리를 냈다).[13]

이렇게 성별을 상징적으로 표현하는 것은 성별 간의 평등성을 보장하지 않는다. 대부분의 인간 사회에서는, 상징적 언어를 규정하는 데서부터 명백히 알 수 있듯이 지배적 성인 남성만이 실존적 현실을 누리고 있다. 문법도 이 사실을 증명한다. 예를 들어, 프랑스어와 스페인어에서 주어가 복수이고 그것이 남성과 여성을 동시에 포함한다면 항상 남성형이 우선된다. "백 명의 여자 사람과 한 마리의 수컷 돼지에 관해 이야기하면 수컷 돼지가 우위를 점한다"라고 시인 니콜 브로사르Nicole Brossard는 말했다.[14]

사회가 여성에게 할당한 역할이 아닌 여성의 정체성은 충분한 어휘를 가지고 있지 못하다. 심지어 "인류 전체"를 재규정한다고 간주되는 중대한 역사적 사건에서마저도 이런 부족 현상은 명백히 드러난다. 몇 가지 악명 높은 예를 프랑스 혁명의 근간이 되는 텍스트에서까지도 찾아볼 수 있다.

대부분의 혁명가들은 각 사회의 특정 문화적·정치적 성격에도 불구하고 모든 인간이 근본적으로 동일한 욕구를 가지고 있다고 믿었다. 그들은 장 자크 루소가 《인간 불평등 기원론》에서 주장한 보편적인 "천부 인권"을 혁명의 기본 전제로 정한 다음, 이 권리들이 새로운 사회의 문맥에 맞도록 규정하는 작업에 들어갔다. 루소는 인간의 의무는 이성뿐 아니라 자기 보존과 동료 인간들에 대한 연민에 의해 정해진다고 주장했다. 따라서 동등한 의무와 권리를 가진 사람들로 이루어진 사회는 자기들의 정부 형태와, 법 체제를 선택할 권리를 가진다. 이런 문맥에서, 개인의 자유는 전통이나 역사적 위계질서에 기초한 것이 아니라 자연법에 근거를 두고 있다고 할 수 있다. 누군가가 자유로운 것은 그가 인간이기 때문이다. 로베스 피에르는 프랑스 혁명이 "인류의 대의, 즉 인류애를 방어한다"고 선언했다. 이 방어책의 세세한 내용은 〈인간과 시민에 관한 권리 선언〉에 열거되어 있다.[15]

선언문은 긴 시간에 걸쳐 완성된 문헌이다. 1789년 8월 프랑스 의회가 채택한 17항으로 된 원본은 1791년 헌법의 서문이 되었다. 후에, 일부 수정과 축약을 거쳐 '인권 선언'이라는 제목을 붙인 문헌이 1793년 헌법의 서문이 되었지만, 시간이 지난 후 여기에 내용을 덧붙여 다시 '인간과 시민에 관한 권리 선언'이라는 제목으로 1795년 헌법의 서문이 되었다. '선언문'은 (혁명과 마찬가지로) "단 한 가지 원칙만을 가지고 있었다. 바로 악폐를 바로잡는 것이었다. 그러나 모든 것이 악폐였으므로, 결과적으로 모든 것을 바꿔야만 했다."[16]

선언문을 엮어내기까지의 토론 과정은 길고도 복잡했다. 정치, 사회, 도덕적 질서가 불안정해지는 것을 두려워한 반혁명주의자들과 공리주의적 사회 이론을 옹호하는 철학자들이 이끄는 이데올로그들로 나뉜 두 진영이 논쟁으로 맞섰기 때문이다. 1789년 공식 선언문을 채택하기 전 토론을 거친 "선언문"은 약 30개에 달했고, 그 대부분이 도시와 농촌의 폭력과 새로운 "역병과 같은 압제"를 방지하는 데 중점을 맞추고 있었다. 토론에 참여한 사람 대부분은 프랑스 개신교 지도자 장-폴 라보 생테티엔느의 주장, 즉 "선언문"의 언어는 "원칙을 전달하는 데 명확하고, 진실되고, 직접적이어서…… 모든 사람이 그것을 쉽게 이해할 수 있어야 하고, 어린이들이 학교에서 글을 처음 배울 때 교재로 사용할 수 있을 정도여야 한다"라는 개념에 동의했다.[17]

토론에 참여한 사람들 중 가장 능숙한 달변가는 시에이에스 사제였다. 그는 모든 사람은 욕구의 지배를 받기 때문에 끊임없이 안락과 복지를 추구할 수밖에 없다고 주장했다. 자연 상태에서 인간은 자신의 지적 능력으로 자연을 지배해서 원하는 것을 얻는 데 성공한다. 그러나 사회적 환경에서 인간의 행복은 동료 시민들을 수단으로 간주하는지 장애물로 간주하는지 여부에 달려 있다. 따라서 개인들 간의 관계는 전쟁의 형태를 띨 수도 있고, 상호 효용을 위한 관계가 될 수도 있다. 시에이에스는 그중 전자는 강한 자가 약한 자 위에 힘으로 군림할 수 있기 때문에 부당하다고 간주했다. 그러나 후자는 모든 시민들 사이의 협조로 이어져서 사회적 의무를 희생에서 장점으로 변화시키는 결과를 낳는다. 따라서 개인의 첫 번째 권리는 "자기 자신을 소유할" 권리여야 한다. 시에이에스에 따르면 "모든 시민은 주거, 이동, 사고, 집필, 인쇄, 출판, 노동, 생산, 보호, 교통, 교환, 소비의 권리를 가지고 있다." 이 권리가 제한되어야 하는 유일한 경우는 그 권리를 행사하는 과정에서 다른 사람의 권리를 침해할 때뿐이다.[18]

그러나 이 권리들의 보편성이 전혀 보편적이지 않았다는 것은 의심할 여지가 없었다. '선언문'에 나와 있는 시민의 권리를 누릴 자격이 있는 프랑스 시민과 그렇지 않은 사람들 사이의 첫 번째 차이는 남성 사회 성원이 "능동적"인 역할을 하는지 "수동적"인 역할을 하는지였다. 1791년 헌법에서는 독립적 재정(가사일에 종사하는 것은 해당되지 않음)을 확보한 25세 이상의 모든 남성을 "능동적 시민"이라 규정했다. 땅으로 대표되는 부동산, 돈, 사회적 조건 등이 시민의 자격을 규정하는 조건으로 여겨졌다. 1792년 이후, 시민에 대한 규정은 수입이 있는 21세 이상의 남성으로 수정되었고, 부동산 소유 여부는 더 이상 필요한 조건이 아니었다. 그러나 부자와 가난한 자, 귀족과 평민들 사이의 구분은 적어도 겉으로 보기에는 없어진 듯하지만, 성별간의 구분은 자연스럽다고 간주되어서 없어질 기미도 보이지 않았다. 파리 코뮌의 수석 검사 피에르 쇼메트Pierre Chaumette는 여성들도 정치적 역할을 맡을 권리가 있다는 것에 반대하는 주장을 펴면서 다음과 같은 질문을 던졌다.

"자신의 성별을 포기하는 것이 허락된 것은 도대체 언제부터인가? 여성들이 경건한 자세로 돌봐야 할 아이들의 침대 곁과 집 안을 떠나서 공공장소로 나와 의회의 참관석과 의원석에서 벌어지는 장광설에 참여하는 광경을 보는 것이 점잖은 일로 간주된 것은 도대체 언제부터란 말인가? 자연이 집 안을 돌보는 일을 남자에게 맡겼는가? 자연이 우리 남자들에게 아이들을 먹일 젖가슴을 줬는가?"

이와 같은 발언에 수학자이자 철학자인 마르퀴스 드 콩도르세Marquis de Condorcet는 이렇게 반응했다.

"어떤 사람이 매년 겨울 통풍을 앓고, 감기에 잘 걸린다고 해서 특정 권리를 누릴 자격이 없다고 하는 것은 아무도 상상하지도 않는 마당에 왜 임신이나 일시적 질병 등에 노출되는 존재들이라고 똑같은 권리를 누릴 수 없다고 하는가?"[19]

혁명 후, 여성들에게도 일부 권리를 허용해서, 이혼을 하거나 부부가 소유한 재산에 대한 재산권을 일부 행사할 수 있게 되었지만 그 권리마저 나폴레

옹Napoléon I이 정권을 잡으면서 제한되었고, 부르봉Bourbon 가에 의해 완전히 철폐되었다. 1893년 컨벤션은 "어린이, 정신질환자, 여성, 범죄를 저질러 벌을 받은 자들"은 프랑스의 시민으로 간주되지 않을 것이라고 선언했다.20 혁명가들에 따르면 천부 인권은 정치적 권리를 의미하는 것이 아니었다. 그러나 이에 의견을 달리하는 사람들도 있었다. 1791년 최초의 '인권 선언'이 발표된 지 2년 후, 43세의 극작가 올랭프 드 구주Olympe de Gouges 는 〈여성과 여성 시민의 권리에 대한 선언문〉을 발표해서 잘못되고 불공정한 원래 문헌을 보완하고자 했다.

올랭프 드 구주는 1748년 몽토방에서 태어났다. 관습을 거스르지 않기 위해 그녀의 출생 신고서에는 몽도방의 정육점 주인 피에르 구제가 아버지로 기록되어 있다. 그러나 그녀는 그다지 뛰어나지 못한 문인이었던 르 프랑 드 퐁피낭 후작과 앤느-올랭프 무이세 사이에 태어난 사생아로 알려져 있다. 올랭프 드 구주는 그녀의 성장에 전혀 관여하지 않은 후작 아버지를 이상화하고, "불멸의 재능"이 있는 사람으로 그렸다. 그녀의 동시대인들은 퐁피낭 후작에 대한 그녀의 평가에 동의하지 않았다. 퐁피낭은 사회적으로 자신보다 신분이 낮은 사람에게 보이는 귀족적 멸시와 무신경한 문학적 스타일로 인해 볼테르의 조롱을 사기도 했다. 퐁피낭의 〈신성한 시〉를 두고 볼테르는 아주 적절한 제목이라며 "그 시에 감히 손을 대려고 하는 사람은 아무도 없을 것"이기 때문이라고 비아냥거렸다.21

그녀는 자신보다 훨씬 나이가 많은 남자와 16세에 결혼했지만("나는 그를 사랑하지 않았다. 그리고 그는 부자도 아니었고, 신분이 높지도 않았다"), 그녀가 20세 되던 해에 남편이 죽고 말았다. 남편이 죽은 후, 그녀는 당시 관습대로 과부 오브리라고 사람들이 부르는 것을 거부하고, 어머니의 이름과 자신의 성을 변형시켜 새로운 이름을 만들어냈다. 극작가가 되는 것이 꿈이었지만, 당시 특권층 출신이 아닌 대부분의 여성과 마찬가지로 문맹이었던 그녀는 먼저 읽고 쓰는 것부터 배우기 시작했다. 1870년, 올랭프 드 구주는 몽토방을 떠나 파리로 향했다. 그녀가 서른두 살이 되던 해였다.[22]

거의 모든 사람이 그녀가 직업 작가가 되는 것에 반대했다. 퐁피낭 후작도 그녀가 자신의 딸이라는 사실을 인정하지 않으면서도 그녀가 극작가가 되려는 것은 말렸다. 죽기 직전에 그녀 앞으로 쓴 편지에서 퐁피낭은 이렇게 말했다.

> 너와 같은 성별을 가진 사람이 논리적이고 심오한 글을 쓴다면, 지금 이렇게 얄팍하고 편협한 남자들은 어떻게 되겠느냐? 우리가 그토록 자랑스러워하는 우월감에는 이별을 고해야겠지! 여자들이 우리를 좌지우지할 것이다······ 여자들도 글을 쓰는 것을 허락할 수는 있지만, 행복한 세상을 위해서, 글에 어떤 허세도 가미하는 것을 금지해야 한다.

그럼에도 그녀는 꿈을 버리지 않았고, 30개가 넘는 연극을 집필했다. 그중 상당수가 지금은 분실되었지만 프랑스 국립극장에서 공연된 작품도 몇 편 되었다. 자신의 재능에 자신감이 있었던 그녀는 제대로 된 길이의 희곡을 닷새 만에 완성할 수 있다고 자랑하면서, 당시 가장 큰 성공을 누리던 피에르 오구스탱 카롱 드 보마르셰Pierre-Augustin Caron de Beaumarchais에게 글쓰기 결투를 제안했다. 〈피가로의 결혼〉을 쓴 보마르셰가 여성이 쓴 연극을 국립극장 무대에 올려서는 안 된다는 발언을 했기 때문이다. 구주는 자신이 이기면, 내기에서 번 돈을 여섯 명의 젊은 여성이 결혼할 수 있는 지참금으로 내놓겠다고 했다. 보마르셰는 굳이 거기에 반응하지 않았다.[23]

자신의 희곡뿐 아니라 정치적인 글에서도, 올랭프 드 구주는 혁명가들이 그토록 호언장담했지만 여성들에게는 요원했던 보편적 평등을 획득하기 위해 싸웠다. 그녀는 여성과 남성 모두에게 권리를 보장할 것을 호소했고,

흑인들을 사고파는 것이 괜찮다고 생각하는 편견은 백인 상인들이 자신들의 욕심을 정당화하기 위한 것일 뿐이라고 주장하며 노예 제도에도 반대했다. 1794년 2월 4일 혁명 의회가 채택한 법령에 의해 마침내 노예 제도가 폐지되었고, 거의 15년이 지난 후 "노예무역을 폐지하기 위한 주장 혹은 노력을 한 용감한 사람들"이라는 제목의 명단이 발표되었다. 올랭프 드 구주는 그 명단에 오른 유일한 여성이었다.[24]

구주는 여성도 정치적 목소리를 낼 수 있는 권리와 의회에 직접 참여할 수 있는 기회가 주어져야 한다고 주장한 점에서 혁명에 가담한 당시의 다른 여성들과는 달랐다. 열렬한 지롱드 당원이었던 롤랑 부인처럼 온순하게 "우리는 우리의 심장이 지배하는 제국이 아닌 다른 제국은 원하지 않고, 당신의 심장 속에 존재하는 왕좌 말고 다른 왕좌는 원치 않는다"라고 말할 때, 구주는 "여성들이 단두대에 오를 권리가 있다면, 의회 연단에 오를 권리도 있어야 한다"고 싸웠다. 19세기 역사학자 쥘 미셸레Jules Michelet는 그녀의 발언을 기록하면서도 동시에 구주를 "히스테리가 있으며", 기분에 따라 정치적 입장을 바꿨다고 일축했다.

> 구주는 1789년 7월에는 혁명가였다가, 같은 해 10월 6일에 파리에서 왕이 감옥에 갇히는 것을 보고 왕정파가 되었다가, 1791년 6월에는 루이 16세가 도주했고 반역죄가 있다는 생각에 공화파가 되었다. 그러나 루이 16세가 법정에 서자 그녀는 다시 왕의 편이 되었다.[25]

〈여성과 여성 시민의 권리에 대한 선언문〉은 미셸레의 여성 폄하적 평가와 상반되는 구주의 모습을 보여준다. 이 문헌은 남성판 선언문을 수정하고 보충할 뿐 아니라, 〈인간과 시민의 권리에 대한 선언문〉에 열거된 시민의 자유의 범위를 확장했다. 그녀가 제안한 것들 중, 가장 눈에 띄는 것은 사생아의 권리 인정, 미혼모들에 대한 법적 도움, 생물학적 아버지로부터 인정을 요구할 수 있는 권리, 이혼 시 위자료 지급, 그리고 현대의 합법적 동성 결혼의 전신 정도로 이해할 수 있는 '사회적 계약'을 혼인 서약 대신 도입해서 결혼한 커플과 결혼하지 않은 커플의 관계를 모두 법적으로 인정하자는 등의 내용이다. 정식 혼인 관계에서 태어났든, 사생아로 태어났든 모든 아이들에게 상속권을 주자는 구주의 제안은 1975년에야 프랑스에서 법으로 제정되어 실행되기 시작했다. 외교적인 이유에서 그랬는지 모르지만 구주는 〈여성과 여성 시민의 권리에 대한 선언문〉을 마리 앙투아네트 여왕에게 헌정했다. 그것은 그다지 현명한 결정이 아니었다.

구주는 뛰어난 극작가도, 심오한 정치이론가도 아니었다. 그녀는 단지 사회적 평등을 주장한다는 선언문이 사실과 눈에 띄게 어긋나는 것을 보고 우려를 한 여성이었을 뿐이다. 혁명 의회에서 만들어진 규칙과 규제에 구주는 감정이 들어간 비판을 가하고, 부족한 점을 지적했다. 그녀의 주장은 법적 시각에서가 아니라 양심이 있고 감정이 있는 개인이 내놓는 정치적 주장이었다. 그녀는 팸플릿과 연설을 통해 지롱드당에 동조하는 뜻을 비쳤는데 그 또한 그다지 현명하지 못한 행동이었다. 서로 다른 당파들이 모여서 만들어진 지롱드당은 왕정 폐지를 주장했지만 혁명이 점점 폭력적으로 변해가는 것에 저항감을 드러냈으며, 중앙집권적 정부를 지지하는 자코뱅당에 반대하는 것이 당원들 간의 유일한 공통점이었다. 그녀를 벌하기 위해 자코뱅당은 공개적으로 옷을 벗기고 태형을 받아야 한다고 명령했다(이는 반항적인 여자들에게 흔히 내려지는 벌이었다. 비슷한 시기에 혁명에 가담했던 또 다른 여성 테로뉴 드 메리코는 공개적으로 채찍질을 당한 다음 정신병원인 살파트리에르에 가둬졌다. 그녀는 잔혹한 대우를 견디지 못하고 정신병에 걸렸고, 10년 후 세상을 떴다).

어느 날 오후, 상점에서 나오던 구주는 공격을 당했다. 공격한 사람이 그녀의 옷을 찢고 머리카락을 휘어잡은 채 모여든 군중에게 외쳤다.

"24솔 내고 구주 부인의 머리를 사실 분! 입찰 받습니다!"

그러자 그녀가 침착하게 답했다.

"이봐 친구, 내가 30솔을 걸겠네. 우선권은 내게 있어."

군중이 웃음을 터뜨렸고, 그녀는 무사히 풀려났다.[26]

지롱드당의 주장에 동조한다는 이유로 그녀는 결국 체포당했다. 핑계는 그녀의 이름으로 된 불온 포스터가 인쇄되었다는 것이었다. 엄청난 더위가 기승을 부린 1793년 여름, 그녀는 프랑스 최고 재판소 근처의 악명 높은 시청 건물 3층에 구금되었다. 다리에 상처가 나고, 열이 높은 상태로 2주 동안 이가 들끓는 방에 갇힌 채 끊임없는 경찰의 감시를 받으면서, 그녀는 자신을 변호하고 자비를 호소하는 편지를 다수 썼다. 자신을 변호할 기회도 전혀 주어지지 않은 채 재판을 받은 후, 그녀는 여러 군데의 교도소를 거쳐 결국 여자 사형수를 수감하는 콩시에르주리로 이송되었다.

구주는 최후의 수단으로 자신이 임신했다고 주장했다. 임신한 여성은 단두대에서 처형되는 것을 피할 수 있기 때문이었다. 그녀의 청원은 거부되었고, 사형 일자가 11월 3일 아침으로 결정되었다. 아침에 비가 왔기 때문에 결국 사형은 오후로 연기되었다. 그녀의 처형을 참관한 익명의 목격자들 중 한 명은 그녀가 "침착하고 고요하게" 죽음을 맞이했다고 전했다. 자코뱅당의 야망과 "악당들을 고발하겠다"는 본인의 투지에 희생된 것이다.[27]

모든 사람을 위한 평등을 추구하고자 한 올랭프 드 구주의 결의는 단지 자기 자신의 잇속만을 챙기기 위한 것이 아니었다. 불의는 모든 이의 문제이고, 아니 문제여야 하고, 그것에 대항하는 사람의 성별은 논의의 일부가 되어서는 안 된다는 것이 그녀의 주장이었다.

"우리는 신이 이 땅으로 보낸 심부름꾼들이다"라고 돈키호테는 말한다. "신의 정의를 시행하는 팔과 같은 존재 말이다."[28] 올랭프 드 구주도 거기에 동의했을 것이다. 불평등은 한 성별이 자기들의 사회적·정치적 권력을 보호하기 위해 만들어낸 경우가 대부분이지만, 평등은 성별의 문제가 아니다.

우리들 대부분은, 심지어 용서할 수 없는 죄를 지은 사람들마저도, 소크라테스, 돈키호테, 구주, 단테와 마찬가지로 무엇이 정의와 평등이고, 무엇이 정의와 평등이 아닌지 알고 있다. 그러나 우리는 개인적으로나 집단적으로 모든 상황에서 어떻게 행동해야만 우리가 우리 것이라고 부르는 이 사회 안에서 한 시민으로서, 한 사람으로서 정의롭고 평등한 대접을 받을 수 있는지는 잘 모른다. 우리가 이웃들을 고려하지 않고 자기 자신을 물질적·심리적으로 만족시키는 행동을 하도록 유도하는 힘이 우리 안에 존재하지만, 그와 동시에 공동체를 위해 무엇인가를 제공하고, 공유하고, 타인에게 유익한 행동을 해서 얻을 수 있는 눈에 띄지 않는 혜택을 추구하는 쪽으로 우리를 유도하는 반대의 힘도 존재한다. 부와 권력과 명성을 추구하고자 하는 욕망이 강한 추동력으로 작용할 수는 있지만, 자신과 세계에 대해 더 많은 경험을 쌓고 나면 결국 그런 욕망 자체는 아무런 가치가 없다는 사실이 밝혀질 것이라고 우리 모두는 예감하고 있다.

《국가》의 마지막 부분에서 소크라테스는 다음과 같은 일화를 전한다. 죽은 후 새로운 삶을 선택하되 "그의 야망도 이전의 모든 노력에 대한 기억과 함께 묻어야 한다"는 이야기를 듣고, 전설적인 모험가인 오디세우스는 엄청나게 영웅적이고 장엄한 삶을 선택할 수 있는 가능성을 모두 버리고 '평범하고 홀가분한 삶'을 '너무도 즐거운 마음으로' 선택했다.[29] 이것이 오디세우스가 정의를 위해 취한 첫 행동이었을지도 모른다.

제11장

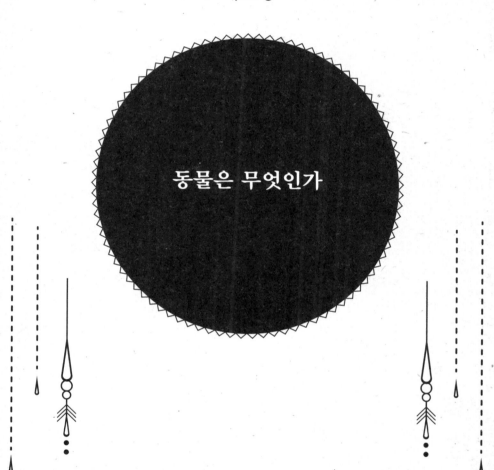

동물은 무엇인가

■

◆

●

개는, 아무리 힘이 세고 사납다 할지라도, 상대방을 물어야 할 때
그 상대방이 땅에 몸을 던지면 해치지 않는다.
자비심이 있기 때문이다.

−페르난도 드 로하스, 《셀레스티나》

　내가 어렸을 때는 동물을 거의 볼 수가 없었다. 가끔 어른들이 데려가서
놀게 해주던 텔아비브의 공원에 모래 언덕 위를 기어다니는 코끼리 거북들
이 있기는 했다. 부에노스아이레스 동물원에 있던 기죽은 동물들도 기억난
다. 오리랑 백조에게 먹이기 위해 사곤 하던 비스킷과 모양이 같은 동물들이
었다. 언젠가 생일 선물로 받은 파피에 마셰로 만든 노아의 방주 동물들도 있
었다. 시간이 많이 흘러서 어른이 되어서야 나는 반려견을 기르기 시작했다.
　우리가 동물과 맺는 관계는 우리 자신의 정체성과 동물들의 정체성에
대한 질문을 낳는다. 이 관계를 이루는 것은 무엇일까? 그 관계가 우리의 의
지만으로 만들어지는 것일까, 아니면 동물의 본성으로 결정되는 것일까?

나는 내가 동물이 주변에 있을 때 어떻게 느끼고, 어떻게 반응을 하는지 알고 있지만, 동물은 내 주변에서 어떻게 느끼고, 어떻게 반응을 할까? 내 언어는 그 관계에서 동물 쪽의 입장을 표현할 도구를 가지고 있지 않다(은유적인 표현을 제외하고). 그러나 그 쪽이 존재하는 것은 분명하다. 단지 내가 표현하지 못할 뿐이다. 문학도 이 문제를 명확히 표현하기는 역부족인 듯하다. 《오디세이》에서 집에 돌아온 주인의 발치에서 숨을 거두는 오디세우스의 개, 주인이 변화함에 따라 자기도 변화를 거치는 버지니아 울프의 《플러쉬》에 등장하는 엘리자베스 배럿 브라우닝의 개, 디킨스의 《올리버 트위스트》에서 충심 때문에 결국 주인을 배반한 사이크의 개, 카뮈의 《이방인》에서 기르던 개가 죽자 큰 슬픔에 잠긴 뫼르소의 이웃 이야기 등은 모두 동물들의 행동을 반려 인간들의 감정적 어휘로 해석한 것이다. 그러나 인간과 동물을 나누는 선의 저 쪽 편의 입장을 어떻게 명시적으로 표현할 수 있을까?

나는 평생 개를 두 마리 가져봤다('가졌다'는 동사는 소유를 암시하지만, 그것은 인식론적 착오일 뿐이다). 컴퓨터가 널리 퍼지기 전, 우리 아들이 애플이라고 불렀던 첫 번째 개는 아주 영리한 잡종견이었는데, 참을성이 없고, 장난스러웠으며, 집을 잘 지켰고, 토론토 공원에 가면 다른 개들하고 사귀는 것을 좋아했다. 두 번째 개 루시는 지능이 높고 온화하고 사랑이 많은 베른개로 우리와 함께 프랑스에서 살고 있다. 두 마리 개 모두 나를 변화시켰다. 그들의 존재는 인간과의 상호작용에 필요한 사회적 의식을 거치지 않고, 내 내부 세상의 한계를 넘은 곳까지 나 자신을 탐색하도록 만들었다.

물론 개들과의 상호작용에도 모종의 사회적 의식이 있긴 하다. 그러나 그 의식들은 내가 내 반려견과 함께 있을 때 경험하는 벌거벗은 느낌을 의장擬裝하는 피상적인 것들이다. 반려견 앞에 서면 나는 내 자신에게 진솔해져야 할 의무를 느낀다. 마치 내 눈 속을 들여다보는 개의 눈이 내 머릿속에 묻혀 있는 본능적 기억을 드러내주는 거울이라도 되는 듯한 느낌이 들기 때문이다. 개의 먼 조상인 늑대(단테가 모든 악의 상징으로 사용했던 바로 그 늑대)에 관해 이야기하면서 베리 로페즈Barry Lopez는 이렇게 말한다.

> 늑대는 인간의 상상력에 엄청난 영향력을 가지고 있다. 늑대는 우리의 시선을 피하지 않고 모두 받았다가 그대로 우리에게 돌려준다. 벨라 쿨라 인디언들은 옛날에 누군가가 모든 동물을 인간으로 만들려고 시도했지만 유일하게 늑대의 눈을 인간의 눈으로 바꾸는 데만 성공했다고 믿었다. 늑대와 눈을 마주쳐본 사람들은 그 순간 밀려드는 감정을 설명하고 싶은 충동에 휩싸인다. 그 눈에서 느껴지는 그들의 공포, 그들의 증오심, 그들의 존경심, 그들의 호기심 말이다.

루시는 상대방의 말을 잘 들어준다. 무슨 책이 되었든 그 순간 내가 읽고 있는 책을 소리내어 읽어주면 루시는 조용히 듣고 앉아 있다. 그럴 때면 나는 쏟아지는 인간의 단어들을 듣고 있는 이 개의 주의를 끄는 것이 과연 무엇일까 궁금해진다. 내 음색? 문장의 리듬? 그녀가 이해하는 몇 단어 이외의 단어들이 가진 의미에 대한 어렴풋한 이해? "미스터리를 받아들이는 것, 다시 말해서 자기 자신에게 '이 이상 무엇인가가 더 있어, 우리가 이해하지 못하는 것들이 있을 수 있어' 하고 말하는 것은 지식을 저버리는 것이 아니다"라고 로페즈는 말한다.

파블로 네루다Pablo Neruda도 반려견과의 관계에 대해 의문을 가지고 젊었을 때 이런 시를 썼다.

> 내 개,
> 내 시 안에 신이 있다면,
> 나는 신이다.
> 만일 너의 애절한 눈에 신이 있다면,

너는 신이다.

그리고 이 넓고 넓은 세상에서

우리 앞에 무릎을 꿇는 자는 아무도 없다.

* * *

저승에서 단테가 만나는 영혼들은 인간적인 정의로운 행동과 신의 궁극적 정의를 대비시켜 보여준다. 처음에는 단테도 지옥에서 고통 받는 영혼들에 대한 동정심으로 마음이 움직인다. 그러나 지옥을 더 깊이 여행할수록 의문의 여지가 없는 신의 정의에 대한 인식이 인간적인 감정보다 더 강해지고 그의 영혼이 서서히 깨어나면서 단테는 우리가 목격했듯이 신의 벌을 받는 자들을 열광적으로 저주를 하고, 심지어 그들을 물리적으로 괴롭히는 데 참여하기까지 한다.

단테가 지옥에 떨어진 영혼과 사악한 악마들에게 사용하는 욕설과 조롱이 섞인 비유 중 계속 반복되는 것이 하나 있다. 베르길리우스에 따르면 "분노의 죄를 지은 자들"은 모두 "개들"이다. 그 이후 죽은 자들의 왕국에 대한 여행기 전체에 걸쳐 단테는 스승의 오래된 어휘를 반복적으로 사용한다. 단테는 7번째 원에서 낭비한 죄로 벌을 받는 자들이 "굶주리고 날랜 검은 암캐들에게" 쫓긴다고 전한다. 또 그의 묘사에 따르면 불의 비 아래를 뛰어가며 타오르는 고리대금업자들은 "한여름에 발과 주둥이로 벼룩과 파리를 쫓는 개들"처럼 행동한다. 불화를 일으킨 자를 쫓는 악마는 "목줄에서 벗어난 마스티프종 개" 같으며, "불쌍한 거지를 추격하는 개들"처럼 행동하고, "잡은 토끼를 다루는 개보다 더 잔혹한 악마들에 대한 묘사도 나온다. 헤카베의 고통에 찬 비명은 "꼭 개가 짖어대는 소리 같다"는 비유로 비하한다.

단테는 카이나(혈족을 배신한 자들이 수용되는 곳)의 얼음에 갇혀 있는 배반자들의 "개와 같은 얼굴들"을 알아본다. 참회하지 않는 보카는 고문당하는 개처럼 "짖어대고", 우골리노 백작이 루지에로 추기경의 해골을 "이빨로/ 개가 뼈를 씹는 것처럼 세게" 갉아댄다고 묘사한다. 연옥의 두 번째 둘레에서 델 루카는 아레티움인들을 "으르렁거리는 똥개들"이라고 부른다.[1] 개를 동원한 욕설은 이 이외에도 수차례 등장한다. 단테는 분노, 욕심, 야만, 광기, 잔혹 등의 성질은 개들의 특징이고, 지옥에 있는 영혼들에게도 적용된다고 생각한 듯하다.

단테의 우주적 비전에서 인간적 특성은 두 가지 방법으로 형성된다. 그중 하나는 신의 은총으로 우주 만물이 각자 완벽함의 정도에 따라 부여받는 특성에 따라 형성되는 방법이고, 또 다른 하나는 천체의 영향에 의해 이미 가지고 있는 인간적 특성이 무르익고, 심화되고, 심지어 변화되기까지 하면서 형성되는 방법이다. 금성천에서 만난 카를로 마르텔로가 단테에게 설명하듯이, 이 영향은 타고난 특성을 바꿀 수도 있어서, 아이들이 부모의 뒤를 밟지 않는 경우가 종종 생기는 것도 바로 이 때문이다.[2] 이 특성들은 한번 주어진 뒤에는 개인의 의지에 따라 미치는 효과가 달라진다. 따라서 우리는 모두 자신의 행동에 도덕적인 책임을 져야 한다. 분노를 관장하는 화성의 영향 하에, 우리는 분노를 어떻게 적용할 것인지, 그것을 정당한 목표를 위해 혹은 이기적인 목표를 위해 적용할 것인지 선택한다. 우리는 역시 화성의 영향 하에, 우리의 폭력이 신의 적을 향할 것인지, 신의 창조물을 향할 것인지 결정한다.

단테가 살던 시기에는 천문학뿐 아니라 신학과 점성술도 신의 의지에 의해 결정되고, 교회에 의해 유지되는 우리의 목표를 더 잘 이해할 수 있도록 돕는 가치 있는 과학으로 여겨졌다. 점성술은 기독교적 해석과 이해를 돕기 위한 필수적이고 실용적인 도구로 사용되었는데, 예를 들어, 1305년 페루자에 모인 추기경들은 최근 프랑스에서 선출된 클레멘스 5세를 교황으로 맞이하면서 다음과 같이 선언했다.

"성하가 성 베드로의 자리에 앉은 동안 내내 안전을 누리고, 영롱한 빛을 발할 것입니다……. 지금 모든 행성이 각자의 자리에서 큰 힘을 발휘하고 있기 때문입니다."[3]

클레멘스를 교황으로 선출한 것을 점성술이 인정해줬다는 의미다.

중세의 우주 생성론에서는 인간이 적어도 부분적으로는 황도십이궁과 기타 더 작은 별자리들을 이루는 행성과 항성들의 영향을 받아 만들어진다고 믿었다. 단테가 우리에게 상기시켜주듯이, 천체는 모든 것을 결정하는 신의 사랑으로 움직이기 때문이다.[4] 우리의 행동에 영향을 주는 작은 별자리들 중 개의 이름을 가지고 있는 것은 큰개자리, 작은개자리, 사냥개자리(비너스의 사냥개) 등 세 개다. 《신곡》에서는 이 별자리들의 이름이 직접 언급되지는 않지만, 위에 언급한 것 중 세 번째, 사냥개자리는 암시가 된다. 월성천에 도착하기 전, 단테는 독자들에게 그 지점부터는 독자들이 자기를 따라오기가 힘들 것이라고 경고한다. 독자들은 자기와 달리 신들의 도움을 받지 못하기 때문이다. "미네르바가 내 돛에 바람을 불어넣어주고, 아폴론가 나를 이끌어주고/ 아홉 명의 뮤즈가 큰곰자리로 나를 안내한다."

대부분의 별자리 지도에서 큰곰자리는 두 마리 그레이하운드에게 추격당하는 것으로 그려진다. 비너스의 사냥개인 아스테리온이라는 이름의 북쪽 사냥개와 카라라는 이름의 남쪽 사냥개가 그들이다. 비너스의 개들이므로, 이 두 사냥개는 세속적인 사랑과 성스러운 사랑 둘 다 쫓는 욕망의 화신으로 해석할 수 있다. 단테가 천국으로 올라갈 때는 그의 탄생궁인 쌍둥이자리의 영향을 받는 것으로 서술이 되지만, 항성천에 들어선 단테의 눈앞에 비너스의 사냥개들에게 쫓기는 큰곰자리가 가장 북쪽에 자리한 천체가 그의 앞에 펼쳐진다. 이 두 그레이하운드들은 종국에 가서는 사랑에 의해 변화하게 될 '디시오disio', 즉 '욕망'의 상징이다.[5]

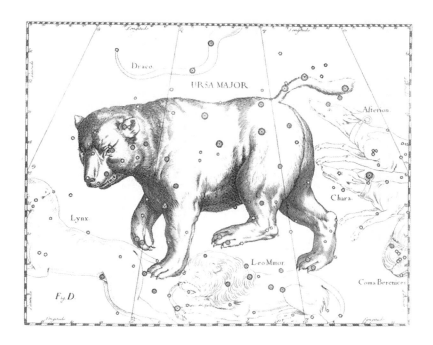

요하네스 헤벨리우스가 그린 큰곰자리, 1687년. 대부분의 별자리 지도에서 큰곰자리는 두 마리 그레이하운드에게 추격당하는 것으로 묘사되었다.

점성술의 별자리에 등장하는 그레이하운드들을 염두에 둔 듯 "그들이 하늘에서 회전함에 따라/ 이 아래의 조건들도 변화하는 듯하다"라는 언급이 있다.《신곡》에서 개의 특징 중 긍정적인 면이 발현된 것으로 언급되는 유일한 사례는 여정을 시작할 때 베르길리우스가 처음 언급하고, 나중에 단테가 넌지시 들먹인 '벨트로veltro(그레이하운드)'뿐이다. 벨트로는 언젠가 사악한 암늑대를 추격해서 죽이는 활약을 할 것이다.6 이 상징은 전통적으로 여러 번 사용되었다.〈롤랑의 노래〉에서 샤를마뉴 대제의 꿈에 그런 개가 등장한다.《신곡》의 첫 17개 곡에 대한 주해에서(1373년에 대중 강연을 통해 발표함) 지오반니 보카치오는 "그레이하운드는 늑대들에게 엄청나게 적대적인 종이다. '그녀[암늑대]에게 고통스러운 죽음을 선사할' 그레이하운드가 언젠가 나타날 것이다"[6]라고 말했다. 대부분의 해설가들은 그레이하운드를 룩셈부르크가의 하인리히 7세라고 생각한다. 단테도 그를 크게 존경해서 "카이사르와 아우구스티누스의 후계자"라고 불렀다.[7] 어느 경우에도, 그레이하운드는 개라기보다는 기다리고 기다리던 구원의 상징, 집단 혹은 사회적 '디시오'의 상징이다.

어떤 사람을 '개'라고 부르는 것은 거의 모든 언어에서 널리 사용되는 평범한 욕이다. 물론 단테가 살았던 13~14세기 투스카니 지방의 이탈리아어에서도 마찬가지였다. 그러나 단테의 글에서는 그냥 평범한 것이라고는 없다. 그가 평범한 표현을 써도 그것은 더 이상 평범한 것으로 읽히지 않는다. 예를 들어, 그가 관습적으로 많이 사용되는 "사파이어처럼 파란"이라는 표현을 하늘의 색을 묘사하는 데 쓰면(유명한 '오리엔탈 사파이어처럼 달콤한 색'이라는 구절), 이 구절은 "돌처럼 단단한"과 "공기처럼 부드러운"이라는 대조적인 의미를 지닐 뿐 아니라 "오리엔탈"의 이중적 의미, 즉 동양에서 온 보석이라는 뜻과 동이 트는 동녘 하늘의 상징이라는 뜻을 포함하는 복잡한 표현이 되어버린다.[8] 《신곡》에 등장하는 개들은 단순히 모욕적인 함축 이상의 의미가 있지만, 그 모든 것을 아우르는 것은 뭔가 악명 높고 비열한 이미지를 가진 존재라는 암시다. 이 끈질김은 의문을 갖게 한다.

단테는 거의 모든 작품을 망명 중에 집필했다. 단테는 자신이 머물렀던 집들을 절대 자기 집이라 부를 수가 없었다. 플로렌스에 있는 집이 아니었기 때문이다. 단테에게 플로렌스는 신의 없는 정부처럼 애증의 대상이어서, 그 아름다움을 칭송하다가도, 그 죄를 혹독히 비판하곤 했다. 그의 시 시작 부분을 보면 이 이중적인 마음이 잘 나타나 있다.

여기 단테 알리기에리의 《신곡》을 시작하나니, 출신은 플로렌스이나 도덕성은 플로렌스의 것이 아님을 밝히노라.[9]

그를 후원하고 거처를 제공해준 사람들—콘그란데, 귀도 노벨로 등등—이 그를 융숭하게 대접하고, 안락한 숙소를 제공하고, 지적인 대화 상대가 되었을 것은 의심할 여지가 없지만, 집은 늘 다른 곳, 부재의 장소였다. 플로렌스에 돌아가는 것이 금지된 그에게 플로렌스의 성문은 지옥의 문을 패러디한 것처럼 느껴졌을 것이다. 문 위의 경구는 "이곳으로 들어오는 모든 이는 희망을 버려라"가 아니라 "이곳을 떠나는 모든 이는 희망을 버려라"로 읽혔을 것이다.[10] 그럼에도 단테는 마치 매를 맞으면서도 주인을 따르는 개처럼 집으로 돌아갈 희망을 완전히 버리지 못했다.

알바니아의 소설가 이스마일 카다레는 단테의 지옥에 갇힌 사람들이 "이상하게도 망명 생활을 하는 이민자들을 연상케 한다. 현대의 망명자들도 포함해서 말이다"라고 말했다. "그들이 가진 이야기의 편린들, 솟구치는 감정, 터져 나오는 분노, 양쪽에서 들려오는 정치적 뉴스, 정보에 대한 갈증, 죽기 전 마지막 소원 등등 모든 것이 같은 뿌리, 같은 사람들에게서 나오는 듯하다. 사실 너무도 비슷한 점이 많아서, 단테의 작품과 현대인의 이야기나 신문 기사를 뒤섞어놓으면 현대의 독자들은 어느 것이 어느 것인지 잘 구별하지 못할 것이다."[11]

지옥이 되었든, 난민 수용소가 되었든 모든 망명자들에게 결여의 기억은 끊임없는 고통의 원천이다. 프란체스카는 애욕의 죄를 지은 영혼들이 만드는 소용돌이 안에서 휩쓸려 가면서 "비참함에 빠진 채/ 행복했던 시절을 기억하는 것보다/ 더 고통스러운 일은 없다오" 하고 말한다. 그리고 뱀이 우글거리는 도둑들의 구렁에서 단테에게 취조당하는 피스토이아의 약탈자 반니 푸치는 플로렌스의 슬픔과 백구엘프파의 패배를 예언하면서 고통을 주고자 하는 자신의 의도를 전혀 감추지 않는다.

"내가 이렇게 말을 하는 것은 고통이 당신을 갉아먹도록 하기 위해서다!"

망명자들은 끊임없는 소외감이야말로 자신들이 느끼는 고통의 가장 큰 원인이라고 말한다. 자신이 선택한 곳, 자신이 세운 벽 안이 아닌 곳에서 빌린 물건들과, 절대 주인이 될 수 없고 늘 그들을 손님으로만 대하는 사람들에 둘러싸여 살아야 하기 때문이다. 이것이 바로 화성천에서 단테가 만나는 고조할아버지가 준 메시지의 핵심이었다. 십자군 원정에 참여했던 카치아구이다는 단테의 (아직 오지 않은) 미래의 망명 생활을 이렇게 묘사한다.

> 너는 네가 가장 사랑하는 모든 것을 두고 떠나리니
> 그것이 바로 망명의 활이 그 출발점에서 쏘는 화살이로다.

> 낯선 **빵**은 네 입에서
> 짜게 느껴질 것이고, 낯선 계단을 오르내리는 것이
> 얼마나 힘든 일인지 알게 될 것이다.[12]

망명 생활은 노예 생활과 비슷한 구석이 있다. 아무것도 내 것은 없고 나는 누군가 다른 사람의 소관이 되어 외국 정부의 변덕에 운명을 맡겨야 하기 때문이다. 심지어 정체성까지 박탈당한 채 나를 보호해주는 주인 혹은 후원자의 결정에 따라야 한다. 망명은 상실의 한 형태로, 한 사람을 만든 기초가 되는 공간과 시간에 대한 경험이 더 이상 존재하지 않는 시간과 공간으로 사라져버리고, 그 경험의 기억은 몇 겹 떨어진 기억이 되고 마는 상태다. 기억은 기억의 기억이 되어서 잃어버린 소중한 것들은 결국 머나먼 유령이 되고 만다. 어쩌면 바로 그런 이유에서 《신곡》은 상실의 목록이기도 하다. 가장 명백한 것은 플로렌스의 상실이지만 그 이외에도 비록 저승 여행을 통해 다시 만나기는 하지만 단테가 과거에 상실했던 사람들, 브루네토 리티니와 같은 스승을 상실한 일, 사랑하는 베아트리체가 이승을 떠남으로써 경험한 상실, 베르길리우스가 단테를 더 이상 인도하지 못하게 되면서 경험하는 상실, 그리고 하늘에서 다시 만난 후 최고천에서 영원히 베아트리체를 상실하는 것, 심지어 "언어가 보여줄 수 있는/ 한계의 너머에 있는", 말로 형언할 수 없는 성스러운 중심으로 단테에게 마침내 안내한 성 베르나르를 상실한 것까지.[13] 단테의 손에 닿는 곳에 오래 머물러 있는 것은 아무것도 없다. 미래의 독자들을 위해 직접 제작해야 하는《신곡》이라는 팔림프세스트 말고는 말이다. 망명자에게는 오로지 한 가지 임무, 즉 받아서 기록하는 것만이 허락되기 때문이다.

망명은 실향의 상태다. 하지만 동시에 최종 목적지에 도달하는 것은 금지되었다는 것을 아는 채로 떠나야 하는 순례의 길이자 왜곡된 형태의 여행이기도 하다.《향연》에서 망명 생활을 하는 자신을 "돛도 방향타도 없는 나무껍질"이라고 묘사한 단테가, 그런 상태에서 세 개의 저승 세계를 완벽한 이방인으로 조심스럽게 여행하는 시를 구상한 것은 사실 그다지 놀라운 일이 아니다. 그곳을 여행하는 단테는 이승을 떠난 영혼들 사이에서 낀 기린아, 아직도 속세의 번뇌를 여전히 가지고 있는 기이한 존재, 영원의 세계에서도 그림자가 생기는 몸을 가진 자, 아직 죽지 않은 존재였다.

예를 들어 브루네토 라티니에게 "제 여정에 대해 말씀하십시오, 적겠습니다"라고 안심시키지만, "다시 한 번 제가 플로렌스에 돌아갔을 때"라고는 절대 말하지 않는다. 마치 사랑하는 고향을 다시는 보지 못할 것을 알기라도 하는 듯 말이다. 카치아구이다는 이렇게 말했다.

> 너의 삶은 미래까지 지속될 것이다.
> 그들이 불충한 행동으로 벌을 받은 이후까지.

그 미래, 즉 단테의 동시대인들이 현재 자행하는 악행들을 넘어선 시간

이 왔을 때 그의 문학적 업적이 인정받을 것이라는 약속은 있지만, 귀환의 약속은 없다.[14]

눈물 맛이 나는 빵을 먹고, 낯선 계단을 오르면서, 단테는 여러 차례 살아 있는 동반자를 찾았을 것이다. 친절한 의도로 그를 맞이하는 망명지의 후원자가 아닌, 계속해서 굽신거리며 감사하다는 듯 행동해야 하는 대상이 아닌, 끊임없이 그를 괴롭히던 갈망과 자기 연민에서 주의를 돌려줄 수 있는 그런 상대 말이다. 그의 책과 정표들(여기저기 떠돌아다닐 때 가지고 다닐 수 있는 소수의 것들)은 친근하기는 하지만, 한편으로는 갈 수 없는 고향을 상기시켜 주는 물건들일 뿐이었다. 그리고 새로 손에 넣는 물건과 책, 그리고 새로 하게 되는 경험들은 모두 고향과 그에 대한 기억을 배신하는 느낌을 들게 했을 것이다.

그렇다면 그는 자신의 소중한 핵심을 상실하고 거기에서 멀리, 더 멀리 멀어져가는 자신의 삶이 미래를 향해 천천히 그러나 멈추지 않고 흘러가는 것을 어떻게 견딜 수 있었을까? 베르길리우스 없이, 베아트리체 없이 (얼음처럼 차가운 베아트리체는 어차피 유쾌한 동반자가 되기에는 너무도 엄한 존재다), 한때 철학과 시, 사랑의 법칙을 논하면서 플로렌스의 거리를 함께 누볐던 친구들도 없이, 어떻게 그는 자기 앞에 펼쳐지고 있는 비전을 글로 옮기고, 자신의 귀에 들려오는 음악을 전할 이상적인 청중을 찾고, 자신의 말과 이미지를 시험해볼 수 있는 모든 것을 수용해주는 첫 독자를 찾을 수 있었을까? 그런 상황에서 어쩌면 단테는 자신을 받아준 후원자의 개에게 눈을 돌렸을지도 모른다.

나이든 사람답게 옛 기억을 더듬으면서 카치아구이다는 예전에는 플로렌스가 방탕하지 않고 겸손했고, 사람들의 옷차림도 점잖았으며, 여자들은 아이들과 집 안을 돌보느라 바빴고, 트로이와 로마 시대의 옛 영웅들의 모범적인 이야기를 하는 것을 즐겼다고 단테에게 상기시켜준다.[15] 카치아구

이다의 비판에도 불구하고, 단테 시절 투스카니 지방의 대부분의 집안 살림
은 상대적으로 단순하고 격식에 얽매이지 않았다. 플로렌스, 시에나를 비롯
한 투스카니 지방의 도시 가정의 집안 내부를 묘사한 기록들을 보면 대부
분 가구가 많지 않고, 고작해야 태피스트리와 트롱프뢰유 그림 등이 몇 점
있었다. 가장 흔한 것이 꽃을 가득 꽂은 화려한 꽃병이었다. 반려 동물을 기
르는 집도 많았다.

마사치오Masaccio와 로렌체티Ambrogio Lorenzetti의 프레스코화에서 볼 수
있듯 새를 키우는 새장이 창문 옆에 걸려 있는 집이 많았고, 고양이들은 침
실의 벽난로 옆에 아늑하게 자리 잡았다(플로렌스 출신인 프랑코 사케티Franco
Sacchetti는 침대에서 벌거벗은 채 일어나는 남자들은 고양이가 '추처럼 매달린 물건'을 장
난감으로 오인하지 않도록 주의해야 한다고 조언했다). 심지어 거위들조차 실내에
서 기르는 경우도 간혹 있었다. 레온 바티스타 알베르티Leon Battista Alberti의
〈가정 생활 백서Il libro della Famiglia〉에서는 집을 지키는 데 거위가 좋다고
추천한다.[16]

물론 반려견들은 말할 것도 없이 많았다. 침대 발치 혹은 아궁이 옆 바
닥에 몸을 웅크린 채 엎드려 있는 개들, 문 근처 혹은 음식이 떨어지기를 기
다리느라 테이블 밑에서 기다리는 개들, 물레 옆에서 여자들의 친구 노릇을
하는 몸집이 작은 반려견들, 주인이 사냥가기를 참을성 있게 기다리는 그레
이하운드들. 브루네티 라티니는 〈보물에 관한 책Livre du Trésor〉에서 개들은
다른 어떤 동물들보다 인간을 사랑한다고 하면서, 암캐와 늑대들 사이에서
태어난 개들만 사악하다고 지적했다. 대부분의 개들은 죽을 때까지 주인에
게 충성을 다한다. 개들이 죽은 주인의 시체 옆을 밤낮으로 지키는 일은 드
문 일이 아니었고, 그러다가 슬픔으로 죽는 개들도 있었다. 라티니는 개가
인간의 목소리를 이해할 수 있다고 주장했다. 단테와 동시대인인 피에르 드
보베Pierre de Beauvais는 《동물 우화집》에서 개들이 상처를 핥아서 아물게 하

기 때문에 우리의 고해성사를 듣고 슬픔을 치유해주는 성직자와 같다고 비유했다.《어원사전》을 집필한 세빌리아의 이실도르는 개canis의 이름은 개가 짖는 소리가 시인들이 지어놓은 서정시를 노래canor하는 소리와 비슷해서 그렇게 지은 것이라고 설명했다.[17]

옛 구비 설화에 따르면, 개들은 인간보다 먼저 천사의 존재를 인식한다고 한다. 토비트Tobit의 아들 토비아스Tobias가 천사와 함께 여행할 때 그와 함께한 개가 그 예다(이 개는《성경》전체를 통해 유일하게 긍정적으로 묘사된 개이기도 하다). 개들은 하느님의 존재를 느낄 뿐 아니라, 성자 같은 행동을 하기도 한다. 13세기 리옹 지역에서는 그레이하운드 한 마리가 생 귀느포Saint Guignefort라는 이름으로 추앙을 받았다. 귀느포의 주인은 요람에 누워 있는 갓난아기를 돌보는 일을 귀느포에게 맡기고 자리를 비웠다. 뱀이 아기를 공격하려고 하자 귀느포가 뱀을 죽였다. 주인이 돌아와서 뱀의 피로 범벅이 되어 있는 귀느포를 보고, 그 개가 아기를 공격했다고 오해했다. 격노한 주인은 그 충실한 반려견 귀느포를 죽였고, 그 다음에야 아기가 안전하게 잘 있다는 것을 깨달았다. 억울한 누명을 벗은 귀느포에게는 어린이를 보호하는 성자로 추대되었다.[18]

베로나, 아레조, 파두아, 라벤나 등지에서 단테는 머릿속을 가득 채운 비전을 말로 옮기기 위해 빌려 쓰는 책상 앞에 앉지만, 그의 여정이 시작되는 숲속처럼 "그것이 무엇인지를 말하는 것이 어렵다"는 사실을 너무도 고통스럽게 인식했을 것이다. 개와 달리 인간의 언어는 충실하지 않기 때문이다.[19] 광대하고 압도적인 신학, 천문학, 철학, 시의 체계들이 그를 짓누르며 규칙과 교리를 따를 것을 강요했다. 그의 상상력은 자유로웠지만, 반론의 여지가 없는 우주의 구조와 보편적 신의 진리가 정해놓은 가정의 한계를 벗어나는 일은 절대 없었다. 용서받지 못할 죄, 구원의 여러 단계, 신의 절대적 통치력이 관장하는 아홉 개의 천체 등은 모두 단테에게 실제 존재하는 사실이었다.

그의 임무는 말과 인물과 상황과 풍경 등을 구축해서 단테 자신과 독자들이 그 비전에 들어서서 그곳이 실제 숲과 물과 돌로 된 지형인 것처럼 탐색하도록 하는 것이었다. 단테는 자신의 이름을 부여한 인물을 중심으로 하나씩 차례로 배역들을 만들어 낸다. 그가 가장 사랑하는 시인 베르길리우스, 욕망의 대상이었던 죽은 베아트리체, 과거에 그와 인연을 맺었던 남녀 인물들, 그의 책들 안에서 살아 움직이던 이교도 영웅들, 교회 달력에 등장하는 성인들 등. 장소와 장면들도 마찬가지다. 기억에 남아 있는 거리와 건물, 산, 계곡, 밤하늘, 여명, 들과 마을에서 일하는 노동자들, 가게 주인과 장인들, 농장의 동물들, 야생 짐승들, 특히 플로렌스의 구름 속을 날아다니던 새들 등은 모두 인간의 언어로는 정확히 표현할 수 없는 것들을 최선을 다해 묘사하기 위한 장치들이었다.

30년 이상을 호기심을 가지고 살면서 관찰해온 것들 또한 그의 비전에 등장한다. 재갈을 핥는 소는 언젠가 한번 투스카니의 시골길에서 흘낏 본 광경이겠지만 7번째 원에서 고리대금업자가 입을 일그러뜨리는 모습을 묘사하는 데 쓰인다. 주빌리 해를 기념하기 위해 로마의 성 베드로 성당에 드나드는 순례자들은 저쪽에서 다가오는 지옥의 유혹자와 뚜쟁이들의 모습을 닮았다. 알프스에서 갑자기 안개를 만나 앞이 보이지 않자 놀랐다가 태양이 서서히 구름을 뚫고 모습을 드러내는 광경을 경험한 단테는 그것을 연옥의 세 번째 둘레에서 서서히 이해의 눈을 뜨는 경험을 비유하는 데 사용한다. 포도원에서 여름 더위에 포도 덩쿨이 마르지 않도록 애를 쓰는 노동자들은 천국에서 신을 섬기기 위해 부지런히 일하는 성 도미니크를 묘사하는 데 사용된다.[20]

머릿속으로 밀려드는 기억의 홍수에 압도되어 단테는 다시 한 번 개를 내려다봤을지도 모르겠다. 단테와 개의 눈이 마주치는 순간, 모든 경험을 또 다른 경험의 시금석으로 삼고, 모든 기억을 또 다른 기억으로 끝없이 연결시키는 단테의 머릿속에서는 또 다른 개(혹은 여러 마리의 개)가 생각났을 수도 있다. 어릴 적 그의 부모님 집에서 기르던 개들, 어머니의 죽음을 슬퍼하던 다섯 살 단테 옆을 지키던 개, 나중에 수척해진 아버지의 시체를 내려다보는 사춘기 소년 단테와 동행했던 개, 4년 후, 그의 결혼식날 교회로 향하는 신부 옆을 터벅거리며 따라오던 개, 단테의 첫 아들 지오반니의 탄생을 목격한 개, 늘 잠시 그를 스쳐지나가기만 했던 잊을 수 없는 베아트리체 포티나리가 다른 사람의 아내가 되어 저 세상 사람이 되었다는 소식을 그가 들은 순간 조용히 구석에 앉아 있던 개.

망명 중인 단테 앞에 앉아 있던 개는 단테의 머릿속에 수많은 기억 속의 개들을 소환했을지도 모른다. 플로렌스, 베로나, 베니스, 라벤나의 개들, 지친 여행길과 더러운 여인숙에서 만난 수많은 개들의 모습이 서서히 겹쳐지면서 지옥의 여덟 번째 원에서 벌을 받는 도둑들의 형체가 변화하듯 한 마리의 개가 다른 개의 모습으로, 그 위에 또 다른 개의 모습으로 모두 중첩된다. 그중에는 그를 맞이해서 보호해주고, 아마도 〈천국편〉이 헌정된 칸그란데(큰 개라는 의미) 델라 스칼라도 포함되어 있을 것이다.[21]

토마스 아퀴나스는 사람이 죽은 후 영혼이 육신을 떠나고 나면, 인간은 더 이상 음식을 필요로 하지 않을 것이기 때문에 하늘에는 동물이 없다고 주장했다. 따라서 몇몇 은유에 사용되는 동물들—독수리, 그리핀—을 제외하고, 단테의 천국에는 깃털과 털을 지닌 동물들이 없다. 성 아우구스티누스(그는 동물들이 고통을 느끼지 않는다는 악명 높은 주장을 한 사람이기도 하다)는 말 못하는 짐승들이 천상의 아름다움과 경쟁을 할 수 없지만, 의심할 여지 없이 우리가 사는 이승을 꾸미는 데는 큰 역할을 한다고 말했다.

짐승과 나무를 비롯한 지성, 감각, 혹은 생명을 지니고 있지 않은 변화하고 죽는 것들이 자기들의 결합으로 인해 벌을 받을 자격이 있다고 간주하는 것은 어

안드레아 디 보나이우토의 그림에 나오는 사냥개들(그림 하단), 산타 마리아 노벨라 박물관 소장.

불성설이다. 그런 결함들로 인해 그들의 본질이 쇠락하고 소멸하는 것은 사실이지만, 이 생명체들은 그 존재 자체가 창조주의 의지에 의해 주어진 것이고, 그들의 목적은 계절이 변하는 동안 변화하기도 하고 연속성을 유지하기도 해서 이 땅이 갖는 아름다움을 완벽하게 만드는 것이다. 그것은 이 세상을 구성하는 부품으로 자기 자리를 찾음으로써 그들만이 발휘할 수 있는 아름다움이다.

아우구스티누스의 이런 발언은 우주가 인간 말고 다른 것을 위해 창조되었다는 생각은 말도 안 된다고 생각하는 키케로의 생각을 그대로 반영하고 있다. 로마 귀족이었던 아우구스티누스는 우주가 "동물을 위해" 고안되었을 가능성이 있을지 묻는다.

"말도 못하고 이성도 없는 생명체들을 위해 그 모든 노력을 기울였을 가능성은 별로 높지 않다. 그렇다면 누구를 위해 세상이 창조되었다고 선포할 것인가? 그것이 이성의 힘을 가진 생명체들을 위해서라는 것은 의심할 여지가 없다."

아우구스티누스가 살았던 때부터 우리가 사는 현재까지 계속되는 동식물의 멸종에도 불구하고, "말도 못하고 이성도 없는 생명체"는 여전히 870만 종이나 존재하고, 그중 대부분은 우리에게 알려져 있지 않다. 현재까지 분류가 된 생물종은 전체의 7분의 1에 지나지 않는다.[22]

많은 사람들이 악마가 "말 못하고 이성이 없는 생명체"로 모습을 드러내는 경우가 많다고 믿었다. 뱀, 염소, 개 등이 그 예다. 그럼에도 〈6일 창조 Hexameron〉의 저자 성 암브루시우스를 비롯한 몇몇 교회 지도자들은 우리가 개에게서 적어도 감사하는 마음을 배워야 한다고 강조했다.

> 개들이 고마움을 표시하고, 주인의 안전을 지키는 세심한 수호자 역할을 하는 본능을 타고난 것은 재론의 여지가 없다. 바로 이 때문에 성경에서 감사할 줄 모르고, 나태하고, 비겁한 자들을 가리켜 '짖을 줄 모르는 개'라고 비난한다. 따라서 개들은 주인과 주인의 집을 지키기 위해 짖는 능력이 주어진 것이다. 이와 마찬가지로, 우리도 주님의 양을 배고픈 늑대가 공격할 때, 그리스도를 위해 우리에게 주어진 목소리를 사용할 줄 알아야 한다.[23]

경험상으로는 대부분의 개들이 감사할 줄 아는 충실한 하인이라는 것을 우리는 알고 있지만(우리는 자신도 갖추지 못한 덕목을 동물에게서 기대할 때가 많다), 대중적인 이야기에서 개의 그런 충실한 면이 잘 다루어지는 경우는 흔치 않다. 12세기 마리 드 프랑스Marie de France의 우화(아마 단테도 읽었을)들에서 충실한 개의 예가 나오는 이야기는 단 하나뿐이다. 다른 이야기들에 등장하는 개들은 모두 싸우기 좋아하고, 시기심이 많고, 남의 말을 잘하고, 욕심 많은 모습으로 그려진다. 욕심 때문에 자기가 토해놓은 토사물로 돌아오는 것이 바로 개들이라고 해설자들은 지적한다.

개들은 또 분노의 화신이기도 하다. 바로 이 이유에서 단테는 고대 신화에 나오는 머리가 셋 달린 개 케르베로스를 탐식의 죄를 지은 자들이 벌을 받는 지옥의 원을 지키는 파수꾼으로 등장시킨다. 그들은 "영혼들을 할퀴고, 가죽을 벗기고, 갈기갈기 찢는다." 플로렌스에는 개가 꿈에 나타나면, 특히 귀찮게 뒤를 따라다니는 개 꿈을 꾸면 아프거나 심지어 죽을 징조라고 하는 미신이 있었다. 동시에 개는 탄생을 의미하기도 했다. 성 도미니크의 어머니는 후에 도미니크 수도회를 설립한 아들을 임신했을 때, 타오르는 횃불을 입에 문 개가 나오는 꿈을 꿨다. 이 징조를 확인이라도 하려는 듯, 성 도미니크는 모든 이단자들에게 불같은 적이 되었고, 그의 사후 도미니크 수사회는 종교재판의 불길을 지피는 임무를 맡았다.[24]

단테의 《신곡》은 한 사람의 비전으로 시작했지만 보편적인 비전이 되는 데 성공했다. 단테의 개인적인 경험, 그의 확신, 의혹, 두려움, 그리고 시민으로서의 의무나 명예 등에 대한 개인적인 관념들은 그가 만들어낸 체제가 아니라 의문을 제기할 수 없는 신에 의해 창조된 우주의 체제 내에 새겨졌다. 바로 그 신의 끔찍한 사랑 덕분에 시인은 삼위일체의 신과 동일한 신의 창조물에 대한 형언할 수 없는 일별을 허락받았다.

일단 이 비전을 보고 나자, 비록 그것을 묘사할 수 있는 적절한 단어는 부족할지라도—"[그 임무를 수행하는 데] 속수무책이라는 사실을 고백한다"—단테는 그 비전을 글로 써야만 했고, 언어가 아무리 짜증나고 엄청나게 모호하더라도, 언어를 통해 시의 형체를 갖춰서 독자에게 깨달음을 줘야만 했다. 그 목적을 이루기 위해 단테는 독특한 시적 우아함과 무능함의 고백, 깨달음의 순간들과 중간 중간 경험하는 무지를 한데 엮은 온전한 작품을 예술이나 이성이 아닌 신학을 통해서만 접근할 수 있는 명백하고 확고한 이데올로기적 틀 안에서 만들어낸다.

　시인으로서 단테는 간혹 신의 체제와 의견을 달리하기도 하고, 갈피를 못 잡기도 한다. 심지어 연민과 공포의 감정에 압도되었을 때는 그 요지부동의 엄격함을 완화시키려고 시도하기까지 한다. 그러나 단테는 동시에 자신의 여정을 정당화하고, 자신의 목소리를 널리 울려 퍼지게 하려면 체제가 굳건히 서야 한다는 것을 잘 알고 있다. 그리고 신의 시인으로서 그는 "내가 받아적도록 주어진 것들을" 적어야만 했다.[25] 이 정통파 교리가 제공하는 커다란 틀 안에 흉포해보이는 신의 심판, 이유가 없어보이는 신의 자비, 신의 뜻에 따라 위계가 정해진 은총, 그리고 지옥 단계에 따른 처벌 등을 모두 포용할 수 있다. 그 모든 것이 인간 이해의 한계 밖이다. 인간의 변덕스러운 행동을 개들이 이해하지 못하는 것과 마찬가지일 것이다.

　거기서 그치는 것이 아니다. 단테가 자신의 인간성을 주장하기 위해서는 신의 체계를 인간이 이해할 수 있다는 '가능성'마저도 있어서는 안 된다. 불가해성이야말로 영원성, 무소부재성과 함께 신의 핵심적 본질이고,《히브리서(11:1)》의 성 바오로처럼 보이지 않는 것들의 증거에 관한 믿음만큼 장엄하다. 일단 신의 체계를 이해와 판단이 불가능한 우리의 한계로 규정하고 난 후에야 단테는 본질적으로 그의 시적 정체성을 이루는 힘에 의존할 수 있다. 그 힘은 언어를 마술의 주술과 사실의 묘사 모두에 사용할 수 있는 능력과 다른 이의 고통과 기쁨을 함께 느낄 수 있는 세심한 감수성, 그리고 이성을 사용하면서도 그 이성의 한계를 인식할 수 있는 합리성이다. 이 모든 것을 해내기 위해 단테는 광범위한 경험에서 취사선택을 하고, 그 과정에서 영감과 깨달음을 주는 현실들은 일부 포기해야만 한다.

　예를 들어, 시인의 우주 전체를 모두 담은 작품이라고 간주되는《신곡》의 어디에도 그의 아내나 자녀들은 등장하지 않는다. 이와 더불어 단테가 자신의 작품에 포함시키는 것을 유감스럽지만 포기해야 한 것들 중 하나가 다정한 반려견이다. 그럼에도 개 자체는 아니지만 반려견의 특징인 친절함, 관대함, 충성심 그리고 이해하려는 노력과 추종하고 순종하는 무엇인가가 《신곡》에 간혹 존재를 드러낸다. 앞에서도 살펴봤지만, 단테는 어떤 단어가 되었든 글자 그대로만 사용해서 시에 평범한 의미를 담는 데 그치는 것은 못 참는 듯하다. 개들과 그들의 유명한 성마른 성격은 저승의 세 영역 모두에서 야수성과 악함을 강조할 때 사용되었다. 그러나 그와는 다른 개들의 진정한 성격 또한 작품에서 전혀 찾아볼 수 없는 것은 아니다.

〈지옥편〉의 첫 곡에서부터 〈연옥편〉의 27번째 곡에 이르기까지, 주인공 단테는 베르길리우스의 안내와 보호를 받는다. 그는 믿음이 아니라 지성으로 깨달음을 얻은 사람의 제한된 능력 안이기는 하지만 제자 단테에게 자신의 이성을 믿고, 기억을 사용하고, 사랑에 의미를 부여하라고 가르친다. 안내와 보호는 전통적으로 개가 하는 일이지만, 길을 잃은 기독교도 시인과 고대 로마의 시인 사이에 성립된 관계에서 길을 잃은 짐승처럼 행동하는 쪽, 자신의 디시오의 화신인 비너스의 사냥개처럼 행동하는 쪽은 안내를 받는 단테다. 그리고 안내를 하는 역할을 하는 쪽은 단테가 처음부터 "내 스승" 혹은 "주인님master"이라고 부르는 베르길리우스다.

연옥산 높은 곳, 지상 낙원의 문턱에서 이별을 고하기 직전, 단테는 자기 자신을 염소지기 베르길리우스가 돌보는 염소라고 묘사한다. "염소"가 전원적인 풍경에 더 잘 어울리지만, 단테는 자신을 베르길리우스의 개라고 표현할 수도 있었다. 여행을 하는 내내 명령을 내리는 사람은 항상 베르길리우스였고, 적합한 말을 하는 것도, 명확한 표시를 하는 것도 베르길리우스, 단테의 판단과 행동을 칭찬하거나 꾸짖는 것도 베르길리우스였다. 말하자면 성스러운 존재 앞에 도달할 때까지 그를 돌보라는 책임을 베아트리체에게서 부여받은 후, 베르길리우스는 단테를 "소유"한 것이나 마찬가지였다.

헤어지기 전 단테에게 건넨 베르길리우스의 마지막 말은 조련사가 잘 훈련된 개에게 할 수도 있는 말이다.

"이제 다시는 내 말이나 신호를 기다리지 말라. 그대의 판단은 이제 자유롭고 올곧으며 건강하다."

이제 어떻게 행동할 줄 알게 된 단테는 에덴의 "신성한 숲"에 들어간다. 그곳은 고대의 시인 베르길리우스가 '골든 에이지'를 이야기할 때 노래했던 곳이기도 하다. 믿음이 깊고 사랑이 넘치는 사람이 된 단테는 숲의 가장자리에 미소를 지으며 서 있는 스승을 다시 한 번 쳐다보고, 순종적으로 몸을 돌려, 자기를 기다리는 새로운 여주인에게 안내를 해줄 아름다운 여성을 향해 걸어간다.[26]

《신곡》은 증험론적 시인 동시에 거의 보이지 않을 정도로 미묘한 뉘앙스를 가졌고, 명백함과 암묵적인 함축성, 정통파 신학과 불온한 해석, 엄격한 위계질서와 평등한 우정이 모두 공존하는 작품이다. 상상을 초월하는 이 작품의 구조를 구축하기 위해, 쓸 수 있는 어휘는 라틴어나 프로방스어, 기존의 구어나 신어로 된 시, 오래된 논문이나 어린이의 주절거림, 과학 용어와 꿈을 묘사하는 언어 구분 없이 모두 차용했다. 그렇게 각출한 단어들은 원래의 기능을 완전히 벗겨내면서도 타고난 함축성은 잃지 않고, 거의 끝이 없는 다수의 의미를 띠고 모습을 드러낼 수 있도록 사용되었다.

호기심을 가진 독자는 이야기의 한 가닥을 따라간다고 믿을 때마다, 그 저변, 위, 양옆에서 여러 가닥의 이야기들을 발견하게 된다. 모든 서술은 다른 서술을 번복하는 동시에 강화하고, 모든 이미지는 증폭되는 동시에 없어서는 안 될 뼈대만 남기고 해체된다. 단테가 길을 잃었다고 처음 이야기하는 숲은 평범한 투스카니 지방의 숲이지만, 그곳은 우리의 죄의 숲이자 베르길리우스가 자신의 시에서 아이네이스를 인도하는 숲이기도 하다. 그 첫 숲은 《신곡》의 이야기가 펼쳐지는 모든 숲을 포괄하는 곳이다. 애덤의 선악과로 이루어진 숲, 그리스도의 십자가를 만든 나무가 자란 숲, 진실로 인도하는 길을 잃어버린 숲. 그러나 동시에 진실로 인도하는 길을 다시 찾을 수 있는 숲이자, 지옥의 문으로 이어지는 숲이며, 연옥산의 교훈적인 정상이 보이는 숲, 자살자의 산 영혼을 가둔 나무들이 있는 숲은 모두 에덴동산의 빛나는 숲이 그림자처럼 어둡게 투영된 숲이다.

《신곡》의 어느 것, 어느 부분도 단순히 하나의 의미만을 지니고 있는 적은 없다. 어두운 숲이 그냥 숲이 아니고, 단테가 그냥 단테가 아닌 것과 마찬가지로, 사악한 자들을 비난하기 위한 은유로 등장하는 개는 단순히 사악한 개가 아니라, 이 작품의 주인공이며 위협감이 드는 야생의 숲에서 길을 잃은 집 없는 개와 같은 순례자 시인 단테 자신이기도 하다. 단테의 발 아래 엎드려 있는 개의 시적 정수는 《신곡》의 첫 행부터 우리도 모르는 사이에 (독자들은 어느 순간 갑자기 이 사실을 깨닫고 깜짝 놀라게 된다) 작품 전체에 스며들어 있었다.

제12장

우리의 행동은
어떤 결과를 낳을까

■

◆

●

나는 한 번도 총을 쏘아본 적이 없다. 고등학교 졸업반이었을 때, 친구 한 명이 학교에 총을 가져와서 어떻게 사용하는지 가르쳐주겠다고 했었다. 우리들 대부분은 그 제안을 거절했다. 나중에 안 사실이었지만, 그 친구는 군사 정부에 대항해 싸운 아르헨티나 게릴라 운동 멤버였다. 친구가 증오했던 그의 아버지는 의사였는데, 악명 높은 해군기계공업학교에서 정부 승인 아래 자행되었던 고문 행위를 도왔다.

나는 1969년에 아르헨티나를 떠났다. 끔찍한 일들이 시작되던 해였다. 내가 아르헨티나를 떠난 것은 정치적인 이유가 아니라 순전히 개인적인 이유에서였다. 세상을 보고 싶었던 것이었다. 군사 독재 기간 동안 3만 명 이상이 납치되어 고문당했고, 그중 많은 수가 살해되었다. 적극적인 반체제 인사들만 희생된 것이 아니었다. 그들의 친척, 친구, 지인도 구금되기 일쑤였고, 누구라도 군사 정부의 비위를 거스르면 테러리스트로 간주되었다.

군사 독재 기간 중 나는 단 한 번 아르헨티나로 돌아갔고, 머무르는 동안 군대가 만들어낸 공포 분위기를 피부로 느낄 수 있었다. 그러나 나는 저항 세력의 일원이 되지 않았다. 한 친구가 내게 이렇게 말한 적이 있다.

"불의가 횡행하는 시기에는 두 가지 중 한 가지 행동만 가능하지. 아무 일도 일어나지 않는 것처럼 최면을 건 채, 옆집에서 들려오는 비명은 단순히 부부싸움을 하는 것이고, 행방불명이 된 사람은 정부와 도망가서 어디서 긴 휴가를 보내고 있는 것이라고 자신을 설득하는 것이 그 한 가지야. 그렇지 않으면 총 쏘는 방법을 배워야 해. 다른 선택은 없어."

그러나 목격자가 되는 것도 선택지의 하나일지도 모른다. 정치는 문학의 목에 걸린 맷돌이라고 생각했던 스탕달Stendhal은 소설 속의 정치적 의견을 음악회에서 발사된 총에 비유해 이 세 번째 선택지를 암묵적으로 지지했다.

군사 정부의 우두머리, 호르헤 라파엘 비델라Jorge Rafael Videla 장군은 자신의 행동을 이렇게 정당화했다.

"폭탄이나 권총을 가지고 다니는 사람만 테러리스트가 아니다. 서구 기독교 문명에 반하는 사상을 퍼뜨리는 자 또한 테러리스트다. 우리는 서구 기독교 문명을 지키는 세력이다."

살인을 이런 식으로 정당화하는 것은 흔한 일이다. 참된 믿음을 지키기 위해, 민주주의를 보존하기 위해, 죄 없는 사람들을 보호하기 위해, 더 큰 희생을 방지하기 위해 등등의 핑계는 모두 다른 사람들을 살해하는 것을 정당화하기 위해 자주 사용되는 이유들이다. 영국 엔지니어이자 프리랜서 저널리스트인 앤드류 케니Andrew Kenny는 런던의 《스펙테이터Spectator》에 기고한 글에서 6만 명을 즉사시키고, 추가로 12만 명을 천천히 고통스럽게 죽음으로 몰고 간 히로시마 원폭 투하를 정당화하는 데 위에 열거한 내용들을 들먹였다.

> 어떤 각도로 들여다봐도, 그 폭탄이 연합군과 일본인들 수백만 명의 목숨을 살렸다는 결론을 내리지 않을 수 없다.

히로시마를 방문한 케니는 '원폭돔'을 관람했다. 원래 1915년에 체코 건축가가 설계한 4층짜리 이 건물은 폭탄 투하 지점에서 가까운 곳에 있었고, 흔히 '원폭돔'이라고 불리는 '히로시마 평화 기념관'이었다. 케니는 "원자폭탄으로 인해 평범하고 보기 싫은 건물이 파괴된 건물의 미학을 표현하는 걸작으로 변화해서 미적인 면에서는 엄청나게 향상되었다"라고 썼다.

내 친구가 학교에 총을 가져온 날, 친구의 손에 들린 총을 나도 미적인 대상으로 관찰하고 있었다. 나는 어떻게 그렇게 아름다운 물건이 존재하게 되었을까 생각했다. 나는 (블레이크가 호랑이를 관찰하듯) 그 총을 만든 사람은 무엇을 상상하면서 그것을 만들었을까, 그리고 자신의 의도를 속으로 어떻게 정당화했을까 궁금했다. 군대의 고문 도구를 완벽하게 다듬어서 만들어낸 장인이 자신의 손으로 빚어낸 그 물건이 정확히 무엇에 쓰일지 꿈이라도 꿨을까 궁금했던 것처럼 말이다.

프랑스 혁명 중에 자신이 발명한 물건으로 사형 집행을 당한 조제프-기요틴Joseph Guillotin이 기억났다. 그 마지막 행위를 통해 기요틴은 자신의 예술이 어떤 의미인지를 알고 싶어 하는 예술가의 소원을 이루었다. 나는 내 친구의 총이 그 총의 용도를 무시할 수만 있다면 아름다운 물건이라 생각했었다. 그 총은 언젠가 내가 파타고니아에서 발견한 조그만 동물의 해골을 연상시켰다. 벌레들이 갉아먹고 비에 깎여 다듬어진 그 해골은 기다란 주둥이에 미니 사이클롭처럼 텅 빈 구멍이 한 개 나 있었다. 나는 위 사실을 잊지 않기 위해 그 해골을 오랫동안 내 책상 위에 올려뒀었다.

* * *

개가 충실함과 순종하는 규칙을 몸에 익히는 것과 같이 단테가 그것을 배우는 데는 길고도 고통스러운 과정이 따랐다. 연옥산 기슭에서 어떤 길을 택할지 몰라 망설이던 《신곡》의 '이상한 나라'에는 이정표가 없다), 단테와 베르길리우스는 서서히 다가오는 한 무리의 형체들을 만난다. 그들은 죽는 순간까지 교회에 영적으로 순종하는 것을 거부하다가 마지막 숨을 거두면서 참회를 한 사람들의 영혼들이었다. 살아 있는 동안 '양들의 큰 목자' 그리스도에게 반항했기 때문에, 그들은 이제 땅에서 헤매던 기간의 30배의 기간을 양치기 없이 헤매야 한다. 단테의 제안에 따라 베르길리우스는 그들이게 예의 바르게 "오르는 것이 가능할 만큼/ 완만한 등성이가 어느 쪽인지" 묻는다.

> 주저하는 태도로 우리에서 나오는 어린 양들처럼
> 하나, 다음에 둘, 그런 다음 셋이 나오고, 다른 이들은 거기 그대로 서서
> 수줍게 눈과 코를 땅 쪽으로 돌린다.
>
> 그리고 누군가가 처음 무슨 행동을 하면 다른 이들도 그대로 따라하니,
> 그가 서면 모두 그 주변으로 모여든다,
> 어리석고 어수룩하게, 이유도 모르는 채로.
>
> 그렇게 우리에게 다가서는 무리들을 내가 봤으니,
> 그 운좋은 선택된 무리의 앞에 선 자는
> 수수한 모습에, 점잖은 걸음걸이를 가졌다.[1]

영혼들은 온순한 목소리로 베르길리우스에게 그와 단테는 몸을 돌려 자기들 앞에 서서 가야 한다고 말한다. 그때 갑자기 무리 중의 한 명이 일행에서 빠져나와 단테에게 자기를 알아보겠냐고 묻는다. 그 질문을 하는 영혼을 자세히 들여다본 단테는 그가 "금발 머리에 잘생기고, 고귀한 외모를 가졌지만/ 눈썹 하나가 무엇에 맞았는지 흠집이 나 있"다는 것을 깨달았다. 인간인 단테는 기억력도 한계가 있어서 그를 만난 기억이 나지 않는다고 말했다. 그러자 그 영혼은 자신의 가슴 위쪽에 난 상처를 가리킨다. 죽어가는 그리스도의 몸에 로마 병사의 창 때문에 난 상처를 연상시키는 상처를 입은 그는 자신이 콘스탄차 여제의 손자 맨프레드Manfred라고 한다(단테는 작품 후반부에 나오는 〈천국편〉에서 콘스탄차 여제를 만나게 된다).²

단테에게는 자신을 여제의 손자라고만 소개하지만, 사실 맨프레드는 다른 쾌락주의자들과 함께 지옥의 이단자들의 원에서 벌을 받는 프리드리히 2세의 사생아였다(후에 프리드리히는 낭만주의 문학의 주인공으로 등장한다. 독일 민간 전설에 따르면 그는 죽음의 시각이 찾아온 후에도 마술의 힘 덕분에 세상에서 멀리 떨어지고, 까마귀들이 지키는 지하 성에서 계속 사는 것으로 묘사된다).³ 역사에 기록된 맨프레드는 야심차고, 남을 쉽게 음해하는 인정사정없는 인물이었다. 그는 기벨린파(황제파)의 우두머리로, 교황이 구엘프파(교황파)와 앙주의 샤를르와 연대하는 것을 반대했다. 그의 아버지는 세상을 뜨면서 맨프레드에게 이복동생 콘라드가 왕위에 오를 때까지 시실리의 섭정을 맡긴다. 몇 년 후, 콘라드가 사망하자 맨프레드는 콘라드의 아들을 대리해서 섭정을 계속했다. 1258년 조카가 죽었다는 헛소문이 떠돈 후, 맨프레드는 스스로 시실리와 풀랴의 왕으로 등극한다.

새로 선출된 교황 우르바노 4세는 그를 왕위찬탈자라고 선언하고, 앙주의 샤를르에게 시실리의 왕관을 수여한다. 바티칸에 대한 격렬한 반대로 인해 적그리스도라고 낙인이 찍힌 맨프레드는 1259년에는 교황 이노켄티우스 4세에 의해, 1259년에는 교황 우르바노에 의해 두 번이나 파문을 당했다. 7년 후, 샤를르는 베네벤토의 전투에서 라이벌 맨프레드를 죽이는 데 성공했다. 그는 승자의 자비를 베풀어 맨프레드를 교회의 축복을 받은 매장지에는 아니지만 돌무덤에 묻어주었다. 그러나 뒤늦게 다시 화가 난 새로운 교황 클레멘스 4세는 코센자의 주교에게 맨프레드의 시신을 파내 "사지를 잘라낸 다음", 베르데강에 던지라고 명했다. 베르데강은 나폴리 왕국과의 국경선이기도 했다.[4]

단테의 동시대인들 사이에서 맨프레드에 대한 평가는 극단적으로 갈려 있었다. 기벨린파(황제파)들에게 그는 영웅적 인물이자 교황의 폭압적 야욕에 맞서는 자유의 투사였다. 그러나 흑구엘프파들의 시각에서 그는 살인자이자 교황 알렉산데르 4세에 대항하기 위해 사라센족과 손을 잡은 이단자였다. 브루네토 라티니는 맨프레드가 자신의 아버지, 이복동생, 조카 두 명을 살해했을 뿐 아니라 콘라드의 갓난 아들을 살해하려는 시도를 했다고 비난했다. 단테가 봤던 눈썹에 흉터가 있는 금발의 그 잘생긴 영웅은 후에 훨씬 더 모호한 성격의 인물로 바이런George Byron과 차이코프스키Piotr Tchaikovsky의 상상력을 자극하기도 했다.

백구엘프파(이제는 기벨린파의 명분에 동조하는)와 뜻을 같이했던 단테는 이탈리아에서 마지막으로 신성로마제국을 대표했던 맨프레드를 황제와 교황 사이의 갈등을 상징한 화신, 속세의 일에 교회가 개입을 하는 것을 반대하는 사람들의 지도자로 생각했다. 단테는 교회가 세속적 권력을 휘두르는 것이 교회의 영적 노력을 깎아내리고 종교계를 천박하고 정치적인 세력의 각축장으로 만든다고 봤다. 그리스도의 기름부음을 받은 항성천의 성 베드로 또한 교황직의 부패와 오용에 대해 맹렬한 비난을 퍼붓는다.

땅 위의 내 자리,

주님의 아들이 보시기에

지금 비어 있는 그곳을 가로챈 자는

내가 묻힌 곳을 시궁창으로 만들고

피와 악취로 채웠으니, 이곳 높은 데서 떨어진

불충한 자가, 아래에서 기뻐하는 도다.[5]

　제국과 교회는 "가이사의 것은 가이사에게, 하나님의 것은 하나님에게" 돌리라 했던 그리스도의 명을 따라야 한다. 맨프레드는 그 명령의 첫 번째 부분을 이행했다. 〈지옥편〉에 등장한 무하마드의 영혼이 스스로의 가슴을 찢어발긴 것이 기독교인들 사이에 자신이 초래한 분열을 상징하듯("내가 내 자신을 찢어발기는 것을 보라"고 그는 단테에게 말한다), 맨프레드의 가슴에 난 상처도 제국의 몸에 난 상처의 상징이다. 그리고 그 제국은 맨프레드의 노력을 통해 신의 눈에 죄의 사함을 받았다. 기독교인인 단테 입장에서 맨프레드는 '콘스탄티누스의 기부 증서'가 초래한 재난을 수습하려고 시도한 기독교의 영웅이었다.[6]

　중세 전설에 따르면, 콘스탄티누스 황제는 죽기 직전 제국의 세속적 권리를 교회에 이양해서 황제의 권위를 제한하고 교황이 세속적인 일에 관여할 수 있도록 허용했다고 한다(15세기에 인본주의자 로렌조 발라Lorenzo Valla는 '콘스탄티누스의 기부 증서'가 아주 영리한 조작극이었다는 사실을 증명했다). 베아트리체는 후에 '콘스탄티누스의 기부 증서'가 애덤이 에덴동산에서 쫓겨난 일에 버금가는 큰 재앙이라고 비유한다. 중대한 실수를 저질렀다고 생각하기는 하지만, 단테는 콘스탄티누스가 '정의로운 통치자의 하늘'에 있는 것으로 묘사하고 독수리의 목소리를 빌어 그가 "좋은 의도로 행동했지만 나쁜 결실을 맺었다"고 변명을 해준다.[7]

맨프레드는 또 교황의 파문이 제한적인 위력밖에 가지지 못한다는 것을 증명하는 예이기도 하다. 단테는 신의 자비가 무한해서, 죽기 직전에 고해성사를 하는 늦은 참회자들일지라도 "기꺼이 용서해주는 신에게 흐느끼며 용서를 구하면" 구원을 받을 수 있다고 반복적으로 강조한다. 단테 시대의 교회 당국은 교황의 파문에서 "결국 회개를 하는 사람"은 누구든 죄를 사해줄 수 있다는 신의 권리를 인정하는 부칙을 제외하려는 시도가 있었다.[8] 단테는 절대적 저주가 교황의 임시적 권한을 과시하려는 것이지, 그보다 더 큰 신의 자비로움을 알리려는 의도가 아니라고 믿었다. 죄인의 삶에 대한 진정한 결말은 마침표가 아니라 계속되는 문장이어야 하고, 죄인 자신의 행동에 대한 끊임없는 질문이어야 하며, 호기심을 추동력으로 해서 자신을 더 잘 이해하기 위한 영적 재생 과정이어야 한다.

단테는 자신의 이 주장을 더 강조하기 위해, 상처를 입은 맨프레드를《누가복음》(24:40)과《요한복음》(20:27)에서 의심을 품는 성 도마(그리스도의 12사도 중 한 사람)에게 자신의 상처를 보여주는 부활한 예수와 비교한다. 맨프레드의 상처에 대해 유익한 논문을 쓴 존 프레세로John Freccero는 복음서의 문장들은 "의심을 품은 도마와 마찬가지로 독자들도 사실을 인정하라는 요구들로 가득차 있다. 그리스도의 상처 난 몸을 제자들이 직접 보는 것처럼, 요한의 문장도 신심이 깊은 독자들이 읽는다"고 말한다. 프레세로는 단테의 시에서도 이와 동일한 비유를 찾을 수 있다고 지적한다. "맨프레드의 상처는 공기로 만들어진 몸에 난 칼자국으로 역사의 흐름에 대한 단테 자신의 개입을 의미한다. 그 상처들은, 글이나 마찬가지로, 다른 방식으로는 감지되지 않았을 지도 모르는 진실에 대한 증언을 역사의 책갈피를 통해 전달하고자 하는 의도로 단테가 남긴 흔적이다."[9]

맨프레드는 다음과 같이 자신의 이야기를 단테에게 한다.

내 죄들은 끔찍한 것들이었소.

그러나 무한의 선은 너무도 넓은 품을 가져서

그곳을 향한 사람은 모두 품을 수 있기에.

(중략)

희망이 조금이라도 살아만 있다면

저주에도 불구하고 영혼은 영원한 사랑이 돌아오지 않을까 하는

걱정으로 방황하지 않으리.

교회를 비웃으며 죽는 사람이

마지막 순간에 회개를 하더라도

강둑 밖에 머물러야 하는 것은 사실이니

자신이 주제넘게 살아온 기간의

30배의 시간 동안을 기다려야 하리다, 이 엄격한 칙령이

친절한 기도로 줄어들지 않는 한.[10]

　맨프레드의 이야기는 상처와 뼈에 관한 이야기다. 이 이야기가 나오는 곡 앞부분에서 베르길리우스는 브린디시에서 가져간 그의 시체가 누워 있는 나폴리는 벌써 저녁이라고 말함으로써 시각을 암시한다. 맨프레드는 강물에 쓸려 흩어졌거나, 비에 씻겨 내려가거나, 바람에 날리지 않았으면 그의 뼈가 아직도 베네벤토 근처의 다리 밑에 있을 것이라 설명한다. 베르길리우스의 뼈는 제국의 명령에 따라, 맨프레드의 뼈는 교회의 명령에 따라 흩뿌려진 바 있다. 두 경우 모두 약속된 부활의 날을 기다리며 임시로 자기 자리를

잃은 것뿐이다. 제 명을 다하지 못하고 폭력으로 인해 죽음을 당하는 것이 일상적인 세상, 전쟁이 예외가 아니라 정상인 세상에서는 회개하는 죄인이 구원을 받을 수 있다는 약속과 "이 뼈들이 살 수 있을까"라는 선지자의 질문에 대한 대답은 절대적으로 필요한 것이었다.[11]

단테와 거의 같은 시대에 살았던 프랑스 시인 장 드 묑Jean de Meung은 전쟁의 폭력을 낳는 경쟁에서 우리는 모두 체스 말의 역할을 할 뿐이라고 말했다. 그는 맨프레드의 이야기를 체스 게임의 형태로 제시한다. 그가 사용하는 이미지는 아주 오래된 것으로 《마하바라다》와 같은 산스크리트 문헌까지 거슬러 올라간다. 14세기 초 웨일스의 서사시 〈마비노기온〉에는 근처 계곡에서 각자의 군대가 전투를 벌이는 동안 체스 게임을 하는 앙숙 관계인 두 왕의 이야기가 나온다. 결국 둘 중 한 왕이 상대가 절대 항복하지 않을 것이라는 것을 깨닫고, 금 체스 말들을 산산조각내버린다. 그 직후, 피로 범벅이 된 전령이 와서 그의 군대가 전멸했다고 알린다. 전쟁을 체스게임으로 묘사하는 것은 널리 알려진 방법이어서, 앙주의 샤를도 베네벤토 전투를 맨프레드와 치루기 전에 그 비유를 사용한다. 그는 "체스판 가운데에서 길을 잃은 졸을 움직여서 악당을 체크메이트 하겠다"고 말했다.[12]

1266년 2월 26일에 벌어진 베네벤토 전투는 맨프레드 이야기의 역사적 뼈대인 동시에 제국과 교회 사이의 갈등에 대한 또 하나의 상징이었다. 단테가 살았던 세기에는 전쟁의 기술에 몇 가지 중요한 변화가 있었다. 용병을 더 많이 사용하기 시작했고, 말을 타고 돌진해서 적군을 놀라게 해 흩어지게 만드는 '충격 전법'이 채용되었고, 함포와 같은 발사체 무기가 동원되어서 이전보다 더 멀리 떨어져서도 더 많은 적군을 죽일 수 있게 되었다.[13]

베네벤토 전투에서는 양쪽 군대가 모두 용병을 사용했지만 샤를이 사용한 충격 전법이 자신감에 넘치던 맨프레드를 무찌르는 데 큰 효과를 발휘했다. 그러나 발사체 무기는 양쪽 모두 사용하지 않았다. 전통적인 무기로 인한 상처만으로도 단테가 그 잘생긴 용사를 못 알아볼 정도로 피해를 입히기에 충분했던 것이다. 14세기에 발행된 《신간 연대기Nuova Cronica》의 삽화에서는 샤를이 맨프레드를 창으로 찌르는 장면을 볼 수 있다(맨프레드가 그렇게 죽었다는 역사적 증거가 전혀 없기 때문에, 이 삽화는 물론 은유적인 묘사다). 그의 눈썹에 난 상처는 칼이나 돌로아doloire(중세 전쟁에 쓰이던 손잡이가 긴 도끼), 혹은 도끼로 난 것일 확률이 높다.[14] 칼, 창, 도끼는 당시 군인들이 가장 흔히 쓰던 무기였고, 함포를 비롯한 발사체 무기는 상당히 드물게 사용되었다.

발사체 무기는 아마도 12세기에, 화약은 그보다 3세기쯤 먼저 중국에서 발명되었을 것이다(화약을 만드는 공식은 9세기 도교 서적에 처음으로 등장한다. 이 문헌에서는 연금술사들에게 열거된 재료들을 부주의하게 섞으면 안 된다고 경고한다). 전통적으로 중국의 화약은 모든 가정에서 시행해야 된다고 법으로 정해진 '훈증 의식'과 관련이 있다. 이 관행은 질병 예방 차원뿐 아니라 전쟁에서 전략으로 사용되었다. 포위 공격 때 진군하는 군인들이 연기 뒤에 몸을 숨기거나, 펌프와 아궁이를 동원해서 유독한 연기로 적군을 공격하는 전략이 사용된 기록은 기원전 4세기까지 거슬러 올라간다.

중국 과학과 문명에 대한 대대적인 연구를 한 조셉 니덤Joseph Needham은 "중국의 기술과 과학에서 가장 중요한 요소는 멀리 떨어진 곳까지 영향을 미칠 수 있는 행위가 가능하다는 믿음이다"라고 말했다. 전쟁 상황에서 이 믿음은 불을 붙인 화살과 이른바 '그리스의 불'이라고 부르는 무기로 나타났다. 그리스의 불은 7세기 비잔틴 제국에서 처음으로 만들어진 나프타유를 사용하는 화공법으로 아마도 아랍 상인들에 의해 중국으로 전해졌을 것이라 추정된다.[15]

함포 공격은 단테가 죽은 후까지도 유럽에서 사용되지 않았지만—1343년 알헤시라스의 무어인들이 기독교 군사를 공격할 때 사용—유럽에서 처음으로 화약 제조법이 언급된 것은 그보다 1세기 전 영국 학자 로저 베이컨

Roger Bacon에 의해서였다. 베이컨은 1248년에 이렇게 썼다.

초석(질산칼륨)과 여러 물질들을 섞으면 먼 거리에까지 발사할 수 있는 인공 불
꽃을 만들어낼 수 있다……. 이 물질을 아주 소량만 사용해도 끔찍한 소동을
동반한 큰 빛을 낼 수 있다. 타운 전체 혹은 군대 전체를 파괴하는 것도 가능하
다.[16]

프란치스코 수도회에 입문했고, 교황 클레멘스 4세의 친구였던 베이컨
은 극동아시아 지방까지 여행을 한 프린치스코 수사들이 가져온 중국의 불
꽃놀이를 관람한 다음 화약에 대해 알게 되었는지도 모른다.

역설적이게도, 유럽에서 함포나 대포를 처음 만든 기술자들은 전통적으

10세기 돈황 벽화에 그려진 마라의
공격. 화약 무기를 들고 있는 중국 악
마들의 모습이 묘사되어 있다.

로 평화의 상징을 만들던 사람들, 바로 종을 주조하는 사람들이었다. 첫 함포는 종이었을 확률이 높다. 종을 거꾸로 세운 다음 돌과 화약을 채워서 사용했을 것이다. 이런 초기 대포들은 조악하고 정확치 못했고, 사용자들이나 목표물들 모두에게 위험한 무기였다. 이동도 쉽지가 않았다. 14세기에는 대포를 거대한 구조물 위에 고정시킨 다음 포위가 끝나면 해체했다.17

단테는《신곡》어디에서도 화약에 대해 이야기하지 않는다. 다만 공직을 판매한 죄를 진 영혼들이 벌을 받는 구렁을 묘사할 때 "베니스의 무기 공장"이라는 언급이 나오는데, 그 경우에도 무기 공장은 전함이 만들어지는 곳이 아니라 겨울 동안 부서진 배들에 뱃밥을 먹이는 정비소로 묘사된다. 그곳은 수선과 회복을 하는 장소이지, 죽음을 만들어내는 장소가 아니고, 끓는 기름 속에 들어가 화난 악마들의 갈쿠리에 살이 뜯기는 고통을 받는 죄인들이 만들어내는 끔찍하면서도 우스꽝스러운 장면과 대비된다.18

이 장면은 또 다른 면에서 맨프레드의 이야기와 관련이 있다. 여기서 단테는 자신을 겁쟁이 관람자로 그린다. 그곳을 지키는 악마들이 자기에게 무슨 짓을 할지 두려워하는 거의 코미디 같은 모습을 보인 것이다. 베르길리우스의 명령에 따라 바위 뒤에 숨어 그곳에서 벌어지는 입에 담기 힘든 일들을 아무도 몰래 지켜보던 그는 악마들과 협상을 벌이던 베르길리우스에게 불려나간다.

> 내 안내자가 내게 말하기를 "오, 부서진 다리 잔해 사이에
> 겁나는 표정으로 쭈그리고 앉아 있는 그대여
> 이제 안심하고 내 옆으로 돌아오라."19

또 한 번은, 탁한 물이 흐르고 분노의 죄와 시무룩함의 죄를 저지른 영혼들이 썩은 진흙 속으로 내동댕이쳐지는 벌을 받는 스틱스강을 건너면서 단

테는 죄인들이 고통받는 것을 즐거운 마음으로 지켜본다. 그러나 부정한 거래를 한 죄로 벌을 받는 영혼들에 둘러싸였을 때 단테가 느끼는 호기심은 다른 종류의 것이었다. 거기서 그는 그 광경을 보고 싶었지만 다른 사람의 눈에 자신이 띄는 것은 원치 않았는데, 그런 그의 관음증적 즐거움은 뭐라고 정의하기 힘든 감정과 원형적인 본능에서 나오는 듯하다.

원자폭탄의 아버지로 알려진 로버트 오펜하이머Robert Oppenheimer는 프루스트의 〈스완네 집 쪽으로〉를 읽으며 자신도 이와 비슷한 변태적 호기심을 경험해본 적이 있다는 사실을 친구들에게 고백했다. 그는 마드모아젤 뱅퇴이유가 동성애자 연인에게 돌아가신 자기 아버지 사진에 침을 뱉으라고 조르는 장면을 완전히 외웠다. 프루스트는 마드모아젤 뱅퇴이유가 "다른 사람들과 마찬가지로 자신이 타인들에게 끼치는 고통에 대해 갖는 무관심, 그것을 어떤 이름으로 부르던 간에 그 무관심은 가장 끔찍하고 영속적인 잔인함이라는 사실을 깨달았다면, 아마도 악이 그토록 귀하고, 특별하고, 거기로 몸을 피하면 너무도 평화로워지는 고립의 상태라고 생각하지 않았을 것이다"라고 지적한다.[20] 부정한 거래를 한 죄를 지은 사람들의 고통에 대한 무관심이야말로 다른 곳에서와는 달랐던 단테의 반응의 특징이다.

오펜하이머는 낭만주의 문학의 주인공의 현대적 버전이라고 불린다. 바이런의 맨프레드처럼(그러나 단테의 맨프레드는 아니다) 자신의 죄를 회개하지 못하고, 금지된 미지의 세계를 탐험하고자 하는 충동과 그렇게 한 후 느끼는 죄의식 사이에서 갈등을 느끼는 인물이기 때문이다. 유대교를 더 이상 믿지 않는 부유한 유대인 가정의 아들로 태어난 오펜하이머는 박애주의자 아버지가 수집한 훌륭한 예술품이 가득한 커다란 뉴욕의 아파트에서 자라났다.

그는 르누아르와 반 고흐의 작품에 둘러싸여 자라면서 부모로부터 전국아동노동위원회와 전국유색인종인권신장협회 같은 기관에 자금을 대는 등

불우한 사람들을 도울 의무를 이행해야 한다고 배웠다. 오펜하이머는 조숙하고, 남과 잘 어울리지 못했으며, 질문이 많고, 과학, 특히 화학에 열정적인 관심을 보이는 아이였다. 그러나 수학은 그의 약점이어서, 후에 그가 저명한 이론 물리학자가 되었을 때도 그의 수학 실력은 이론 물리학계 기준으로 볼 때 '인상적이지 않다'는 평가를 동료들에게 받았었다. 맨프레드처럼 오펜하이머도 세상을 지배하는 추상적인 규칙보다 세상을 만드는 재료들의 물질적 작용에 더 관심이 있었다.[21]

외로운 젊은이였던 그는 다소 변덕스러웠다. 어떨 때는 우울해져서 다른 사람들에게 말은커녕 아는 척도 하지 않았다. 그러다가 어떨 때는 너무 행복감에 도취되어서 프랑스 문학 작품이나 힌두어 성전을 길게 암송하곤 했다. 거의 미친 사람 같다는 느낌을 친구들에게 주는 경우도 꽤 있었다. 케임브리지 대학에서 공부하던 해에는 지도 교수의 책상에 독이 든 사과를 놔둔 적까지 있었다. 그 일은 그의 아버지가 오펜하이머를 정신과 의사와 상담시키겠다고 약속하고 조용히 덮었다.

세월이 흐른 후, 로사 알라모스 원자 실험실 원장으로 재직할 때 오펜하이머는 주변 사람들을 불안하고 불편하게 만드는 동료였다. 그는 한편으로는 추상적인 자신의 세계에 빠져 주변 사람들로부터 말없이 거리를 유지하는 사람이었지만, 또 다른 한편으로는 별 저항 없이 군사당국의 감독에 응하기도 했다. 그의 자유주의적 견해 때문에 정보원이 그를 공산주의 스파이라고 의심하고 그의 위상에 맞지 않는 처우를 했음에도 불구하고 말이다. 전쟁이 끝난 후, 오펜하이머가 핵전쟁을 피하기 위해 미국과 소련이 기술과 지식을 공유해야 한다고 청원했을 때, 그의 적들은 그런 유화적 태도만으로도 그를 반역자라고 낙인찍기에 충분하다고 생각했다.

단테 시대의 조악한 초기 함포에서 엄청나게 진화한 무기인 핵폭탄을 제조하기 위해서는 이론적인 문제뿐 아니라 공학적 문제도 해결해야만 했다.

미국 과학자들보다 독일에서 먼저 그런 폭탄을 개발할 것이라는 두려움 때문에, 기본적인 물리학의 문제가 여전히 남아 있는 상태였음에도 불구하고 로스 알라모스 실험실 건설은 서둘러 진행되었다. "멀리 떨어진 곳까지 영향을 미칠 수 있는 행위"를 개발하기 위한 전략은 그 행위가 구체적으로 무엇일지의 문제가 완전히 이해되기도 전에 확립되어야만 했다. 레슬리 그로브스 주니어Leslie Richard Groves Jr.가 오펜하이머를 로스 알라모스 실험실의 원장으로 선택할 때 가장 크게 영향을 준 것은 다른 과학자들에 비해 오펜하이머가 이론에서 구체적 제조로 이행하는 문제에 따르는 실용적인 면을 잘 이해하고 있다는 사실이었다.

1945년 5월 7일 독일이 항복하면서 핵 공격이 더 이상의 위협이 아니게 되면서 상황이 바뀌었다. 같은 해 7월, 오펜하이머의 동료들 사이에서는 정부를 상대로 "일본에게 부과될 조건들을 상세하게 공개하고, 일본이 이 조건들을 알면서도 항복하기를 거부하지 않는 한" 원자 폭탄을 사용하지 않아야 한다는 청원서가 돌았다. 오펜하이머의 이름은 이 '7월 17일 청원서'에 서명한 70인에 들어 있지 않았다.[22]

그 전날인 7월 16일, 폭탄은 오펜하이머가 '트리니티'라고 이름을 붙인 장소에서 폭파 시험이 진행되었다. 제어된 상태의 폭발이 낸 효과를 방어벽 뒤에서 지켜보는 오펜하이머의 모습은 바위 뒤에 숨어서 악마들이 하는 짓을 지켜보던 단테의 모습과 흡사했을 것이다. 그 첫 번째 원자폭탄이 유명한 버섯구름을 만들면서 폭발하는 것을 지켜보던 오펜하이머는 그 순간 《바가바드 기타》의 한 부분이 생각났다고 20년이 지난 후 고백했다. 인간 왕자에게 의무를 다하라고 설득하던 신 비슈누는 이렇게 말한다.

"이제 나는 죽음의 신, 세상을 파괴하는 자가 되었다."[23]

시험 폭파가 성공적으로 끝난 후, 일본의 네 도시가 폭탄 투하 대상 물망에 올랐다. 히로시마, 고쿠라, 니가타, 나가사키 중 최종 결정이 내려진 것은 공격이 있기 불과 며칠 전이었다. 결국 연합군 포로수용소가 없는 유일한 곳이라는 이유로 히로시마가 선택되었다. 현지 시간으로 8월 6일 오전 8시 14분, 파일럿 폴 티벳츠의 어머니의 이름을 딴 '에놀라 게이'라는 이름의 폭격기에서 폭탄이 투하되었다. 눈을 멀게 하는 듯한 밝은 빛이 있은 후 두 번의 충격파가 밀어닥쳤다고 티벳츠는 회상한다. 두 번째 충격파 후 "우리는 고개를 돌려 히로시마를 봤다. 도시 전체가 그 끔찍한 구름에 가려 있었다……. 그 구름은 버섯 모양으로 끓어오르듯 엄청나게 높이 솟구쳤다."[24]

오펜하이머에게 그토록 강한 인상을 남긴 프루스트 작품에 나오는 이중성은 그의 삶에도 뚜렷이 나타났다. 한편으로 그는 지적 호기심을 가지고 과학적 탐구를 계속해서 우주의 작동 방식에 상세한 의문을 제기했지만, 다른 한편으로 그런 호기심으로 인한 결과와 대면하지 않을 수 없어서 개인적으로는 그의 자기중심적 야망이 맨프레드식의 자만심에 버금가는 수준에 이르렀고, 공적으로는 인류 역사상 가장 강력한 살상무기를 만들어낸 과학자가 되었다. 오펜하이머는 호기심 자체가 아니라, 그 호기심의 실행 때문에 생긴 결과의 정도나 한계를 한 번도 거론하지 않았다.

폭탄 투하 후, 히로시마 인근에 있었던 예수회 수사 시에메스 신부는 다음과 같은 보고서를 상부에 올렸다.

> 가장 중요한 사실은, 현재 존재하는 형태의 전면전이 아무리 정당한 목적을 위한 것이라 하더라도 정당화가 가능한 것이냐 하는 문제다. 전쟁으로 인한 물질적·영적 피해는 전쟁이 어떤 좋은 결과를 가져온다 할지라도 그것을 능가할 정도로 사악하지 않은가? 도덕주의자들은 언제 이 문제에 대해 명확한 답을 내놓을 것인가?

단테의 대답은 정의로운 자들의 하늘에서 독수리의 입을 통해 나온다.

신의 정의는 인간의 정의가 아니다.[25]

오펜하이머의 전기 작가 중 한 사람은 프루스트의 문구를 인용하면서 그것을 오펜하이머가 노년에 한 말과 비교한다. 그는 전후 창립된 반공 기구인 '문화자유협회'(CIA가 자금을 댐)가 부분적으로 후원한 회의에서 다음과 같이 말했다.

> 거의 무한대라고 할 정도로 길었던 내 사춘기에는 더했지만, 지금까지도 나는 어떤 결정을 내리거나, 행동을 할 때 그것이 내 안에서 엄청난 혐오감을 일으키고, 잘못되었다는 생각이 들지 않은 적이 없었다. 그것이 종이 위에서 하는 물리학이 되었건, 강의가 되었건, 내가 어떻게 책을 읽건, 어떻게 친구에게 말을 하건, 어떻게 사랑을 하건 간에 늘 그런 느낌과 생각이 들곤 했다……. 결국 내가 보는 것은 진실의 한 부분이라는 것을 이해하지 않고는 누군와도 함께 사는 것이…… 불가능하다는 것을 깨달았다……. 그리고 그 패턴을 깨고 합리적인 사람이 되기 위해 나는 내가 한 일에 대한 내 걱정이 합당하고 중요하지만, 그것이 이야기의 전부는 아니고, 그것들을 보는 다른 시각이 존재할 것이 틀림없다는 점을 깨달아야만 했다. 다른 사람들은 내가 보는 방식과 다른 방식으로 사물을 보기 때문이다. 나는 그들이 보는 시각이 필요했다. 나는 그들이 필요했다.[26]

맨프레드도 그렇다. 그의 시각만으로는 충분치 않다. 그가 단테에게 자신의 이야기를 한 것은 단테가 땅으로 돌아갔을 때 그의 딸 '선한 콘스탄자'가 해줄 구원의 기도를 확보하기 위해서만은 아니었다. 상징이자 은유로서, 역사라는 게임의 체스 말로서, 그리고 불후의 시에 포함된 인물로서, 맨프레드는 단테가 자신의 이야기를 어떤 말로 해석하는지를 알아야 할 필요가 있었다. 이러한 반성적인 행위를 통해 맨프레드는 어쩌면 희생자들에 대한 연민을 느껴서 자신의 잘못을 어느 정도 만회하고, 완전한 참회의 중요성을 이해해서, 의심할 여지없이 '끔찍한 자신의 죄'에도 불구하고 구원될 것이라는 약속을 믿게 될 수 있을지도 모른다.

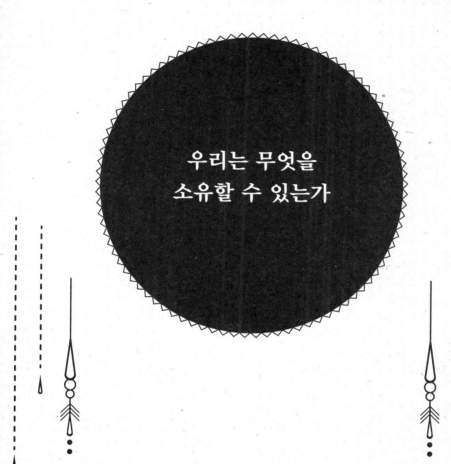

제13장

우리는 무엇을
소유할 수 있는가

■

◆

●

모든 인간의 마음속에 존재하는 늑대와도 같은 욕망은
의지와 권력의 뒷받침을 동시에 얻어,
모든 것을 먹어 치우고,
결국 자기 자신까지도 집어 삼킬 것입니다.

– 셰익스피어, 〈트로일러스와 크레시다〉

나는 돈의 개념을 잘 이해하지 못한다. 어릴 적 나는 모노폴리 게임에 든 장난감 돈과, 어머니 지갑에서 나온 돈 사이에 관습적인 의미 말고 다른 차이가 있다고 생각해본 적이 없다. 하나는 친구들과 내가 하는 게임에서 사용되는 돈이고, 다른 하나는 부모님이 저녁에 카드 게임을 할 때 사용되는 돈이었다. 화가 조지나 후Georgine Hu는 휴지에 '지폐'라는 것을 그려 정신과 상담 후 상담비를 지불하는 데 썼다는 일화도 있다.

재화와 용역의 가치에 대한 상징으로 발명된 돈은 만들어지자마자 그 의미를 완전히 잃어버리고 자신과 상응하는 가치, 즉 돈에 상응하는 돈의 의미로 전락하고 말았다. 이에 반해, 문학적·예술적 상징은 그것들이 상징하는 대상이 실제 존재하는 것들이기 때문에 그 의미에 대한 무한대의 탐구가 가능하다. 글자 그대로만 해석하면 〈리어왕〉은 모든 것을 잃는 한 노인의 이야기에 불과하지만, 우리의 해석은 거기서 그치지 않는다. 그 이야기에 묘사되는 시적 현실은 우리의 과거, 현재 미래의 경험을 관통하는 꺼지지 않는 울림이 있다. 그러나 달러 지폐는 달러 지폐일 뿐이다. 미국 연방 준비 위원회에서 발행되었든, 민화 작가가 만들어냈든, 달러 지폐는 그 종이 표면 위에 적힌 것 이외에는 아무런 현실적 의미가 없다. 프랑스의 필리프 6세는 어떤 것의 가치는 자기가 말하는 만큼의 가치를 지닌다고 선언하고, 그것은 자신이 왕이기 때문이라고 말했다.

오래전, 재무 계통에 능한 친구 하나가 왜 국가적·국제적 거래에서 거론되는 엄청난 액수의 돈이 실제로는 존재하지 않는지 그 이치를 내게 설명하려고 시도한 적이 있다. 그 액수들은 난해한 통계 수치와 점쟁이들의 예언에 근거해서, 양측 모두가 의심의 여지없이 받아들이는 암호에 불과하다는 것이다. 내 친구는 경제 과학이 성공을 거둔 허구 문학이라도 되는 것처럼 말했다.

제임스 버컨James Buchan이 돈의 의미에 관한 뛰어난 저서에서 언급했듯, 돈은 '동결된 욕망'이다. 그는 돈이 "연인들 사이에서처럼, 상상력에 대한 보상을 약속하는 욕망의 화신"이라고 묘사했다. 인류의 초기에 "돈은 그 내적 본질과 역량이 우리로서는 그저 꿈에서나 상상할 수 있는 정도로 귀하고 아름다운 식사 같은 것으로 보장되는 것이었다"라고 버컨은 설명한다. 그러나 시간이 흐르면서 그 보장은 단지 "공동체의 권위가 투영된 것"으로 변화했다. 그 권위는 처음에는 왕이 가지고 있다가 후에 상인들을 거쳐 은행으로 넘어갔다.

잘못된 믿음은 괴물을 낳는다. 내용물이 없는 상징에 쏟아 부은 신뢰는 요행 심리와 불필요하고 형식적인 규정들이 만연한 금융 관료 체제를 낳아서, 대부분의 사람들은 복잡한 법규와 과중한 처벌에 발을 묶이고, 아주 운 좋은 소수 집단은 교묘한 회계 전략으로 무장한 말도 안 되는 정도의 부를 누리게 된다. 전 세계의 금융 장치들을 얽어맸다가 다시 풀었다 하는 작업 은《걸리버 여행기》에 등장하는 '프로젝트 학술원'이 내놓는 발명품들을 무색하게 할 정도다. 관료들이 오이에서 햇빛을 추출하기 위해 갖은 애를 쓰는 것으로 묘사되는 그 학술원 말이다. 관료주의는 우리 사회의 모든 구성원, 심지어 저승의 영혼들에게까지 영향을 미친다. 지옥의 7번째 원에서, 자연에 반하는 죄를 지은 사람들은 끊임없이 뛰어야 하는 벌을 받는다. 그러나 브루네토 라티니는 단테에게 "이 무리들 중에서 잠시라도 멈춰서는 자는 그 후 100년간 누워 있어야 하는데, 불길이 닿아도 부채질도 하면 안 된다"고 이야기해준다. 물론 대부분의 관료 절차와 마찬가지로 그에 관해 아무런 설명도 따르지 않는다.

2006년 경제 위기 때, 아르헨티나에서 영업하던 캐나다 스코시아뱅크와 스페인 방코 데 산탄데르 등의 은행들이 하루아침에 문을 닫고 수천 명의 예금이 증발하면서 중산층의 많은 사람들이 집을 잃고 거리에 나가 구걸을 하기에 이르렀었다. 물론 더 이상 아무도 시민 사회의 정의를 믿지 않게 되었다. 이렇게 이데올로기와 법적 구조에 대한 신뢰를 상실하도록 만든 원흉은 국제 금융계의 거인들과 그들의 신속한 이윤 창출 정책, 그리고 제도적 부패다. 사실 상류층, 군부, 심지어 노동조합 지도자들을 부패시키는 것은 어려운 일이 아니었다. 이들에게는 사실상 모든 거래에서 크고 작은 떡고물이 돌아갔다. 그와 동시에 고리대금업자들은 자신들의 이익을 돌보는 데 기민했다. 심지어 군부 독재의 악몽을 겪으면서 아르헨티나가 보유하고 있던 재정적·지적 힘이 몽땅 소진된 듯한 상황에서마저도 고리대금업자들은 엄청난 이익을 거둬들였다. 1980년에서 2000년 사이(2011년 세계은행 세계 개발 지표에 따르면) 중남미 정부들에게 대출을 해준 민간 부문 대출자들은 이자로 1,920억 달러를 벌어들였다. 같은 기간, IMF는 중남미 국가들에 713억 달러를 대출해주고, 867억 달러를 돌려받아서 154억 달러의 이익을 거뒀다.

약 50년 전에, 아르헨티나 대통령으로 장기 집권했던 페론은 대통령 재직 당시, 디즈니판 스크루지 영감처럼 이렇게 자랑하곤 했다.

"중앙은행 복도를 걷기가 힘들어졌다. 은행 안에 금괴가 너무 많이 쌓여 있기 때문이다."

그러나 1955년, 그가 외국으로 도주한 후, 금괴는 어디에도 없었고, 페론은 국제 금융 리스트에 세계에서 가장 큰 부자 중의 하나로 이름을 올렸다. 페론이 떠난 후에도 도적질은 계속되었고, 그 규모도 점점 더 커졌다. IMF가 아르헨티나에 몇 차례에 걸쳐 빌려준 돈은 모두 이전과 똑같은 악당들의 주머니로 들어갔다. 그 장관들, 장군들, 기업가들, 산업가들, 의원들, 은행가들, 상원의원들의 이름은 모든 아르헨티나인들의 귀에 익숙한 이름들이다.

IMF가 아르헨티나에 더 이상 돈을 빌려주지 않겠다고 결정한 것은 그 돈을 또다시 도둑맞을 것이 확실하다는 상당히 확실한 전제를 기본으로 하고 있다(도둑질도 해본 사람이 다른 도둑들의 습관을 잘 아는 법이다). 이 결정은 먹을 것도 없고, 잠을 잘 지붕도 없어진 수십 만 명의 아르헨티나인들에게는 전혀 위로가 되지 않았다. 사람들이 물물교환을 시작했고 주류 경제와 동시에 존재하는 평행 경제 체제를 형성해 잠시나마 생존을 확보하는 동네도 많이 생겼다. 빵 굽기와 바느질처럼, 문학 작품도 화폐로 유통되었다. 작가들은 밥 한 끼를 먹여주거나 옷을 주면 시를 한 편 써주었다. 한동안 이렇게 즉흥적으로 만들어진 체제가 작동했다. 그러다가 고리대금업자들이 다시 돌아왔다.

* * *

　당대의 역사가들은 맨프레드를 평가하면서 단테보다 훨씬 더 박한 점수를 줬다. 14세기 말, 레오나르도 브루니Leonardo Bruni는 맨프레드가 "가문의 의사에 반해 왕의 이름을 가로챈 첩의 자식"이라고 강조했다. 맨프레드와 거의 동시대에 살았던 인물 지오반니 빌라니Giovanni Villani는 "그는 아버지만큼 방탕한 생활을 했다⋯⋯. 어릿광대, 조신들, 창녀들과 시간을 보내는 것을 좋아했고, 항상 초록색 옷을 입었다. 낭비벽이 있고, 평생 쾌락주의자로 살면서 신이나 성인들에는 아무런 관심도 없고, 오직 육체의 쾌락만을 추구했다"라고 썼다. 그러나 맨프레드의 죄는 스타티우스(그에 관해서는 나중에 더 자세히 밝히겠다)의 경우와 마찬가지로 탐욕이 아니라 탐닉이었다.

　어두운 숲을 나온 후 아름다운 산을 오르려고 하는 단테의 길을 막아선 세 야수 중 최악은 암늑대라고 베르길리우스는 단테에게 말한다. 이 세 야수는 〈예레미아 애가〉에서 예루살렘의 죄인들을 벌하기 위해 불러들이는 야수들을 연상케 한다.

> 숲에서 나온 사자가 그들을 도륙하고, 저녁을 지배하는 늑대가 그들을 해치고, 표범은 그들의 도시를 감시할 것이니, 거기로 나서는 자는 모두 갈기갈기 찢길 것이다. 그들이 인륜을 어기고 지은 죄가 수없이 많고, 퇴보가 크기 때문이다 (5:6).

　그러나 단테의 작품이 항상 그렇듯, 그가 언급하는 대상들과 묘사하는 장소는 실제 존재하는 것들인 동시에, 실제 대상들에 대한 상징이기도 하다. 그는 단순히 상징적인 기능만 하는 표현은 절대 쓰지 않는다. 그의 표현은 항상 다양한 수준의 해석이 가능한데, 이는 그가 칸그란데에게 쓴 편지에도 잘 드러나 있다. 단테는 자신의 작품에 대한 설명을 담은 편지에서 독자들은 글자 그대로 해석하는 단계로 시작해서, 은유적·도덕적 해석을 거쳐 영적 혹은 신비주의적으로 해석해야 한다고 말한다.[2] 그러나 심지어 그 정도 여러 겹의 독서도 충분치 않다.

첫 번째 야수인 표범 혹은 팬더는 "몸이 가볍고, 매우 민첩하며, 가죽에는 점 무늬가 나 있다." 이 짐승은 라틴어 문화권에서는 욕망의 개, 비너스의 사냥개들과 비슷한 동물로, 단테의 동물 개념에서는 욕망, 방종한 젊은 시절 우리를 공격하는 유혹들을 은유한다고 볼 수 있다. 두 번째 야수인 사자는 "머리를 바짝 쳐들고, 굶주림으로 광폭해져" 있는 짐승으로 성 마르크를 상징하는 사자가 아니라 왕들의 죄인 오만의 상징으로, 우리가 성인이 된 후 저지르게 되는 죄다. 세 번째 야수가 암늑대다.

> 그리고 여윈 몸 전체가
> 갈망으로 가득한 암늑대는
> 그녀와 마주친 수많은 사람들이 내내 절망에 사로잡혀 살고 있으니,
>
> 그 암늑대를 본 것만으로도 공포에 사로잡혀
> 너무 깊은 슬픔에 빠진 나는
> 산을 오를 희망조차 모두 잃고 말았다.[3]

이 지점에 이르기 전까지 단테의 감정은 희망과 두려움 사이를 오가고 있었다. 숲 속에서 두려움을 느낀 후 반짝이는 산 정상을 보고 마음이 편해졌고, 험한 바다에 빠지는 이미지와 해변에서 구출되는 느낌, 표범에 대한 두려움을 가졌지만 아침 햇살을 받으면서는 직감적으로 야수와의 만남에서 뭔가 좋은 일이 생길 수 있다는 느낌을 가지는 식으로 감정의 교차를 겪

었다. 그러나 암늑대를 만난 후 단테는 산 정상에 안전하게 도착할 희망을 더 이상 가질 수가 없었다. 그래서 베르길리우스가 안내해주겠다는 제안을 하면서 나타나기 전까지 단테는 희망이 전혀 없는 상태였다.

표범의 죄가 방종이고, 사자의 죄가 비이성이라면 암늑대의 죄는 탐욕, 즉 헛된 것을 갈구하고, 천상의 모든 약속보다 이승의 부를 더 추구한 죄였다. 폴의 동반자 디모데는 이렇게 썼다. "돈을 사랑함이 일만 악의 뿌리가 되나니 이것을 탐내는 자들은 미혹을 받아 믿음에서 떠나 많은 근심으로써 자기를 찔렀도다《디모데전서》, 6:10." 구원의 길을 걷고 있는 단테는 탐욕의 굶주림에 시달려, 물질적 이익은 아닐지 모르지만 여전히 이승에 속하는 것들, 가령 부를 통해 얻을 수 있는 명예, 소유물을 통해 사람들의 인정을 받는 것, 동료 시민들로 받는 칭송 등의 유혹을 받는다. 그리고 이 비밀스러운 갈망들은 그를 어두운 숲 가장자리로 다시 돌아가도록 만들고, 너무도 무겁게 그를 짓눌러서 영적으로 높은 곳으로 올라갈 희망을 더 이상 품을 수 없다는 느낌까지 들게 했다.

단테는 자신이 다른 죄를 지은 것도 알고 있다. 젊은 시절의 육욕으로 인해 베아트리체의 기억 대신 다른 여자를 탐했고, 죽은 자들과 대화할 때까지도 고개를 드는 사라질 줄 모르는 오만함은 결국 에덴동산에서 베아트리체에게 망신당할 때까지 계속되었다. 그러나 암늑대의 죄는 단테 한 사람뿐 아니라 사회 전체, 심지어 세상 전체를 위협하는 것이었다. 그 위협을 피하기 위해서는 다른 길을 택해야 한다고 베르길리우스는 말한다.

> 네가 비명을 지르게 하는 이 짐승은
> 누구도 자기를 지나가는 것을 허용하지 않고
> 너무도 강하게 길을 막다 못해 죽이기까지 한다.

본성이 너무도 비뚤어지고 사나워서

그 탐욕은 절대 만족시킬 수 없어

먹으면 먹을수록 이전보다 더 배고픔을 느낀다.[4]

하지만 이 끔찍한 탐욕의 죄는 정확히 무엇일까? 어떤 죄도 단독으로 존재하지 않는다. 모든 죄는 다른 죄와 뒤섞여서 상승 작용을 일으킨다. 잘못된 대상에 대한 과도한 사랑은 탐욕으로 이어지고, 그 탐욕은 다른 여러 죄악, 즉 과욕, 고리대금, 방탕함, 과도한 야심 등의 뿌리가 된다. 그리고 거기서 다시 우리가 원하는 것을 얻는 데 방해가 되는 사람들에 대한 분노와 우리보다 더 많이 가진 사람들에 대한 시기의 죄 또한 탄생한다. 따라서 암늑대의 죄는 여러 이름으로 부를 수 있다. 성 토마스 아퀴나스(언제나처럼 단테의 도덕적 원칙의 원천이 되는)는 이번에는 성 바질을 인용하며 지적한다.

네가 뒤로 감추는 것은 배고픈 자에게 돌아갈 빵이고, 네가 빼돌려 쌓아놓은 옷은 벌거벗은 사람의 외투이며, 네가 움켜쥔 돈은 곤궁한 사람의 것이니, 네가 약탈한 사람들의 수는 네가 도울 수도 있었을 사람의 수와 같도다.

그리고 아퀴나스는 탐욕 혹은 갈망이, 한편으로는 다른 사람의 소유물을 불공평하게 뺏거나 주지 않는 것을 뜻하기 때문에 정의에 반하지만, 또 다른 한편으로는 재물에 대한 과도한 사랑을 나타내기 때문에 박애 위에 자리매김한다고 말한다. 아퀴나스는 탐욕이 신보다 부를 더 사랑하기 전에 그치면 그것은 죽을 대죄가 아니라 용서받을 수 있는 가벼운 죄라고 주장하지만, "제대로 이야기하자면 부에 대한 욕정은 영혼에 어두운 그림자를 드리운다"고 결론짓는다. 오만이 신에 반하는 가장 큰 죄라면, 탐욕은 인류 전체에 반하는 가장 큰 죄다. 빛에 반하는 죄인 것이다.[5]

단테의 우주에서 탐욕스러운 자들은 그 정도에 따라 위치가 정해진다. 지옥의 4번째 원에서는 낭비와 인색의 죄를 진 자들이 벌을 받고, 6번째 원에서는 국민들에게서 약탈한 독재자들과 강도질을 한 폭력적인 노상강도들이, 7번째 원에서는 고리대금과 돈장사의 죄를 지은 자들이, 8번째 원에서는 평범한 도둑들과, 그리고 성직과 관직을 팔아먹은 영혼들이 벌을 받고 있다. 그리고 9번째 원에는 신의 궁극적인 힘을 탐냈던, 가장 큰 배반자 루시퍼가 있다. 연옥에서는 이 시스템이 반대 순서로 되어 있고 (올라갈수록 나쁜 쪽에서 좋은 쪽으로 변화하기 때문에), 새로운 종류의 탐욕과 그에 대한 결과들이 추가된다. 연옥의 두 번째 둘레에서는 질투의 죄를 지은 자들이, 3번째에서는 분노의 죄를 지은 자들이, 5번째에서는 탐욕의 죄를 지은 자들이 속죄를 하고 있다.

탐욕의 죄는 여러 가지 방법으로 벌을 받고 죗값을 치른다. 재물의 신 플루투스(베르길리우스는 그를 '저주받은 늑대'라고 부른다)가 지키는 지옥의 4번째 원은 낭비와 인색의 죄를 지은 자들이 마주보는 두 개의 반원 안에서 커다란 바위를 밀어 서로 부딪히면서 외친다. "너는 왜 쟁이기만 하느냐?" 그리고 "너는 왜 버리기만 하느냐?" 단테는 인색의 죄를 지은 죄인들 중 많은 수가 삭발했다는 것을 깨달았다. 베르길리우스는 그들이 성직자, 교황, 주교들이라고 설명한다. 단테는 그중 누구도 알아보지 못했는데 그것은 "그들이 무분별하게 살아온 탓에 이제 너무 더러워져 / 알아보지 못할 정도로 모습이 흐려지고 말았"기 때문이라고 베르길리우스는 설명한다. 그는 그들이 '행운의 여신Fortune'이 가지고 있는 것들을 조롱했으며, 이제는 "달 아래 있는 모든 금, 지금까지 존재했던 모든 금을 준다 해도 저 지친 영혼들 중 어느 하나에게도 휴식을 줄 수 없다"고 말한다. '행운의 여신'에게 이승의 소유물들을 이 사람에게서 저 사람에게로 분배, 재분배하도록 해서 끊임없이 유동적으로 어떤 이는 부자로, 어떤 이는 가난하게 만드는 신의 지혜를 인간으로서

는 도저히 이해할 수 없다.[6]

인색의 죄는《신곡》에 반복적으로 나오는 주제인데 반해, 낭비의 죄는 그다지 많이 언급되지 않는다. 스타티우스의 경우는 예외다. 〈연옥편〉에서 베르길리우스는 스타티우스가 인색의 죄를 지어서 벌을 받고 있다고 믿고, 동료 시인인 그에게 어떻게 그토록 현명한 사람이 그런 실수를 했는지 묻는다. 스타티우스는 미소를 지으며 자신은 그 반대의 죄를 지었다고 설명한다.

> 그제야 나는 우리의 손이
> 낭비의 날개를 너무 크게 펼칠 수 있다는 것을 깨닫고
> 다른 죄들과 마찬가지로 그 죄에 대해서도 참회를 했지요.[7]

그다음부터 방탕이라는 주제는 더 이상 언급되지 않지만, 인색의 죄에 대한 문제는 계속 다룬다. 어떤 이들은 '행운의 여신'의 불가해한 작업이 허용하는 한도 내에서, 그저 탐욕스럽게 모으기만 하는 데 그치는 것이 아니라 다른 이들의 불행에서 이득을 거두려 하기도 한다. 단테는 그런 사람들을 구두쇠들보다 세 단계 아래 원에서 만난다. 베르길리우스는 심연에서 날개를 가진 괴물 게리온을 소환한 다음, 자신이 게리온에게 두 사람을 싣고 내려가라는 지시를 하는 동안 단테는 타오르는 모래밭 가장자리에 모여 있는 한 무리의 사람들과 이야기를 나누라고 말한다.

> 그들의 눈에서 고통이 눈물이 되어 터져 나왔다.
> 그들은 이쪽저쪽 옆에서 나오는
> 수증기와 타오르는 흙을 피하기 위해 애를 썼다.
>
> 그것은 여름날 개들이 입과 발로

자기를 물어대는 벼룩과 파리와 모기들을

쫓느라 바쁜 모습과 다르지 않았다.[8]

베르길리우스가 죄인들이 무리지어 있는 곳에 단테를 혼자 보낸 것은 이것이 처음이자 유일한 사례였다. 단테는 인색한 자들의 원에서와 마찬가지로 죄인들 중 아무도 알아보지 못했다. 타오르는 모래 위에 앉아 땅만 쳐다보고 있던 사람들은 고리대금의 죄를 진 돈 장수들이었다. 그들의 목에는 가문의 문장이 수놓인 돈주머니들이 매달려 있었다. 그중 자신이 파두아에서 온 사람이라고 밝힌 한 사람은 단테에게 자기 주변 사람들은 모두 플로렌스 출신들이라고 말한다. 이 부분은 아주 짧은데, 그 이유는 이렇게 벌을 받는 영혼들에게 긴 시간을 할애하는 것이 불필요하다고 느꼈기 때문일 것이다. 그리고 단테는 그들을 경멸하는 태도로 대한다. 그들은 이성을 잃은 야수와 같고, 탐욕에 갇힌 자들이었다. 그들의 몸짓은 목에 걸린 돈주머니에 그려진 동물들─배가 터질 듯한 거위, 욕심 많은 돼지─을 닮았다. 단테는 그중 피사 출신 한 사람이 마지막으로 얼굴을 움찔거리며 소처럼 자기 주둥이를 핥는 것을 목격한다.

고리대금업은 자연에 반하는 죄다. 본질적으로 자랄 수 없는 것, 즉 금과 은을 자라게 하기 때문이다. 고리대금업자들의 행동, 즉 돈으로 돈을 버는 것은 땅에 뿌리를 내리고 있는 것도 아니고, 동료 인간들을 돌본 대가도 아니다. 따라서 그에 대한 벌은 영원히 그들의 보물을 파낸 땅만 쳐다보고, 다른 이들로부터 고립된 느낌을 가지는 것이다. 단테의 동시대인인 시에나의 제라드는 "고리대금업은 사악하고 부도덕하다. 자연의 것을 가져다가 그 본질을 초월하게 하고, 사람이 만든 것을 가져다가 그것을 있게 한 기술을 초월하게 만들기 때문이다. 그것은 자연에 완전히 반하는 행위다"라고 썼다. 제라드는 자연에서 나는 것들─기름, 포도주, 곡물─은 본연의 가치가 있고, 사람이 만든 인공적인 것들—동전, 금괴, 은괴—은 무게에 따른 가치가 있다고 주장했다. 고리대금업은 두 가치를 모두 변조해서 전자에는 더 많은 값을 매기고, 후자의 가치를 배가시켜 본질에서 어긋나도록 만든다. 고리대 금업은 노동의 반대말이다. 15세기에 활동했던 스페인 시인 호르헤 만리케 Jorge Manrique는, 이 세상은 "손을 놀려서 먹고 사는 사람들과/ 부자들"로 나뉘어 있고, 오직 죽음만이 우리가 사는 세상을 평등하게 만든다고 썼다.[9]

교회는 고리대금업에 대해 아주 엄격한 태도를 취했다. 1179년의 제3차 라테란 공의회에서부터 1311년 비엔나 공의회에 이르기까지 발표된 일련의 칙령에서는 고리대금업자들을 파문시키고, 채무자들에게 거둔 이자를 다시 돌려주지 않는 한 기독교식 장례를 치루지 못하게 했으며, 지역 정부가 그들의 활동을 합법화하는 것을 금지했다. 이러한 종교적 처방은 동료 유대 인들에게 이자를 물리는 것을 금지한 고대 유대교의 랍비법에 뿌리를 두고 있다(이교도들에게는 이자를 물릴 수 있었다). 성 암브로시우스는 이 전통을 염두에 두고, 약간 극단적인 다음과 같은 선언을 했다.

"살인을 해도 괜찮은 상대가 아니면 그에게 이자를 물릴 권리도 없다."

성 아우구스티누스는 어떤 경우든 이자를 물리는 것은 합법적 도적 행위와 다름없다고 생각했다. 이처럼 고리대금업은 영혼의 죄인 동시에 교회 법에 위배되는 범죄 행위였지만, 중세 이탈리아의 융성한 재정 경제 시스템에서 사실상 이런 금지령은 거의 지켜지지 않았다. 예를 들어, 플로렌스 정부는 간혹 시민들에게 5퍼센트 이자로 정부에게 돈을 빌려줘야 한다는 칙령을 내리곤 했다. 그리고 법률가들과 회계사들은 허위 거래 서류를 만든다든지, 대출을 투자로 만든다든지, 혹은 법 자체의 허점을 찾아내든지 등등의 방법으로 반고리대금법을 우회할 빈틈을 찾아내곤 했다.[10]

고리대금 행위를 금지하는 교회의 법은 유럽에서 경제 이론을 만들어내려는 조직적 시도의 시작이라고 볼 수도 있다. 그것은 대출금에 이자를 물리는 관행을 없애면 누구나 접근이 가능한 소비자 금융이 만들어진다는 가정에 기초한 시도였다. 훌륭한 의도에도 불구하고, 단테도 분명히 밝히듯이 실제적인 예외는 이론적 규칙을 훨씬 능가하고 말았다. 반고리대금 정책을 고수한 지 3세기만에 교회는 전략을 바꿔서 대금업에 대한 제한을 철폐하고, 약간의 이자를 물리는 것을 허용했다. 그러나 고리대금 관행은 현실적인 문제뿐 아니라 도덕적인 문제가 있는 행동으로 계속 간주되었고, 바티칸이 은행 업무를 점점 확장해나갔음에도 불구하고, 항상 죄악으로 간주되었다.[11]

고리대금업이 문학 작품의 주제로 애용된 것은 적어도 앵글로색슨 문화권에서는 오래된 일이다. 디킨스의 에베네저 스크루지가 대표적인 예다.《신곡》에서와 마찬가지로〈크리스마스 캐럴〉도 세 부분으로 나뉘어 있고, 단테와 마찬가지로 스크루지도 유령의 안내를 받아 세 영역으로 나뉜 세상을 여행한다.《신곡》에서 단테는 죄인들이 벌을 받는 것을 목격해야 했지만, 그와 더불어 그들이 속죄와 정화를 거쳐 구원을 받는 것도 지켜볼 수 있었다.《크리스마스 캐럴》에서 스크루지도 이와 비슷한 세 가지 비전, 즉 죄인이 벌을 받고, 속죄의 기회가 주어지고, 구원의 가능성을 보는 비전을 본다. 그러나《신곡》에서 다루는 죄는 다수인데 반해, 디킨스의 이야기에 나오는 죄는 단 한 가지 인색의 죄, 다른 모든 죄의 뿌리만을 다룬다.

구두쇠가 된 스크루지는 그 욕심 때문에 사랑을 버리고, 친구도 저버리고, 가족과의 관계도 끊고, 동료 인간들로부터 자신을 고립시키기에 이른다. 결혼을 약속했던 젊은 여인은 스크루지를 결혼의 맹세에서 풀어주면서 그의 심장 속에 자기가 차지했던 자리를 이제 '황금 우상'이 대신 차지하고 있다고 말한다. 그 말에 스크루지는 은행가의 논리를 사용해서 답을 한다. "이것이 바로 세상이 말하는 공명정대함의 실상이요! …… 가난만큼 세상이 혹독하게 외면하는 것도 없지만, 동시에 세상은 부를 좇는 것도 심하게 규탄하는 척하지요!"[12]

　모든 사람이 스크루지를 피한다. 심지어 시각장애인을 인도하는 다정한 인도견들마저도 그를 피한다. 디킨스는 "스크루지가 원했던 것이 바로 그것이었다. 삶의 분주한 행로의 가장자리에 자리 잡고, 자기에게 인간적 연민을 보이는 사람들을 가까이오지 못하게 하는 것"이라고 말한다. 그는 "쥐어짜고 비틀어짜고, 쥐면 안 놓고, 바닥까지 긁어대고, 움켜쥐는 탐욕스러운 늙은 죄인"이어서, 따돌림당한 채 외롭게 고통에 시달리는 지옥 일곱 번째 원의 돈장사들처럼 살고 있었다. 그의 비참한 삶은 4세기에 이집트의 마카리우스가 "신에 취한 상태"라고 부른 은둔자와 신비주의자들이 추구하는 명상의 삶을 패러디한 것이고, 그의 노동(돈을 세는 것)은 진정한 노동의 패러디였다.[13]

　디킨스는 일하는 삶을 충실히 기록하고, 은행가와 관료들의 비생산적 노동에 대해서는 분노에 찬 비판을 쏟아내는 작가였다. 그런 은행가들 중의 하나가 《작은 도릿Little Dorrit》에 나오는 미스터 머들이다. 그는 "엄청난 재원―막대한 자본과 정부에 대한 영향력―을 갖춘 사람이다." 그의 "계획들은 나와 있는 계획들 중 최상이다. 안전하고, 확실하다." 그러나 그 계획으로 수백 명의 인생을 망쳐놓은 후에야, 사람들은 미스터 머들에 대해 "두말할 것 없이 능수능란한 악당이지요……. 하지만 엄청나게 영리한 건 사실이에요! 일말의 존경심을 가지지 않을 수가 없습니다. 최고의 협잡꾼! 사람을 너무도 잘 파악했고―사람들을 완전히 사로잡아버렸어요―그 재능으로 정말 많은 일을 했지요"라고 말하기 시작했다.[14]

　현실의 미스터 머들이라고 할 수 있는 버나드 매도프Bernard Madoff는 2010년 경제 위기를 초래한 사람 중의 하나로, 협잡 기술로 많은 사람들을 유혹하는 능력이 뛰어났다. 그러나 자신이 한 일에 대해 일말의 가책도 없는 매도프와는 달리 미스터 머들은 계획이 실패로 끝난 후 수치심에 사로잡혀 자신의 목을 칼로 베었다. 그러나 우리가 사는 세상의 미스터 머들들은 지금도 계속 자기 자신을 위해 획득하는 돈이 선의 상징이라고 믿는다.

돈이 상징하는 것은 무척 복합적이다. 노벨상을 수상한 경제학자 폴 크루그먼은 《뉴욕 타임즈》 칼럼에서 미궁과도 같은 돈의 상징적 의미에 대해 세 가지 예를 들었다.[15]

첫 번째는 파푸아뉴기니의 노천채굴장 포게라 금광이다. 인권 남용과 환경 파괴로 악명이 높은데도 불구하고 2004년 이후 금값이 세 배나 인상되면서 여전히 채굴이 계속되고 있다.

두 번째는 아이슬란드 레이자네스바에르의 가상 광산에서 진행되고 있는 비트코인 채굴이다. 사람들은 이 디지털 화폐 '비트코인'을 미래에 다른 사람들이 살 것이라고 믿기 때문에 그 가상화폐를 구매한다. 크루그먼은 "금과 마찬가지로 가상화폐도 채굴이 가능하다"고 말한다. "새 비트코인을 구매하지 않고 손에 넣기 위해서는 대용량 컴퓨터와 그 컴퓨터를 돌릴 엄청난 양의 전기를 사용해 매우 복잡한 수학 문제를 풀어야 한다." 비트코인의 경우, 실제 존재하는 자원을 사용해서 용도가 확실치 않은 가상의 물건을 만들어내는 것이다.

세 번째 예는 가설로만 존재한다. 크루그먼은 1936년에 경제학자 존 메이너드 케인스가 완전 고용을 달성하기 위해서 정부지출을 늘려야 한다고 주장했다고 설명한다. 그러나 지금과 마찬가지로 그때도 그 제안은 강한 정치적 반대에 부딪혔다. 그러자 케인스는 농담조로 정부가 현금을 병에 담아 폐광이 된 석탄 광산에 묻어두고 민간 업자들에게 자기 돈을 들여 그 병을 파내도록 하자고 제안했다. 이 "완벽하게 쓸모없는 지출"은 국가 경제가 "꼭 필요로 하는 촉진제 역할"을 할 것이다. 케인스는 거기서 그치지 않고, 실제 금 채굴도 자신이 제안한 돈 채굴과 크게 다르지 않다고 지적한다. 인쇄기만 돌리면 별 비용을 들이지 않고 무한대의 현금을 찍어낼 수 있음에도 불구하고 금을 채굴하는 사람들은 땅에 묻힌 현금을 캐기 위해 큰 노력을 기울인다.

그리고 금은 땅에서 나오자마자 거의 바로 뉴욕 연방 준비은행 지하 금고 같은 곳에 다시 묻히고 만다. 돈은 가상적 의미만을 남기고 모든 것이 제거된 상징물이다. 단테가 묘사한 돈장사들의 목에 걸린 주머니들처럼 돈은 그것을 가진 사람을 반영하고, 다시 그 주인에게 반영이 되는 자기 참조적 존재가 된 것이다. 돈은 고리대금업을 만들어냈고, 그렇게 생겨난 고리대금업에서 돈이 만들어진다.

그러나 돈에 대한 우리의 집착은 어디서 시작되었을까? 돈은 언제 발명되었을까? 인류 초기 기록에는 동전에 관한 언급이 없이, 단순히 재화와 가축들에 대한 거래와 목록들만 남아 있다. 이 문제에 대해 아리스토텔레스는 돈이 자연스러운 물물교환에서 생겨났다고 주장한다. 서로 다른 재화에 대한 필요는 그런 재화의 교환으로 이어졌고, 쉽게 운송이 가능하지 않은 재화가 많았으므로 교환을 위한 관습적 수단으로 돈이 발명되었다는 것이다.

아리스토텔레스는 "처음에는 크기와 무게로 가치가 결정되었지만 결국 금속에 도장을 찍어 사용하게 되면서 무게와 크기를 잴 필요가 사라졌다"라고 썼다. 그는 계속해서 일단 통화 수단이 정착되고 나자, 재화의 교환은 거래로 발전했고, 금전적 이익이 도입되면서 상업 활동은 사고파는 물건보다 발행된 화폐 자체와 더 밀접한 연관성을 갖게 되었다고 설명한다. "부가 돈이 많은 것으로 흔히 간주되는 것이 사실이다. 돈을 버는 것과 거래의 목적이 많은 돈을 보유하는 것이기 때문이다." 아리스토텔레스는 돈을 버는 것이 삶을 운영하는 데 필요한 활동일 수 있지만, 그것이 고리대금업으로 이어지면 유해 활동이 된다고 생각했다. "부를 얻는 모든 방법 중 고리대금업이야말로 자연에 가장 반하는 행위이기 때문이다." 그는 고리대금업의 불합리성이 수단과 목적을, 도구와 작업을 혼돈하는 데서 나온다고 봤다.[16]

단테는《향연》에서 이 불합리성을 다른 관점에서 분석했다.[17] 행복으로 가는 서로 다른 길, 즉 사색 혹은 행동을 통해 행복을 얻는 두 가지 방법을 이야기하면서 단테는 《마가복음》에 등장하는 마리아와 마사의 예를 든다. 단테에 따르면 행동하는 척하지만, 실제 일은 전혀 하지 않는 돈장수들의 노동과는 달리 마리아의 노동은 진정한 노동이다. 심지어 집안일로 바삐 움직이는 그녀의 자매 마사보다도 더 높은 평가를 받는다. 단테는 지적 노동보다 육체노동이 더 우월하다고 평가하는 것을 거부하고, 이 두 가지 노동을 꿀뿐 아니라 밀랍도 모으는 벌의 노동에 비유한다.

《누가복음》에 따르면 베다니에서 유월절 축제가 있기 6일 전, 마사와 마리아는 오빠 라자루스를 부활시킨 예수를 위해 저녁 만찬을 차린다. 마사가 부엌에서 일을 하는 동안 마리아는 손님의 발치에 앉아 그의 말을 경청한다. 할 일이 너무 많아 주체할 수 없게 된 마사가 마리아에게 와서 도와달라고 부탁한다.

"마사, 마사." 예수가 말했다.

"너는 조심스럽고, 많은 곳에 신경을 쓰는구나. 그러나 중요한 것이 한 가지 있으니, 마리아는 바로 그것을 선택했구나."

단테는 그든 도덕적 덕목은 자신이 누군지에 따라 스스로에게 적절한 역할을 선택하는 데서 비롯된다는 의미로 그렇게 말했다고 해석한다. 마리아에게 그 '적절한 역할'은 구세주의 발치에 앉아 그의 말을 듣는 것이었다. 그렇다고 그리스도는 마사가 서두르고 세세한 신경을 쓰며 일하는 것도 무시하지 않는다.

베다니의 그 집에서 벌어졌던 광경은 수세기에 걸쳐 현재까지도 긴 그림자를 드리우듯 영향을 준다. 기독교인이 되었든 비기독교인이 되었든 상관없이 이런 상황은 여전히 반복되어, 하찮은 일상적인 일을 하는 사람들과 그 사람들의 돌봄을 받는 사람들을 구분해서 분리하고, 후자의 일이 더 고귀하고 영적인 차원의 것을 다룬다고 여겼다. 처음에는 이 이중 구조를 영적인 의미로 이해해서 그저 사색적인 삶과 행동을 하는 삶의 차이라고 받아들여졌다. 그러나 얼마 가지 않아 두 집단은 성스러운(혹은 속세의) 권력의 발치(혹은 권좌)에 앉는 특권을 지닌 사람들과, 그렇지 못해서 부엌 혹은 저임금을 받고 노동에 시달리는 사람들을 분리하는 것으로 이해(혹은 오해)되었다.

라자루스의 누이 마리아와 같은 인물은 여러 모습으로 찬양의 대상이 된다. 왕, 최고 주권자, 현자, 신비주의자, 성직자, 영웅 등 운명적으로 '더 나은 역할'을 부여받은 사람들이다. 그러나 마사도 늘 그 존재감을 잃지 않는다. 화려한 무덤에서 이집트 파라오의 옆을 지키고, 중국 황제가 장엄한 대나무 숲을 거닐 때 그 뒤를 지키고, 폼페이 부잣집 마당에 설치된 모자이크에 등장하고, '성수태 고지'가 이루어질 때 그 배경에서 눈에 띄지 않게 자신의 삶을 계속 살아가고, 발샤자르의 향연에서 포도주를 따르고, 로마네스크 양식으로 지은 교회의 기둥머리에 반쯤 숨겨진 채 등장하고, 도곤의 문에 앉은 자세로 조각된 신 주변의 장식으로 등장하는 마사와 같은 인물들은 인내심을 잃지 않고, 음식과 음료를 차리고, 다른 사람들을 편안하게 하는 일상의 노동을 계속한다.

단테는 "손으로 일을 하는 사람들"을 절대 잊지 않는다. 《신곡》에서 우리는 네덜란드에서 방파벽을 쌓는 석공들, '베니스의 무기고'에 들어온 부서진 배들의 틈을 메우기 위해 역청을 끓이는 일을 하는 사람들, 부엌에서 사환들을 시켜 고기를 고리에 걸어 커다란 들통에 담그라고 명령하는 요리사들, 작물에 서리가 내리는 것을 보고 절망하는 농부들, 단테처럼 이리저리 본거지를 옮겨다니는 기마부대 병사들을 만난다.

유럽에서 노동자들의 활동이 최초로 기록되고 묘사되기 시작한 것은 중세 후기부터다. "헤파이스토스의 대장간" 혹은 "기적의 어획량" 등의 회화작품에 부수적으로 등장하는 배경으로 대장장이나 어부의 출연을 정당화하는 것이 아니라 노동자들 자체를 명시적인 주제로 사용하는 풍조는 봉건주의가 몰락한 후의 사회가 스스로를 그 자체로 묘사하는 데 관심을 보이는 움직임과 시기가 일치한다. 15세기의 유명한 채색 필사본 〈베리 공작의 아주 호화로운 기도서Les Très Riches Heures du duc de Berry〉에 나오는 각 달의 삽화에는 농부, 목수, 양치기, 작물 수확인 등이 일을 하는 모습이 나오는데, 단순히 계절의 변화를 묘사하는 이정표라기보다는 사회를 이루는 구성원들이 독립적인 초상화의 주인공으로 등장하는 그림들이다. 이 삽화들은 노동에 종사하는 삶의 특정 순간을 표착하려는 의도적인 시도의 첫 번째 예 중 하나다.

카라바지오Caravaggio는 아마도 글에서 주제를 빌려오는 관습을 완전히 뒤집어서 사용한 최초의 화가 중 하나일 것이다. 표면적으로만 보면 그의 프롤레타리아 계급 모델들은 그가 그리는 성경의 극적 장면들에 등장하는 배우들처럼 보이지만, 실은 성경의 장면들이야말로 평범한 노동자들을 묘사하기 위한 핑계에 불과하다. 그가 사용하는 장치가 너무도 뻔하고, 명약관화한 의도도 너무 충격적이어서, (전설에 따르면) 1606년, 카르멜회 수녀원은 자기들의 주문으로 그린 "성모 마리아의 영면"의 완성품을 받아들이는 것을 거부했다고 전해진다. 카르바지오가 티베르 강에 몸을 던져 익사한 임신한 젊은 창녀의 시체를 모델로 삼았기 때문이다. 붙여진 제목에도 불구하고, 그 그림을 보는 사람은 주의 어머니가 영면을 하고 있는 모습이 아니라, 사회가 착취한 후 버려버린 여성의 임신한 몸이었다(이와 비슷한 스캔들이 1850년 존 에버렛 밀레이John Everett Millais가 "부모의 집에 있는 그리스도"를 전시한 후에도 불거졌었다. 이 그림에 혹독한 비평을 한 사람들 중 대표적인 인물인 찰스 디킨스는 밀레이가 감히 성스러운 가족을 명상적인 마리아의 영성 공동체가 아닌 마사와 같은 부류에 속하는 평범한 목수의 가족으로 묘사했다고 공격했다).[18]

그러나 인상파에 와서야 노동은 날마다 벌어지는 영웅적인 일상과 비참한 일상 모두를 함축한 주제 자체로 예술적 표현 대상이 될 가치가 있다는 것을 인정받게 되었다. 에두아르 뷔야르Edouard Vuillard의 바느질하는 여인,

클로드 모네Claude Monet의 웨이터, 앙리 드 툴루즈-로트렉Henri de Toulouse-Lautrec의 빨래하는 여인들이 그 예다. 그리고 후에 이탈리아 점묘화파 화가들은 새로운 주제는 아닐지라도 마침내 노동자들에게 그들의 투쟁을 주제로 한 무대를 마련해줬다. 그 이미지들을 통해 인간이 노동을 하는 장면뿐 아니라 그 결과(착취와 탈진), 원인(야망 혹은 배고픔), 그리고 그에 따른 비극(사고와 무력을 동원한 억압) 등에 대한 전면적은 논평이 시도되었다. 이 이미지들의 많은 수는 감상적이고 이상화되는 경우가 흔했는데, 이 장르는 러시아에서는 1917년 10월 혁명 후, 그리고 그 후 중국의 포스터 예술에서 장식적 역할, 심지어 순수한 그래픽의 가치까지 획득했다. 그러나 더 큰 관점에서 볼 때, 이 이미지들은 공산주의 미학의 틀 안에서 전투적 특징의 많은 부분을 상실했고, 어떤 의미에서는 오히려 초기 중세 시대에 노동자들을 묘사했던 몰인격적인 시각으로 되돌아갔다. 노동을 정치적으로, 상업적으로 광고하기 위해 이미지화하면서 노동은 마사의 역할을 패러디하는 것이 되어버렸다. 이는 고리대금업이 마리아의 역할을 패러디한 것에 견줄 수 있다.

그러나 모네가 살았던 시기부터 사용되기 시작한 사진 분야는 마사가 하는 노동을 묘사한 이미지에 보는 사람의 이해를 더해 품위를 부여하는 데 기여했다. 정치적 문맥이 있는 서사를 필요로 하는 이미지를 묘사할 때도 관객을 조정해서 목격자의 위치에 놓음으로써, 사진(광고 분야를 제외하고)은 노동자들의 활동을 기록함과 동시에 미학적인 대상으로 포착했고, 동시에 구성과 조명에 관한 다양한 법칙을 적용했다. 그림을 보는 사람의 입장에서 볼 때, 16세기 브뤼겔Pieter Bruegel의 〈바벨탑〉(세 가지 버전이 존재한다)에서 탑을 기어오르는 아주 작은 석공의 모습은 고통 받는 노예의 이미지보다는 성경의 한 장면을 묘사하는 데 동원된 여러 요소 중 하나라는 의미가 더 크다.

브뤼겔로부터 4세기가 흐른 후, 브라질의 사진작가 세바스티앙 살가도Sebastiao Salgado는 브뤼겔 풍의 일련의 이미지를 전시했다. 거대한 괴물 같은 아마존의 채석장 벽을 개미 떼처럼 오르내리는 곤궁한 모습의 금광 노동자들의 모습은 노동자들이 희생자이며, 우리와 같은 시대를 사는 동료 인간들이 땅위의 지옥에서 고통 받고 있다는 해석 말고는 다른 어떤 해석도 불가능한 이미지들이었다. 살가도는 여러 전시회들 중 초반에 열린 전시회에서 아케론 강둑에 모여드는 벌 받는 영혼들을 묘사한 단테의 글을 인용했다.

> 가을에 이파리들이
> 하나 둘 차례로 떨어져 가지에 달려 있던
> 잎들이 모두 땅에 쌓이는 것처럼,
>
> 애덤의 사악한 피를 받은 후손들이
> 부름을 받고 하나하나 차례로 그 해안에서
> 몸을 던진다, 자기를 부르는 짝의 소리에 반응하는 새처럼.[19]

살가도의 작품처럼 기록적인 이미지들은 예외 없이 그와 관련된 확고한 이야기가 존재하고, 그 이야기는 작가가 만들어낸 이미지에 은유 혹은 비유를 통해 형태와 주장을 부여한다. 살가도의 노동자들을 지옥에서 벌을 받는 영혼들에 비유할 수도 있지만, 동시에 그들은 바빌론을 건설하는 일꾼들이자, 피라미드 건축에 동원된 노예들로 이 땅에서 인간이 겪는 힘든 노동, 땀, 고통을 비유적으로 표현한 이미지이기도 하다. 이런 해석은 그 이미지를 보는 사람이 내리는 글자 그대로의 해석과 살가도의 이미지가 가지는 사실적 가치를 손상시키거나 감소시키는 것이 아니라 그의 사진이 묘사하는 것들에 또 한 겹의 이야기를 입힌다. 단테의 주장을 빌자면, 우리의 과거 역사로 돌아가서 표면으로 잘 떠오르지 못하고 과거에 묻혀버린 마사의 이미지들을 구출해낸 것이다.

오스카 와일드는 1885년에 첫 아들 시릴이, 1886년에 둘째 아들 비비안이 태어난 후 일련의 단편 동화들을 썼고 이 이야기들은 후에 두 권의 책으로 출판되었다. 그 두 번째 책인 《석류의 집》은 〈어린 왕〉이라는 이야기로 시작한다. 어린 양치기 소년이 왕의 후계자라고 밝혀진 후, 그는 왕궁으로 가게 된다. 대관식 전날 밤, 그는 세 가지 꿈을 꾸는데, 꿈속에서 왕관, 홀, 망토가 "고통의 흰 손"에 의해 만들어진 것을 보고 그것들을 몸에 걸치는 것을 거부한다. 그의 마음을 돌리기 위해 사람들은 고통은 그들이 늘 감당해온 운명이었다고 하면서 "주인을 위해 힘든 노동을 하는 것은 씁쓸한 일이지만, 그 힘든 노동을 해야 할 이유가 되는 주인이 없는 것은 그보다 더 씁쓸한 일"이라고 말한다. 어린 왕은 "부자와 가난한 자는 형제가 아닙니까?" 하고 물었다. "네." 그들이 대답했다. "부자 형제의 이름은 카인입니다."[20]

어린 왕의 세 번째 꿈에서는 "죽음"과 "구두쇠"가 열대의 숲에서 고생하고 있는 수많은 노동자들을 지켜보고 있다. "구두쇠"가 앙상하게 마른 손에 쥐고 있는 몇 개의 씨를 절대 내주려 하지 않자, "죽음"은 "구두쇠"의 부하들을 모두 죽여버린다. 1세기 후 살가도가 사진으로 말하려 했던 바로 그 장면을 오스카 와일드는 이렇게 말로 묘사한다.

거기서 그는 말라버린 강바닥에서 힘들게 일하는 엄청난 수의 사람들을 봤다. 그 사람들은 개미들처럼 강둑으로 덮고 있었다. 그들은 땅에 깊은 구덩이들을 파고 그 안으로 내려갔다. 그중 일부는 커다란 도끼로 바위를 쪼갰고, 다른 이들은 모래에 파묻혔……. 모두들 서로를 불러가며 바삐 움직였고, 아무도 게으름을 피우지 않았다.[21]

그때, 살가도의 사진에 잡히지 않은 바깥쪽, 지옥의 다섯 번째 원에서 "구두쇠"가 움켜쥔 손에 힘을 줬다.

제14장

어떻게 순서를 정하고
질서를 잡을 수 있을까

대지는 논쟁하지 않는다.

대지는 비참해지지도 않고, 궁리하지도 않는다.

비명을 지르지도, 서두르지도, 설득하려하지도, 위협하지도, 약속하지도 않고,

차별하지도, 실패하지도 않으며,

아무것도 덮지 않고, 아무도 거부하지 않고, 아무도 배척하지 않으며,

어떤 권력과 대상과 국가도 배척하지 않고, 모든 것에 고한다.

—월트 휘트먼Walt Whitman, 《풀잎》

어린 아이였을 때도 나는 세계가 내 지구본 위의 지도에 입혀진 색깔에 따라 나뉜 대로 보는 것에 익숙해져 있었다. '어스earth'라는 단어가 손에 쥔 흙이라는 뜻과, 선생님들이 태양을 중심으로 끊임없이 돌고 있다고 말해준, 너무나 커서 우리 눈으로는 볼 수가 없는 엄청나게 큰 흙덩어리 '어스 Earth' 도 된다는 사실을 배웠다. 내가 이사를 할 때마다 시계 바늘이 움직이는 것처럼, 흘러가는 내 삶의 여정에 흙덩어리로 표시를 하는 느낌이 들었다. 마치 시간(나의 시간)이 손에 쥘 수 있는 흙처럼 측정이 가능하고, 각 흙덩어리는 그 장소에서 내게 일어났던 일만큼이나 독특하고 식별 가능한 것처럼 느껴졌다. 장소로 시간의 흐름에 구획을 짓는 것처럼, 우리의 상징적 언어 안

에서 우리가 밟고 선 흙은 탄생, 삶, 죽음의 가치를 획득한다.

아틀라스, 지도, 백과사전, 사전 등은 땅과 하늘에 대해 우리가 알고 있는 모든 것을 순서대로 열거하고 라벨을 붙이고자 하는 시도다. 인류 최초의 책은 수메리아인들이 만든 리스트와 카탈로그다. 마치 사물에 이름을 부여하고 다양한 범주를 만들어서 분류하면 우리가 그것들을 더 잘 이해할 수 있기라도 하는 것처럼 말이다. 어릴 때 나는 주제, 크기, 언어, 작가, 색깔별로 정리된 책들을 보면서 재미있는 연관성을 새롭게 발견하곤 했다. 어떤 방법으로 정리를 해도 모두 합당해보였고, 분류 기준에 따라 그 전에는 보지 못했던 새로운 면을 각각의 책에서 발견하곤 했다. 〈보물섬〉은 해적에 관한 책들과 함께 꽂혀 있다가, 어떨 때는 갈색 표지의 다른 책들과 함께, 어떨 때는 중간 키의 책들과 함께, 어떨 때는 영어로 된 책들과 함께 꽂히기도 했다. 나는 〈보물섬〉에 부여된 이 모든 라벨을 받아들였다. 그러나 그 라벨들의 의미는 무엇일까?

흙은 신이 마술 같은 손으로 자신의 모습과 닮은 인간을 빚은 다음 특정 장소와 역할을 부여한 창조의 재료라는 내용을 가진 신화가 상당히 많다. 흙은 그와 동시에 인간의 식량의 원천이자, 우리가 마시는 것을 담는 그릇이며, 우리가 최종적으로 돌아가는 곳, 우리 몸이 분해되어서 결국 만들어지는 물질이기도 하다. 그 모든 범주가 흙을 정의한다.

고등학교 때 어떤 괴팍한 선생님이 읽도록 했던 선교의 우화가 있다. 그 이야기에는 제자가 스승에게 삶이 무엇인지를 묻는 장면이 나온다. 스승은 흙을 한줌 손에 쥐었다가 손가락 사이로 흘려보낸다. 제자는 다시 스승에게 죽음이 무엇인지를 묻는다. 스승은 똑같은 행동을 되풀이한다. 제자가 이번에는 부처가 무엇인지 묻는다. 다시 한 번 스승은 똑같은 행동을 했다. 제자는 고개 숙여 절을 하고 답을 해준 스승에게 고마움을 표현한다.

"하지만 내가 한 것은 답이 아니다."

스승이 말한다.

"그것은 질문이었느니라."

$$\cdots$$

폭력의 죄를 지은 영혼들이 벌을 받는 지옥의 7번째 원에서 올라오는 악취에 적응하기 위해 잠시 발걸음을 늦추던 베르길리우스와 단테는 커다란 바위 뒤에 몸을 피한다. 그러나 그 바위는 자신이 이단적인 시각을 가져 벌을 받는 교황 아나스타시오Anastasius II의 무덤이라고 밝힌다. 베르길리우스는 거기서 잠시 기다리는 사이에 단테에게 지옥 하부의 원들이 어떻게 구성되어 있는지 설명하면서 제자가 두 사람을 기다리는 끔찍한 곳들에 마음의 준비를 할 수 있도록 한다. 이 시점이 신의 법을 무너뜨리고 혼돈에 빠지게 하려는 이단자들과 맞닥뜨린 후인 것을 감안하면, 질서 있는 지하세계를 상세하게 묘사하는 베르길리우스의 노력은《신곡》의 모든 것, 그리고 우주의 모든 것들은 심사숙고 끝에 주어진 자기만의 고유한 자리가 있다는 것을 되새겨주는 의미로 읽을 수 있다.

《신곡》에 펼쳐지는 인간 드라마는 이렇게 엄격하게 정돈된 배경 위에서 펼쳐진다. 어떨 때는 그 배경이 상세하게 묘사되기도 하고, 어떨 때는 문맥적인 관련 정도마저 대충 언급되는 둥 마는 둥 하고 넘어가기도 한다. 그러나 이승의 세 영역에서 일어나는 모든 일에는 이유와 논리적 정당성이 있기 때문에(비록 그것이 인간적인 이유나 인간이 이해할 수 있는 논리가 아닐지라도), 모든 처벌과 속죄와 포상은 엄격한 만고불변의 법칙에 따라 미리 정해진 체계 안에 정해진 곳에 한정되어 있고, 그것은 완벽한 질서를 지닌 신의 마음을 반영한다. 앞에서 인용했던 지옥문에 새겨진 말들은 저승 전체에 해당되는 말이다.

"신성한 힘이 나를 만드셨으니/ 그것은 최고의 지혜와 원초적 사랑이니라."[1]

지옥 또한 우주의 다른 부분과 마찬가지로 신의 창조물이기 때문에 완벽하지 않을 수 없다.

베르길리우스의 상세하고 정확한 지리 강좌는 단테의 악몽 같은 여정이 흙과 돌로 이루어진 실제 장소에 대한 여행이라는 것을 강조했기 때문에, 우리도 모두 알다시피 갈릴레오는 후에 그곳의 거리와 높이 등을 계산할 수 있다고 생각했다. 베르길리우스가 단테에게 하는 설명은 두 단계로 이루어져 있어서, 먼저 단테와 함께 앞으로 방문할 지옥의 각 부분을 묘사한 다음, 지금까지 거쳐온 곳에 대한 단테의 질문에 답을 한다.

이단자의 지옥 다음에 놓인 원에서는 의도적으로 지적 능력을 사용해서 악의를 품은 죄를 지은 자들이 벌을 받는다. 이 저주받은 영혼들은 생각 없이 불의를 저지른 자들과, 의도적으로 불의를 저지른 자들로 나뉘는데, 후자는 훨씬 더 중한 죄로 간주된다. 일곱 번째 원에 자리하는 전자는 다시 폭력을 범한 대상이 타인인지, 자기 자신인지, 신인지에 따라 세 종류로 분류된다. 이성을 사용해서 불의를 저지른 자들은 다음 원에서 벌을 받는데 거기에는 여러 형태의 사기죄를 지은 자들도 포함된다. 아홉 번째이자 마지막 원에는 배반자들이 있는데, 그 가장 중심에 최고의 배반자 루시퍼가 있다. 단테의 질문에 답하면서, 베르길리우스는 두 번째에서 다섯 번째 원에 있는 죄인들—욕정의 죄, 탐식의 죄, 인색의 죄, 낭비의 죄, 그리고 분노의 죄—은 무절제의 죄를 지은 사람들로, (아리스토텔레스의 《니코마코스 윤리학》에 따라) 악의를 품은 죄보다 가벼워서 불타오르는 디스의 성벽 바깥에 자리한다.[2]

연옥산의 정확히 중간 지점에서 베르길리우스는 단테를 위해 (그리고 독자를 위해) 또다시 그곳의 구조를 설명한다. 이곳의 배치 기준은 아리스토텔레스의 사상에 근원을 둔 것이 아니라 죄와 덕의 본질에 관한 기독교 교리에 근거를 두고 있다. 게으름의 죗값을 치르며 속죄하고 있는 영혼들을 방문하기 전, 태양이 떠오르기를 기다리는 동안 (연옥의 법은 밤에 여행하는 것을 금지하기 때문에) 베르길리우스는 단테에게 연옥의 지도를 설명한다. 그는 연옥을 지배하는 힘은 사랑이라고 말한다. 그것은 자연적인 사랑과 이성적인 사랑을 모두 포함하고, 창조주뿐 아니라 그의 창조물까지도 움직이는 사랑이다.

> 자연적인 사랑은 실수하는 일이 없지만
> 이성적인 사랑은 잘못된 대상을 향하는 실수를 하기도 하고
> 완급을 조절하지 못하는 실수를 하기도 한다.[3]

사랑은 연옥산에서 정화 과정을 거치고 있는 다양한 죄의 종류에 따라 분류되어 있다. 잘못된 대상을 향해 사랑을 보낸 사람들은 오만, 질투, 분노의 죄를 지은 사람들이다. 열정이 부족한 사랑을 한 사람들은 게으른 죄를 저지른 것이고, 이승의 물건에 너무 강한 사랑을 지닌 사람들은 인색, 탐식, 욕정의 죄를 짓는다. 연옥의 요식 체계는 무척 엄격해서 각 무리가 연옥산에서 차지하는 자리는 각각 엄격하게 정해져 있다.

천국은 다른 두 영역과는 다소 다르다. 앞에서 살펴봤듯 비록 '하늘의 왕국'이 여러 개의 하늘로 나뉘지만, 거기 있는 축복받은 영혼들은 어느 하늘에 있든 모두 더없이 행복한 상태다. 단테가 피카르다 부에리Piccarda Bueri에게 그곳의 영혼들은 더 높은 하늘로 올라가기를 원하는지 묻자 그는 이렇게 대답한다.

> 형제여, 우리의 의지는
> 우리가 가진 것만을 염원하고, 다른 아무 것에도
> 목말라하지 않도록 하는 사랑으로
> 만족스럽습니다.

피카르다는 다음과 같이 감동적인 결론을 맺는다.

"그리고 주님의 의지 안에 우리의 평화가 있습니다."

신의 의지에 따라 우주는 의문의 여지가 없는 완벽한 질서 속에 존재하고, 그 안의 모든 것, 하늘과 땅에 (그리고 땅 밑에) 존재하는 모든 것은 그에 맞는 자리가 주어져 있다.[4]

우리는 정돈된 상태를 좋아하는 존재들이다. 혼돈 상태는 우리 마음에 의혹을 불러일으킨다. 경험은 아무런 규칙도, 이해할 수 있는 이유도 없이, 맹목적이고 태평스럽게 우리를 찾아오지만 우리는 모든 반증에도 불구하고 우리의 신이 법과 질서를 신뢰하며, 꼼꼼한 기록 담당관이자 교조적 사서의 모습을 하고 있는 것으로 그린다. 우리는 우주의 법칙이라고 스스로 확신하는 방법에 따라 모든 것을 파일과 상자로 나누고, 열병을 앓듯 정리하고 분류하고 라벨을 붙인다. 우리가 세상이라고 부르는 이 광기를 띤 곳에는 의미 있는 시작도, 이해할 수 있는 끝도, 알아볼 수 있는 목적도, 체계적 방법도 없다는 것을 우리는 알고 있다.

그러나 우리도 고집이 있다. 세상은 모종의 논리를 품고 있어야 하고, 의미가 있어야 한다. 그래서 우리는 공간을 지역으로 나누고, 시간을 날짜로 나눈다. 그런 다음 공간이 우리가 그린 지도에 따르지 않고, 시간이 우리가 정해놓은 역사책의 날짜의 한도를 넘어설 때마다 당황하기를 반복한다. 우리는 물건들을 모으고, 집을 지은 다음, 벽들이 내용물에 일관성과 의미를 부여하길 희망한다. 우리는 불타는 덤불에서 나오는 목소리처럼 "나는 스스로 있는 자이다"라는 말로 우리의 주의를 끌고 매혹시킨 물체에 내재하는 모호함을 받아들이기를 거부하면서도 "좋아, 그렇지만 너는 살구속 풍접초종에 속하는 가시덤불이기도 해"라고 덧붙이고 그 덤불에게 식물 표본집에 자리를 마련해줄 것이다. 우리는 위치를 파악하고 나면 사건과 그 사건의 주인공들을 이해하는 데 도움이 될 것이라고 믿고, 모험과 사고를 통해 그들이 얻는 모든 것은 우리가 정해주는 지리적 위치에 의해 정의될 것이라고 믿는다. 우리는 지도를 신뢰한다.

하버드대학교에서 소설에 관한 강의를 하기 전 블라디미르 나보코프는 가르치려는 소설에 나오는 사건이 일어난 장소들을 그린 표를 준비하곤 했다. 1950~60년대 포켓북으로 나왔던 탐정 소설에 같이 따라왔던 '범죄현장' 지도들처럼 말이다.5 〈황폐한 집〉의 사건들이 벌어지는 곳을 표시한 영국 지도, 〈맨스필드 파크〉의 '소더톤 코트'의 구조를 그린 지도, 〈변신〉의 삼사 가족이 사는 아파트 평면도, 〈율리시스〉의 레오폴드 블룸의 행적을 그린 더블린 지도처럼 말이다. 나보코프는 배경과 서술 사이의 떼려야 뗄 수 없는 관계를 이해하고 있었다(《신곡》에서는 이 관계가 핵심적인 역할을 한다).

박물관, 기록 보관소, 도서관은 분류 기준을 정하는 장소, 미리 정해놓은 시퀀스에 따라 조직된 영역이라는 의미에서 모두 지도의 한 종류라고 할 수 있다. 겉으로 보기에 여러 다른 종류로 이루어진 물건들을 뚜렷한 목적 없이 모아둔 곳이라도 그곳을 구성하는 물건들 중 어느 것의 이름도 아닌 라벨을 붙일 수 있다. 그 물건들을 모은 수집가의 이름이라든가, 그 물건들이 수집된 상황, 혹은 그 물건들의 이름 전체를 아우를 수 있는 범주 등이 라벨의 예다.

최초의 대학 박물관—일단의 특정 물건들에 대한 연구를 돕기 위한 목적으로 만들어진 최초의 박물관—은 1683년 옥스퍼드에 설립된 애시몰리언 박물관이다. 그 박물관의 핵심 수집품은 17세기의 식물학자이자 조경사 두 명이 모은 기묘하고도 멋진 물건들이었다. 부자 관계였던 이들은 둘 다 이름이 존 트레이드스캔트John Tradescant로, 자기들이 모은 수집품을 런던에서 바지선에 실어서 옥스퍼드로 보냈다. 거기에는 다음과 같은 보물들이 포함되어 있었다고 박물관의 초기 카탈로그에 기록되어 있다.

- 바빌론 시대의 조끼
- 튀르크족에게서 구한 다양한 종류의 알: 그중 하나는 용의 알로 기록됨
- 예루살렘 정교회 총대주교의 부활절 달걀
- 불사조 꼬리 깃털 두 개
- '바위'새의 발톱. '바위'새가 코끼리 가죽을 뚫을 수 있다는
  보고서도 함께 소장
- 모리셔스 섬의 도다르새. 몸집이 너무 커서 날 수 없음
- 약 10센티미터의 거친 뿔들이 난 토끼 머리
- 복어, 가시복어
- 자두씨에 조각된 잠수부의 물건들
- 수녀의 손을 따뜻하게 녹이기 위한 놋쇠공[6]

　불사조의 깃털과 수녀의 손을 녹이는 공, 복어, 뿔달린 토끼 머리는 공통점이 거의 없다. 그것들을 한데 묶는 주제는 3세기 전 이 물건들이 트레이드스캔트 부자의 이성과 감성을 매혹시켰다는 사실이다. 이 물건들이 상징하는 것이 트레이드스캔트 부자의 욕심인지 호기심인지, 그것들이 진품인지 상상의 용도를 붙인 것인지, 수집가의 세계관인지, 어두운 그들의 영혼 세계를 반영한 것인지에 상관없이 17세기 말 애시몰리언 박물관을 방문한 사람들은 말하자면 '트레이드스캔트 부자의 열정으로 규정된 질서'를 지닌 세상에 발을 들였던 것이다. 개인의 상상력으로 세상에 일관성과 질서 비슷한 것을 부여할 수 있음을 증명하는 예다.

　그럼에도 우리가 아는 질서는 아무리 논리정연하다고 하더라도 절대 공정하지는 않다. 물건이나 영혼, 혹은 사상에 적용하는 분류체계는 그 자체의 의미가 분류 대상에 전이될 수밖에 없으므로 완전히 중립적이라 생각하면 안 된다. 애시몰리언 박물관에 소장된 바빌론 시대의 조끼와 부활절 달걀은

17세기 개인 소유물에 대한 개념을 형성하는 데 일조한다. 지옥의 죄인들과 천국의 은총 받은 이들은 모두 자기 나름의 독특한 드라마를 펼쳐 보이지만, 전체적으로 볼 때는 13세기 기독교 우주관과 세상을 보는 단테의 개인적인 비전을 상징하고 있다. 《신곡》은 이런 의미에서 우리의 깨달음을 돕기 위해 분류되고 전시된 상상 속의 박물관이자, 무의식적 두려움과 욕망을 연기해내는 무대, 한 시인의 열정이자 비전을 모두 담은 도서관이기도 하다.

중세에 이렇게 다방면에 걸쳐 수집한 사람들은 주로 교회와 귀족들이었지만, 개인의 열정의 결과를 대중에게 보여주는 관습은 유럽에서는 15세기 후반부로 거슬러 올라갈 수 있다. 국가 수반들이 모은 세계적인 예술품들이 비엔나, 바티칸, 스페인의 엘에스코리알 수도원, 플로렌스, 베르사유 등에 집중되고 있던 시기에, 그보다는 규모가 적지만 개인적 취향을 더 잘 반영하는 이름난 개인 소장가들도 많이 생겨났다.

그중 한 예가 만토바Mantova 후작의 부인 이사벨라 데스테Isabella d'Este의 소장품들이다. 그녀는 종교적 이유나 집을 장식하기 위해서가 아니라 예술품 그 자체가 좋아서 그것들을 사서 모으기 시작했다. 그때까지만 해도 부자들은 집안을 아름답게 장식하기 위해서나 위신을 위해 예술품을 구입했다. 이사벨라는 그 과정을 뒤집어서, 방 하나를 정해 자신이 수집한 물건들에 틀을 부여했다. 이사벨라는 '작은 방'이라는 뜻의 자신의 카메리노camerino에(이 방은 최초의 개인 박물관 중의 하나로 예술사에 이름을 남기게 된다) 동시대 최고 예술가들의 작품을 모아 〈이야기가 있는 그림〉이라는 제목으로 전시를 했다. 그녀의 안목은 뛰어났다. 대리인을 시켜 만테냐Andrea Mantegna, 지오반니 벨리니Giovanni Bellini, 레오나르도 다 빈치Leonardo da Vinci, 페루지노Pietro Perugino, 라파엘Raffaello Sanzio, 미켈란젤로Michelangelo 등에게 접근해 자신의 카메리노에 소장할 작품들을 부탁했고, 그중 몇 명은 그 요청에 응했다.[7]

약 1세기 정도가 지난 후 수집 열풍은 이사벨라와 같은 귀족뿐 아니라 부유한 부르주아들 사이에도 불어닥쳐, 개인 소장품을 가지는 것은 재정적 혹은 지적인 사회적 위상의 척도가 되었다. 프랜시스 베이컨이 "보편적인 본질을 개인의 것으로 만든 전형적 사례"라고 부른 이 소장품들은 수많은 법률가와 의사의 응접실들을 장식했다. 프랑스어로 '캐비네cabinet'이라고 부르는 잠글 수 있는 서랍이 있는 가구 혹은 카메라노와 같이 나무 패널로 벽을 장식한 작은 방은 이 시대 부유한 가정에서는 흔히 볼 수 있는 것들이 되었다. 영국에서는 캐비네를 클로젯closet(벽장, 작은 방)이라고 불렀는데 라틴어의 clausum, 즉 닫힌(closed) 곳이라는 어원을 가진 단어로, 그 공간의 사적인 느낌을 강조했다.

다른 유럽 지역에서는 다양한 물건을 개인이 수집한 소장품들을 '캐비네 드 큐리오지테cabinet de curiosités' 혹은 '분더카머Wunderkammer'라고 불렀다. 그 후 몇 세기 동안 수집된 소장품들 중 대표적인 것들은 프라하의 루돌프 2세Rudolf II, 인스브루크 암브라스 캐슬의 페르디난드 2세Ferdinand II, 코펜하겐의 올르 웜, 생페테르부르그의 표트르 대제pyotr I, 스톡홀름의 구스타프 아돌푸스Gustav Adolphus 그리고 런던 건축가 한스 슬론 경Sir Hans Sloane의 개인 소장품들이다. 이런 사람들의 관심과 노력을 자양분 삼아, 호기심은 공식적으로 각 가정에서도 뿌리를 내릴 수 있게 되었다.[8]

호기심을 유발하는 물건들을 모으는 수집가들 중 돈이 부족한 사람들은 기발한 방법을 동원하기도 했다. 1620년, 학자 카시아노 달 포조Cassiano dal Pozzo가 로마에 있는 자신의 집에 수집한 것은 부자 친구들이 열심히 모으던 진품 예술품도, 유명한 건물들을 꼭 닮은 수제 모델도, 고고학적 동식물 표본도 아닌, 전문 도안사들에게 맡겨 그린 온갖 종류의 기묘한 물건, 생물, 골동품들의 드로잉들이었다. 그는 이것을 자신의 '종이 박물관'이라고 불렀다. 이 경우에도, 이사벨라의 카메리노나 트레이드스캔트 부자의 소장품처럼, 전체를 관장하는 규칙과 질서를 한 개인이 부과하고, 그 사람의 개인 사에 의해 게슈탈트Gestalt(형태)가 형성된 것에, 추가로 수집 대상이 더 이상 진짜 물건일 필요가 없다는 성격이 보태진 것이었다.

진품보다 훨씬 구하기가 쉽고 값이 싼 복제품을 모으는 '종이 박물관' 개념 덕분에 그다지 돈이 많지 않은 사람들도 수집가 대열에 합류할 수 있게 되었다. 경험을 표현하는 것이 경험 자체와 동등한 것으로 치는 문학의 대리 현실 개념을 차용해서, '종이 박물관'은 수집가들이 우주의 그림자를 표본 으로 만들어 자기의 지붕 아래 소장하는 것을 가능하게 했다. 그러나 이 관 습을 모두 다 인정하고 찬성한 것은 아니었다. 반대파들은 신플라톤주의 학 자 마르실리오 피치노Marsilio Ficino가 15세기에 "비참한 상황에 빠진 사람들 은 진품보다 진품의 그림자를 더 선호한다"고 한 말을 인용하면서 '종이 박 물관' 개념을 비판했다.[9]

진품의 그림자를 수집하는 것은 아주 오래된 개념이다. 프톨레미 왕조의 왕들은 알려진 세상의 모든 것을 이집트 안에 모으는 것이 불가능하다는 것을 인식하고, 손에 넣을 수 있는 세상의 지식은 그것이 무엇이든지 사본 을 만들어서 알렉산드리아의 건물 하나에 보관하겠다는 생각을 했다. 그에 따라, 두루마리가 되었든 석판이 되었든, 모든 문서는 발견하는 대로, 사들 이든 복사를 하든 훔치든 간에 즉시 이 도서관으로 가져오라는 명령을 내 렸다. 알렉산드리아 항구에 정박하는 배는 가지고 있는 모든 책을 제출하도 록 해서 복사본을 만든 다음 원본(간혹 사본)을 원래 주인에게 돌려줬다. 최 절정기에 알렉산드리아 도서관에는 50만 개가 넘는 두루마리가 소장되어 있었다고 전해진다.[10]

정보를 전시하기 위한 질서 잡힌 공간을 만드는 것은 항상 위험한 일이 아닐 수 없다. 비계나 틀을 세울 때와 마찬가지로, 아무리 의도를 중립적으 로 유지하려 해도 형식은 늘 내용에 영향을 미치기 때문이다. 같은 작품도 그것을 모든 것을 아우르는 시, 종교적 우화라는 해석, 환상 속의 모험, 혹은 자서전적 순례 여행 등으로 다르게 분류하면 다른 의미로 해석되듯, 석판에 새겨진 문서, 필사본, 인쇄본, 전자책 등등 모든 텍스트는 어떻게 분류하느냐에 따라 그 분류법의 언어에 영향을 받는다. 어떤 구조도 의미가 전혀 없는 백지 상태일 수 없다.

알렉산드리아의 프톨레미 왕조 문화사업의 영적 상속자는 폴 오틀레Paul Otlet라는 이름의 특별한 사람이었다. 그는 1868년 8월 23일 은행가와 도시계획 전문가를 많이 배출한 집안에서 태어났다. 오틀레는 어릴 적부터 장난감, 책, 반려동물 등 무엇을 분류하고 정리하는 데 놀라운 관심을 보였다. 그가 가장 좋아했고, 동생도 함께했던 놀이는 회계장부 만들기였다. 단정하게 줄을 맞춰 수입과 지출을 적고, 시간표와 카탈로그를 파일에 정리하며 노는 식이었다. 그는 또 정원 식물을 기를 장소를 분류해서 지도로 그리고, 가축들이 들어갈 우리를 줄맞춰 지어주는 것도 좋아했다. 나중에 가족이 프랑스 해변에 있는 작은 지중해 섬으로 가서 한동안 살았을 때, 오틀레는 이것저것 수집하는 일을 시작했다. 조개껍질, 돌, 화석, 로마시대 동전, 동물 뼈 등등을 모은 그는 자기만의 '캐비네 드 큐리오지테'를 만들었다. 15세가 되던 해 그는 학교 친구 몇 명과 함께 '개인 수집가 협회'를 발족하고 《라 시앙스La Science(과학)》라는 제목의 잡지를 편집했다. 비슷한 시기에 오틀레는 아버지의 서재에서 《라루스 백과사전》을 발견했다. 후에 그는 그 책이 "모든 것을 설명하고, 모든 질문에 대한 대답을 가지고 있는 책이었다"고 회고했다.[11] 그러나 여러 권으로 이루어진 《라루스 백과사전》마저도 이 야심찬 젊은이에게는 범위가 한정되어 보였다. 그렇게 해서 오틀레가 시작한 프로젝트는 결국 수십 년 후에야 빛을 보게 되었다. 단순히 대답과 설명만을 포함하는 백과사전이 아니라 인간의 모든 질문까지 망라하는 보편적 백과사전을 만들려는 준비를 시작한 것이다.

1892년, 젊은 오틀레는 앙리-마리 라퐁텐Henri-Marie La Fontaine을 만났다. 라퐁텐은 1913년에 국제 평화 운동에 대한 노력을 인정받아 노벨 평화상을 받은 인물이다. 두 사람은 떼려야 뗄 수 없는 가까운 친구가 되었고, 끊임없이 정보를 탐색한 플로베르의 소설 속 부바르와 페퀴셰처럼, 오틀레와 라퐁텐도 함께 도서관과 기록 저장소들을 헤매면서 모든 지식 분야를 망라한 방대한 양의 참고 서적 목록을 수집했다. 1876년 미국인 멜빈 듀이가 발명한 도서관 십진 분류법에서 영감을 얻은 오틀레와 라퐁텐은 듀이의 시스템을 전 세계적 문헌에 적용하기로 결심하고 듀이에게 허락을 청하는 편지를 썼다. 그 결과 탄생한 것이 1895년 '국제 서지학 협회Office international de Bibliographie'로, 브뤼셀을 중심으로 여러 나라에 지점을 두고 활동했다. 협회가 생긴 후 첫 몇 년 동안은 젊은 여성 직원들이 도서관들과 기록 저장소들의 카탈로그에 담긴 정보를 7.5센티미터×12.5센티미터 크기의 인덱스 카드에 옮겨 적는 작업을 했는데, 하루 작업량이 2,000장 가량 되었다. 1912년에 접어들 무렵에는 협회에서 작성한 카드가 1천만 장이 넘었고, 거기에 추가로 수십만 장의 도해 서류뿐 아니라 사진, 슬라이드, 필름, 영화 등이 보관되었다.

　　오틀레는 당시 최근에 발명된(그러나 아직 대중에게 공개되지 않은) 텔레비전과 함께 영화가 미래의 정보 전달 수단이라고 믿었다. 이 아이디어를 더 진보시키기 위해, 그는 혁명적인 기계(마이크로필름과 유사한)를 만들어서 책의 페이지들을 사진처럼 복사해서 스크린에 투사하는 방법을 개발했다. 그는 자신의 발명품을 '비블리오포트bibliophote', 즉 '책 영사기'라고 부르고, 이외에도 언젠가는 사람들이 말소리가 나는 책, 먼 거리로 전송될 수 있는 책, 그리고 3차원으로 볼 수 있는 책 등—홀로그램이 발명되기 50년 전이다—을 누구나 자신의 집에서 받아볼 수 있을 것이라 상상했다. 이제는 인터넷으로 가능해진 현실이다. 오틀레는 이 기계들을 '책을 대체하는 것들'이라고 불렀

다.[12]

듀이 십진 분류법을 미로와 같은 광대한 문헌 자료들에 적용해서 거둘 수 있는 효과를 시각화하기 위해 오틀레는 듀이의 분류법을 태양에 비교하는 차트를 그렸다. 차트에 그려진 태양의 빛살은 퍼져나가면서 숫자가 점점 많아져서 인간 지식의 모든 분야를 포용한다. 이 도표는 세 개의 빛나는 원이 하나로 통합되면서 그 빛이 우주 전체로 퍼져나가며 모든 것을 포함하고, 모든 것이 되는 단테의 마지막 비전과 묘하게도 닮아 있다.

> 오, 영원한 빛! 당신 안에 존재하고
>
> 오직 당신만이 깨닫고, 스스로 이해받으며,
>
> 스스로 이해하고, 스스로 사랑하고 미소 짓는 이여![13]

오틀레는 항상 열정적인 수집가였다. 그리고 그가 상상한 모든 것을 포함하는 기록 저장소에서는 어떤 것도 등한시할 수 없었다. 혹시 모르는 사이에 신의 이름이 들어 있을지 모르기 때문에 종잇조각이란 조각은 모두 다 '카이로 게니자'에 보관했던 유대인들처럼 오틀레도 모든 것을 다 보관했다. 작은 예를 들어보자면, 1890년 신혼여행을 떠나기 전 젊은 오틀레와 그의 신부는 파리의 루브르 백화점에 몸무게를 재러 갔다.[14] 오틀레는 자신은 70킬로그램, 그의 신부는 55킬로그램이라고 적힌 표를 셀로판 봉투에 조심스럽게 집어넣어 보존했고, 그 봉투는 그의 카드와 서류가 담긴 종이 박스 안에 보관된 채 지금도 볼 수 있다. "자네는 부수적인 것에서 핵심적인 것을 보는 재주가 있군" 하고 한 친구가 오틀레에게 말한 적이 있다고 한다. 오틀레의 잡식성 호기심을 설명하는 데 유용한 표현이다.[15]

수집은 카탈로그를 만들고, 분류하는 작업으로 이어졌다. 오틀레의 손자 장은 어느 날 할아버지와 함께 해변을 거닐다가 파도에 밀려 백사장에 올라온 해파리 몇 마리를 본 일을 회고한다. 오틀레는 걸음을 멈추고 해파리들을 피라미드 모양으로 모은 다음 조끼 주머니에서 종이 한 장을 꺼내들고 국제 서지학 협회 분류 기준에 따른 해파리의 분류 번호 '5933'을 적었다. 숫자 5는 일반 과학, 그다음 9는 동물학, 3은 강장동물, 그리고 해파리를 상징하는 네 번째 자리의 3, 이렇게 해서 5933이 되는 것이다. 오틀레는 숫자가 적힌 종이를 모아놓은 해파리 피라미드 위에 고정시킨 다음 손자와 함께하던 산책을 계속했다.[16]

　조직하고 분류하는 것에 대한 오틀레의 열정으로 인해 그는 노르웨이 건축가 헨드릭 안데르센의 유토피아적인 프로젝트를 지지하기에 이른다. 안데

오틀레의 분류법을 그린 삽화. 열정적인 수집가였던 그는 카드와 서류가 담긴 종이 박스를 활용해 모든 지식을 분류하고자 했다.

르센은 '평화와 화합을 위한 월드 센터'의 역할을 할 이상적 도시를 꿈꿨다. 이를 위해 몇 군데 장소가 제안되었다. 플랑드르 지방의 테르뷔랑, 로마 근처의 피우미치노, 콘스탄티노플, 파리, 베를린 그리고 뉴저지 어딘가 등이 후보로 올랐다. 이 야심찬 꿈에 대해 지식인들 뿐 아니라 정치인들도 회의적인 태도를 보였다. 안데르센과 친한 친구였고 안데르센의 조각 작품들을 좋아했던 헨리 제임스마저도 그런 거대한 계획을 극렬 반대했다. 그는 이렇게 말했다.

"자네가 그토록 황당하고, 이 피곤한 세상의 현실과 그토록 동떨어진 일을 하겠다고 하는데 내가 어떻게 글자 한 자라도 써서 자네 편을 들고 지지할 수가 있겠는가?"

제임스도 실은 이 정도로 충격을 받을 사람은 아니었다. 소설가였던 그는 과대망상증적 성격을 깊게 이해하고 있었다. 1879년 발표한 소설 〈포인튼의 전리품Spoils of Poynton〉에서 그는 게레스 여사가 자신의 멋진 집 포인튼에 다년간에 걸쳐 모은 잡다한 물건들에 대해 보이는 집착에 대해 분석한다.

"그런 곳을 만들어냈다는 것은 그만큼 존엄성을 가지고 있었다는 뜻이었다. 그곳을 지켜야 할 상황이 되면 최대한 격렬한 태도로 취하는 것이 옳은 일이었다."

오틀레가 국제 서지학 협회에 수집해놓은 산더미 같은 데이터와 마찬가지로 안데르센의 '이상적인 도시'는 게레스 여사의 포인튼처럼 그 전체가 너무나 소중해서 어떤 비판을 할 수도 없는 것이었다. 게레스 여사는 "이 집에 있는 것들 중에는 거의 굶다시피 해서 손에 넣은 것도 있어!"라고 말한다. "그것들은 우리의 종교였고, 삶이였지. 바로 우리 자신이었어!" 제임스도 확실히 밝히고 있듯이 여기서 "'그것들'은 물론 세상을 다 축약한 것이었다. 단지 게레스 여사에게는 '세상을 축약한 것'이 희귀한 프랑스 가구와 동양 도자기였을 뿐이다. 그녀는 애를 쓰면 사람들이 무엇을 소유하지 않은 상태는 상상할 수 있었지만, 사람들이 무엇을 원하지 않는 상태, 혹은 그리워하지 않는 상태는 상상할 수 없었다."17 오틀레처럼, 안데르센도 게레스 여사와 비슷한 머리 구조를 가지고 있었다. 결국 그는 제임스의 비판은 귓등으로 흘려들었다.

오틀레는 그 프로젝트에 집착적 관심을 보였다. 그의 비전에 따르면 '문다네움Mundaneum'이라고 이름을 붙인 그곳은 박물관, 도서관, 대형 강당, 그리고 과학 연구를 하는 별도의 건물로 이루어져 있었다. 그는 문다네움을 제네바에 건설하고 '모든 이에 의한, 모든 이를 위한, 모든 것의 분류'라는 모토를 붙이자고 제안했다. 르 코르뷔지에로 더 잘 알려진 당시 가장 유명했던 건축가 샤를-에두아르 잔네레-그리Charles-Édouard Jeanneret-Gris는 이 프로젝트를 지지하고 야심찬 설계도를 그려줬다. 거기에 더불어 스코틀랜드계 미국인 백만장자 앤드류 카네기가 재정적으로 도움을 주겠다고 제안했다. 그러나 1929년 10월, 월가가 무너지면서 미국에서 재정적 도움을 받을 모든 희망도 함께 사라졌고, 오틀레의 유토피아 프로젝트는 잊히고 말았다.18

그러나 문다네움의 기초를 이루는 개념, 즉 인류에 대한 보편적 기록이자 인류 지식에 대한 백과사전적 통찰, 그리고 책, 문헌, 카탈로그, 과학 관련 물품들을 보관하는 거대한 지적 보관소라는 취지로 진행된 다양한 수집품들은 완벽하게 카탈로그에 기록된 채로 브뤼셀 독립 50주년 기념 궁전에 1940년까지도 보관되어 있었다.19 그 해 5월 10일, 독일군이 벨기에를 침공했고, 오틀레와 그의 아내는 소중한 소장품을 뒤로 하고 프랑스에 망명하고 말았다. 자신의 질서 있게 분류된 우주를 구하기 위해 오틀레는 페탱 장군, 루즈벨트 대통령, 심지어 히틀러에게까지 청원서를 보냈다.

그러나 그의 노력은 결국 허사로 돌아가고 말았다. 그의 소장품이 있던 기념 궁전은 해체되었고, 그가 애정을 쏟아부으며 디자인했던 가구들은 최고재판소로 이전되었고, 서적과 문헌들은 상자에 넣어 보관되었다. 1944년

9월 4일 브뤼셀이 해방되자 프랑스에서 오틀레가 돌아왔을 때는 그의 인덱스 카드와 그림 파일들이 있던 자리에 히틀러 통치하 독일의 '새로운 예술'이 전시되고 있었고, 그곳에 분류, 정리, 보관되어 있던 정기간행물 60톤이 나치의 손에 파괴되고, 신중히 수집된 20만 권에 달하는 소장 도서는 종적을 감춘 상태였다. 폴 오틀레는 1944년 상심한 채 세상을 떴다.

그의 죽음 이후, 그의 엄청난 프로젝트의 잔재는 브뤼셀의 불결하기로 악명 높았던 해부학 협회 건물에 보관되었다. 그 후로도 산산조각 훼손된 채 몇 번 더 이리저리 옮겨 다니던 오틀레의 소장품들은 1992년 마침내 벨기에 몽스 시에 있는 1930년대의 백화점 건물을 보수한 곳으로 보내졌다. 그곳에서 꼼꼼히 재정비 작업을 거친 후 새로운 문다네움이 1996년 문을 열었다.[20]

1916년에 그가 쓴 일기 한 구절을 읽어보면 거의 강박적이었던 그의 일생을 어쩌면 이해할 수 있을지도 모르겠다. 일기에서 오틀레는 사춘기에 병을 앓고 난 후(그에 따르면 성홍열, 디프테리아, 뇌막염, 티푸스를 섞어놓은 듯한 병), 문장을 기억하는 능력을 잃어서, 더 이상 원하는 시나 산문 구절들을 암기하지 못하게 되었다. 이 문제에 대처하기 위해 "나는 논리를 통해 내 기억을 바로잡는 방법을 배웠다"고 설명한다.[21] 어쩌면 사실과 숫자들을 자신의 머릿속에 암기하지 못하게 된 그가 기억력을 대체하는 방법으로 상상해낸 것이 국제 서지학 협회나 문다네움이었는지도 모르겠다. 그곳에서는 인덱스 카드, 사진, 책, 기타 문헌들을 통해 일종의 대체 기억들이 만들어질 수 있는 곳이었으므로. 한 가지 확실한 것은 오틀레가 세상을 사랑하고, 세상에 대해 배울 수 있는 것은 모두 알고 싶어 했지만, 베르길리우스가 묘사한 죄인들처럼, 잘못된 목표에 너무 많은 열정으로 사랑을 퍼부은 실수를 범했다는 사실이다. 우리로서는 그가 믿은 신이 이 동료 분류광을 용서할 마음이 들기를 바랄 뿐이다.

1975년, 보르헤스는 오틀레라는 인물에서 영감을 얻은 것으로 보이는 장편 소설 〈콩그레스The Congress〉를 썼다. 소설에 등장하는 남자는 지구상의 어느 것도 빠뜨리지 않은 백과사전을 만들려고 애를 쓴다.[22] 소설에서는 세상의 가상 버전을 만들어내는 것은 결국 불가능한 혹은 쓸모없는 일이라는 결론을 내린다. 슬픈 동시에 기쁘게도 세상은 이미 존재하기 때문이다. 마지막 페이지에서 이 야심찬 백과사전 편찬자는 동료 연구원들과 함께 말 한 마리가 끄는 마차를 타고 부에노스아이레스를 구경한다. 그러나 그들이 보는 도시와 그 안에 존재하는 집, 나무, 사람들은 생소하거나 개성이 강한 존재들이 아니다. 그것은 연구원들이 만들어낸 세상이었고, 그들이 용감하게 시도해본 세상이었지만, 결국 그 세상은 언제나 거기 있었다는 것을 갑자기, 경이감에 가득찬 채 깨닫게 된다.

제15장

이 다음은 무엇일까

죽음은… 없다….

있는 것은 오직… 나… 나….

죽어가는 내가 있을 뿐이다….

—앙드레 말로André Malraux, 〈왕도〉

1990년대 언젠가, 베를린에 갔을 때였다. 작가인 스탠 퍼스키Stan Persky가
대 루카스 크리나흐Lucas Cranach의 〈회춘의 샘〉을 내게 보여주기 위해 베를
린국립회화관으로 나를 데리고 갔다. 그 그림은 직사각형의 수영장 안에서
즐겁게 노니는 남녀들을 중간 크기 정도의 캔버스에 원근법을 사용해 상세
하게 묘사해놓은 작품이었다. 왼쪽에는 마차와 손수레를 타고 도착하는 노
인들이 보이고, 반대편에는 벌거벗은 젊은이들이 수영장에서 나와, 줄이어
세워진 붉은색 텐트로 들어간다. 그 텐트들은 루이스 캐럴의 작품에 등장
하는 스나크가 무척 좋아했던 이동식 탈의 시설을 닮았다.

크라나흐의 그림을 본 후 스탠과 나는 생명을 연장하고 싶은지, 그리고

그런 일이 가능한지에 대해 토론하게 되었다. 나는 예상되는 종말이 두렵거나 걱정되지 않고, 오히려 결론을 염두에 두고 사는 쪽을 선호하며, 영원한 삶은 끝나지 않는 책과도 같아서 아무리 멋지더라도 결국은 지루해지고 말 것이라고 말했다. 그러나 스탠은 계속 사는 것, 혹은 영원히(질병과 장애를 겪지 않아도 된다면) 사는 것은 아주 좋은 일이라고 주장하면서, 삶이 너무도 즐거워서 영원히 끝나지 않았으면 좋겠다고 했다.

우리가 그 대화를 했을 때는 내가 50세도 되지 않았을 때였다. 15년도 넘게 지난 지금 나는 끝없는 삶이란 살 가치가 없다고 이전 어느 때보다 더 확신한다. 내가 앞으로 수십 년을 더 살 수 있을 것이라 생각해서가 아니다. 내 삶이라는 책 전체를 내 손 안에 쥐어보기 전에는 확신하기 어렵지만, 지금 내가 삶의 마지막 장에 접어들었다는 것은 거의 확실하다. 너무도 많은 일들이 일어났고, 너무도 많은 인물이 등장했다가 사라졌고, 너무도 많은 장소가 배경으로 등장해왔기 때문에, 이제는 앞뒷말이 맞지 않고 줄줄 새는 헛소리처럼 느껴지지 않고 얼마나 더 이야기가 지속될 수 있을지 장담하지 못할 시점이다.

《시편》의 작가는 이렇게 말한다.

우리에게 주어진 날은 70년, 강건한 사람이라도 80년이나, 그동안도 수고와 슬픔뿐이요, 모든 것이 너무도 빨리 지나쳐가고, 우리 또한 사라지리니.

《시편》에서 말한 수명은 최근까지도 파이의 마지막 숫자처럼 멀게만 느껴졌건만, 어느덧 이제 10년도 채 남지 않았다. 노년이라고 불러야 할 나이가 되자, 내 몸이 자신의 존재를 내 의식에 알리기 위해 계속 애를 쓰고 있다는 것을 깨닫는다. 마치 내가 생각하는 것에만 주의를 집중하는 것에 질투를 느끼고 내 의식의 영역에 힘으로라도 밀고 들어오겠다고 결심한 듯하

루카스 크라나흐, 〈회춘의 샘〉, 1546, 베를린 국립회화관 소장.

다. 얼마 전까지만 해도 나는 몸이 젊었을 때만 나를 지배하고, 성숙한 나이
가 되면서는 마음이 우위를 점할 수 있을 것이라 상상했다. 그리고 몸과 마
음이 내 삶을 반씩 지배할 것이라는 믿음 때문에 나는 그 둘이 서로를 방해
하지 않고, 공정하게, 별다른 소음 없이 순서대로 내 삶을 조정할 것이라고
상상했다.

　내 생각에 처음에는 그렇게 일이 돌아갔던 것 같다. 사춘기, 청년기에 내
마음은 뒤죽박죽하고 불확실한 상태로, 아무 걱정 없이 내 삶에 군림하며
닥치는 대로 즐거움을 추구하는 내 몸에 서투르게 간섭하곤 했다. 역설적
이게도, 당시에는 내 몸이 내 사고보다 덜 물질적으로 느껴져서, 신선한 아
침 냄새를 맡고, 도시의 밤거리를 걷고, 햇살을 받으며 아침식사를 하고, 어
둠 속에서 연인을 안고 있을 때 등 다양한 감각들을 통해서만 그 존재를 확
인할 수 있었다. 심지어 책을 읽는 것조차 몸을 통한 활동이었다. 책의 촉감,

냄새, 페이지 위에 쓰인 글자의 모양 등은 모두 내가 책과 맺는 관계의 일부였다.

이제 즐거움은 주로 생각을 통해 얻는다. 이제 꿈과 아이디어들은 이전 어느 때보다 더 풍성하고 명확하다. 마음이 이제 주도권을 잡고 싶어 하는 것이다. 그러나 늙은 몸은 마치 쫓겨난 독재자처럼 권력을 내놓는 것을 거부하면서, 물고, 할퀴고, 누르고, 비명을 지르고, 때로는 무감각해지거나 뜻하지 않은 피곤함으로 계속해서 주의를 끌고 싶어 한다. 다리가 아프고, 뼈가 시리고, 손이 뻣뻣해지며 말을 안 듣고, 장 어딘가가 쿡쿡 쑤시며 아파오는 식으로 독서나 대화, 심지어 생각하는 것조차 방해를 하곤 한다.

젊을 때 나는 언제나, 다른 사람들과 함께 있을 때도 혼자인 느낌이 들었었다. 내 몸이 한 번도 내게 보채지 않았고, 숨기고 싶은 도플갱어처럼 나와 이질감을 주는 다른 존재가 아니었기 때문이다. 나와 내 몸은 완벽하게, 가를 수 없는 하나의 전체이며, 독특하고, 천하무적인, 그림자도 드리우지 않는 《그림자를 판 사나이》 속 피터 슐레밀Peter Schlemihl의 몸과 같았다. 이제는 혼자 있을 때마저도 내 몸은 불청객처럼 자기 존재를 드러내면서 내가 생각하거나 자고 싶을 때조차도 소음을 내고, 내가 앉아 있거나 걸어다닐 때도 옆구리를 팔꿈치로 찔러댄다.

내가 어릴 때 좋아하던 그림 형제의 동화책에는 어느 시골길에서 쓰러져 있던 '죽음의 신'을 구출해주는 젊은 농부의 이야기가 나온다. 그의 선행에 감사하기 위해 '죽음의 신'은 은인에게 약속한다. 인간은 아무도 죽음을 면할 수는 없지만, '죽음의 신'은 그를 데리러 가기 전에 먼저 전령을 보내겠다고 했다.

몇 년 후, '죽음의 신'이 농부의 집 앞에 나타난다. 공포에 질린 그 농부는 '죽음의 신'에게 예전의 약속은 어떻게 되었는지 묻는다.

"하지만 내가 전령들을 보내지 않았습니까?"

'죽음의 신'이 묻는다.

"고열이 찾아와 당신을 공격하고, 흔들어대고, 쓰러지게 하지 않았나요? 현기증이 머리를 혼란스럽게 하지 않았습니까? 경련으로 손발이 꼬인 적은? 치통이 볼을 꼬집은 적도 있지요? 그런 것들이 아니더라도 내 동생 '잠의 신'이 매일 밤 나를 상기시키지 않았습니까? 밤마다 이미 죽은 것처럼 누워 있지 않았나요?"

내 몸은 이 전령들을 날마다 반기면서, 전령들의 주인을 맞을 준비를 하는 듯하다. 더 길게 잠들 것이라는 생각이 나를 걱정시키지는 않는다. 사실 이런 마음도 변한 부분이다. 젊을 때는 죽음이라는 것이 단순히 내 문학적 상상력의 일부, 사악한 새어머니들이나 튼튼한 심장을 가진 영웅들, 혹은 악마같은 모리아티 교수, 용감한 알론소 퀴하노Alonso Quixano 같은 사람들에게나 일어나는 일이었다. 책이 끝나는 것은 상상이 가능한 일이었고, (좋은 책이면) 애도할 일이었지만, 내 자신의 끝이 가능하다는 것은 상상하지 못했었다. 모든 젊은이들과 마찬가지로 나는 영원히 살 것 같았고, 내게 주어진 시간은 유효기간이 정해지지 않은 듯했다. 메이 스웬슨May Swenson은 그 느낌을 이렇게 표현했다.

> 내 열 살의 여름이
> 한 해뿐이었다는 것이 정말일까?
> 그랬다면 아주 긴 여름이었나보다.

이제는 여름이 너무 짧아서 정원에 의자를 가져다 내놓기가 무섭게 다시 창고로 들여놔야 한다. 크리스마스 장식은 걸어놓은 지 몇 시간 만에 다시 집어넣는 느낌인데 새로운 해가 왔다 가고, 십 년이 훌쩍 지나버린다. 이렇게 시간이 빨리 흐르는 것에 나는 당황하지 않는다. 내가 즐긴 이야기가 마지막 부분에 접어들면서 속도가 빨라지는 것에 익숙해져 있기 때문이다. 그렇다. 약간의 후회는 있다. 내가 아주 잘 알고 익숙해진 인물들이 마지막 몇 마디 대사를 하고, 마지막 몸짓을 하고, 들어갈 수 없는 성 주변을 마지막으로 한 번 더 돌거나, 고래등에 묶인 채 바다 안개 속으로 사라져야 할 시간이 되었기 때문이다.

그러나 매듭지어야 할 것은 모두 매듭지어졌고, 미해결로 남아 있어야 할 것은 그렇게 남겨졌다. 내 책상 위는 내 마음에 흡족할 정도로 정리가 되어 있고, 편지는 대부분 답장을 했고, 책들은 있어야 할 제자리에 꽂혀 있고, 써야 할 글들은 대충 끝마쳤다(독서는 끝냈다고 할 수 없다. 하지만 그것이 바로 독서라는 녀석의 본질 아닌가). 내 앞에 놓인 '해야 할 일' 리스트에는 아직도 했다는 표시가 되어 있지 않은 항목이 몇 개 남아 있다. 그러나 아무리 리스트에 있는 일을 모두 끝내려고 해도 완수하지 못한 항목은 늘 있었고, 앞으로도 항상 있을 것이다. 내 서재의 책들과 마찬가지로, 내 '해야 할 일' 리스트도 완전히 끝나라고 있는 것이 아니다.

생각과 행동을 통해 우리 이름이 '생명의 책'에 오르도록 해야 한다는 엄한 명령은 우리 자신이 그 이름 새김의 책임을 져야 하고, 우리가 스스로 기록자가 되어야 한다는 의미라고 《탈무드》학자들은 말한다. 그렇다면, 내가 기억하는 한 나는 내 이름을 다른 사람들의 말 속에 새겨왔다. 스탠 퍼스키와 같은 작가들의 말을 받아적으며, 그들의 책을 통해 그들의 말을 내 것으로 만들 수 있는 행운을 누린 것이다. 페트라르카는 편지에 자신이 베르길리우스, 보에티우스, 호라티우스를 한두 번이 아니라 수천 번을 읽었고, 그들의 작품을 읽는 것을 그친다 해도(그 편지를 쓴 나이가 40세였다) 그들의 책은 평생 자신에게 남아 있을 것이라고 고백했다.

"그들의 작품은 내 심장에 너무도 깊이 뿌리를 내려서, 그 글을 누가 썼는지 나는 종종 잊어버리곤 한다. 어떤 책을 오래 가지고 있으면서 계속 사용한 사람들과 마찬가지로 나도 그 글의 작가가 되고, 그 글들을 내 것처럼 느끼게 되었기 때문이다."

나는 그의 말에 전적으로 공감한다. 페트라르카는 책과의 긴밀한 관계를 확신하는 진정한 독자에게는 개별적으로 쓰인 책들이 존재하지 않는다는 사실을 이해했다. 우리에게는 무한하고 조각난 오직 하나의 텍스트가 존재할 뿐이고, 우리는 그 텍스트가 연속성을 갖는지, 시대착오적이지는 않은지, 혹은 형식적인 지적 소유권에 위배되는지 여부에 아무런 신경도 쓰지 않고 되는대로 읽곤 한다. 처음 책을 읽기 시작했을 때부터 나는 인용구의 형식으로 생각했고, 내가 쓴 글은 다른 사람이 이미 쓴 글이며, 읽은 글들을 재구성하고 재정비하는 것 이상의 욕심을 낼 수 없다는 것을 알고 있었다. 나는 그 임무를 수행하면서 커다란 만족감을 얻어왔다. 그리고 동시에, 나는 어떤 만족감도 진정으로 영원할 수 없다고 확신한다.

나는 모든 것의 죽음을 상상하는 것보다 내 자신의 죽음을 상상하는 것이 더 쉽다. 신학과 공상과학소설에서 얻는 지식에도 불구하고 자기중심적 시각에서는 세상의 종말을 상상하는 것이 쉽지 않다. 우주의 마지막 순간은 그것을 목격할 사람이 아무도 남아 있지 않다면 어떻게 보일까? 이렇게 겉보기에는 평범한 문제들은 우리가 상상할 수 있는 범위가 결국 1인칭 단수 시점의 한계를 벗어날 수 없다는 것을 증명한다.

세네카는 90세가 된 섹스투스 투라니우스Sextus Turannius의 이야기를 들려준다. 그는 칼리굴라Caligula 황제 아래서 행정관을 했던 사람으로, 황제가 직위를 박탈하자 "식솔들에게 그를 눕히고 침대 옆에 둘러서서 마치 자기가 죽은 것처럼 곡을 하라고 명령했다. 식솔들은 나이든 주인의 해고를 애도하기 시작했고, 그에게 다시 일자리가 주어질 때까지 멈추지 않았다." 이 전략으로 투라니우스는 자신의 장례식을 목격하는 불가능해 보이는 일을 해냈다. 그로부터 1700년 후, 미국의 괴짜 기업가 '로드' 티모스 덱스터Timothy

Dexter는 투라니우스보다는 덜 실용적인 목적을 염두에 두고 자신의 죽음을 위장했다. 사람들이 어떻게 반응하는지 관찰하기 위해서였다. 장례식장에서 아내가 충분히 슬퍼하는 것 같지 않자, 실망한 덱스터는 '다시 살아난후' 아내를 엄청나게 구타했다.

내 상상력은 이보다 더 소박하다. 나는 단순히 결론에 도달한 상태가 될 것이다. 그것은 아무런 결정, 생각, 두려움, 감정 없이 어떤 감지할 수 있는 감각으로도 더 이상 여기, 지금 있다고 할 수 없는 상태, 영어의 'to be'라는 동사를 쓸 수 없는 상태일 것이다.

* * *

세상은 항상 여기 있지만, 우리는 그렇지 않다. 그러나 《신곡》에는 죽음이 존재하지 않는다. 아니, 단테가 만나는 영혼들의 죽음은 이야기가 시작되기 전에 이미 벌어진 일이었다. 일단 죽은 다음 끔찍한 세 개의 왕국으로 온영혼들은 모두 심판의 날까지 살아 있어야 한다. 신체가 죽는다 하더라도각 개인은 자신의 의지를 제외하고는 거의 잃는 것이 없다는 것을 단테는깨닫는다. 그들은 언어 역시 여전히 가지고 있다. 그래서 벌을 받는 영혼이나 구원을 받은 영혼 모두 자신이 누구였는지, 지금은 누구인지를 말할 수있고, 죽음의 순간을 말로 옮길 수 있다.

그들의 죽음이 지나가는 말처럼 언급된 경우는 수없이 많다. 그중에서도가장 중요하게 다루어지는 것은 베르길리우스의 죽음이다. 베르길리우스는"내 영혼이 깃들어 있던 그림자를 드리울 수 있는 몸"이 브린디시에서 옮겨져 나폴리에 묻혀 있다고 말한다. 그리고 베아트리체의 죽음도 등장한다. 그녀는 자신이 "두 번째 인생을 시작하는/ 문턱에 있을 때" 단테가 배신했다고비난한다(그녀는 25세에 죽었다). 우골리노Ugolino 백작의 끔찍한 죽음 이야기도 나온다. 그는 숙적 루지에로 주교에 의해 '아사의 탑'에 갇혀 굶어 죽어가면서 자신의 아이들까지 먹는다(보르헤스는 실제로는 그가 둘 중 하나만 했을 것이라고 추측하지만,《신곡》에서는 둘 다 한 것으로 나온다). 유혈의 숲의 자살자들의 죽음, 그리고 짧게나마 피터 다미안의 죽음 또한 언급된다. 그리고 앞에서 언급했던 맨프레드의 죽음도 등장한다.[1]《신곡》은 죽음을 논하는 것이 아니라 죽음의 기억을 논한다. 자기 앞에 놓인 운명을 이해하기 위해, 인간 단테는 죽음을 경험한 사람들에게 질문한다. 그의 호기심이 이끄는 곳이 바로 거기였던 것이다.

베르길리우스는 그에게 "그곳은 끔찍한 곳이라네"라고 말하면서 단테가 "고통 받는 오래된 영혼들이/ 모두 두 번째 죽음을 달라고 외치는 것"을 볼 것이라고 덧붙인다. 《요한계시록》에 나오는 궁극적 소멸을 달라는 것이다.[2]《요한계시록》을 쓴 파트모스의 요한에 따르면, 심판의 날에 죽은 자들이 심판을 받기 위해 모두 다시 일어나, '생명의 책'에서 자신의 이름을 찾으려 할 것이다. 그 책에 이름이 오르지 않은 사람은 영원히 불에 타는 운명에 처한다. "죽음과 음부 또한 불 못에 던지우니, 그것이 바로 두 번째 죽음이라."《요한계시록》20:14)

기독교 문화가 주류를 이루는 유럽에서 '죽음'을 우화적으로 형상화하는 전통은 오랜 뿌리를 가지고 있다. 예를 들어 폼페이의 모자이크에 등장하는 살아 움직이는 해골은 중세 초기부터 죽음의 무도회에서 젊은이, 늙은이, 부자, 빈자를 구별하지 않고 그와 함께 (혹은 그녀와 함께-라틴어에서 죽음은 여성형이다) 춤을 추자고 모든 사람들을 초대한다.

유키오 미시마三島由紀夫는 1967년 쓴 글에서 다음과 같이 분석한다.

일본 사람들은 일상적인 활동 뒤에 항상 죽음이 도사리고 있다는 사실을 늘 잊지 않는다. 그러나 그들이 생각하는 죽음은 복잡하지 않고, 기쁜 일이다. 외국인들이 가지고 있는 추악하고 끔찍한 죽음의 개념과는 다르다. 중세 유럽인들이 상상한 죽음의 모습, 즉 긴 낫을 든 해골의 개념은 일본에는 존재하지 않았다. 현대적 도심 바로 옆, 밝은 태양빛이 쏟아지는 가운데 무성한 수풀에 뒤덮인 고대 도시 유적을 쉽게 볼 수 있는 나라들에 팽배한 죽음의 개념, 즉 지배자이자 주인으로 죽음을 보는 개념과도 다르다. 멕시코의 아즈텍, 톨텍인들 말이다. 우리 일본인들은 죽음을 공격적인 개념이 아니라 순수하고 맑은 샘물과 같은 것으로 생각한다. 거기서 솟아난 물은 온 세상을 끊임없이 적시는 강이 되어 오랜 세월에 거쳐 일본 사람들의 삶과 문화를 육성하고 풍요롭게 만들어왔다.3

죽음을 행복하게 기대하든, 벌벌 떨면서 두려워하든, 한 가지 질문은 변함없이 남아 있다. 만일 죽음이 문턱이라면, 그 문턱 너머에는 무엇이 있을까? 불교에서는 부처가 가르치는 네 가지 숭고한 진실을 깨우치면 죽었다 다시 태어나는 끊임없는 윤회의 틀에서 벗어날 수 있다고 믿는다. 그 구원을 최초로 경험한 사람이 바로 부처다. 죽은 후에도(혹은 "속세의 구속에서 완전히 벗어난 후"에도), 부처는 불교 신자들이 "부재 중의 존재"라고 부르는 상태로 계속 존재한다. 석가모니보다 후에 나온 부처인 미륵은 앞으로 다가올 세상에 대한 깨달음을 제자들에게 주기 위해 시로 된 〈미래 연대기 강연〉을 집필하고, 마지막 부처의 죽음 후 '다섯 가지의 사라짐'이 있을 것이라고 선언한다. '깨달음의 사라짐', '방법의 사라짐', '배움의 사라짐', '상징의 사라짐', '유물의 사라짐' 등이 그 다섯 가지다. 이런 여러 요소의 부재는 더 이상 인류가 진리를 획득할 수 없는 시대가 왔음을 알리는 신호다. 모든 것의 종말이 오면 마지막 승려가 성스러운 계율을 깨뜨리고, 성전의 기억이 사라지고, 승려의 의복과 표상들이 의미를 잃고, 모든 성스러운 부처의 유물이 불에 타 파괴될 것이다. "그때가 되면 업이 소멸될 것이다"라고 문헌에서는 엄중하게 선언한다.4

조로아스터교인들에게 죽음은 악의 영, 앙그라 마이뉴가 만든 것이다. 태초에 세상은 3천 년 단위의 시대가 두 번 연속되었다. 첫 3천 년은 영적 형태, 그다음 3천 년은 물질적 형태의 세상이었다. 그러나 악의 영이 세상을 공격해서 건강에 반하는 질병, 아름다움에 반하는 추함, 생명에 반하는 죽음을 만들어냈다. 3천 년이 흐른 후인, 기원전 1700년에서 기원전 1400년 사이에 페르시아에서 태어난 선지자 차라투스트라(혹은 조로아스터)는 인류가 앙그라 마이뉴Angra Mainyu에 대항해 싸울 수 있도록 할 신의 계시를 전달한다. 조로아스터의 성전인《젠드아베스타Zend-Avesta》에서는 조로아스터가 죽은 후 3천 년 동안 현재의 시대가 계속되다가 그 끝에 악이 영원히 패배할 것이라고 예언한다. 그때까지 한 사람 한 사람의 죽음은 조로아스터교인들이 "프라쇼케레티Frashokereti"라고 부르는 축복의 시간에 한 걸음씩 다가가는 역할을 한다.[5]

유대교-기독교 전통에서 종말론을 담은 가장 최초의 문헌은 마지막 선지자들인 말라키Malachi, 하카이Haggai, 즈카리아Zechariah에서 고전적인 유대교 예언이 끝나는 기원전 5세기 말로 거슬러 올라간다.[6] 그 이후에도 선지적 비전에 대한 기록은 계속되지만 더 이상 자신의 이름을 걸고 하는 개인의 목소리가 아니라, 익명으로 혹은 고대 현인의 이름을 빌어서 기록되었다.《다니엘서》를 제외하고, 이 새로운 예언서들은 모두《아가다》의 일부가 되었다.《아가다》는 주로 비율법적 주제를 다루는《탈무드》다. 고전적 예언서들은 주로 인간의 비행으로 인한 사건들과, 시간의 끝이 오고 영원한 골든 에이지가 도래할 때 어떤 일이 벌어질지를 묘사한다. 이 대재앙은 이교도 왕국들을 멸망시키고, 선택받은 자들이 구원을 받고, 쫓겨나 살던 자들이 타향에서 '약속의 땅'으로 돌아와서 전 세계적인 평화와 정의가 확립하는 시초가 될 것이다.

새로운 선지자들은 위의 비전들을 인정하면서도 전투가 있을 것이라 선언한다. 신의 양들과 신을 믿지 않는 자들 사이에 벌어지는 필사의 전쟁뿐 아니라 저승에서도 선과 악의 대규모 전쟁이 벌어진다는 것이다. 초기 성서 예언에서 구세주는 신 본인이었다. 반면 후에 나온 예언들에서는 인간과 신의 성질을 모두 가진 새로운 구세주가 도래할 것이라 선언한다. 이 후기 예언서들은 물론 초기 그리스도 추종자들의 믿음을 북돋기 위한 목적이 컸다.

구약 성서에서는 신과의 관계는 살아 있는 동안에만 가능하다고 가르친다. 죽은 후에는—유대교 전통에서는 사후 세계의 언어 사용 가능성을 배제한다—신과의 모든 접촉이 단절된다. "죽은 사람이 여호와를 찬양하는 것이 아니며 침묵으로 내려가는 사람들은 여호와를 찬양하지 못하지만"《시편》115:17)이라고《시편》의 저자는 썼다. 신을 기쁘게 하기 위해 해야 할 일은 모두 땅에서 하지 않으면 영원히 할 수 없는 일이었다. 그러나 기원전 1세기경, 유대인들 사이에서는 이와는 다른, 좀더 희망적인 개념이 인기를 얻기 시작했다.

사후 세계의 존재, 선한 행동과 악한 행동에 대한 인과응보, 그리고 신체의 부활 개념(이 모든 개념은 아주 기초적 형태이긴 하나 성경 정본에서 그 근원을 찾을 수 있기는 하다) 등이 유대교 신앙의 근본적인 교리가 되었다. 이와 함께 육신이 죽은 후까지도 신의 손길이 미치는 것이 재확인되었고, 인류는 불멸성을 확신하게 되면서 지금 여기, 이승에서 무엇을 하는가가 엄청 중요해졌다. 이 오래된 확신은 일련의 해석을 거치면서 동화와 변화를 거쳐서《요한계시록》으로 절정을 이루고, 단테의《신곡》의 핵심 요소가 된다. 단테는 이승과 그 너머 세상에서의 행동과 삶에 책임을 져야 하는 것도 살아 있는 우리들이고, 언젠가 끝이 날 길을 여행하는 동안 자신의 보상과 벌을 만들어나가야 하는 것도 살아 있는 우리들이라고 믿었다. 그것은 모든 개인의 임무에 관한 기본적 선언에 다름없었다. 단테는 삶이 끝난 후에도 우리는 침묵 속에 빠지지 않는다고 생각했다. 죽은 자도 언어의 선물을 계속 누릴 수 있어서 저승에서 벌어지는 일들에 대해서도 반성할 기회를 갖는 것이다.

이슬람교에서는 죽은 후 악한들은 벌을 받고 믿음이 있는 자들은 상을 받는다고 약속한다. "믿지 않는 자들에게는 사슬과 족쇄와 타오르는 불길이 준비되어 있다. 그러나 정의로운 자들은 캄포르의 샘에서 단련된 컵으로 목을 축일 것이다. 신의 종들은 이 솟구쳐 오르는 샘물로 목을 축이고 힘을 찾을 것이다. 그들은 서약을 지키고, 널리 퍼진 심판의 날의 공포를 두려워하는 자들이고, 자기들에게도 귀한 음식과 옷을 궁핍한 자, 고아, 포로들과 나누며 이렇게 말하는 자들이다.

"우리가 당신을 먹이는 것은 오직 신을 위함이요, 보상이나 고마운 마음을 바라지 않음이라. 우리는 오직 비통과 비애의 날에 신을 두려워하는 마음뿐이니."

이렇게 두려워하는 마음은 결실을 거둘 것이다. 육신이 죽은 후, 신은 믿음이 있는 자들에게 비단 옷을 입히고, 나무 그늘 아래 안락한 의자에 앉게 하며, 은쟁반에 담긴 과실을 먹고 영원히 어린 소년들이 따라주는 생강 맛이 나는 진주처럼 빛나는 물을 마실 것이기 때문이다.

12세기에 이븐 아라비Ibn 'Arabī는 저주받은 자들은 "너무도 추한 모습을 하게 되서 원숭이와 돼지마저 그들보다는 나아 보일 것이다"고 설명한다. 부의 축적은 영원한 축복의 걸림돌이다. 선지자 무하메드의 동반자였던 아부 후라리야는 선지자가 믿는 자들 중 가난한 자는 부자들보다 낙원에 한나절 먼저 들어갈 것이라고 말했다고 전한다.[7]

인류가 스스로의 증인이 되어야 하는 부활의 날이라는 의미의 알-야움 알-키야마Al-yawm al-qiyama('선별의 날'이라는 의미의 알 야움 알-파스칼Al-yawm al-fasal, 혹은 종교의 날이라는 의미의 알 야움 알-딘Al-yawm al-din이라고도 부른다)는 《코란》의 15장(수라sura)에 더 상세히 언급된다.

"그 날에는 신을 향한 기쁨에 찬 얼굴들이 보일 것이다. 그 날에는 큰 고통을 두려워하는 슬픈 얼굴들도 보일 것이다."

그 끔찍한 일이 벌어질 정확한 날짜는 주어지지 않았지만 (그 날은 오직 신만 알고, 선지자 모하메드마저도 바꿀 수 없다), 그 날이 오면 죽은 자들이 "돌이나 쇠로 변했어도, 혹은 생명이 주어질 수 있다고 생각하기 힘든 어떤 물질로 변했다 하더라도 모두" 부활할 것이다.

부활의 날은 몇 가지 중요한 신호를 통해 선포될 것이다. 거짓 메시아 마시흐 아드-다잘이 등장하고, 메디나가 버려지고, 이사(이슬람식 명명법으로 그리스도를 부르는 이름)가 재림해서 마시흐 아드-다잘과 모든 거짓 종교를 물리치며, 곡과 마곡 부족이 해방되고, 메카가 공격을 받으며, 카바가 파괴되며, 달콤한 남풍에 의해 진정한 믿음을 가진 자들이 모두 죽는다. 그때가 되면 《코란》의 모든 내용이 잊혀지고, 이슬람에 관한 지식도 까마득히 잊혀질 것이며, 악마와 같은 야수가 나타나서 살아남아 광적인 성적 타락에 빠진 자들을 처리할 것이다. 거대한 검은 구름이 땅을 모두 덮고, 해가 서쪽에서 뜰 것이며, 천사 이스라필이 첫 번째 나팔을 불면 살아 있는 모든 것이 죽을 것이다. 마지막으로 두 번째 나팔이 울려 퍼지면 죽은 자들이 다시 일으킴을 받을 것이다.[8]

스페인 학자 미구엘 아신 팔라시오스Miguel Asín Palacios는 단테가 코르도바에서 라틴어로 번역된 《하디스Hadith》를 통해 이슬람교의 종말신학을 접했을지도 모른다고 주장한다. 《신곡》이 이슬람교의 영향을 받았다는 아신 팔리시오스의 이론은 학계에서 전혀 호응을 얻지 못했지만, 그를 비판하는 사람들도 "중세 기독교 사고에 이슬람적 주제가 침투했을" 가능성을 받아들이지 않을 수 없었다. 일단 한 번 언급이 되고 나니, 아신 팔리시오의 주장에 깔린 기초적 사실들은 너무도 명백해보였다. 알-안달루스Al-Andalus(이슬람교 지배하의 스페인-옮긴이 주)는 스페인에 존재했던 세 가지 문화, 이슬람교, 기독교, 유대교 사이에 유동적인 대화를 장려했던 문명이었으므로, 거기서 라틴어로 번역된 이슬람교의 문헌들이 이탈리아의 문화 중심지로 전달되는 것은 아주 쉬운 일이었을 것이고, 그곳에 머물던 엄청난 독서광인 단테와 같은 사람의 주의를 끌었을 것이다.

이런 문헌 중 주목할 만한 것들은 11세기 시리아의 시인 아부 알-알라-알마아리Abu l-'Ala al-Ma'arri가 쓴 〈용서의 서간〉이다. 천국과 지옥에 대한 여정을 풍자적으로 기술한 그의 작품을 접하는 서구의 독자는 대화체로 저승 세계를 묘사하는 단테의 《신곡》을 떠올리지 않을 수 없다. 〈용서의 서간〉에서 저자는 무명의 현학적인 문법학자였던 지인을 우스꽝스럽게 그린다. 그는 죽은 후 저승의 복잡한 요식 체계를 모두 극복한 후 유명한 시인, 철학자, 과거의 이단자들과 대화를 나누고 심지어 악마까지 만나서 이야기를 한다.[9]

'두 번째 죽음'을 첫 번째 죽음과 구별하면서, 이슬람 문화의 저자들은 죽음은 믿음을 가진 자의 삶에서 최고의 순간이자, 긍정적인 행위라고 주장한다. 10세기 바스라와 바그다드를 중심으로 활동한 비밀 결사단으로, '순수한 형제들'이라 알려진 이프완 알시파Ikhwan al-safa의 회원들이 익명으로 쓴 문헌집에 포함된 〈우리는 왜 죽는가〉라는 글에서는 일련의 확장된 비유를 통해 죽는 행위를 묘사하고 있다. 몸은 배, 세상은 바다, 죽음은 우리가 향하는 해안이라는 묘사도 나오고, 세상은 경주장, 몸은 귀한 경주마, 죽음은 신이 상을 들고 기다리는 목표점에 비유되는가 하면, 세상은 플렌테이션, 삶은 반복되는 계절, 저승은 겨와 알곡을 가리는 탈곡장으로 설명되기도 한다. 문헌에는 "따라서 죽음은 현명한 일이자, 자비이며 축복이다. 우리는 이 물리적 구조를 떠나고, 몸과 작별을 한 뒤에야 주님에게 도달할 수 있기 때문이다."[10]

이슬람교의 '부활의 날'이 기독교의 상응하는 개념과 공통점이 있다는 사실은 의심할 여지가 없다. 2세기 기독교 지도자였던 이레나이우스Irenaeus에 따르면 파트모스의 요한이 계시록의 근거가 된 비전을 보게 된 것은 도미티아누스Titus Flavius Domitianus 황제 제위 말기, 95년 혹은 96년 경이었을 것이라고 한다. 흔히 (그리고 그릇되게) 파트모스의 요한은 예수의 사랑을 받은 제자인《복음서》저자 사도 요한과 동일 인물로 생각되었다. 사도 요한이 노년에 접어든 후 파트모스의 험난한 황야에 들어가 자신의 비전을 말로 옮기는 데 전념했다고 전해지는 이야기 때문에 혼란이 일어난 듯하다.[11]

요한의 계시록은 사람을 홀릴 듯한 신비스러운 시적 텍스트로 죽음을 끝이 아니라 선과 악 사이의 투쟁의 한 과정으로 그린다. 글은 신비로운 숫자 7을 중심으로 한 구조를 가지고 있다. 일곱 글자, 일곱 봉인, 일곱 나팔, 일곱 개의 비전, 일곱 개의 물약병, 그리고 마지막에 추가로 보이는 일곱 개의 환상. 번뇌에 찬 "우리가 어떻게 될 것인가?"라는 질문에《요한계시록》은 "반드시 속히 일어날 일들"《요한계시록》1:1)에 관한 수많은 끔찍한 이미지를 대답으로 제시하고, 독자들이 그 이미지를 해독하도록 유도한다. 계시의 비밀은 일곱 개의 봉인된 닫힌 책으로 묘사되고, 이해할 수 있을 것이라는 약속은 천사가 요한에게 먹으라고 주는 열린 책에 비유된다. 이는《에스겔서 (2:10)》에서 선지자에게 "그 안팎에 글이 있는데 그 위에 애가와 애곡과 재앙의 말이 기록"된 책이 주어지는 은유를 암시한다. 따라서 신이 허락한 비전은 믿음이 없는 자들에게는 이해할 수 없는(봉인된) 것인 동시에, 믿는 자들에게는 이해할 수 있는(소화시킬 수 있는) 것이다. 이것은 읽는다는 행위를 묘사하는 데 가장 오래되고도 많이 사용되는 이미지 중의 하나다. 텍스트를 이해하기 위해 집어삼켜서 자신의 몸의 일부로 만드는 것이 바로 독서인 것이다.

《요한계시록》을 해석한 라틴어 문헌으로 알려진 최초의 예는 4세기 스티리아(현재의 오스트리아) 페타우의 주교였다가 디오클레티아누스 황제에 의해 순교한 빅토리누스Marius Victorinus의 글이다. 빅토리누스는《성경》에 대한 주해를 남겼는데 모두 소실되고, 첫 번째와 마지막인《창세기》와《요한계시

《요한계시록》에 나오는 짐승과 용을 숭배
하는 사람들.

록》에 관한 주해 일부만 남아 있다. 기독교인들이 당하는 박해가 세상의 종
말이 금방 도래한다는 증거라고 믿은 빅토리누스는 《요한계시록》이 그리스
도의 통치 시작 천 년 후 절정에 달해(그의 의견에 따르면) 자신이 사는 당대의
사건들을 암시하는 것이라고 봤다.[12]

　빅토리누스의 해석은 설득력이 있는 것으로 판명되었다. 1000년이 지난
후에도 오랫동안, 요한의 비전을 자신이 사는 당대의 사건에 대한 묘사로 해
석하는 독자들이 항상 있었다. 이런 해석의 가장 최근의 예는 1593년 출판
된 《성 요한 묵시록 전체에서의 소박한 발견》이다. 소수점과 로그를 발명한
스코틀랜드 출신 수학자 존 네이피어John Napier의 이 저서는 빅토리누스의
해석을 되풀이하고 있다. 격렬하게 천주교에 반대했던 네이피어는 《요한계
시록》을 자기 방식으로 해석해서 연대표를 만들었다. 그는 스페인 무적함대
의 패배를 신이 개신교 명분을 지지한다는 증거로 삼아, 일곱 번째이자 마지
막 역사적 시대는 1541년 마지막 나팔 소리와 함께 시작되었다고 설명했다.
1541년은 존 녹스John Knox가 스코틀랜드에서 종교개혁을 시작한 해로, 네
이피어는 이 일곱 번째 시대가 1786년에 끝날 것이라고 계산했다. 현대에 와

서 이 단정적인 해석을 이어받은 대표적인 경우가 미국의 빌리 그레이엄Billy Graham과 같은 복음교회 부흥사들로, 이들은 요한의 비전이 아마겟돈(세계 종말이 있을 마지막 전투)이 도래한다는 위협 혹은 약속이라고 해석한다.[13]

그러나 4세기 당시 기독교 당국은 《요한계시록》을 역사적 문서로 해석한 빅토리누스의 시각을 받아들일 수 없다고 결론지었다. 특히 콘스탄티누스 대제 이후 교회의 힘이 점점 커지는 단계에서는 더욱 그랬다. 빅토리누스의 주해에 대한 성 제롬Saint Jérôme의 논평을 보면 그는 순교한 빅토리누스가 뛰어난 기독교 저술가였음은 인정하지만, 그의 해석에 오류가 있으며 《요한계시록》은 글자 그대로 받아들이기보다는 은유로 해석해야 한다는 견해를 가지고 있음을 알 수 있다. 성 제롬은 빅토리누스의 생각을 포용하면서도 당시 득의양양했던 교회의 존재를 무시하지 않는 교묘한 해결책을 생각해냈다. 그는 《요한계시록》이 역사적으로 반복되는 전형적 사건들을 묘사해서 주기적으로 사람들에게 심판의 날이 가까웠다고 상기시켜주는 것을 목적으로 쓰였다고 제안했다. 바빌론에서 울려 퍼졌던 나팔은 오늘날에도 계속 울려 퍼지고 있고, 두 번째 죽음이 여전히 우리를 기다리고 있다고 그는 설명했다.[14]

성 아우구스티누스도 《신국론De civitate》에서 성 제롬의 통합적 해석에 동의하는 듯한 태도를 보인다. 아우구스티누스는 《요한계시록》이 목표로 하는 독자들에게 진정한 교회의 역사를 알리는 동시에 그들의 개인적 갈등을 조명한다고 생각했다. 어떤 이들에게는 이해되지 않는 일련의 이미지들이 뜻이 분명해지는 특정 상황에서 읽으면, 어둠을 극복하고 빛을 향하려는 투쟁을 벌이고 있는 독자 각자에게 큰 호소력을 가질 것이라는 의미다. 아우구스티누스는 천년 왕국이 끝나고 육신이 부활된 자들이 "무제한적인 물질적 향연을" 즐길 것이라는 믿음에 극도로 비판적인 태도를 보인다. 이 첫 번째 부활은 그 부활을 허락받은 사람들에게 "죄로 범벅된 죽음에서 일어나 생명을 되찾도록 할 뿐 아니라, 새 삶의 새 조건에서 계속할 수 있도록 한다." 아우구스티누스는 이렇게 결론을 짓는다. "다시 생명을 받았다는 사실은 그들을 이 첫 번째 부활을 공유한 자들로 만든다. 그러니 두 번째 죽음은 그들에게 아무런 힘도 발휘할 수 없다."[15] 단테가 어두운 숲에서 벗어나서 최종적 비전을 향해 순례 여행을 떠나는 것은 아우구스티누스의 해석을 따르는 것이다.

이런 해석에 영향을 받은 중세 기독교 종말론자들은 죽음이 끝이 아니고, 영혼들이 가는 사후 세계가 있다고 추정했다. 그러나 그것마저도 최종 상태가 아니다. 마지막 나팔이 울리고, 최종 선포가 울려퍼지면 영혼들은 자신의 이야기의 진정한 결론이 무엇인지 알게 되는데 바로 그것이 궁극적인 순간이다. 정당한 심판을 예상하는 진정한 기독교인은 마지막 순간을 평소와 같은 침착함으로 맞아야 한다. 조용히 자신의 영혼을 아리스토텔레스가 상상한 최고의 선, 궁극적으로 모든 것이 돌아가도록 되어 있는 창조주 앞에 내놓아야 하는 것이다.

역사학자 필립 아리에스Philippe Ariès는 죽음에 대한 이 온순한 태도는 10세기 말로 거슬러 올라갈 수 있다고 생각했다. 기독교 문화권의 유럽에서는 죽음을 "길들일 수 있는 것"으로 상상했다. 죽음을 맞이하는 사람이 그 순간에 자발적 주인공 역할을 할 수 있는 일련의 의식 체계를 통해 마지막 순간을 제어하려 했다는 의미다.[16] 죽음을 맞이하는 사람은 고통을 받고 있더라도 능동적인 체념의 자세로 죽음을 기다려야 한다. 몸의 위치나 자세도 미리 정해진 방식에 따라 얼굴은 하늘을 향하고, 바닥에 등을 대고 똑바로 누운 채, 죽음을 맞이하는 방을 공공의 장소로 전환하는 관습적 의식의 일부로서 자신의 역할을 받아들여야 한다.

죽음을 위안이자 희망적인 개념으로 받아들이는 태도가 지배적 영향을 미친 것은 계몽주의 시대의 회의적 태도가 생기기 전까지 계속되었다. 죽음은 안전한 피난처이자 이승의 고통스러운 삶에서 벗어나 마침내 휴식을 취할 수 있는 곳이었다. 도착하기를 염원하던 항구, 수확 후의 탈곡 마당, 경주의 결승선으로 죽음을 보는 이슬람교적 이미지에 기독교의 상상력은 삶의 여정을 마친 후 그 끝에 기다리는 여인숙이라는 이미지를 더했다. 《셀레스티나》에서는 "그날의 피로감에 짜증이 잔뜩 난 여행자가 여정의 시작점으로 다시 돌아가 똑같은 종착지에 도착하길 원하는 것은 미친 짓이지요"라고 말한다. "삶에서 우리가 소유한 모든 것은 소유 전의 기대보다 소유 후가 더 낫습니다. 끝에 가까울수록 시작점에서 더 멀리 전진했다는 뜻이니까요. 지친 사람에게 여인숙보다 더 달콤하고 반가운 것은 없습니다. 그래서 젊음이 즐거울지는 모르지만 진정으로 현명한 노인은 젊음을 바라지 않지요. 자기가 잃은 것만을 원하는 사람이야말로 이성과 상식이 부족한 사람이기 때문입니다."[17]

첫 천 년, 즉 10세기가 저물 무렵, 죽음을 대하는 우리의 태도에 또 하나의 변화가 왔다고 아리에스는 말한다. 살아 있는 자들의 영역에 죽은 자들을 받아들이기 시작한 것이다. 고대 로마에서는 도시의 성벽 안에(in urbe) 시신을 매장하는 것을 시민법으로 금지했었다. 아리에스는 이 관습에 변화가 온 것이 유럽의 장례 의식이 변해서가 아니라 순교자들의 유물을 귀하게 여기고 그들을 교회 안에 묻는 북아프리카의 관습이 도입되면서라고 말한다. 따라서 처음에는 도시의 주변에 매장하다가 나중에는 교회가 있는 곳은 어디든 매장하기 시작했다.[18] 교회와 무덤은 동일한 장소로 여겨졌고, 산 사람들이 거주하는 동네의 일부가 되었다.

아직 살아 있는 사람들의 세상에 죽은 사람을 포함시키게 되면서 죽음의 의례는 이중적 의미를 지니게 되었다. 죽음을 '실제 행동으로 표현'하는 부분, 즉 심판의 날을 1인칭 단수의 입장에서 실연해서 '나'라는 개념을 마감하는 것으로 끝나는 부분과, 그 뒤로도 계속 살아가야 하는 사람들이 그 의식을 목격하고 애도하고 기억하는 의무를 짊어지고, 죽음의 주변 용품들을 에로틱한 영역, 예를 들어 낭만주의 운동의 미술과 문학에서 그리는 영역으로 이전하는 의무를 수행하는 부분 두 가지다. 죽음은 고딕 양식적 의미의 기괴한 아름다움을 띤 주제가 되었다. 에드거 앨런 포는 아름다운 여성의 죽음이 "두말할 나위 없이 세상에서 가장 시적인 주제다"라고 단언했다.[19]

20세기와 21세기의 산업 사회에서는 죽음을 배제하는 경향이 있다. 우리 시대의 죽음은 집 안이나 공공장소와는 멀리 떨어진 병원과 양로원에서 일어나는 일이다. 아리에스는 죽음이 "수치스럽고 금지된 일처럼 되었"고, 심지어 마지막 순간에 다가간 환자에게서마저도 숨겨야 하는 일이 되었다고 주장한다. 그리고 현대식 전쟁은 어느 정도 죽음의 개별성을 박탈했다. 두 번의 세계 전쟁과 그로 인해 발생하고 현재까지도 계속되고 있는 살육은 죽음을 복수의 개념으로 이야기하도록 만들어서 개인의 죽음을 끝없이 되풀이되는 통계 숫자와 대규모 추도식의 일부로 삼켜버렸다. 숫자 속에 의미를 숨겨버리는 이 현상이야말로 크리스토퍼 이셔우드Christopher Isherwood가 젊은 유대인 영화 제작자와의 대화에서 이야기하고자 한 바로 그 문제였다. 이셔우드는 나치 수용소에서 60만 명의 동성연애자가 살해당했다고 말했다. 그러나 그 이야기를 듣고도 젊은 영화 제작자는 별다른 감정의 동요를 보이지 않았다.

"하지만 히틀러의 손에 죽은 유대인의 숫자가 600만 명이나 되잖아요."

그가 준엄한 표정으로 말했다. 이셔우드는 그를 쳐다보며 물었다.

"당신은 뭐 하는 사람인가요? 부동산 업자인가요?"[20]

예전처럼 무대에서 공연을 하듯 죽음을 맞이하지 않아도 되고, 익명으로 혹은 수없이 많은 숫자 중 단지 한 사람으로 죽을 수 있음에도 불구하고, 그리고 모든 것을 마감할 수 있다는 위안에도 불구하고 우리는 여전히 죽는 것을 원하지 않는 듯하다. 2002년, 《뉴 사이언티스트New Scientist》의 편집자

제러미 웹jeremy webb은 독자들에게 상을 주겠다고 제안했다. 그 상을 탄 사람은 죽은 후 '미시건 인체 냉동 보존 연구소'에서 시신을 수습해 엄청나게 낮은 온도까지 천천히 냉각한 다음 액화 질소 안에 영원히 보존해주겠다는 것이었다. "정자, 배아, 바이러스, 박테리아 등을 냉동 후 회생시키는 데 성공한 사례는 많지만 큰 부피의 살과 뼈, 뇌, 혈액을 그렇게 하는 것은 훨씬 더 어려운 문제다. −196도씨 이하의 온도에서는 부패를 비롯한 어떤 생물학적 활동도 일어나지 않는다"고 웹은 설명했다. "현재의 냉동 보존술은 초저온 상태로 들어간 조직을 다시 원상태로 되살릴 수 있을 정도로 기술이 발달할 때까지 그 상태를 유지하는 것을 목표로 하고 있다."[21]

"우리는 무엇이 될까?", "우리는 영원히 사라지는 것일까?", "무덤에서 다시 돌아올 수 있는 것일까?" 등의 질문은 우리가 죽음에 대한 서로 다른 여러 개념을 가지고 있다는 것을 의미한다. 죽음을 마지막 장이라 생각하든, 두 번째 권의 첫 장이라고 생각하든, 우리가 알 도리가 없기 때문에 두려워하든, 우리가 이승에서 한 행동에 대한 인과응보가 기다리고 있다고 믿든, 자신이 더 이상 존재하지 않는다는 생각에 미리 추억에 잠기게 되든, 우리가 두고 떠날 사람들을 걱정하든, 존재 상태로서의 (혹은 부재 상태로서의) 죽음을 어떻게 머릿속에 떠올리는가에 따라, 그것이 최종적이든 순환적인 것이든 간에 행위로서의 죽음에 대한 우리의 개념이 결정된다. "영혼이 영원히 죽지 않는 것이라는 나의 믿음이 잘못된 것이라 할지라도, 나는 기꺼이 그 실수를 범하고 싶다. 그 믿음이 나를 행복하게 만들기 때문에 나는 그 믿음을 살아 있는 한 계속 지키고 싶다"고 기원전 1세기에 키케로는 보기 드문 단순한 스타일로 그렇게 썼다.[22]

자신의 죽음을 깨닫는 불가능한 일은 그렇다 치더라도, 우리는 늙어가면서 끊임없이 다른 사람들의 부재를 의식하지 않을 수 없게 된다. 작별 인사를 하는 것은 힘든 일이다. 누군가와 헤어질 때마다 매번 이것이 마지막 인사가 될 수도 있다는 비밀스러운 의혹이 마음을 괴롭힌다. 떠나는 친구를 배웅하며 우리는 문에 서서 가능한 한 오랫동안 손을 흔들려고 노력한다. 우리는 확정적인 부재 상태를 체념하고 받아들이지 않는다. 우리는 소멸의 절대적 힘을 믿고 싶어 하지 않는다. 믿을 수 없는 그 마음은 종교인들에게는 위안이다. 성 베르나르가 단테의 구원을 위해 성모 마리아에게 기도할 때 그는 "성모님의 기도로 그에게 드리워진 죽음의 구름을 한조각도 남김없이 모두 걷어주시어, 최고의 기쁨이 그의 앞에 펼쳐지길 비나이다" 하고 염원한다.[23]

세네카(단테가 그의 글을 읽은 것은 확실하지만 '림보의 고귀한 성'에서 "도덕적인 세네카"라는 명칭만 언급하고 넘어간다)는 그리스 스토아 학파를 공부하긴 했지만 실제 생활에서는 그들의 뛰어난 충고를 따르지 않았다. 그러나 글에서는 스토아 학파를 연상시키는 금욕적 엄숙함으로 우리는 죽음을 두려워해서는 안 된다고 말한다. 그는 로마의 곡물 공급 감독자였던 친구 파울리누스에게 금융전문가의 분위기를 풍기는 글을 보냈다.

> 그렇게 하는 것은 우리에게 주어진 시간이 부족해서가 아니라, 너무도 많이 잃게 되기 때문이라네. 인생은 충분히 길고, 우리에게 주어진 몫은 그 모두를 조심스럽게 투자하면 가장 야심찬 프로젝트도 성취할 정도로 충분하지.[24]

물론 이런 생각들은 1세기 로마에서 새로 생긴 것이 아니다. 아주 오래전부터 로마인들은 이번 생을 어떻게 잘사는지(혹은 못 사는지)에 따라 사후의 조건이 결정된다고 생각했었다.

이번 생의 후편이 있다, 계속된다, 우리에게 불멸성이 내재되어 있다는 생각은 《라틴 명문 전집 *Corpus Inionum Latinarum*》에 나오는 글에 멋드러지게 요약되어 있다. 라틴어 명언을 모아놓은 이 책에는 다음과 같은 구절이 있다. "나는 재다, 재는 흙이고, 흙은 여신이다. 따라서 나는 죽지 않았다."[25] 종교 교리, 인간의 법률, 미학, 윤리, 고등 및 하등 철학, 신비주의 등등은 모두 이 명확한 삼단논법에 의지하고 있다.

죽은 자가 완전히 사라지지 않는다면, 그들과의 모종의 관계를 유지하는 것이 좋을 것이다. 그들에게 말을 걸고, 다른 무엇보다도《신곡》에서처럼 그들이 말할 기회를 줄 수 있기 때문이다. 그런 대화가 나오는 가장 최초의 문학적 예는 죽은 자들에게 헌정된 글이 적힌 옛 묘비석들일 것이다. 단테가 지옥의 디스의 성에 들어갈 때 언급된 것과 같은 묘비석처럼.[26] 이탈리아 땅에서 가장 오래된 묘들은 축제와 같은 장례식 장면들과 세상을 뜬 이의 초상화가 들어 있는 에트루리아인들의 우아한 묘일 것이다.

로마인들은 사라진 에트루리아 문명의 관습을 그대로 이어받고 거기에 글을 보태서 묘비석을 만들었다. 처음에는 죽은 사람의 이름과, 엄숙한 표현으로 그를 칭송하는 말, 다음 생으로 넘어가는 영혼의 여정이 고통스럽지 않기를 바라는 말("덮은 흙이 가볍기를!") 혹은 지나가는 행인들에게 정중한 인사를 건네는 말("안녕하신가, 지나가는 이여!") 등이 들어갔다. 비문은 계속 간단명료함을 유지하긴 했지만 시간이 흐르면서 관습적인 성격이 줄어들고 서정적인 성격이 커지면서 이제는 없는 친구나 친척들과 나누는 대화체 혹은 죽은 자와 살아 있는 자들 사이에 공통점인 시한부적 삶을 강조하는 말들이 들어가기 시작했다. 그럼에도 심장 가장 깊은 곳에서 나오는 감정도, 이 세상에서 가장 깊은 슬픔도 말로 옮기면 인위적으로 느껴질 수 있다. 결국 비문은 문학의 한 장르, 애가의 동생로 받아들여지게 되었다.

조르조 바사니Giorgio Bassani의 《핀치콘티니 가의 정원Il giardino dei Finzi-Contini》의 시작 부분에서 한 무리의 사람들이 로마 북쪽에 있는 에스투리아인 공동묘지를 방문하는 장면이 나온다. 한 어린 소녀가 아버지에게 왜 오래된 무덤은 더 최근에 만들어진 무덤보다 우리를 덜 슬프게 하는지 묻는다.

"그건 이해하기 어렵지 않단다." 아버지는 대답한다.

"최근에 죽은 사람들은 우리에게 더 가까운 사람이고, 바로 그 이유 때문에 우리는 그들을 더 사랑하지. 에스투리아인들은 죽은 지 너무 오래되어서 마치 살아 있던 적이 없는 것처럼 느껴지는 거야. 마치 항상 죽어 있었던 사람들처럼 말이야."27

시간적으로 우리에게 더 가깝든, 멀리 떨어졌든 죽은 사람은 우리의 호기심을 자극한다. 언젠가는 우리도 그들이 있는 곳으로 갈 것을 알기 때문이다. 우리는 모든 것이 어떻게 시작되었는지 알고 싶어 하지만, 또한 그것들이 어떻게 끝날지도 알고 싶어 한다. 우리는 우리가 없는 세상을 상상해보려 애쓰면서 화자가 없는 이야기, 보는 이가 없는 장면을 상상해보는 혼란스러운 노력을 기울인다. 단테는 영리하게도 그 과정을 뒤집었다. 그는 자신이 없는 세상이 아니라 다른 이들이 없는 세상, 아니 자신은 살아 있고 다른 모든 이들이 죽어 있는 세상을 상상했다. 그는 살아 있는 사람의 시각에서 죽음을 탐구할 수 있는 힘을 자신에게 부여하고, 마지막 질문에 대한 끔찍한 혹은 즐거운 답을 찾은 사람들 사이를 여행한다.

《신곡》은 끝이 나지 않는 시다. 그 결론은 시작이기도 하다. 마지막 비전을 본 후, 즉 마침내 말로 형언할 수 없는 광경을 본 후에야 단테는 자신의 여정을 순서대로 이야기하기 시작했기 때문이다. 1986년 제네바에서 숨을 거두기 직전 보르헤스는 짧은 이야기를 만들었다(그는 그 이야기를 적을 기회를 갖지 못했다). 단테가 베니스에서 《신곡》의 속편을 쓸 생각을 하는 이야기였다. 보르헤스는 그 속편의 내용이 무엇일지는 설명하지 않았지만, 자신의 여정을 기록한 두 번째 책에서 단테는 어쩌면 첫 번째 《신곡》과 대칭을 이루듯 이승으로 돌아온 다음 죽어서 영혼이 된 상태로 이 세상을 누비면서 살아 있는 동시대인들과 대화를 나누었을지도 모르겠다. 결국 어차피 고달픈 망명 생활 동안 그는 다른 망명인들처럼 살아 있는 자들 사이를 누비는 유령처럼 느꼈을 테니 말이다.

제16장

일어나는 일들은
왜 일어나는 것일까

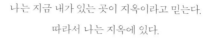

나는 지금 내가 있는 곳이 지옥이라고 믿는다.
따라서 나는 지옥에 있다.

—아르튀르 랭보, 〈지옥의 밤〉

　　어릴 때 나를 가르친 가정교사는 1940년대 초 나치 통치 아래의 독일에서 탈출해 가족들과 함께 어려운 여정 끝에 파라과이에 도착했다. 그러나 그녀를 맞이한 것은 아순시온 항구에 휘날리는 스와스티카swastika(고대 인도인들이 생각하던 태양의 상징을 '만卍' 자로 표현한 것)들이었다(당시 파라과이는 알프레도 스트로에스네르Alfredo Stroessner의 군부 정권이 지배하고 있었다). 결국 그녀는 아르헨티나로 왔고, 거기서 우리 아버지에게 고용되어서 이스라엘에 외교관 근무를 하러 가는 우리 가족과 함께 그곳에 가서 가정교사로 일하게 되었다. 선생님은 독일에서의 경험을 거의 이야기하지 않았다.

　　말이 없고 우울한 성격의 선생님은 텔아비브에서 친구를 많이 사귀지 않았다. 몇 안 되는 친구들 중 선생님과 가끔 영화관을 같이 가던 스위스 여성이 있었다. 그녀는 팔에 살짝 흐려진 숫자 문신이 있었다.

"마리아에게 그게 뭔지 절대 묻지 마."

선생님은 내게 그렇게 경고하면서도 아무런 설명을 하지 않았고, 나도 묻지 않았다.

마리아는 그 문신을 숨기려하지 않았지만, 그것을 보거나 만지는 것을 피했다. 나는 그 문신을 쳐다보지 않으려고 애썼지만, 눈이 계속 그쪽으로 향하는 것을 억제할 수가 없었다. 마치 물속에 쓰인 글자 한 줄처럼, 그 의미를 해석해내라고 내게 도전하는 느낌이었다. 훨씬 나이가 든 후에야 나는 그 문신이 주로 아우슈비츠에서 나치가 희생자를 식별하기 위해 사용한 시스템이라는 것을 알게 되었다. 부에노스아이레스에서 만난 나이든 폴란드인 사서도 아우슈비츠 수용소에서 살아남은 사람이었고, 그런 문신을 가지고 있었다. 언젠가 그는 그 문신이 아주 오래전 자신이 소년이었을 때 조수로 일했던 루블린 시립도서관의 책 분류 숫자를 생각나게 한다고 내게 말했었다.

* * *

지구상에는 그곳에서 돌아오면 죽기 위해 돌아오는 곳들이 있다.

1943년 12월 13일, 24세 청년 프리모 레비Primo Levi는 파시스트 민병대에 체포되어 모데나 근처의 포솔리에 있는 수용소에 감금되었다. 9주 후, '유대인 혈통을 지닌 이탈리아 시민'이라고 인정한 것 때문에, 그는 다른 모든 유대인 죄수들과 함께 아우슈비츠로 보내졌다. 그는 "어린이들마저도, 노인들마저도, 환자들마저도" 모두 보내졌다고 말한다.[1]

아우슈비츠에서 레비와 다섯 명의 코만도 조원들은 지하 석유 탱크의 안쪽을 긁어내는 일을 했다. 그 일은 힘들고, 가혹하고, 위험했다. 조원 중 가장 어린 사람은 알자스 출신 학생 진이었다. 24세의 그는 수용소 안의 엄청난 관료주의 체제에서 일하는 '피콜로'라는 심부름꾼 임무를 맡았다.

　한번은 일을 하느라 진과 레비가 한 시간 가량 함께 시간을 보낸 적이 있었다. 진은 레비에게 이탈리아어를 가르쳐달라고 부탁했고, 레비는 그렇게 하겠다고 했다.

　몇 년이 지난 후 집필한 비망록 《이것이 인간인가 Se questo è un uomo》에서 레비는 그때 갑자기 《신곡》에서 율리시스가 등장하는 부분이 머리에 떠올랐다고 회상한다. 왜 그랬는지, 어떻게 그랬는지 그는 알지 못한다. 함께 부엌 쪽으로 걸어가면서 레비는 서투른 프랑스어로 이 알자스 청년에게 단테가 누군지, 《신곡》이 어떤 작품인지, 그리고 왜 율리시스와 그의 친구 디오메데스가 트로이인들을 속인 죄로 이중의 불꽃에서 영원히 타오르는 벌을 받게 되었는지를 설명했다. 그리고 레비는 진을 위해 그 멋진 시구를 읊었다.

> 그 오래된 불길의 커다란 불꽃이
>
> 바람 앞에 흔들리는 불길처럼,
>
> 중얼거리며 흔들리기 시작했다,
>
> 위쪽이 이리 저리 흔들리는 것이
>
> 마치 말을 하려는 혀처럼 보이더니
>
> 목소리가 터져 나와서 말하기를, "그때⋯⋯."

　거기까지 읊은 다음 그는 더 이상 아무것도 생각나지 않았다. 가장 좋을 때에도 우리를 배반하기 일쑤인 기억은, 가장 나쁠 때에도 마찬가지로 우리를 배반하고 만다. 시의 조각들이 조금씩 머리에 떠오르긴 했지만 충분치 않았다. 그때 레비의 머리에 또 다른 시구 한 부분이 떠올랐다.

나는 광활한 먼 바다를 향해 몸을 던졌노라[ma misi me per l'alto mare aperto]²

진은 바다를 여행한 사람이었으므로 레비는 그가 자신의 경험에 비추어 'je me mis' 보다 'misi me'가 암시하는 훨씬 더 큰 힘의 격렬함을 이해할 것이라고 믿었다. 레비의 대략적인 프랑스어 번역에서 'misi me'는 '가혹할 정도로 멀리 떨어진 달콤한 것들'이 있는 장애물 너머로 자신을 던지는 행위를 의미했다. 잠깐의 휴식이 끝나가는 것에 마음이 급해진 레비에게 《신곡》의 시구가 좀더 떠올랐다.

> 그대의 근본을 생각해보라,
> 그대는 짐승처럼 살기 위해 태어난 것이 아니라
> 덕과 지식을 추구할 운명을 타고났다.³

갑자기 레비의 머릿속에 시구들이 들려왔다. 마치 그 단어들을 처음 듣는 것처럼, "나팔이 울려 퍼지는 것처럼, 신의 목소리처럼" 들려왔다고 그는 말한다. 순간적으로 그는 자신이 무엇인지, 자기가 어디에 있는지를 망각한다. 그는 진에게 그 시구들을 설명하려다가 다음의 문장들을 떠올린다.

> 그때 우리 앞에 산이 나타나는데
> 너무 멀리 있어서 어두웠지만, 내가 지금껏 본
> 어떤 산보다 높아 보였다.⁴

그다음 또 몇 줄이 기억나지 않았다.
" '어떤 산보다 높아 보였다' 다음부터 마지막 연 사이의 시구들을 기억해낼 수만 있으면 오늘 받을 수프 배급을 포기해도 좋아."

그는 눈을 감고, 손톱을 물어뜯으며 생각해내려 애썼다. 이제는 시간이 없었다. 두 사람이 부엌에 도착한 것이다. 그때 거지에게 동전을 던져주듯 기억이 그에게 시의 몇 연을 더 던져주었다.

> 바다는 물과 함께 배를 세 번이나 휘저어 돌게 만들었고
>
> 네 번째에는 배의 고물이 솟구쳐 오르더니
>
> 이물이 곤두박질을 쳤으니 모든 것이 '그 다른 존재의 뜻대로'였다.[5]

레비는 수프를 받기 위해 줄을 서려는 진을 잡아 뒤로 뺐다. 그는 그 젊은 이의 주의를 끌어서 너무 늦기 전에 "그 다른 존재의 뜻대로"가 무슨 의미인지 이해시키는 것이 꼭 필요하다고 느꼈다. 내일이면 두 사람 중 한 명이 죽어버릴 수도 있고, 다시 못 만날 수도 있었기 때문이다. 레비는 "중세에 관해, 너무도 인간적이고, 너무도 필요하면서도 예상치 못하게 시대착오적인, 그러나 그 이상의 것, 나 자신도 이제야 잠깐의 스치는 듯한 통찰력으로 겨우 보게 된 커다란 그 무엇, 어쩌면 우리의 운명의 이유일지도 모르는 그것, 우리가 왜 오늘 여기에 있는지에 관해" 그에게 설명해야만 했다고 말한다.

두 사람은 수프를 받기 위한 줄에 도착했다. 지저분한 누더기를 입은 다른 코만도의 수프 담당자들 사이에 서서 그날의 수프가 양배추와 순무 수프라는 발표를 듣다가 레비는 그 곡의 마지막 행을 기억해냈다.

> 바다가 우리를 집어삼킬 때까지.[6]

율리시스가 만난 모든 것을 집어삼킬 듯한 파도 밑에서 레비가 깨닫고 진에게 이야기해주고 싶었던 "커다란 그 무엇"은 과연 무엇이었을까?

프리모 레비의 경험은 아마도 우리가 독자로서 할 수 있는 궁극적 경험

일 것이다. 사실 그 경험을 어떤 형용사로 묘사하는 것이 망설여진다. 언어로 표현할 수 있는 한계 너머에 존재하는 것들이 있기 때문에 '궁극적'이라고 표현하는 것도 적절치 못하다는 생각이 든다. 그럼에도 어떤 경험 전체를 완전히 전달할 수는 없더라도 언어는 순간적인 은총의 힘을 빌어 말로 표현할 수 없는 무엇인가를 내비칠 수 있을 때가 있다.

단테는 여행하면서 말로 표현할 수 없다는 이야기를 여러 번 한다. 그 부족함이야말로 레비가 단테의 작품에서 자신이 이해할 수 없는 상황에 관해 무엇인가를 옮겨지는 것을 가능하게 했다고 할 수 있다. 단테의 경험은 그의 시에 있는 단어들에 스며들어 있다. 레비의 경험은 실제 세상에 스며들어 있고, 거기 녹아 있고, 그 안에서 길을 잃는다. 수용소의 포로들은 옷도 머리카락도 모두 벗기고 깎인 상태에, 얼굴과 몸은 비쩍 마르고, 이름은 피부에 새겨진 숫자 문신으로 대체된 상태지만, 말을 통해 잠시나마 빼앗긴 것들이 복구된다.

아우슈비츠의 포로들이 자신의 이름을 지키기를 원했다면, 다시 말해 인간으로 남기를 원했다면, 자기 안에서 그럴 수 있는 힘을 찾아야만 했다 (고 레비는 말한다). "그 힘을 찾아서 이름 뒤에 우리 자신, 과거의 자신이 완전히 없어지지 않고 조금이라도 남아 있도록 해야만 했다." 진과의 대화는 사람을 부숴뜨리는 죄를 묘사하는 데 언어가 부족하다는 것을 처음으로 깨달은 때라고 (레비는 말)한다. '인종 청소 수용소'라는 용어는 여기서 이중적 의미를 띄게 된다. 그러나 거기서 실제로 일어나는 일들을 묘사하기에는 그 용어도 부족하다. 바로 이런 이유에서 《신곡》〈연옥편〉 9곡에서 베르길리우스가 디스의 성벽의 문을 단테에게 열어주지 못한 것이다. 왜냐하면 지옥, 절대적 지옥은 이성으로는 알 수 없는 곳이고, 대부분의 것들은 언어를 통해서 이해할 수 있지만, 시의 거장 베르길리우스의 뛰어난 언어로도 묘사가 불가능한 곳이었기 때문이다. 지옥의 경험은 언어로 표현할 수 없다. 그것은 형언할 수 없어서, 율리시스가 했던 것처럼 '그 다른 존재의 뜻대로'라고밖에 표현하지 못하기 때문이다.

그러나 아우슈비츠와 단테의 지옥 사이에는 핵심적이고 아주 중요한 차이가 있다. 유일한 고통이라고는 희망이 없는 기대를 가지는 것일 뿐인 순진한 첫 번째 원을 지나고 나면 지옥은 인과응보의 장소로, 각 죄인은 자기가 진 죄에 따라 응당한 처벌을 받는다. 그러나 아우슈비츠에서는 잘못이 없어도 벌을 받고, 혹시 잘못이 있다고 하더라도 (우리 모두 잘못이 없을 수 없는 인간이므로) 내려지는 벌은 그 잘못에 대한 것이 아니다.

단테의 지옥에서는, 모든 죄인들이 자기가 왜 벌을 받는지 알고 있다. 단테가 각자의 사연을 이야기해달라고 요청하면, 그들은 자기가 고통 받는 이유를 말로 표현한다. 자기가 응분의 벌을 받고 있다는 데 동의하지 않는 영혼일지라도 (보카 델리 아바티의 경우처럼) 그것은 단지 그들이 오만하거나 분노해 있거나, 잊고자 하는 욕망이 너무 강해서였다.

《토착어에 관하여》에서 단테는 인간은 다른 사람의 말을 듣기보다는 자신의 말을 다른 사람이 들어주는 것을 더 필요로 하며, 그것은 우리가 "인간의 본능적 애정들을 질서잡힌 행동으로 해석해내는 데 큰 기쁨을 느끼기 때문"이다.[7] 바로 그런 이유에서 죄인들이 단테에게 말을 하고, 그는 그들의 사연을 모두 들어주는 것이고, 바로 그런 이유에서 《시편》 저자의 의견과는 달리 죽은 자들에게도 언어가 주어지는 것이다. 지옥의 끔찍함과 천국의 영광스러움을 표현할 말을 거듭 찾지 못하는 것은 지옥의 저주를 받은 자들이 아니라 살아 있는 단테였다. 죽은 자들은 모든 안락과 평화를 빼앗긴 후에도 기적적으로 혀를 가지고 있어서 자기들이 무엇을 했는지를 말할 수 있고, 그로 인해 계속해서 존재할 수 있다. 지옥에서마저도 언어는 우리를 존재하도록 해준다.

그러나 아우슈비츠에서는 저지르지도 않은 잘못을 설명하는 데도, 혹은 무의미한 처벌을 묘사하는 데도 언어는 무용지물이고, 단어들은 또 다른 왜곡되고 끔찍한 의미를 지니게 되었다. 아우슈비츠에서 오가는 농담이 있었다(고통의 장소에서도 유머는 있게 마련이다).

" '절대로 안 돼'를 수용소 용어로 말하면?"

"내일 아침[Morgen früh]."

그러나 유대인들에게 언어는—특히 히브리어 알파벳의 둘째 자인 베트 신이 그의 창조물을 만들어낸 도구이므로 아무리 많이 남용되었을지라도 모독해서는 안 되는 대상이었다.[8] 따라서 인류를 나아가게 하는 추동력은 언어를 가능케 하는 지적 능력이지 언어를 담은 그릇인 육체가 아니다. 이에 따라 정통파 유대인들은 영웅주의 개념을 영적 용기와 떼려야 뗄 수 없는 관계로 이해하고, "성스러운 용감함" 혹은 히브리어로 'Kiddush ha-Shem', 즉 "신의 이름으로 감수하는 희생"의 개념을 나치에 대한 그들의 저항의 뿌리로 삼았다. 그들은 인간들이 악에 대항해서 물리적으로 싸워서는 안 된다고 믿었다. 악은 물리적 행위로 패배시킬 수 없기 때문이다. 악이 승리를 거둘지 아닐지 여부는 신의 섭리로만 결정되는 일이었다. 대부분의 정통파 유대인들에게 저항의 진정한 무기는 양심, 기도, 명상, 헌신이었다. 그들은 독일인을 한 명 죽이는 것보다 《시편》을 한 편 암송하는 것이 사건의 방향에 더 큰 영향을 줄 수 있다고 믿었다. 즉시는 아닐지 모르지만 창조주와 창조물 사이의 무한한 관계 중 어느 시점에는 영향을 미친다는 것이다.[9]

단테의 지옥에 있는 다른 영혼들과 마찬가지로, 율리시스도 창조주와 제한된 관계를 맺는 사이 자신이 한 행동에 따른 처벌을 받는다. 단테의 상상 속에서 우리의 행동과 그 결과에 책임을 지는 것은 신이 아닌 우리 자신이다. 단테의 세계는 변덕스러운 신들이 재미나 사리사욕을 위해 인간의 운명을 가지고 장난을 치는 호메로스의 세계가 아니다. 단테는 신이 인간 각자에게 특정 능력과 가능성을 줬지만, 그와 함께 자유의지도 허락해서 스스로 선택을 하고 그 선택에 따른 결과에 책임지도록 했다고 믿는다.

단테에 따르면, 벌의 질 자체도 죄에 따라 결정된다. 율리시스가 끝이 뱀의 혀처럼 갈라진 불길에서 보이지 않게 타오르는 벌을 받는 이유는 그가 다른 사람들에게 기만 행위를 하도록 조언을 하는 은밀한 형태의 죄를 지었고, 그 죄를 말, 즉 혀를 통해 지었기 때문이다. 불길의 혀에게 영원히 고통받게 된 것이다. 단테의 지옥에서는 모든 벌에 합당한 이유가 있다.

그러나 아우슈비츠는 그와는 매우 다른 종류의 지옥이다. 혹독한 한겨울에 아우슈비츠에 도착한 레비는 극도로 목이 마른 상태로, 온기라고는 전혀 없는 커다란 창고에 갇혀 창문 밖에 매달린 고드름을 봤다. 손을 뻗어 고드름을 떼내는 그를 본 경비병이 그의 손에서 고드름을 가로채고 레비를 밀어부쳐 있던 자리로 보냈다.

레비는 서투른 독어로 "왜죠[Warum]?" 하고 물었다.

경비병이 대답했다.

"여기서는 왜가 없어[Hier ist kein warum]."[10]

악명 높은 그의 대답은 아우슈비츠 지옥의 본질을 보여준다. 단테의 지옥과 달리 아우슈비츠에는 "왜"가 없다.

17세기 독일 시인 앙겔루스 실레시우스Angelus Silesius는 장미의 아름다움을 이야기하려고 시도하면서 "장미는 왜가 필요없다[Die Rose ist ohne warum]"고 썼다.[11] 이때의 '왜'는 물론 다른 의미의 '왜'다. 장미의 '왜'는 단순히 언어가 표현할 수 있는 능력의 한계 너머에 있을 뿐이지, 언어의 인식론적 한계를 넘어선 것은 아니다. 아우슈비츠의 '왜'는 두 한계를 모두 넘어선 곳에 있다. 이것을 이해하려면 우리는 레비와 단테가 한 것처럼 고집스럽게 호기심을 유지해야 한다. 언어와 우리의 관계는 항상 불만족스러운 것이기 때문이다.

우리의 경험을 말로 표현하려는 노력은 번번이 목표에 미치지 못하고 만다. 언어는 경험을 완벽하게 되살리기에 턱없이 부족한 도구다. 행복한 일의 묘사로는 실망스럽고, 그렇지 않은 일의 묘사로는 고통스럽다. 단테는 "일어난 대로 이야기하는 것은 어려운 일"이지만, 그래도 "그곳에서 발견한 선을 알리기 위해서" 그렇게 하려는 시도는 해야 한다고 말한다. 그러나 베아트리체가 그에게 말하듯 "인간의 의지와 도구의 날개는 그 깃털이 저마다 다르게 나 있다."[12] 단테가 노력한 것처럼, 훨씬 떨어지는 재능을 지닌 우리도 우리의 의지를 발휘해보지만, 언어라는 도구는 그 나름의 의미장sementic field을 만들어낸다.

의미장은 항상 여러 겹으로 이루어져 있다. 언어와 우리의 관계는 항상 과거의 것일 뿐 아니라 현재와 미래의 것이기도 하기 때문이다. 단어를 사용할 때 우리는 우리가 사용하기 이전에 그 단어에 축적된 경험을 이용한다. 단어를 이루는 음절들에 저장된 다수의 의미를 채용해서 세상에 대한 우리의 해석을 우리 자신과 다른 사람들이 이해할 수 있도록 전달하는 것이다. 단어들이 과거에 사용되어서 만들어진 예들 덕분에 우리는 보강되고, 변형되고, 지속되고, 약화된 단어들을 사용할 수 있다. 우리가 말을 할 때마다 여러 개의 목소리로 말을 하는 것이고, 일인칭 단수로 말을 할 때마저도 실은 일인칭 복수로 말하는 것이나 마찬가지다. 그리고 우리가 타오르는 불길과 같은 혀로 말을 할 때, 많은 경우 그것은 고대로부터 내려오는 불길이다.

이교도들의 지혜를 예수의 교리에 어긋나지 않는 방법으로 도입할 전략을 찾기 위해 노력하던 초기 기독교인들은《사도 행전》에서 "모세가 애굽 사람의 모든 지혜를 배워 그의 말과 하는 일들이 능하니라"(7:22)라는 구절을 읽고, 그리스인들이 모세에게서 철학을 배웠다고 결론을 내렸다. 모세는 이집트인들에게서 배웠고, 그의 말들을 통해 플라톤과 아리스토텔레스의 선배들이 진리에 이르는 단서를 받았다는 것이다. 모음을 바꿔서 모세Moses가 무사이우스Musaeus가 되었다는 이야기도 회자된다. 무사이우스는 호메로스 전에 살았고, 오르페우스Orpheus의 제자였다고 전해지는 전설적인 시인이다.13 이런 이유에서 단테가 성 이시도레 세빌Saint Isidore of Seville, 베다 베네라빌리스Venerable Bede와 함께 천국에 배치한 학식 높은 리처드 생-빅토르Richard Saint-Victor는 "이집트는 모든 예술의 어머니다"라고 선언했다.14

4세기 말 성 제롬은 기독교의 구원의 불길 대신 이교도 시들의 오래된 불길을 선호한다는 비난에 대해 자신을 변호하면서 신의 말을 온전히 탐구하기 위해서는 가장 좋은 도구를 사용해야 한다고 주장했다. 키케로와 그의 동지들은 진정한 말씀에는 귀를 기울이지 않았지만 언어라는 도구를 완벽하게 다듬는 데는 성공했고, 기독교인 작가들은 이제 그 결실을 이용할 수 있게 되었다. 그러나 어느 쪽이 더 나은 지혜의 원천인지에 대해서는 의심의 여지가 있어서는 안 된다. 가경자 베드로는 1160년, 수녀원에 있는 엘로이즈에게 편지를 쓰면서 피에르 아벨라르와의 비극적인 연애 후 수녀원에 들어간 그녀를 치하한다.

"당신은 연구하던 다양한 학문의 분야를 바꾼 것일 뿐입니다." 그는 그렇게 썼다.

"새로 선택한 분야가 훨씬 의미 있지요. 논리학 대신 복음을, 물리학 대신 사도들을, 플라톤 대신 그리스도를, 학술원 대신 수녀원을 선택한 당신은 이제 온전하고 진정한 철학적인 여인입니다."15

제롬 사후 1천여 년이 지난 후, 단테는 이교도의 언어나 그들의 초기 사상 뿐 아니라 이교도의 상상력 전체가 더 높은 목적을 섬기는 데 사용될 수 있다고 주장했다. 그리고 시대착오적 느낌을 전혀 주지 않으면서《신곡》전체를 통해 기독교의 성인들과 고대 신들, 플로렌스의 시민들과 그리스, 로마의 영웅들이 모두 세 영역을 망라하는 긴 모험을 함께 한다. 지옥의 첫 번째 원에서 베르길리우스는 자기를 앞서 간 시인들의 영접을 받고, 다른 사람도 아닌 호메로스가 직접 나와 "가장 위대한 시인에 걸맞은 대우를 하기 위해" 그를 '고귀한 성'으로 환영한다. 단테도 호메로스의 동료들에 의해 이 "뛰어난 무리"에 합류하도록 허락을 받는다. 비록 베르길리우스는 이 플로렌스 출신의 후배 시인이 과대평가되었다는 생각에 미소를 짓긴 하지만, 단테의 작품은 이제 시대를 초월한 위대한 시들의 반열에 올라 그가 스승으로 여긴 시인들과 동일한 언어적 승리와 패배를 공유하고 있다.[16]

이는 문화유산을 공유한다는 이야기다. 《아이네이스》에서 디도가 고백한 "옛 불꽃의 흔적"은 연옥에서 마침내 베아트리체를 본 다음 베르길리우스에게 한 단테의 말에서 다시 타오른다. "옛 불꽃의 흔적이 보이는 듯합니다"라고 경이감에 찬 단테는 말한다.[17] 그리고 이 동일한 이미지는 완전히 다른 문맥에서 더 이상 은유가 아닌 형태로 다시 사용된다.

지옥에서 뱀의 혀처럼 갈라진 불꽃의 혀에 타는 고통을 받고 있는 율리시스와 대화를 나눌 때 단테가 묘사하는 그 불꽃은 이전에 그가 사랑했던 사람을 묘사할 때 사용했던 표현에 등장하는 불꽃들을 떠올리게 해서 더 풍부한 색채를 띤다. 그러나 율리시스의 영혼을 감싼 옛 불꽃은 디오메데스를 감싼 불꽃이기도 하다는 사실을 잊어서는 안 된다. 옛 불꽃의 혀는 끝이 갈라져 있다. 그러나 둘 중 더 큰 혀만이 소리를 내도록 허락받는다. 따라서 어쩌면 침묵을 지키는 디오메데스 입장에서 율리시스와 한 경험에 관해 하고 싶은 이야기는 무엇인지 묻는 것이 합당한 일일지도 모른다.

아우슈비츠에서 옛 불꽃의 혀를 떠올린 프리모 레비는 "너는 짐승처럼 살도록 만들어지지 않았다[fatti non foste a viver come bruti]"는 외침에서 박탈당한 자신의 인권을 다시 상기하고, 어떤 상황에서도 절대 포기하지 않아야 한다는 경고를 듣는다. 그의 귀에 울려 퍼지는 경고는 베르길리우스나 단테의 것이 아니라 지나치게 야심차고 두려움을 모르는 율리시스(물론 단테가 상상해낸 율리시스의 모습이다)가 부하들에게 "태양 너머로, 사람이 살지 않는 세상으로" 가려는 자신을 따르도록 설득하기 위해서 하는 말이다. 그러나 레비는 율리시스가 한 연설의 마지막 부분을 정확하게 기억하지 못한다.

레비의 머릿속에서 춤을 추는 단테의 시구는 잊고 있었던 옛 삶의 기억을 되살린다. "너무도 멀리 있어서 어두웠지만"이라는 구절은 레비가 토리노로 기차를 타고 저녁 어스름녘에 밀라노에 도착하면서 멀리 보이던 산들의 풍경을 떠올리도록 만들었고, 그 끔찍한 "다른 존재의 뜻대로"라는 구절은 왜 그들이 거기에 있는지를 진에게 이해시켜야 한다는 육감이 들게 했다.[18]

그러나 깨달음은 더 이상 찾아오지 않았다. 기억은 가라앉은 우리의 서재로 잠수해서 한 번에 몇 문단씩만을 무작위로 길어올리곤 하지만, 우리가 생각하는 것보다 더 좋은 선택을 하곤 한다. 아마도 그런 현명한 기억의 선택 덕분에 레비가 율리시스의 호소에 따라 짐승처럼 살기를 거부했음에도 불구하고, 결국 율리시스와 그의 부하처럼 온화한 태양 너머에 있는, 이해할 수 없는 이유로 인간 이하의 조건에서 살아야 하는 곳에 도달해버렸다는 사실을 깨닫지 못한 것인지도 모르겠다.

《일리아드》에 나오는 디오메데스는 믿을 수 있는 사람이고, 용감하며, 피 흘리는 것을 두려워하지 않는 용사, 그리고 자신의 명분이 정당하다고 믿으면 끝까지 싸울 용의가 있는 주도면밀한 전략가였다. 트로이의 전차들이 전진해오고 있어서 위험하다는 소식을 들은 그는 "후퇴에 대해서는 말도 꺼내지 말라"고 말한다. "나를 설득시킬 수는 없다/ 내 가슴에 싸울 힘이 남아 있는 한/ 전투를 피하는 것, 두려움에 몸을 움츠리는 것은 내 본성에 어긋나는 일이니." 디오메데스는 율리시스보다 더 합리적이고, 아킬레스보다 더 믿음직하며, 아이네아스보다 더 나은 군인이다. 그는 우리의 운명이 우리 자신의 손에 달려 있는지 아니면 전능하다는 신들의 의지에 완전히 달려 있는지를 알고 싶은 거의 무의식적인 호기심의 힘으로 앞으로 나아간다. 심지어 그 호기심은 디오메데스가 신들까지도 공격하도록 만든다.

트로이 전쟁은 인간과 신이 동등한 역할을 한 전쟁이다. 디오메데스가 던진 커다란 바위로부터 자신의 아들 아이네아스를 보호하기 위해 아프로디테가 서둘러 내려오자 그는 여신의 손목을 창으로 베고, 아폴론에게 돌진한다. 태양의 신 아폴론이 전쟁의 신 아레스에게 그를 멈춰달라고 요청할 정도가 된 것이다.

"그 겁 없는 악마 같은 디오메데스는 아버지 제우스까지 공격할 놈이요!"

디오메데스는 전쟁의 신에게까지 도전한다. "신들은 피를 흘리지 않는다. 그래서 우리는 그들을 불멸이라 부른다"라고 호메로스는 말하지만, 사실 신들도 상처를 입을 수 있고, 피를 흘리기도 한다. 그러나 그들이 흘리는 피는 인간의 피 같은 것이 아니라 이코르ichor라고 알려진 영액이다.[19] 불멸의 신들을 공격한 디오메데스는 그들도 고통을 느끼고, 따라서 인간들의 고통을 알고 이해할 수 있다는 사실을 깨닫는다. 고대 신들이 이렇게 상처를 입는 것은 몇 세기가 지난 후, 또 다른 신이 골고다 언덕에서 십자가에 매달려 고통을 받고 죽음에 이르는 사건의 전조가 된다. 고통을 느낄 수 있고, 자기가 이해하는 고통을 허락하는 신. 역설적이라고 하지 않을 수 없다.

마르틴 부버Martin Buber의 이야기를 들어보자.

비엔나의 황제가 칙령을 내렸다. 그 칙령은 갈리시아에서 이미 억눌린 채 살아가고 있는 유대인들을 더욱 비참하게 만들 것이 분명했다. 당시 아주 진지하고 학구적인 성격의 파이벨이라는 사람이 랍비 엘리멜렉의 성직자 연수소에서 살고 있었다. 어느 날 밤 잠자리에서 일어난 그가 차디크(유대교의 정신적 지도자)의 방에 들어가서 말했다.

"스승님, 주님을 고소해야 하겠습니다."

그렇게 말을 하는 파이벨마저도 자신의 말에 충격을 받은 듯 보였다.

그러나 랍비 엘리멜렉은 이렇게 대답했다.

"좋아, 하지만 법정은 밤에는 열리지 않아."

다음 날 두 명의 차디크가 리젠스크에 찾아왔다. 이스라엘 코즈니츠와 제이콥

이탁 루블린 이 두 사람은 랍비 엘리멜렉의 집에서 머물렀다. 랍비는 점심 식사를 한 후, 전날 밤 자기를 찾아왔던 이를 불러 말했다.

"자, 어제 자네가 말했던 고소 건을 이야기해보게나."

"지금 그렇게 할 만한 힘이 없습니다."

파이벨이 더듬더듬 말했다.

"그렇다면 내가 그 힘을 주겠네."

랍비 엘리멜렉이 말했다.

그래서 파이벨은 이야기를 시작했다.

"왜 우리는 이 제국에서 속박된 채 살아야 합니까? 주님이 토라에서 "이스라엘의 자손들은 나의 종이니"라고 말씀하시지 않으셨습니까? 비록 주님이 이 낯선 땅에 우리를 보내셨다 할지라도, 우리가 어디에 있든 주님을 섬길 수 있도록 완전한 자유를 주셔야 한다고 생각합니다."

거기에 대해 랍비 엘리멜렉은 이렇게 대답했다.

"주님의 대답은 모세와 선지자들을 꾸짖는 부분에 이미 나와 있다네. 하지만 규칙에 따르면 원고와 피고는 모두 법정에서 퇴장해서 판사가 영향을 받지 않도록 해야 하네. 그러니 랍비 파이벨, 이 방에서 나가게. 세상의 주님, 당신은 방에서 나가도록 할 수가 없군요. 당신의 영광이 땅을 가득 채우고 있고, 당신이 없이는 우리 누구도 한순간도 살 수가 없기 때문입니다. 그러나 당신의 존재로 인해 판결을 내리는 데 영향을 받지 않을 것이라는 것을 알려드리는 바입니다."

그런 다음 세 명의 랍비는 눈을 감고 조용히 앉아 심의를 시작했다. 한 시간 후, 세 사람은 파이벨을 불러서 판결을 전달했다. 그가 맞다는 것이 세 사람의 판결이었다. 그와 동시에 비엔나의 칙령이 취소되었다.[20]

만일 디오메데스가 갈라진 불꽃의 혀에서 말을 할 수 있었다면, 신들도 실수를 하고, 무너질 수 있는 존재라는 것을 아는 그는 단테에게 아마 이렇게 말했을 것이다. 인간이어도 비인간적인 고통을 피할 수 없을 때가 있고, 인간의 모든 노력은 입에 담기 힘든 그림자를 수반하며, "잠깐 동안 보초를 서는 듯한" 이 생에서 우리는 전혀 이해할 수 없는 이유로, 단지 누군가의 혹은 무엇인가의 변덕이나 의지로 인해 염원하던 산이 눈앞에 보이는 곳에서 탄 배가 전복하는 경험을 해야 할 수도 있다고.[21] 어쩌면 디오메데스도 단테에게 율리시스와 똑같이 말했을 수도 있다. 그러나 그 말이 불꽃의 혀 다른 쪽에서 들려왔다면 단테는 다른 식으로 들었을 수도 있다. 같은 말이라도 그의 말은 오만한 야망이 아니라 절망과 분노로 들렸을 수도 있고, 레비는 그 시구를 구원에 대한 약속이 아니라 불공평하고 이해할 수 없는 판결로 기억했을지 모른다. 어쩌면 디오메데스의 무언의 발언은 레비가 갑자기 이해를 하고, 진에게 전달하고자 했던 "커다란 무엇"의 일부였는지도 모른다.

문학은 가장 먼 곳에 있는 궁극적인 지평선에 도달하기 위해 우리가 아무리 노력을 해도 결국 실패하고 말 것임을 보장하는 것을 제외하고는 아무것도 약속하지 않는다. 그러나 어떤 독서도 끝날 수 없고, 어느 페이지도 마지막 페이지가 될 수 없다고 하더라도 다시 읽거나 회고하는 방법으로 이미 익숙한 텍스트를 다시 방문하면 우리가 단 돛의 폭은 더 넓어질 것이다. 율리시스의 모험을 묘사한 단테의 표현을 빌리자면 우리가 떠나는 '과감한 항해'는 더 넓어진 돛의 힘으로 의미의 세계에서 조금 더 먼 곳까지 전진하게 된다.[22] 그리고 율리시스가 발견하게 되는 것처럼, 우리가 마침내 어떤 이해를 얻게 된다 할지라도 그것은 기대하고 있던 것이 아닐 것이다.

수세기에 걸쳐 축적된 말들 덕분에 베르길리우스의 오래된 불길은 의미의 숲으로 무성해져서 어떤 의미 하나도 소실되지 않고, 어떤 의미도 확정적이지 않은 채 우리에게 전해 내려온다. 우리가 필요로 할 때 그 말들은 우리에게로 돌아와 우리를 구원할지도 모르지만 그것은 임시적일 뿐이다. 말은 언제나 우리가 이해하지 못하는 또 하나의 의미를 가지고 있기 때문이다.

프란츠 카프카는 단편 〈유배지The Penal Colony〉에서 수수께끼 같은 글씨를 죄수의 몸에 새기는 것으로 벌을 주는 기계를 상상했다.[23] 기계의 바늘이 살에 깊이 박힌 후, 마지막 숨을 거두기 직전의 순간이 되서야 죄수들은 자신의 잘못의 본질이 무엇인지, 그리고 형벌의 의미가 무엇인지를 깨닫는다. 카프카는 아우슈비츠가 만들어지기 16년 전에 세상을 떠났고, 그의 기계는 인정사정없고 치명적이지만, 그럼에도 "왜?"에 대한 답을 준다. 너무도 난해하고 늦은 답이기는 하지만, 아우슈비츠는 절대 주지 않는 답이다. 1945년 1월 수용소에서 풀려난 후, 레비는 새로운 독자들을 가진 작가로 잠시 살았다. 그러나 아무리 정상적인 삶을 다시 영위해보려고 노력해도 그는 "왜"를 이해할 수가 없었다. 그럼에도 두 개의 불꽃 어디엔가 숨겨져 있던 또 하나의 목소리의 흔적을 순간 들었는지 레비는 왜 그곳에서는 왜 아무런 "왜"도 전제하지 않았는지 이해한 듯하다.

세상을 뜨기까지 1년도 남지 않은 시점에 레비는 로마의 시인 호라티우스에게 쓴 편지에서 이렇게 말했다.

"우리 수명은 당신보다 더 깁니다. 그러나 더 즐겁거나 더 안전하지 않고, 신들이 어제에 상응하는 내일을 허락할 것이라는 확신도 없습니다. 우리도 아이네이아스, 툴루스, 앙쿠스, 그리고 당신과 같은 조상들이 있는 그림자의 나라로 갈 것입니다. 그토록 오만하고, 자기 확신에 가득찬 우리도 흙과 그림자로 돌아갈 것입니다."[24]

단테, 베르길리우스, 호라티우스와 마찬가지로 레비도 흙과 그림자로 돌아갔다. 그리고 그들의 불꽃처럼 레비의 불꽃도 우리에게 계속 말을 한다. 어쩌면 사라지지 않는 목소리야말로 시가 가진 유일하게 진정한 존재 이유인지 모른다.

시는 대답을 제공하지 않고, 시는 고통을 없애주지도 못하고, 시는 사랑하는 죽은 이를 다시 살려내지도 못하며, 시는 악으로부터 우리를 보호하지도 않고, 시는 윤리적 강인함이나 도덕적 용기를 우리에게 주지도 않으며, 시는 피해자의 복수를 해주지도, 가해자를 처벌하지도 않는다. 시가 할 수 있는 일이란, 그것도 운명이 허락할 때에 한해서, 우리가 가진 질문을 말로 표현할 수 있고, 우리가 느끼는 고통에 메아리가 되어주고, 우리가 죽은 자들을 추억하는 것을 돕고, 사악한 자들의 행위에 이름을 붙여 기억하도록 해주고, 복수와 처벌의 행위를 반성하도록 가르치고, 선한 행위들, 심지어 그 선한 행위의 자취를 더 이상 찾을 수 없을 때마저도 그 행위들을 반추해 보도록 가르치는 일이다. 옛 유대 민족의 기도는 겸허한 태도로 은근히 그것들을 상기시킨다.

"주여, 길 가운데 놓인 돌을 치워주시옵소서. 도둑이 밤에 걸려 넘어질까 두렵사옵니다."[25]

이러한 시의 위력은 우리가 예전부터, 아니 어쩌면 언어가 시작되었을 때부터 알고 있었던 것인지도 모른다. 그리고 그것은 《신곡》〈연옥편〉의 처음 몇 곡에 너무도 훌륭하게 표현되어 있다. 이 곡들의 배경에는 홀로 우뚝 서 있는 그 산을 오르려다 실패한 율리시스의 실패담이 그림자처럼 깔려 있다. 연옥을 지키는 카토의 지시에 따라, 베르길리우스의 갈대로 띠를 만들어 "그 다른 존재의 뜻대로"(율리시스가 자신의 모험을 이야기할 때 사용했던 단어들과 동일한 표현이다) 단테의 허리에 둘러준다.

해변에 베르길리우스와 함께 선 단테는 영혼들을 싣고 다가오는 배의 양 편에서 "알 수 없는 하얀 빛"을 본다. 그것은 배를 인도하는 천사의 날개였다는 것이 밝혀진다. 율리시스의 이야기에서는 그와 그의 부하들이 "노로 날개를 만들"었다는 표현이 나온다. 자신의 타오르는 호기심을 변호하는 율리시스의 강력한 열변은 정도를 벗어난 모든 영혼들에게 진리의 길로 돌아오라고 훈계하는 천사의 설득력 있는 차가운 침묵과 대비된다. 그리고 배가 도착하기도 전에 단테는 암묵적으로 자신의 기대를 율리시스의 기대와 맞서도록 한다. 용감무쌍한 율리시스의 몸은 돛을 달고 전진했지만 영혼은 육지에 묶여 있었다.

> 우리는 바다 가장자리에 조용히 서 있었다
> 앞으로 갈 길을 생각하는 사람들처럼
> 마음은 그 길로 떠나보내지만, 몸은 그대로 그 자리에 머무르는 사람들처럼.[26]

그때 굉장한 일이 벌어진다. 단테가 배에서 내리는 영혼들 중 한 명이 자기 친구 카셀라라는 것을 알아본 것이다. 행복했던 시절 단테의 시구에 멜로디를 붙였던 친구였다. 단테는 "몸과 함께/ 이곳까지 여행하는 동안, 무척 지친" 자신의 영혼을 위로하기 위해 다시 한 번 노래해달라고 요청한다. "새로운 법으로 인해/ 사랑의 노래에 그토록 능하던 자네의 기억과 능력이 없어지지 않았다면/ 내 모든 갈망을 차분히 잠재우던 자네의 노래를 듣고 싶구만." 카셀라는 승낙하고, 두 사람이 친구였던 시절 단테가 만들었던 시에 붙인 노래를 부르기 시작한다. 베르길리우스, 그리고 이제 막 배를 타고 도착한 영혼들은 연옥 해변의 청정한 공기 속에 울려 퍼지는 카셀라의 아름다운 목소리를 듣기 위해 넋을 뺏긴 듯 모여든다. 그들은 거기 "못 박힌 듯 서서 그가 부르는 음 하나하나에 집중했다." 그때 카토가 서둘러 그들에게 다가와 화난 목소리로 각자의 성스러운 임무로 돌아가라고 외치면서 그들의 여정이 가진 엄청난 목적을 상기시킨다. 그것은 모세를 꾸짖는 신의 훈계를 생각나게 한다.

"온 산에 아무도 나타나지 못하게 하고 양과 소도 산 앞에서 먹지 못하게 하라."[27]

군중은 마치 밀회를 들킨 연인들처럼 겸연쩍어하며 흩어지고, 카셀라의 노래도 그친다. 그러나 우리는 단테가 그린 너무도 인간적이고, 너무도 섬세하고, 너무도 진실된 이 장면 덕분에 우리 인생 여정의 가장 중요한 순간, 우리 영혼의 구원이 달려 있는 순간마저도 여전히 예술은 절대적으로 중요한 것이라는 것을 깨닫는다. 시는 아우슈비츠에서마저도, 더 이상 아무것도 중요하거나 의미 있어보이지 않는 상황마저도, 레비와 같은 수감자의 가슴에 삶의 남은 잔재를 깨우고, "커다란 무언가"에 대한 통찰을 제공하고, 잿더미에 묻힌 오래된 호기심의 불씨를 깨워 다시 한 번 영원히 타오르는 불길로 타오르도록 한다.

제17장

무엇이 진실인가

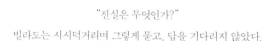

"진실은 무엇인가?"
빌라도는 시시덕거리며 그렇게 묻고, 답을 기다리지 않았다.

─프랜시스 베이컨, 〈진실에 대하여〉

　　1980년대 말, 나는 캐나다 잡지사 《새터데이 나잇》의 요청으로 로마에
가서 아주 신기한 이야기를 취재했다. 퀘벡 출신의 50대 자매 두 명이 함께
고향 마을을 떠나 인도로 여행했다. 동생은 사별한 남편 사이에서 아들과
딸 하나씩을 뒀고, 언니는 미혼이었다. 두 사람은 이국적인 목적지에서 휴가
여행을 했을 뿐이었다고 주장했지만, 로마에서 경유했다가 짐 가방 중 하나
에서 수 킬로그램에 달하는 헤로인을 가지고 있는 것이 발견되어서 이탈리
아 경찰에 체포되었다. 두 자매는 그 가방을 딸의 친구가 줬다고 설명했다.
여행 계획을 짜주고 인도의 여러 도시를 안내해줬던 사람이었다. 그러나 경
찰은 그 사람의 행방을 찾을 수가 없었다. 딸은 그 사람을 우연히 만났고, 친

절하게도 자신의 어머니와 이모가 인생 최고의 여행을 할 수 있도록 도와주겠다 제안했다고 말했다.

로마로 간 나는 두 자매를 모두 인터뷰할 수 있는 허가를 받았다. 다행히 두 사람은 교도소에 갇혀 있지는 않았고, 베네딕트 수녀원들의 감독하에 수녀원에 머무르고 있었다. 두 사람 모두 자기들이 겪은 고난에 대해 일관성 있고, 믿을 만한 설명을 하면서, 부탁을 받은 짐 안에 마약이 들어 있을 줄은 전혀 몰랐다고 말했다. 그 남자에게 너무 신세를 많이 진 끝이라 가방 하나를 캐나다에 가져다 달라는 간단한 부탁을 거절할 수는 없었다는 것이다. 퀘벡에 있는 딸도 그들의 이야기가 맞다고 확인했다.

미소를 머금은 수녀의 참관하에 베네딕트 수녀원 안에서 인터뷰를 하는 동안 나는 두 자매 중 언니가 당황하는 표정을 짓고, 그녀의 말에 못 믿겠다는 어투 혹은 화난 어투가 묻어나는 것을 느꼈다. 그 태도를 보고 나는 어쩌면 그녀가 동생이 이 음모에 동참했고, 그녀의 딸이 도왔을 것이라고 의심하고 있을지도 모른다고 생각했다. 혹은 조카가 두 사람을 이용하는 계획에 동참했고, 발각되자 동생이 딸을 보호하기 위해 알고 있는 사실을 숨기는 것이 아닌가 의심하는 것 같기도 했다. 아니면 어쩌면 그 언니의 표정이나 어투를 잘못 해석한 것은 나였고, 자매 모두 죄가 있는지도 모를 일이었다. 혹은 두 사람이 밀수에 가담하고, 딸은 아무것도 모르고 있었는지도 모른다. 언니의 태도는 내가 해독하기 힘든 무엇인가가 있다는 의미처럼 보였다. 실제로는 어떤 일이 벌어졌을까? 그것을 알아내는 것은 불가능했다.

결국 상당히 혼란스러운 재판 끝에 판사는 두 자매 모두에게 무죄 판결을 내렸고, 두 사람은 고향 마을로 돌아가는 것이 허락되었다. 그럼에도 의혹은 없어지지 않고 남아 있었다. 몇 년이 지난 후, 동생은 너무도 많은 사람들이 자신들이 저지르지도 않은 죄에 대한 의심을 버리지 않아서 삶을 영위하는 것이 불가능하다고 선언했다.

우리 모두는 우리가 경험하는 사건들이 완전하고 깊은 의미에서는 언어로 표현할 수 있는 한계를 넘어선다는 것을 알고 있다. 우리 삶에 일어나는 가장 사소한 사건일지라도, 그것을 말로 설명하면 실제로 일어난 일을 제대로 표현할 수 없고, 아무리 강렬한 기억도 기억하는 대상과 동일할 수 없다. 무슨 일이 일어났는지 전하기 위해 애써보지만, 말은 늘 부족하기 마련이고, 많은 실패 끝에 결국 현실을 가장 진실에 가깝게 묘사하는 버전은 우리가 만들어내는 이야기에서만 찾을 수 있다는 것을 깨닫게 된다. 인류가 낳은 가장 강력한 허구들을 들여다보면, 그물처럼 짜인 서술의 이면에 깔린 복합적인 현실을 식별해낼 수 있다. 마치 가면 뒤에 숨은 얼굴을 발견하는 것처럼 말이다. 진실을 말하는 최선의 방법은 거짓을 말하는 것이다.

* * *

17세기의 유대교 신비주의자 나탄Nathan에 따르면, 신의 영원한 불길에서 솟구쳐 나온 빛은 두갈래라고 한다. 율리시스와 디오메데스를 가두고 있는 두 갈래로 갈라진 불꽃의 혀처럼 말이다. 두 갈래 빛의 하나는 "생각으로 가득찬 빛"이고, 또 다른 하나는 "생각을 완전히 비운 빛"이다. 그리고 두 성질이 모두 같은 불꽃 안에 동시에 존재하면서, 대화를 나누고 있다. "이것은 신 내부의 변증법적 유물론의 과정을 가장 확실하고 급진적으로 확인해주는 예다"라고 게르숌 숄렘Gershom Scholem은 말한다.[1]

단테의 신의 빛 또한 이처럼 겉으로 볼 때 반대되는 듯한 개념을 구현하고 있다. 그 사실은 베르길리우스의 안내를 받은 단테가 지옥의 일곱 번째 원의 두 번째 구렁에 도착했을 때 명확해진다. 자연에 폭력을 행한 자들이 벌을 받는 번뜩이는 모래밭을 한 바퀴 돈 다음 베르길리우스는 단테를 데리고 요란한 폭포 가까이로 간다. 거기서 베르길리우스는 단테에게 허리에

두른 끈을 풀어서(그는 그 끈으로 어두운 숲에서 나왔을 때 처음 마주쳤던 표범을 잡으려고 했었다고 이제야 말한다) 심연으로 던지라고 말한다. 그것을 신호로 기만의 상징, 날개 달린 괴물 게리온이 날아오른다.

그 끈의 의미는 처음부터 《신곡》의 해설자들을 무척 걱정시켰다. 《신곡》의 초기 독자들 대부분은 그 끈이 기만의 상징이라고 이해를 했지만 그에 대한 설명은 확신을 주지 못했다. 기만은 욕정(표범)을 굴복시킬 능력이 없고, 오히려 욕정을 불러일으키는 데 이용된다(욕정은 속이는 상황을 야기하기 때문이다. 헛된 약속이 유혹하는 자가 많이 쓰는 기술인 것처럼). 베르길리우스는 악을 물리치기 위해 죄로 죄를 치는 것이 아니라, 선을 채용해 악에 대항해야만 한다. 비평가 브루노 나디Bruno Nardi는 단테의 끈이 이중적 의미의 성경적 상징이라고 제안한다. 구약과 신약 모두에서 끈은 기만을 멀리하기 위해 몸에 두르는 정의의 허리띠이자, 욕정을 멀리하기 위한 정조대를 상징한다.[2]

그 상징적 의미가 무엇이든 간에 단테는 안내하는 베르길리우스의 '새로운 신호nuovo cenno'가 '무언가 새로운 것novità'를 불러오리라는 것을 깨닫는다. 그리고 그는 독자들에게 다음과 같은 경고를 덧붙인다.

> 아, 행동을 감지할 뿐 아니라
> 뛰어난 감각으로 생각까지 보는 사람은
> 얼마나 조심해야 하는지![3]

기만의 원에 들어가기 직전, 단테는 깨우침을 얻은 베르길리우스는 자신의 생각까지 읽을 수 있지만, 대부분의 평범한 사람들은 다른 이의 행동만을 보고 판단하고, 그 행동 뒤에 숨은 생각을 보는 능력은 없다는 사실을 독자들에게 상기시킨다. 행동을 진실의 증거로 받아들이지만, 결국 그것이 기만이었던 것으로 밝혀지는 경우가 너무도 허다하지 않은가.

단테와 베르길리우스를 태우고 말레볼제로 내려가는 게리온. 1824년부터 1827년 사이 윌리엄 블레이크가《신곡》의 삽화로 그린 102점의 수채화 중 하나.

심연에서 호출을 받아 나타난 게리온은 기만의 화신으로 등장한다. 정직한 사람의 얼굴,4 털이 부숭부숭한 발, 오리엔탈 카페트처럼 소용돌이와 원무늬가 가득한 몸체, 그리고 전갈처럼 치명적인 꼬리를 가진 이 놀라운 비전을 독자들에게 묘사하기 전, 단테는 잠시 하던 일을 멈추고 이렇게 말한다.

조금이라도 기만적인 기운이 있는 진실이라면
최선을 다해 입을 다물어야 한다.
아무 잘못이 없다하더라도, 치욕을 당할 수 있기 때문이다.

그러나 여기서는 침묵을 지킬 수가 없다. 그리고 내 《신곡》의 운율에 걸고,

맹세하노니, 독자들이여,

그들이 오랜 명성을 누릴 기회를 빼앗기지 않도록,

나는 보았으니……[5]

그런 다음 단테는 게리온에 대해 독자들에게 이야기한다.

단테가 전하는 이야기를 들으며 이 부분까지 따라오면서, 수많은 놀랍고 마술 같은 이야기들(여기에는 단테의 여정도 포함되어 있을 것이다)을 들어온 독자라 할지라도, 단테는 이제 마주할 광경이 너무도 신기하고 대단하기 때문에 잠깐 말을 멈추고 자기의 작품을 걸고 지금부터 할 이야기가 사실이라는 점을 다시 한 번 맹세할 필요를 느낀 것이다. 다시 말하면, 지옥의 거의 절반을 여행한 시점에서, 단테는 자신의 시, 즉 《신곡》이라는 허구적 작품의 진실성을 걸고, 다음에 벌어질 에피소드가 정말로 일어난 일이라고 맹세하고 있다. 현기증이 날 정도의 논리적 순환 고리를 만들어낸 단테는 독자들, 즉 이 정교한 허구의 세상을 만들어내는 공범들에게 자신이 엮어낼 시적 허구는 사실적 무게를 지닌 진실이며, 그 증거로 바로 그 허구적 체제 자체를 제시한 것이다. 독자들에게 말을 하는 그 순간에 자신이 몸을 담고 있는 바로 그 정교한 그물과 같은 시적 허구 말이다.

독자가 여기까지 단테에게 걸었던 신뢰는 이 부분에서 시험대에 오른다. 정말로 숲이 있었고, 먼 곳에 높은 산이 보이고, 유령 동반자가 있고, 여러 개의 원으로 이루어진 지옥으로 들어가는 무섭고도 웅변적인 문이 있다고 느껴온 독자라면(사실 단테의 이야기를 한 줄 한 줄 읽으면서 그 확고한 현실감을 느끼지 않은 독자는 그다지 많지 않다), 시인이 이제 하려고 하는 말의 진실을 인정하지 않을 수 없다. 그렇지 않으면 지금까지 믿었던 모든 것을 포기해야만 하

기 때문이다. 단테가 독자들에게 요구하는 것은 기독교에서 요구하는 종류의 믿음이 아니다. 시적 믿음, 즉 신이 드러낸 진리의 교리와는 다른, 언어를 통해서만 존재하는 믿음이다.

그러나 단테는 두 종류의 진실이 《신곡》 안에서 공존하도록 한다. 그는 연옥의 정상에서 신비한 행렬과 함께 《요한계시록》에 등장하는 네 짐승이 다가오는 것을 보고, 그들의 모습을 "각각 여섯 개의 날개가 돋아 있고"라고 묘사한다. 그런 다음 독자들을 위해 "그들을 묘사하는 《에스겔서》를 읽어보라", "다만…… 날개에 관해서는/ 요한과 나는 에스겔과 의견이 다르다"고 덧붙인다.[6] 단테는 자신의 의견은 밧모섬의 요한의 권위가 뒷받침해준다고 주장한다. 요한은 날개가 여섯 개씩이라고 한데 반해(《요한계시록》 4:8) 에스겔은 날개를 네 개씩 단 짐승을 봤다고 주장하기 때문이다(《에스겔서》 1:6). 단테는 계시록을 지은 저자와 같은 수준의 권위를 주장하는 것을 주저하지 않는다. 《신곡》의 저자인 자신이 요한의 신적 권위를 확인해주고 있는 셈이기 때문이다.

그리고 단테의 권위를 베르길리우스가 확인해준다. 단테를 안내하기 위해 온 베르길리우스의 그림자를 처음 만났을 때 단테는 《아이네이스》의 저자를 "나의 스승, 나의 저자"라고 부르면서 "제게 영광을 가져다 준 멋진 문체를/ 차용한 유일한 저자가 바로 당신"이라고 고백한다.[7] 단테는 베르길리우스의 시에서 자신의 경험을 표현하는 방법을 배웠다. 그리고 "나의 저자mio autore"라는 표현은 이중적 의미 즉, "내가 가장 존경하는 책의 저자"와 "나를 만들어준 저자"라는 의미를 지닌다. 단어, 문장, 음악은 모두 모두 거짓이지만 그것들을 통해 독자는 세상의 경험을 받아들이고, 그것을 마음속에서 재구성한다.

단테의 작품에 가장 명확한 주해를 다는 해설가 중 한 명인 존 프레체로John Freccero는 "인간 저자가 현실을 모방함으로써…… 신학적 우화를 모방

할 수 있는지" 여부를 묻는다. 그는 계속해서 "사실, 미메시스mimesis(예술적
모방)는 그 반대 효과가 있어서 우화를 내폭시켜서 역설로 만들고 만다. 우
화를 통해 애써 의미를 찾으려고 하는 대신, 사실주의는 스스로가 허구임
을 확인했다가 그것을 부정하는 것을 반복함으로써 자신의 중요성을 강조
한다. 단테의 표현을 빌자면, 사실주의는 거짓말의 얼굴을 한 진실, 그리고
진실처럼 보이는 기만이라고 할 수 있다."[8]

칸그란데 델라 스칼라에게 보낸 유명한 편지에서 단테는 아리스토텔레스
를 노골적으로 인용하면서 무엇이 있는 곳에서 얼마나 멀지 혹은 얼마나 가
까운지에 따라 우리는 그것이 진실에서 얼마나 멀지 혹은 가까운지 말할 수
있다고 지적한다.[9] 그가 가리키는 것은 프레체로가 언급한 문학적 형태인 우
화allegory로, 우화의 진실은 작가가 만들어낸 이미지가 우화의 대상과 얼마나
가까운지에 따라 진실성의 여부가 결정된다. 단테는 이 관계를 아버지와 아
들, 주인과 하인, 짝과 홀, 전체와 부분 사이의 의존성에 비유한다. 이 모든 관
계에서 한쪽의 '존재'는 다른쪽에 의존해야 가능하다(홀의 상태를 무시하면 짝이
무엇인지 이해하는 것이 불가능하다), 따라서 한쪽의 진실은 다른쪽의 진실에 의
존적이다. 그 '다른쪽'이 허위라면, 고려 대상인 '한쪽' 또한 그 허위에 오염된
다. 단테가 계속 우리에게 상기시키는 대로, 기만은 전염성이 있다.

성 아우구스티누스는 거짓에 대한 두 개의 긴 글 중 첫 번째 글에서(단테
도 이 글들을 잘 알고 있었을 확률이 높다) 허위를 말하는 사람이 자기가 하는 말
이 진실이라고 확신하거나 굳게 믿고 있으면, 그 사람은 거짓말을 하는 것이
아니라고 주장한다. 아우구스티누스는 '믿는 것'과 '확신하는 것'을 구별한
다. '믿는' 사람은 자기가 믿는 것에 관해 그 존재를 의심하지는 않지만 거기
에 대해 많이 알지 못한다는 사실을 의식하고 있을 가능성이 있고, '확신하
는' 사람은 거기에 대해 많이 알지 못한다는 사실을 깨닫지 못한 채 잘 안다
고 생각하는 사람이다.

아우구스티누스는 거짓말을 하려는 의도가 없으면 거짓말이 성립하지 않는다고 주장한다. 거짓말은 외양과 진실 사이의 차이의 문제이기 때문이다. 그는 예를 들어, 나무를 벽이라고 잘못 추측할 수 있지만, 누군가를 기만하려는 의지가 없으면 기만죄도 성립하지 않는다고 말한다. "기만은 사물 자체에 있는 것이 아니라 그에 대한 감지에 있다." 지옥에서 벌을 받고 있는 영혼이 베르길리우스에게 상기시키듯, "거짓말쟁이이자 거짓말의 아버지", 기만의 최고봉인 사탄은 아담과 이브를 속일 때, 자신이 그들을 기만하고 있다는 것을 인식하고 있었다.

아담과 이브의 죄는 그들에게 금지되어 있는 것을 잘 알면서도 선택한 것이다. 우리의 선조 아담과 이브는 의지가 들어간 감각을 통해 그 기만 행위의 공범이 되지 않는 쪽을 선택할 수도 있었다. 그러나 그들은 진실로부터 멀어지고, 자유의지를 사용해서 잘못된 길을 선택했다. 모든 여행자는 자신이 갈 길을 선택할 수 있다. 아우구스티누스가 "이 거대한 숲, 함정과 위험으로 가득한 곳"이라고 부른 어두운 숲에서 길을 잃은 단테는 베르길리우스의 충고를 따르는 쪽을 선택했고, 그렇게 함으로써 진실의 길을 걷게 되었다.[10]

아우구스티누스의 주장은 바오로Paulus의 갈라디어인들에게 보내는 서간 중 논란이 되는 한 문구를 근거로 하고 있다. 바오로는 자신의 주장에 유리한 지점을 확보하기 위해 "보라, 내가 너희에게 쓰는 것은 하느님 앞에서 거짓말이 아니로다"《갈라디아서》1:20)라고 말한다. 그리고 바오로는 기만의 예로 자기가 직접 경험한 이야기를 한다. 그의 이야기는 동료 사도가 특이한 행동을 하는 것을 목격한 일에 관한 것이었다. 사울(바오로의 당시 이름)은 기독교로 개종한 유대인들을 추적하는 것으로 악명이 높은 열성적인 유대교인이었다. 다마스커스로 가는 길에 그는 눈을 멀게 할 만큼 밝은 빛을 봤고, 왜 자신을 박해하는지 묻는 예수의 목소리를 들었다. 사울은 땅에 쓰러졌고 앞이 보이지 않는다는 것을 깨달았다. 사흘 후, 아나니아Ananias는 그의 시력이 회복되는 것을 돕고 그에게 세례를 한 다음 바오로라는 세례명을 준다(《사도행전》 8:9). 개종을 한 후 바오로는 사도 베드로Petrus와 전도의 임무를 나눈다. 베드로는 유대인들에게, 바오로는 이방인들(비유대인)에게 전도를 하기로 한 것이다.

14년이 흐른 후, 기독교 교회 지도자들은 예루살렘에 모여 이방인들은 (유대인이 되기 위해) 할례를 받지 않고도 예수의 가르침을 따를 수 있다고 결정했다. 회의가 끝난 후 바오로는 안디옥(안타키아)으로 갔고, 얼마 후 베드로도 그곳으로 왔다. 처음에는 베드로도 안디옥 교회의 이방인들과 같이 식사를 했지만, 예루살렘 교회의 유대인들이 도착하자 이방인들의 테이블에서 종적을 감췄다. "할례를 받은 이들(유대인들)"이 이방인 기독교인들도 유대인들의 음식물 금기 규칙을 지켜야 한다고 고집했기 때문이다. 예수의 테이블에 앉는데 필요한 유일한 조건은 믿음이라는 사실을 베드로가 인정하지 않는 데 대해 화가 난 바오로는 "그와 대면했다. 그가 잘못한 것이기 때문이다." "네가 유대인으로서 이방을 좇고 유대인답게 살지 아니하면서 어찌하여 억지로 이방인을 유대인답게 살게 하려느냐?"(《갈라디아서》 2:12,11,14).

성 제롬은 403년 성 아우구스티누스에게 쓴 편지에서뿐 아니라 바오로의 서간에 대한 주석에서, 이 구절은 두 사도 간에 진짜로 벌어진 논쟁을 묘사하고 있지 않다고 주장했다. 지켜보는 이들을 위해 두 지도자가 교훈적인 장면을 연출했다고까지는 말하지 않았지만, 제롬은 두 사람이 교리적으로 반대되는 입장을 취했다고 생각하지 않았다. 제롬에 따르면, 그 논쟁은 시각 차이의 문제일 뿐이고, 둘 중 누구도 기만적으로 행동하지 않았으며, 자신의 주장을 더 잘 설명하기 위해 반대되는 입장을 취했을 뿐이었다.[11] 아우구스티누스는 그렇게 생각하지 않았다. 안디옥에서의 만남 동안 조금이라도 위선이 있었다는 것을 인정하는 것은 종교 교리, 따라서 성경을 설명하는데 거짓이 있었다는 것을 인정하는 것이다. 게다가 베드로에 대한 바오로의 비판은 충분한 근거가 있다. 오래된 유대 의식은 기독교를 새로 믿기 시작한 개종자에게는 아무런 의미가 없기 때문이다. 따라서 두 사람 모두 위선적으로 행동할 필요가 없었다. 아우구스티누스는 바오로가 진실을 밝히면서 대면하기 전까지는 베드로가 자신의 위선을 깨닫지 못하고 있었을 것이라고 생각했다. 어떤 상황에서든 기만은 진정한 기독교인의 행동으로 절대 정당화할 수 없다.

이런 시각에서 볼 때, 소설이라는 거짓말은 위장한 진실일까? 아니면 소설은 우리가 가장 큰 관심을 기울여야 하는 진실로부터 우리의 주의를 산만하게 하는 기만적인 이야기들일까? 《고백록》에서 아우구스티누스는 사춘기 시절 학교에서 라틴어로 된 고전을 읽으면서 "나는 아이네이아스라는 이름의 영웅이 방황하는 이야기를 외우면서도, 그 사이 내가 하는 일탈 행동은 기억하지 못했다. 사랑을 위해 스스로 목숨을 끊은 디도의 죽음을 애도하는 것을 배웠지만 그러는 동안 당신, 내 주님과 내 삶에서 분리된 나는 죽어가고 있었다. 그러나 나는 내가 처한 곤경에 대해서는 눈물 한 방울 흘리지 않았다"고 했다.

젊은 아우구스티누스는 그 책들을 읽지 못하도록 금지당하면 "[자신을] 슬프게 만드는 바로 그 책들을 읽지 못해서 슬퍼했다." 나이든 아우구스티누스는 문학을 가르치는 교실 입구에 걸려 있던 커튼이 "미스터리를 기리기 위한 것이라기보다는 실수를 감추기 위한 베일이었다"고 생각했다.12

게리온을 처음 본 단테는 그 괴물의 외양이 "아무리 튼튼한 심장을 가진 사람도 놀라게 할 만하다"고 생각했다. 그 괴물에 대한 설명을 베르길리우스에게서 들은 후에야 단테는 게리온이라는 존재의 진실을 이해한다.

보라, 뾰족한 꼬리를 가진 저 짐승을,
산을 넘어 성벽과 무기들을 거침없이 부숴버리는!

세상 전체를 더럽히는 그를 보라!"

베르길리우스는 역사적 사건을 암시하고 있다. 마사게타이족의 여왕 토미리스가 산을 넘어 페르시아의 왕 키루스를 패배시킨 것도 기만을 통해서였고, 그리스인들이 트로이의 성벽을 무너뜨린 것도 기만을 통해서였다. 그러나 게리온의 기만은 그보다 훨씬 더 심했다. 전설에 따르면 그는 거인 같은 몸 세 개가 허리에서 붙은 이베리아의 왕이었는데 여행자들을 받아들여 그들의 물건을 빼앗고 죽였다고 한다. 단테는 전설에서 이름은 남기고 그의 모양은 바꾼다. 단테가 묘사하는 게리온은 에덴동산에서 이브를 속여 인류를 낙원에서 쫓겨나도록 한 뱀을 닮았다.[13]

소설과 진실의 관계에 대한 토론은 연옥의 세 번째 둘레에서 벌어진다. 단테는 학식이 높은 베니스의 궁정의 조신이었던 마르코 롬바르도Marco Lombardo를 만난다. 그는 숨막히는 연기구름 안에서 분노의 죄를 청산하고 있었다. 롬바르도는 단테에게 자유의지의 문제에 관해 역설한다. 모든 것이 미리 정해져 있다면 죄가 옳다 그르다 판단될 수 없고, 분노는 단순히 피할 수 없는 상황에 대한 기계적 반응일 뿐이다. 그러나 아무리 완벽하게 모든 것이 보편적 법칙에 따라 미리 정해져 있다 하더라도, 인간은 그 틀 안에서 선택할 자유가 있다. 별자리가 우리 행동에 어느 정도 영향을 줄 수 있을지 모르지만, 우리가 궁극적으로 하는 행동에 별자리는 책임이 없는 것이다.

그대, 살아 있는 자는 모든 것의 원인을
하늘의 뜻으로 돌리려 하네, 마치 하늘만이
모든 것을 움직일 수 있는 힘이 있는 것처럼.

만일 그렇게 세상이 돌아간다면, 자유 의지는 파괴되고,

선한 자가 기쁨을 누리고 악한 자가 애통해하는 것이

공정하지 못한 일이 되리니.

하늘은 그대의 충동을 자극하긴 하지만

모든 경우에 그렇게 하는 것도 아니고, 그렇다 하더라도

선과 악을 구별하는 빛이 허락되고

그와 함께 자유의지도 주어지니,

만일 하늘과의 첫 투쟁을 견뎌내고

그것을 잘 보살펴 키워내면 모든 것을 얻을 수 있으리라.

자유 안에서 더 나은 힘과 더 나은 본성의

지배를 받고, 마음속에

하늘이 제어할 수 없는 것을 만들어낼 수 있으리라.[14]

　　마르코 롬바르도는 우주가 우리의 행위에 거의 무관심하다는 사실을 주장하고 있다. 우리가 따르지 않으면 안 된다고 생각하는 법칙은 우리 스스로가 마음속에서 만들어낸 것이라는 뜻이다. 만일 그렇다면, 소설(우리의 상상력이 만들어낸 세상, 아우구스티누스와 단테에게는 《아이네이스》, 우리에게는 《신곡》)은 세상에 대한 우리의 비전과 이해를 형성하는 데 영향력을 미칠 힘을 지니고 있다. 그리고 우리가 상상한 것을 형상화하고, 우리의 생각을 다른 이들에게 소통하게 해주는 도구인 언어는 우리의 노력을 도울 뿐 아니라 우리가 소통하려고 하는 그 현실 자체를 재창조한다.

　　단테보다 4세기 후에 활동한 데이비드 흄(이 책 첫 부분에서 만났던)은 이 질문을 계몽주의 시각에서 재고한다. 《인간 본성론》에서 흄은 "자연의 근본

적 법칙"을 발명한 것은 인간이고, 그것은 "서로간의 생존을 위해 사회의 필요성을 인식하고 나자, 인간의 본능적 욕구를 일부 제어하지 않고서는 관계를 유지하는 것이 불가능하다는 것을 깨달았기 때문이다"라고 주장했다. 그러나 그는 인간이 이 법칙 말고는 다른 법칙을 만들었을 수는 없다고 덧붙인다. 이 법칙들은 우리가 살고 있는 우주를 설명하는 데 필요한 것들이다.[15] 모든 법과 마찬가지로 자연 법칙도 깨질 수는 있지만, 무작위로 아무 때나 깰 수는 없다.

흄의 논리는 진실의 문제와도 연관지을 수 있다. 법처럼 진실도 외면할 수는 있지만, 계속적으로 그렇게 하는 것은 불가능하다. 만일 내가 진실이 "흑"일 때마다 "백"이라고 말함으로써 진실을 외면하면, 내가 "백"이라고 하는 것은 결국 "흑"으로 해석될 것이므로, 거짓말을 하는 데 사용하는 단어들은 계속된 사용으로 인해 의미가 변하고 만다.

이와 마찬가지로, 도덕적 법칙은 무엇이 진실인지에 대한 인식에서 나오고, 우리의 양심에 뿌리를 내리고 있으며, 흔히 받아들여지는 방식으로 표현된다. 흄이 "도덕성의 '본연의' 의무"라고 부르는 것이 바로 그것이다.[16] 그렇지 않으면 도덕성은 상대적 개념에 지나지 않게 되고, 가령 스탈린Joseph Stalin이나 피노체트Augusto Pinochet의 특정 "자연법"을 적용하면 고문을 찬성하는 주장마저 그것에 반대하는 주장만큼이나 정당하다고 받아들이지 않을 수 없다. 자유의지는 어떤 행위가 선한 것인지 악한 것인지를 "도덕성의 자연적 의무"에 근거해서 의문시하는 것을 허락하고, 그 행위를 하는 사람이 유죄인지 무죄인지와는 무관하다.

행위 자체는 나쁘다고 판단되지만, 선하다고 여겨지는 대의를 위해 행할 때 문제는 더 복잡해진다. 2013년 12월 5일 넬슨 만델라Nelson Mandela가 세상을 떠났을 때, 전 세계 정치인들은 남아프리카 공화국에서 아파르트헤이트Apartheid를 끝내고 모든 이들에게 적용되는 도덕법을 지키기 위해 의지를 굽히지 않은 그를 찬양했다. 그러나 몇 명의 보수적인 영국 의원들은 만델라의 죽음을 애도하는 것을 거부하고, 그가 달리는 오토바이에서 폭탄을 던진 테러리스트라는 주장을 굽히지 않았다. 그들은 만델라의 '아프리카 국민회의(ANC)'를 "전형적인 테러리스트 단체"며, "공산주의 형태의 흑인 독재 체제"를 확립하려 한다고 비난한 마거릿 대처Margaret Thatcher 수상의 발언을 인용했다. 그리고 보수당 의원 맬컴 리프킨드Malcolm Rifkind 경은 "넬슨 만델라는 우리가 듣는 것처럼 성인이 아니다." 그는 "온 몸의 세포 하나하나까지 모두 속속들이 정치인일 뿐이다. 그는 정치인으로 활동한 초기에 무장 투쟁을 신봉했고, 아마도 평생 어느 정도는 그 신념을 버리지 않았을 것이다"라고 말했다. 성 프란시스 자비에르Saint Francis Xavier나 성 잔다르크에 대해 한 번도 들어본 적이 없는 게 분명한 리프킨드의 의견으로는 성인은 정치인이 될 수 없는 듯하다.[17]

1995년, 아파르트헤이트가 공식적으로 폐지된 지 5년 후, 남아프리카공화국 사람들은 '진실과 화해 위원회'라는 것을 만들었다. 인권 침해 피해자들이 증언할 수 있도록 조성된 사법 기구였다. 위원회에서는 피해자뿐 아니라 가해자들도 증언을 하고, 민사, 형사 처벌에 대한 사면 신청을 할 수 있었다. 2000년, 이 위원회는 '정의와 화해 연구소'로 대체되었다. 이러한 명칭의 변화는 진실을 확인하는 단계에서 정의를 확립하는 단계로의 진화를 상징했다. 죄를 심판할 수 있는 시스템 없이 죄를 인정하는 것 혹은 죄의식을 느끼는 것은 아무 쓸모가 없는 일이라고 여겨진 것이다. 나딘 고디머Nadine Gordimer가 1998년 "죄의식은 과거에나 현재에나 비생산적이다"라고 선언한 것도 이런 맥락에서일 것이다.[18]

1963년 재판정에서 만델라는 민주적이고 자유로운 사회라는 이상을 위해 살고 싶고 그 목표를 달성하는 것을 원하지만, 그 이상을 위해 죽을 준비 또한 되어 있다고 말했다. "병사가 되어본 적이 없고, 전투에서 싸워본 적도 없고, 적에게 총을 쏘아본 적도 없는 내게 군대를 만들라는 임무가 주어졌다"라고 그는 자서전에 썼다.[19] 체포영장이 발부되자 만델라는 공식적인 활동을 멈추고 몸을 숨긴 다음 폭탄을 만드는 것을 배우고 변장을 한 채 아프리카 전역을 누볐다.

1963년 체포되어서 징역형을 선고받은 후, 그는 남아프리카공화국 정부가 제대로 된 사법 청문회를 저해하는 장애를 모두 제거하기 전까지는 사면 제안을 받아들을 수 없다고 거부했다. 후에 그는 역경을 겪는 동안 그를 지탱해준 것은 "인간의 존엄성에 대한 믿음"이었다고 말했다. 영국의 보수 의원들이 "테러리스트 행위"라고 불렀던 행동들은 이 존엄성을 확보하는 데 필요한 행위였다. 정의롭지 않은 법을 위반하는 것, 이른바 테러리스트 행위를 하는 것은 만델라에게 정의로운 행위이자 도덕적 의무였다.

아파르트헤이트 체제의 불의에 대한 자세하고 심오한 기록을 담은 소설을 쓴 고디머는 부당한 법이 지배하는 사회에서는 범죄와 벌(그리고 진실과 기만)이 무작위의 도박적인 도덕 개념이 된다고 주장했다. 그녀는 "흑인으로 태어나 아파르트헤이트 체제에서 산 사람은 사람들이 감옥에 끊임없이 드나드는 것에 익숙해질 수밖에 없다. 외출하면서 필요한 서류를 주머니에 지니고 나가지 않으면 감옥에 갔다. 한 도시에서 다른 도시로 이동하는 것도 법을 위반하는 일이었으므로 감옥에 갔다. 그래서 감옥에 가는 것이 전혀 수치스러운 일이 아니었다. 범죄자만 감옥에 가는 것이 아니었기 때문이다."[20] 범죄 집단이 다스리는 체제에서 테러리스트와 같은 행동을 한 것은 범죄행위인가?

그것이 단순한 질문이 아니라는 것은 단테도 알고 있었다. 지옥의 얼음 구덩이에서 보카 델리 아바테를 괴롭히는 데 단테도 일조했을 때, 그의 행위가 보카의 반역죄에 오염이 되었고, 신의 심판은 불가해하다는 이유만으로 도덕적 정당성을 부여받을 수 있을까? 아니면 믿었던 사람의 배신으로 인해 모든 사회적 관습이 자의적이 되어버리고, 언어는 더 이상 무엇이 진실인지 전달할 수 없는 상황에서 단테는 비도덕적인 행동을 하고 싶은 유혹을 느낀 것일까? 단테는 인류의 자연적 도덕법에 맞는 적합한 행동을 한 것일까, 아니면 지금 고통 받고 있는 죄인들이 벌을 받기 전에 했던 것처럼 단테 또한 그 도덕법을 위반하고 있는 것일까?

단테에게 자유의지는 주어진 현실에 기초한 지적 선택이지만, 그 현실은 우리의 지적 능력과 상상력, 꿈, 육체적 감각에 의해 변화를 거친 현실이다. 우리는 선택할 자유가 있지만, 동시에 그 선택은 세상을 우리가 이해할 수 있는 방식으로 해석한 지식의 한계 안에 얽매인다. 이 역설을 이해하기 위해 단테는 민법을 비유로 든다. 민법은 시민의 절대적 자유를 제한하지만, 동시에 그 법의 규정 안에서는 행동의 자유를 보장한다. 갓난아기일 때는 눈앞에 펼쳐진 쾌락에 탐닉하고, 자라면서 가르치는 사람이 제대로 인도하지 않으면 버릇없는 아이처럼 욕심 사납게 그 쾌락을 찾아 헤매게 되기 때문에 인간의 욕망에 어느 정도의 제어가 필요한 것처럼 영혼에도 그런 가르침과 제어가 필요하다. 율리시스와 니므롯은 그 영웅적 예라고 할 수 있겠다. 연옥산의 세 번째 둘레에서 마르코 롬바르도는 이렇게 설명한다.

> 따라서 법은 제어장치로 필요하다오.
> 적어도 진정한 도시의 탑이라도
> 알아볼 수 있는 통치자를 가지는 것이 필요하지요.[21]

'하늘의 도시'는 이승에서는 도달할 수 없는 곳이지만, 정의로운 통치자는 자신이 다스리는 시민들이 그곳을 멀리서라도 바라보고, 이상적인 상태의 개념이라도 얻어서 하늘의 도시의 교리에 맞춰 살 수 있도록 돕는다. 이런 경우면 법과 선한 정부는 우리의 도덕적 선택을 지지할 것이다. 불행하게도, 단테는 당대에 그런 정부는 존재하지 않는다고 생각했다(우리가 사는 시대에도 그런 정부는 존재하지 않는다). 아이네아스가 건설한 희망의 도시와 14세기의 분열된 로마 제국, 그리고 세속적인 일에 관여해서 교황청의 위신을 떨어뜨리는 부패한 교황 사이에서 단테는 우리가 기만을 키우지 않는 사회에서 살 수 있는 천부의 권리를 가지고 있다고 주장했다.

흄의 시대보다 1세기가 지난 후, 퍼시 비시 셸리는 기만적인 사회에 맞서서 우리가 해야 하는 일은 "희망하자/희망이 무너진 그곳에서 우리가 희망한 그것이 다시 만들어질 때까지"라고 썼다.[22] 바로 이것은 만델라가 확신했던 것이기도 했다.

단테보다 5세기 후, 진실의 본질과 거짓말의 기술에 대한 탐구를 시도한 또 다른 이탈리아인이 있었다. 주인공 나무 인형을 위해 카를로 콜로디가 상상한 수많은 모험들 중에서도 특히 이 이야기는 전 세계적인 민담으로 자리를 잡았다. 피노키오가 친절한 파랑 요정에게 거짓말을 하자 코가 길어진 이야기 말이다. 사악한 고양이와 여우 때문에 떡갈나무에 걸려 있다가 구조된 후, 파랑 요정은 피노키오를 침대에 눕히고 무슨 일이 있었는지 묻는다. 하지만 피노키오는 진실을 말하기가 너무 두렵고 부끄러웠고, 결국 우리 모두가 아는 대로 거짓말을 할 때마다 코가 점점 길어졌다. "얘야, 거짓말은 금방 발각날 수밖에 없어. 거짓말에는 두 종류가 있기 때문이지. 하나는 짧은 다리를 가졌고, 또 다른 하나는 긴 코를 가졌단다"하고 그녀는 설명한다.[23] 물론 피노키오의 거짓말은 후자 쪽이었다.

그런데 요정이 거짓말에 두 가지가 있다고 한 것은 무슨 의미였을까? 피노키오의 긴 코는 자기가 한 짓을 자백하지 않으려는 고집스러운 태도를 말한다. 그 결과 코가 너무 길어져서 자유롭게 움직이는 것조차 불가능해지고, 심지어 방에서 나갈 수도 없어진다. 그의 거짓말은 현상 유지를 위한 것이었고, 한 자리에 그를 못박아 둔다. 자기가 한 일의 진실을 인정하지 않으려는 고집 때문에 피노키오는 앞으로 나아가고, 삶의 여정을 계속하는 것이 금지된다. 정치인들과 금융인들의 거짓말처럼, 피노키오의 거짓말은 자신의 현실을 좀먹고, 귀하게 여겨야 하는 것마저 파괴하고 만다.

피노키오의 모험과 단테의 《신곡》에서 명확히 드러난 것처럼, 우리의 현실을 인정함으로써 우리는 다음 장으로, 다음 곡으로 나아가서 진실된 우리의 모습을 밝히는 목표에 한걸음씩 다가갈 수 있다. 그 현실을 부정하면 진실을 서술하는 것은 불가능해진다.

짧은 다리를 가졌다는 거짓말에 대해서 파랑 요정은 아무런 예도 들지 않는다. 그러나 우리는 그 거짓말이 어떤 것인지 상상할 수 있다. 《신곡》〈천국편〉의 5번째 곡에 나오는 변화무쌍한 월광천에서 베아트리체는 단테에게 선을 베푸는 것, 즉 자선은 "자신이 이해하고 있는 선을 향해 발을 옮기는 것"이라고 설명한다. 토마스 아퀴나스가 피에르 롱바르Pierre Lombard의 《명제들Libri Quattuor Sententiarum》에 단 주석에서, 우리는 지적 능력과 애정을 통해 마음이 신에게 가까이 다가서도록 해야 하지만, 낙원에서 쫓겨난 현재의 상황 때문에 이해하는 지적 능력이 사랑을 하는 애정보다 더 강하다고 주장한 부분을 프레체로는 지적한다. 그리고 선을 보고 이해할 수 있는 우리의 능력이 선을 스스로 행할 수 있는 능력을 능가하기 때문에 우리는 늘 한쪽 발을 질질 끌면서 삶의 여행을 하게 된다. 단테가 《신곡》을 시작할 때, 어두운 숲에서 나온 후 새벽빛을 받고 있는 산꼭대기를 바라보며 자신의 여정을 묘사한 부분이야말로 이를 잘 표현하고 있다.

> 지친 몸을 잠시 쉰 다음
> 나는 다시 버려진 길을 따라 걷기 시작했다.
> 강한 발이 항상 아래쪽으로 가도록 하면서.[24]

《신곡》에 대한 주해서를 쓰면서 보카치오는 이렇게 절뚝거리며 길을 가는 모습에 대한 묘사는 글자 그대로 받아들여야 한다고 제안한다. 경사진 길을 걸어 올라가면 당연히 한 발이 다른 발보다 항상 더 아래쪽에 있게 마련이기 때문이다. 그러나 신체 각 부분의 상징적 기능에 대해 학구적으로 접근한 프레체로는 단테가 그린 이미지는 우리 육체의 발이 몸을 앞으로 나아가게 하는 것처럼 영혼도 지성과 감성이라는 쌍둥이 '발'을 사용해서 앞으로 나아가는 것이라고 해석했다. 단테 시대의 스콜라 학파 사상가들이 왼쪽 발을 더 강한 발pes firmior이라고 했던 점을 참고해서 프레체로는 오른쪽 발을 지성(선택의 시작, 이해, 혹은 이성), 왼쪽 발을 감성과 연관지었다.[25] 땅에 아직 뿌리를 내리고 있는 왼쪽 발은 여행자가 가야 할 여정을 제대로 밟으면서 속세의 걱정에서 이탈해 더 숭고한 것들에 집중하는 것을 막는다.

신의 은총의 도움 없이 선에 완벽하게 도달할 수 없으므로, 단테는 왼쪽 발은 감각의 세계에 계속 남아 있고 싶어 무겁고, 오른쪽 발은 철학적 발견을 하기 위한 여정을 계속하고 싶어 가벼워 그의 걸음을 방해하는 가운데 어렵사리 전진한다. 단테는 흐려진 시각과 확실치 않은 직관으로 얻은 자료를 가지고 지성을 발휘해 일관성 있는 무엇인가를 만들어내는 데 최선을 다해야 한다. 그는 자기가 지금 보는 것은 성 바오로의 표현을 빌리자면 "거울로 보는 것 같이 희미하나, 그 때에는 얼굴과 얼굴을 대하여 볼 것"을 알고 있지만 "그 때에는 주께서 나를 아신 것 같이 내가 온전히 알리라"는 약속을 믿는다(《고린도전서》 13:12). 성 바오로의 말은 자선에 관한 논의를 하는 맥락에서 나온 것으로, 그것은 베아트리체가 움직이는 발들에 대해 묘사할 때 언급하는 자선이며, 단테를 속세의 것들에 얽매이게 하는 것이기도 하다. 자기가 보고, 이해하도록 허락된 것들을 충실하게 전하기 위해서 단테는 한편으로는 자선, 즉 자기에게 허락된 "사랑의 온기"에서 주의를 돌리면 안 되지만, 또 다른 한편으로는 앞으로 펼쳐지는 비전들을 말로 표현할 수 있도록 지적 능력을 날카롭게 유지해야 한다. 베아트리체는 이렇게 말한다.

> 당신의 지성에서
>
> 영원한 빛이 밝게 빛나는 것이 분명히 보이니,
>
> 한번 그 모습을 보면 영원한 사랑에 불이 지펴질 것이오.26

의도한 목표에 점점 가까워지면서, 단테의 사랑은 말로 표현할 수 없는 최고의 선을 향해야 할 것이고, 그의 지적 능력은 땅에 있는 동료 순례자들에게 뻗어 나아가야 할 것이다. 비전을 포용하고, 그것을 보고하는 임무를 둘 다 해내기 위해서 단테는 거짓말을, 진실된 거짓말을 하고 '허위가 아닌 오류non-false errors'27를 인정해야 한다는 것을 이해한다. 그것은 게리온과 같은 괴물을 만들어내는 것이기는 하지만 배신이 아닌 찬양하는 괴물이어야 했다. 그래서 진정한 시인이면 누구나 자신이 결점투성이 지성과 자신을 구속하는 감성을 지녔다는 것을 인정하는 것처럼 단테도 우리, 즉 독자들에게 짧은 다리를 가진 거짓말을 한다. 그 거짓말을 통해 그의 여정을 조금이라도 공유하고, 운이 좋으면 현재 진행 중인 우리 자신의 탐색을 계속할 수 있도록 돕기 위해서다.

감성과 지성 모두를 통해 작가들이 추구하는 지식은 그들이 인지하는 것과 상상하는 것 사이의 긴장 사이에 도사리고 있다. 그리고 그 금방이라도 깨질 듯한 지식은 책을 읽는 우리에게 전달되면서 우리의 현실과 책 안의 현실 사이의 긴장이 더 보태진다. 세상에 대한 경험과 말에 대한 경험은 각각 우리 지성의 주의를 끌기 위해 경쟁한다. 우리가 어디 있는지를 알고 싶어 하는 것은 자신이 누구인지를 알기를 원하기 때문이다. 우리는 문맥과 내용이 서로를 설명한다고 마술처럼 믿는다.

우리는 자의식이 있는 동물—어쩌면 지구상에 사는 유일하게 자의식을 지닌 동물일지도 모른다—이며, 우리가 질문을 하고, 호기심을 말로 표현함으로써 세상을 경험할 수 있는 능력을 가지고 있는 존재라는 사실은 문학이 증명해준다. 끊임없이 주고받는 과정에서 세상은 우리에게 수수께끼와 같은 증거들을 제공하고, 우리는 그것들을 이야기로 만들어서 의심할 줄 알도록 하는 감각과 불확실한 일관성을 세상에 부여하고, 거기서 더 많은 질문이 나오도록 한다.

세상은 우리가 세상을 감지할 수 있는 단서들을 주고, 우리는 그 단서들을 모아 진실보다 더 진실처럼 보이는 서술을 즉흥적으로 만들어내서, 현실에 대해 우리가 하는 말이 우리의 현실이 되도록 한다. "내가 그것들을 알게 되었다는 바로 그 사실 때문에, 그것들은 존재하기를 멈춘다"라고 플로베르의 《성 안토니우스의 유혹*La Tentation de Saint Antoine*》에 등장하는 악마는 말한다.

"형태는 어쩌면 네 감각이 낳은 실수고, 내용은 네 사고가 낳은 상상일지도 몰라. 세상이 사물들의 끊임없는 흐름이어서 외양이 진실 중에서도 가장 참된 진실이고 허상이 유일한 현실이 아닌 한 말이야."[28]

허상이 유일한 현실이다. 이것이야말로 작가는 알고 있다고 말할 때 우리가 뜻하는 것인지도 모른다.

감사의 말

이 책을 쓰기 위해 《신곡》의 다양한 편찬본과 수많은 주해서를 참조했다. 내 생각에 가장 뛰어난 이탈리아어판 《신곡》은 1994년 몬다도리Mondadori사에서 출판한 안나 마리아 치아바치 레오나르디Anna Maria Chiavacci Leonardi의 번역판이다. 영어판은 W. S. 머윈Merwin이 번역한 《신곡》이 단테가 쓴 원본의 힘과 음율에 가장 가깝다는 것이 내 의견이다. 그러나 불행하게도 그는 〈연옥편〉 전체와 〈지옥편〉 칸토 두 편만을 번역했다. 그는 성 베르나르가 싫어서 〈천국편〉 내내 그와 함께 여행하는 것을 참을 수 없어 번역을 중단했다고 밝힌다. 스승이자, 고귀한 신사이며 거장duca, signore e masestro인 단테 이외에도 이 책을 집필하는 여정에 몇몇 다른 작가들의 인도를 받았다. 내가 지금까지 펴낸 어느 저서보다도 이번 책에서는 플라톤, 아우구스티누스, 아퀴나스, 몽테뉴, 흄, 그리고 《탈무드》의 숨겨진 저자들의 존재감이 컸고, 루이스 캐럴, 플로베르, 세르반테스, 보르헤스는 내 저서들이 이루는 우주를 지배하는 신적인 존재들이다.

논평과 수정으로 원고에 큰 도움을 준 충실한 편집자들의 도움을 많이 받았다. 그중에서도 한스-위르겐 발머스Hans-Jürgen Balmes, 벨러리아 치옴피Valeria Ciompi, 존 도나티치John Donatich, 루이스 슈와츠Luis Schwarcz, 마리-캐서린 배처Marie-Catherine Vacher에게 깊은 감사의 마음을 보낸다. 또 파비오 무지 팔코니Fabio Muzi Falconi, 프랑수아즈 니센Françoise Nyssen, 기에르모 퀴하스Guillermo Quijas, 아르투로 라모네다Arturo Ramoneda, 하비에르 세토Javier Setó, 귀벤 투란Güven Turan 등에게는 오랫동안 제목 한 단어로만 존재했던 이 책에 대해 신뢰를 보내준 데 대해 고맙다는 말을 하고 싶다. 리즈 버게빈 Lise Bergevin은 꾸준함과 우정과 관대함으로 이 작업을 지켜봐주었다.

책을 디자인한 소냐 섀넌Sonia Shannon, 그림을 리서치해준 다니엘레 돌란 도Danielle D'orlando, 색인 작업을 담당한 알렉사 셀프Alexa Selph, 교정을 맡은 잭 보레바흐Jack Borrebach, 그리고 독수리의 눈으로 꼼꼼하게 내가 저지른 실수와 오류들을 집어내준 수잔 리이티Susan Laity에게 심심한 사의를 표한다.

대화에 몸이 어디가 안 좋은지에 관한 이야기가 끼어들기 전부터 알고 지냈던 내 오랜 친구이자 에이전트인 귀에르모 샤벨존Guillermo Schavelzon에 게도 늘 그렇듯 마음 깊은 곳에서부터 느껴지는 고마움을 보낸다. 그리고 나를 대신해서 여러 가지로 애써 준 바버라 그레이엄Bárbara Graham에게도 감사의 마음을 전한다.

새로운 정보를 주거나 여러 가지 형태로 나를 도와준 여러 친구들에게도 이 페이지를 빌어 고맙다는 말을 하고 싶다. 숄 바시Shaul Bassi 교수, 리나 볼 조니Lina Bolzoni 교수, 루시앙-장 보르Lucien-Jean Bord 신부, 호세 부르쿠아José Burucúa 교수, 루치오 부르쿠아Lucio Burucúa 교수, 에델 그로피어Ethel Groffier 교수, 타릭 카와지Tariq Khawaji 교수, 피에로 로 스트롤로고Piero Lo Strologo, 호세 루이스 모우레José Luis Moure 박사, 루시 파벨Lucie Pabel, 고트발트 판코 프Gottwalt Pankow, 아일린 스미스Ileene Smith(이 책에 대한 계획을 최초로 함께 이야 기했고, 책의 집필을 독려해준 사람이다), 질리언 톰Jillian Tomm 박사, 칼리드 야햐 Khalid Yahya 박사, 그리고 마르타 조치Marta Zocci 등이 그들이다.

나는 또 무척 능력 있는 사서들의 도움도 많이 받았다. 그중에서도 특히 라벤나 클라센세 도서관의 도나티노 도미니Donatino Domini 관장, 빈 도서 관의 파트리시아 조네Patricia Jaunet, 펜실베이니아대학 유대문화연구소의 아

462

서 키론Arthur Kiron, 런던 도서관의 가이 펜맨Guy Penman, 어맨더 콥Amanda Corp, 엠마 위엄Emma Wigham 등에게 고마움을 전한다. 디오도로스 시켈로스Diodorus Siculus가 고대 이집트의 도서관들 문 위에 새겨져 있었다고 전하는 "영혼을 위한 병원"이라는 도서관의 정의에 수긍하게 해주는 사람들이다. 또한 이 책을 집필하던 첫 단계에 큰 도움을 준 제이 어윈Jay Irwin에게도 감사한다.

이 책에 실린 내용 중 일부 몇 페이지는 여러 가지 초기 형태로《데스캔트Descant》,《가이스트Geist》,《뉴욕타임즈New York Times》,《파르나수스Parnassus》,《라 리퍼블리카La Repubblica》,《쓰리 페니 리뷰The Three Penny Review》,《테오도어 발모랄Theodore Balmoral》등에 게재되었다. 티에리 부샤르Thierry Bouchard, 카일 재라드Kyle Jarrard, 허버트 라이보비츠Herbert Leibowitz, 웬디 레서Wendy Lesser, 캐런 멀할렌Karen Mulhallen, 스티븐 오스번Stephen Osborne, 다리오 파팔라도Dario Pappalardo 등에게 고마움을 보낸다.

은총이 허락한다면 우리는 인생의 여정 속에서 어두운 숲을 지날 때 의지할 수 있는 손길을 내밀고, 샘솟는 의문을 함께 반추해주고, 우리가 있어야 할 곳이 어딘지를 발견하는 데 도움을 주며, 무엇보다도 우리 삶에 생명력을 부여하는 동반자적 영혼을 만날 수 있다고 단테는 믿었다. 늘 그렇듯 나의 '돌체 구이다 에 카라dolce guida e cara(달콤한 안내자이자 연인)'인 크레이그Craig가 바로 그런 동반자다.

들어가는 말

1) "갓난아기들은 부분적으로 '함께-있는' 경험을 재확립하기 위해 말을 한다. ······혹은 '개인적 질서'를 재확립하기 위해서 말할 수도 있다." Daniel N. Stern, *The Interpersonal World of the Infant: A View from Psychoanalysis and Developmental Psychology* (New York: HarperCollins, 1985), p. 171.

2) Michel de Montaigne, "An Apology for Raymond Sebond," 2.12, in *The Complete Essays*, trans. and ed. M.A. Screech (Harmondsworth, U.K.: Penguin, 1991), p. 591. 파우사니아스(2세기)에 따르면 아폴론 신을 위한 델포이의 신전 입구에 "너 자신을 알라[Know Thyself]"와 "과유불급[Nothing Too Much]"이라는 문구들이 새겨져 있다고 한다. Guide to Greece, vol. 1: Central Greece, trans. Peter Levi (Harmondsworth, U.K.: Penguin, 1979), 10.24, p. 466. 델포이 신전의 격언들을 토론하는 플라톤의 대화를 실은 문헌은 여섯 개가 존재한다. *Charmides* (164D), *Protagoras* (343B), *Phaedrus* (229E), *Philebus* (48C), *Laws* (2.923A), *I. Alcibiades* (124A, 129A and 132C). *The Collected Dialogues of Plato*, ed. Edith Hamilton, Huntington Cairns (Princeton: Princeton University Press, 1973).

3) Michel de Montaigne, "On Physiognomy," 3.12, in *Complete Essays*, p. 1176.

4) Michel de Montaigne, "On Educating Children," 1.26, in *Complete Essays*, p. 171.

5) 《욥기》 28:20. 욥기는 답은 제공하지 않지만, 일련의 '진정한 질문들'을 던진다. 노스럽 프라이는 그 질문들이 "더 나은 질문들을 만들어내는 데 필요한 단계들이다. 답을 제공하는 것은 질문을 생각해낼 권리를 우리에게서 빼앗아가는 것이나 다름없다"고 주장했다. Frye, *The Great Code: The Bible and Literature*, ed. Alvin A. Lee, volume 19 in the *Collected Works* (Toronto: University of Toronto Press, 2006) p. 217; Michel de Montaigne, "On Democritus and Heraclitus," 1.50, in *Complete Essays*, p. 337.

6) Richard Dawkins, *The Selfish Gene*, 30th anniversary ed. (Oxford: Oxford University Press, 2006), pp. 63~65. 국내에는 《이기적 유전자》 (을유문화사, 2018)로 출간됨.

7) Samuel Beckett, *Worstward Ho* (London: John Calder, 1983) p. 46.

8) Honoré de Balzac, *Le Chef-d'oeuvre inconnu* (Paris: Editions Climats, 1991), p. 58. 국내에는 《미지의 걸작》 (녹색광선, 2019)으로 출간됨.

9) Francis Bacon, *New Atlantis*, in *The Advancement of Learning and New Atlantis*, ed. Arthur

Johnston (Oxford: Oxford University Press, 1974), p. 245.

10) 질문을 말로 표현하는 행위는 자신의 경험과 거리를 두고 그 경험이 말을 통한 탐구의 대상이 될 수 있도록 허락한다. "Language forces a space between interpersonal experience as lived and as represented": Stern, *Interpersonal World of the Infant*, p. 182.

11) MS lat. 6332, Bibliothèque nationale, Paris, reproduced in M. B. Parkes, *Pause and Effect: An Introduction to the History of Punctuation in the West* (Berkeley: University of California Press, 1993), pp. 32~33.

12) *Paradiso*, XXV:2, "al quale ha posto mano e cielo e terra."

13) Giovanni Boccaccio, *Trattatello in laude di Dante*, ed. Luigi Sasso (Milan: Garzanti, 1995), p. 81; Jorge Luis Borges, "Prólogo," in *Nueve ensayos dantescos*, ed. Joaquín Arce (Madrid: Espasa-Calpe, 1982), pp. 85~86; Giuseppe Mazzotta, *Reading Dante* (New Haven: Yale University Press, 2014), p. 1; Osip Mandelstam, "Conversation on Dante," in *The Selected Poems of Osip Mandelstam*, trans. Clarence Brown and W. S. Merwin (New York: New York Review Books, 2004), p. 151; Olga Sedakova, "Sotto il cielo della violenza," in *Esperimenti Danteschi: Inferno 2008*, ed. Simone Invernizzi (Milan: Casa Editrice Mariett, 2009), p. 107.

14) 이 비평은 글로 쓰인 적이 없다. 그러나 1965년에 나는 보르헤스와 비오이가 두 사람의 풍자 수필집 *Crónicas de Bustos Domecq* (Buenos Aires: Losada, 1967)의 일부로 이 글을 쓰자는 계획을 세우는 것을 목격했다.

15) *Paradiso*, XVIII:20-21, "Volgiti e ascolta; / ché non pur ne' miei occhi è paradiso."

16) Martin Buber, *Tales of the Hasidim*, vol. 1, trans. Olga Marx (Oxford: Oxford University Press, 1948), p. 76.

17) *Inferno*, I:91, "A te convien tenere altro vïaggio."

18) Montaigne, "Apology for Raymond Sebond," 2.12, p. 512. 이 부분은 *Purgatorio* XXVI:34-36, "così per entro loro schiera bruna / s'ammusa l'una con l'altra formica, / forse a spïar lor via e lor fortuna"를 인용한 것이다.

19) Michel de Montaigne, "On Educating Children," I.26, in *Complete Essays*, p. 170; *Inferno* XI:93, "Non men che saver, dubbiar m'aggrata."

20) *Paradiso* II:1-4, "O voi che siete in piccioletta barca, / desiderosi d'ascoltar, seguiti / dietro al mio legno che cantando varca, // tornate a riveder li vostri liti."

1) Roger Chartier, "El nacimiento del lector moderno. Lectura, curiosidad, ociosidad, raridad," in *Historia y formas de la curiosidad*, ed. Francisco Jarauta(Santador: Cuadernos de la Fundación Botín, 2012) pp. 183~210; *The Jerusalem Bible: Reader's Edition*, gen. ed. Alexander Jones(Garden City, N.Y.: Doubleday, 1966), p. 905.

2) Plato, *Theaetetus* 149A-B, trans. F. M. Cornford, in *The Collected Dialogues of Plato*, ed. Edith Hamilton and Huntington Cairns(Princeton: Princeton University Press, 1973), pp. 853~854.

3) *Inferno*, VIII:1, "Io dico, seguitando, che assai prima."

4) Giovanni Boccaccio, *Trattatello in laude di Dante*, ed. Luigi Sasso(Milan: Garzanti, 1995), p. 70.

5) Ibid., pp. 71~72. 루이기 사소는 이 내용이 수사 일라리오 형제가 우구치오네 델라 파기우올라에게 쓴 편지에 들어 있었으며, 보카치오의 〈Zibaldone Laurenziano〉에 포함되어 있다고 언급했다. 편지 자체는 보카치오 자신이 썼을 확률이 높다.

6) 존 애헌은 *Dante for the New Millennium*, ed. Teodolina Barolini and H. Wayne Storey(New York: Fordham University Press, 2003) p. 5에 실린 자신의 글 "What Did the First Copies of the Comedy Look Like?"에서 Francesco Petrarca, *Familiares*, 21:15을 인용했다.

7) Gennaro Ferrante, "Forme, funzioni e scopi del tradurre Dante da Coluccio Salutati a Giovanni da Serravalle," in *Annali dell'Istituto Italiano per gli Studi Storici*, 25(Bologna: Il Mulino, 2010), pp. 147~182.

8) *Inferno* I: Il 4, "per loco etterno"; II:31-32, "Ma io, perché venirvi? o chi 'l concede? / Io non Enea, io non Paulo sono."

9) *Apocalypse de Pierre*, 16:2-3, and *Apocalypse de Paul*, 32 a-b, in *Écrits apocryphes chrétiens*, vol. 1, ed. François Bovon and Pierre Geoltrain(Paris: Gallimard, 199), pp. 773, 810.

10) Dante Alighieri, *Vita nova*, II:5, in *Le opere di Dante: testo critico della Società dantesca italiana*, ed. M. Barbi et al.(Florence: Bemporad, 1921), p. 3.

11) Dante Alighieri, *Questio de aqua et terra*, I:3, in *Opere di Dante*, p. 467.

12) *Paradiso*, XXXIII:33, "sì che 'l sommo piacer li si dispieghi"; Convivio III:XI, 5, in *Opere di Dante*, p. 229.

13) *Paradiso* X:89, "la tua sete"; X:90, "se non com'acqua ch'al mar non si cala."

14) G. K. Chesterton, *Saint Thomas Aquinas*(New York: Doubleday, 1956), p. 59.

15) 같은 책, p. 21.

16) Thomas Aquinas, *Summa Theologica, prologue*, 5 vols., trans. Fathers of the English Dominican Province(1948; repr. Notre Dame, Ind.: Christian Classics, 1981), vol. 1, p. xix.

17) Aristotle, *Metaphysics*, 980.a.21; Thomas Aquinas, "Exposition of *Metaphysics*," I.1~3, in *Selected Writings*, ed. and trans. Ralph McInerny(Harmondsworth, U.K.: Penguin, 1998), pp. 721~724.

18) Saint Augustine, *The Retractions*, 2.24, in *The Fathers of the Church*, vol. 60, ed. and trans. Sister Mary Inez Bogan(Washington, D.C.: Catholic University of America Press, 1968), p. 32; Saint Augustine, *De Morib. Eccl.* 21, quoted in Aquinas, *Summa Theologica*, pt. 2.2, q. 167, art. 1, vol. 4, p. 1868.

19) 아퀴나스는 성 제롬을 인용한다(Epist. XXI ad Damas): "We see priests forsaking the Gospels and the prophets, and reading stage-plays, and singing the love songs of pastoral idylls."(*Summa Theologica*, pt. 2, art. 1, vol. 4, p. 1869).

20) Bernard de Clairvaux, *Sermones super Canticum Cantocorum*, Ser. 36 in S. *Bernardi Opera II*, ed. J. Leclerq(Rome: Editiones Cistercienses, 1958), p. 56; Alcuin, *De Grammatica*, PL 101, 850B, quoted in Carmen Lozano Guillén, "El concepto de gramàtica en el Renacimiento," *Humanistica Lovaniensia: Journal of Neo-Latin Studies* 41(1992): 90.

21) Bruno Nardi, "L'origine dell'anima umana secondo Dante," in *Studi di filosofia medievale* (Rome: Edizioni di Storia e Letteratura, 1960), p. 27.

22) *Paradiso* XXXIII:142~45, "All'alta fantasia qui mancò possa; / ma già volgeva il mio disiro e il velle, / sì come rota ch'egualmente è mossa, / l'amor che move il sole e l'altre stelle."

23) David Hume, "My Own Li fe"(1776) Ernest C. Mossner, "Introduction," in Hume, *A Treatise of Human Nature*, ed. Ernest C. Mossner(Harmondsworth, U.K.: Penguin, 1969), p. 17에 인용됨.

24) David Hume, *A Treatise of Human Nature*(London, 1739), title page; Hume, "My Own Life," Mossner의 "Introduction," p. 17에 인용됨.

25) Hume, "My Own Life," Mossner의 "Introduction," p. 17에 인용됨.

26) Isaiah Berlin, *The Age of Enlightenment: The Eighteenth Century Philosophers* (1956), Hume, *Treatise of Human Nature*, ed. Mossner, p. 41. Mossner의 "Introduction," p. 7에 인용됨.

27) Hume, *Treatise of Human Nature*, ed. Mossner, pp. 499~500; Aquinas, *Summa Theologica*, pt. 2.2, q. 167, vol. 4, p. 1870.

28) Hume, *Treatise of Human Nature*, pp. 495, 497.

29) The chevalier de Jaucourt, "Curiosité," in Denis Diderot and Jean Le Rond D'Alembert, Encyclopédie; ou, *Dictionnaire raisonné des sciences, des arts et des métiers*(Paris, 1751), vol. 4, pp. 577~578.

30) *Inferno*, XXVIII:139-141, "Perch'io partii cos? giunte persone, / partito porto il mio cerebro, lasso! / dal suo principio ch'è in questo troncone."

31) Boccaccio, *Trattatello in laude di Dante*, p. 51.

32) *Inferno*, XX:19, "Se Dio ti lasci, lettor, prender frutto / di tua lezione, or pensa per te stesso / com' io potea tener lo viso asciutto."

33) Denise Heilbronn, "Master Adam and the Fat-Bellied Lute", *Dante Studies* 101(1983): 51-65 참조.

34) *Inferno*, XXX:131-132, "Or pur mira! / che per poco é teco non mi risso"; 148, "ché voler ciò udire é bassa voglia."

35) Seneca, "On Leisure," 5.3, in *Moral Essays*, vol. 2, trans. John W. Basore(Cambridge: Harvard University Press, 1990), pp. 190~191. 저자는 번역하면서 원문을 약간 변형했다.

제2장 우리는 무엇을 알고자 하는가

1) *Inferno*, XXVI:25, 29, "Quante 'l villan ch'al poggio si riposa, / …vede lucciole giù per la vallea"; 52-53, "chi è 'n quel foco che vien sì diviso/di sopra"; 82, "quando nel mondo li alti verse scrissi"; 93, "prima che sì Enea la nomasse."

2) 같은 책, 97-98, "dentro a me l'ardore / ch'i' ebbi a divenir del mondo esperto"; Alfred, Lord Tennyson, "Ulysses"(1842), in *Selected Poems*, ed. Michael Millgate(Oxford: Oxford University Press, 1963), p. 88.

3) Torquato Tasso, *Gerusalemme liberata*, ed. Lanfranco Caretti, XV:25(Milan: Mondadori, 1957), p. 277.

4) 'Abd-ar-Rahmân b. Khaldûn Al-Hadramí, *Al-Muqaddina: Discours sur l'Histoire Universelle*, 아랍어에서 번역해서 Vincent Monteil가 편집한 3rd ed., 6.39(Paris: Sinbad/Actes Sud, 1997), p. 948. Ibn Khaldun은 Qur'an 2:142을 인용했다.

5) *Inferno*, XI:60, "e simile lordura"; XXVI:58-63, "e dentro da la lor fiamma si geme / l'agguato del caval che fé la porta / onde uscì de' Romani il gentil seme. // Piangesvisi entro l'arte per che, morta, / Deîdemìa ancor si duol d'Achille, / e del Palladio pena vi si porta." Leah Schwebel, "'Simile lordura,' Altra Bolgia: Authorial Conflation in Inferno 26", *Dante Studies* 133 (2012): 47-65.

6) Giuseppe Mazzotta, *Dante, Poet of the Desert: History and Allegory in the "Divine Comedy"*(Princeton: Princeton University Press, 1979), pp. 66~106 참조.

7) 《신곡》에 등장하는 율리시스가 테니슨이 믿었던 것처럼 이타카에 돌아갔다가 다시 마지막 원정에 나서서 목숨을 잃은 것인지, 아니면 호메로스의 《오디세이아》에 나오는 모험들을 겪은 후 고향에 돌아가지 않고 바로 여행을 계속한 것인지 확실치 않다.

8) Oscar Wilde, *The Importance of Being Earnest*(London: Nick Hern Books, 1995), p. 32.

9) "Philo," in Louis Jacob, *The Jewish Religion: A Companion* (Oxford: Oxford University Press, 1995), p. 377.

10) Saint Augustine, *On Genesis* (Hyde Park, N.Y.: New City Press, 2002), p. 83.

11) Hesiod, *Theogony and Works and Days*, trans. Dorothea Wender (Harmondsworth, U.K.: Penguin, 1973), pp. 42, 61; Joachim du Bellay, *Les Antiquitez de Rome*은 Dora and Erwin Panofsky, *Pandora's Box: The Changing Aspects of a Mythical Symbol*, 2nd rev. ed. (New York: Harper and Row, 1962), pp. 58~59에 인용됨.

12) Robert Louis Stevenson, Letter to Mrs. Thomas Stevenson, December 26, 1880, in *The Letters of Robert Louis Stevenson to His Family and Friends*, vol. 1, ed. Sidney Colvin (New York: Scribner's, 1899), pp. 227~229.

13) *Paradiso* XXXIII:94-96, "Un punto solo m'è maggior letargo / che venticinque secoli a la 'mpresa / che fè Nettuno ammirar l'ombra d'Argo."

14) "Questions," in Jacob, *Jewish Religion*, p. 399에 인용됨.

15) *Paradiso* XXXIII:85-87, "Nel suo profondo vidi che s'interna, / legato con amore in un volume, / ciò che per l'universo si squaderna."

16) Agostino Ramelli, *Diverse et artificiose macchine* (Paris, 1588) 참조. Lina Bolzoni, *La stanza della memoria: modelli letterari e iconografici nell'età della stampa* (Milan: Einaudi, 1995), p. 64에도 언급됨.

17) Orazio Toscanella, *Armonia di tutti i principali retori* (Venice, 1569). Bolzoni, *Stanza della memoria*, pp. 69~73에 언급됨.

18) Bolzoni, *Stanza della memoria*, p. 48 "La scienza del perché"라고 인용됨.

19) *Purgatorio*, II:11-12, "gente che pensa suo cammino / che va col core, e col corpo dimora." 이 곡은 마지막에 이와는 반대되는 충동에 대한 비유로 끝을 맺는다. "come uom che va, nè sa dove riesca"(132), "출발은 하지만 어디에 도착할지 모르는 사람처럼."

20) Carlo Ossola, *Introduzione alla Divina Commedia* (Venice: Marsilio, 2012), p. 40.

21) Dante Alighieri, *Epistola* XIII:72, in *Le opere di Dante: testo critico della Società dantesca italiana*, ed. M. Barbi et al. (Florence: Bemporad, 1921), p. 440; *Inferno*, I:91, "A te convien tenere altro viaggio"; V:22, "Non impedir lo suo fatale andare."

22) Seneca, *Epistulae morales*, ed. and trans. R. M. Gummere, vol. 1, Ep. 88 (Cambridge: Harvard University Press, 1985); Héraclite, Allégories d'Homère, 70:8, Félix Buffiére가 그리스어에서 번역(Paris: Belles Lettres, 1962), p. 75; Dio Chrysostom, "Discourse 71", in *Discourses 61-80*, trans. H. Lamar Crosby (Cambridge: Harvard University Press, 1951), p. 165; Epictetus에 관한 자료는 Silvia Montiglio, *From Villain to Hero: Odysseus in Ancient Thought* (Ann Arbor: University of

Michigan Press, 2011), pp. 87~94 참조.

23) Raymond Klibansky, Erwin Panofsky, and Fritz Saxl, *Saturn and Melancholy* (London: Nelson, 1964), p. 77 참조.

제3장 우리는 어떻게 추론하는가

1) *Paradiso*, XXIV:25-27, Però salta la penna e non lo scrivo: / ché l'imagine nostra a cotai pieghe, / non che 'l parlare, è troppo color vivo."

2) 같은 책, 40, "ama bene e bene spera e crede"; 46-50, "S? come il baccialier s'arma e non parla / fin che l'maestro la question propone, / per approvarla, non per terminarla, // cos? m'armava io d'ogne ragione / mentre ch'ella dicea, per esser presto / a tal querente e a tal professione."

3) 같은 책, 79-81, "Sé quantunque s'acquista / giù per dottrina, fosse cosí 'nteso, / non lí avria loco ingegno di sofista."

4) Bonaventure, *Les Sentences* 2, in *Les Sentences; Questions sur Dieu: Commentaire du premier livre de sentences de Pierre Lombard*, translated from the Latin by Marc Ozilou (Paris: PUF, 2002), p. 1.

5) Etienne Gilson, *History of Christian Philosophy in the Middle Ages* (New York: Random House, 1955), pp. 246~250 참조.

6) Aristotle, *Topics, Books I and VIII with Excerpts from Related Texts*, trans. Robin Smith (Oxford: Clarendon, 1997), p. 101 (slanderers and thieves); Aristotle, *On Sophistical Refutations; On Coming-to-be and Passing Away; On the Cosmos*, trans. E. S. Forster and D. J. Furley (Cambridge: Harvard University Press, 2001), esp. pp. 13~15('다른 이들을 거짓으로 인도'하는 부분); Aristotle, *Topics*, p. 127('주제와 상관없는 전제' 부분).

7) G. B. Kerferd, *The Sophistic Movement* (Cambridge: Cambridge University Press, 1981), p. 1.

8) Thomas Mautner, *The Penguin Dictionary of Philosophy*, 2nd ed. (Harmondsworth, U.K.: Penguin, 2005), p. 583; Martin Heidegger, *Plato's Sophist*, trans. Richard Rojcewicz and André Schuwer (Bloomington: Indiana University Press, 2003), p. 169; Lucian, "The Passing of Peregrinus", *in Lucian*, ed. and trans. A. M. Harmon (Cambridge: Harvard University Press, 1936), vol. 5, chap. 13.

9) Antonio Alatorre가 프랑스어 판에서 번역한 Marcel Bataillon, *Erasmo y España* (Mexico City: Fondo de Cultura Económica, 2007), p. 506에서 인용함.

10) François Rabelais, *Gargantua and Pantagruel*, bk. 1, chap. 19, trans. Sir Thomas Urquhart and

Pierre Le Motteux (New York: Knopf, 1994), p. 66.

11) Lucien Febvre, *Le problème de l'incroyance au XVIe siècle: La religion de Rabelais* (Paris: Albin Michel, 1942) 참조.

12) Mikhail Bakhtin, *Rabelais and His World*, trans. Helene Iswolsky (Bloomington: Indiana University Press, 1984), pp. 362~363 참조.

13) Rabelais, Gargantua and Pantagruel, bk. 5, chap. 48, p. 806; chap. 37, p. 784; chap. 48, p. 807.

14) Barbara Cassin, *L'Effet sophistique* (Paris: Gallimard, 1995), p. 20에 인용된 질 들뢰즈의 발언 참조.

15) W. K. C. Guthrie, *A History of Greek Philosophy*, vol. 3 (Cambridge: Cambridge University Press, 1969), p. 282 참조.

16) Kerferd, *Sophistic Movement*, p. 38 참조.

17) *The Greek Sophists*, ed. and trans. John Dillon and Tania Gregel (Harmondsworth, U.K.: Penguin, 2003), pp. 119~132.

18) Plato, *Lesser Hippias*, 363c–d, trans. Benjamin Jowett, in *The Collected Dialogues of Plato*, ed. Edith Hamilton and Huntington Cairns (Princeton: Princeton University Press, 1973), p. 202.

19) W. K. C. Guthrie, *The Greek Philosophers from Thales to Aristotle* (London: Routledge, 1960), p. 66.

20) I. F. Stone, *The Trial of Socrates* (Boston: Little, Brown, 1988), pp. 41~42; Harry Sidebottom, "Philostratus and the Symbolic Roles of the Sophist and the Philosopher", in *Philostratus*, ed. Ewen Bowie and Jas Elsner (Cambridge: Cambridge University Press, 2009), pp. 77~79.

21) Xenophon, "On Hunting" 13, quoted in Jacqueline de Romilly, *Les Grands Sophistes dans l'Athène de Périclés* (Paris: Editions de Fallois, 1988), p. 55.

22) Philostratus, quoted in Sidebottom, "Philostratus and the Symbolic Roles of the Sophist and the Philosopher," p. 80; Lucian of Samosata, *The Rhetorician's Vade Mecum*, 15, in *The Works of Lucian of Samosata*, trans. H. W. and F. Fowler (Oxford: Oxford University Press, 1905), p. 52.

23) Mario Untersteiner, *I sofisti* (1948; repr. Milan: Mondadori, 2008), p. 280 참조.

24) Plato, *The Republic*, bk. 5, 462c–e, 463a–e, trans. Paul Shorey, in *Collected Dialogues of Plato*, pp. 701~703.

25) Plato, *Protagoras*, trans. W. K. C. Guthrie, in *Collected Dialogues of Plato*, pp. 319~320.

26) Plato, *Lesser Hippias*, 365b, p. 202.

27) 같은 책, 376a–b, p. 214.

28) 같은 책, 376c, p. 214.

29) Stone, *Trial of Socrates*, p. 57.

30) Michel de Montaigne, "An Apology for Raymond sebond", 2.12, in *The complete Essays*, trans. and ed. M. A. Screech (Harmondsworth, U.K.: Penguin, 1991), p. 656.

31) George Steiner, "Where Was Plato?" *Times Literary Supplement*, 26 July 2013, p. 11.

32) Plato, *Theaetetus*, 149A-B, trans. F. M. Cornford, in *The Collected Dialogues of Plato*, pp. 853~854.

제4장 생각하는 것을 어떻게 알 수 있는가

1) R. H. Charles, *The Apocrypha and Pseudepigrapha of the Old Testament* (Oxford: Clarendon, 1913), p. 75.

2) Paradiso, XVIII:73-78, "E come augelli surti di rivera, / quasi congratulando a lor pasture, / fanno di sé or tonda or altra schiera, // sí dentro ai lumi sante creature / volitando cantavano, e faciensi / or D, or I, or L in sue figure."

3) Farudud-Din Attar's *Conference of the Birds* (12세기)에서 새들은 그들의 왕인 시무르그를 찾아 나선다. 수많은 모험을 한 후, 그들은 자신들 모두가 시무르그이고, 시무르그가 그들 모두라는 사실을 깨닫는다. 호르헤 루이스 보르헤스는 이 두 새들 사이의 연관성을 *Nueve ensayos dantescos* (Madrid: Espasa-Calpe: 1982), pp. 139~144의 "El Simurgh y el águila"에서 설명했다.

4) *Purgatorio*, X:95, "visibile parlare"; *Inferno*, III:1-9, "Per me si va ne la città do-lente, /per me si va ne l'etterno dolore, / per me si va tra la perduta gente. // Giustizia mosse il mio alto fattore; / fecemi la divina podestate, / la somma sapïenza e 'l primo amore. // Dinanzi a me non fuor cose create / se non etterne, e io etterno duro./ Lasciate ogne speranza, voi ch'intrate."

5) *Inferno*, III:17-18, "genti dolorose"; 21, "dentro alle segrete cose."

6) *Purgatorio*, IX:112-114; 131-132, "Intrate; ma facciovi accorti / che di fuor torna chi 'n dietro si guata."

7) Saint Augustine, *De Magistro*, 8, in *Les Confessions, précédées de Dialogues philosophiques*, bk. 1, ed. Lucien Jerphagnon (Paris: Gallimard, 1998), p. 370.

8) Julian Jaynes, *The Origin of Consciousness in the Breakdown of the Bicameral Mind* (New York: Houghton Mifflin, 1976).

9) Plato, *Phaedrus*, 274d-e, trans. R. Hackforth, in *The Collected Dialogues of Plato*, ed. Edith Hamilton and Huntington Cairns (Princeton: Princeton University Press, 1973), p. 520; G. K. Chesterton, "A Defense of Nonsense" in *The Defendant* (London: Dent, 1901), p. 14.

10) Nic Dunlop, *The Lost Executioner: A Journey to the Heart of the Killing Fields* (New York: Walker, 2005), p. 82.

11) Inca Garcilaso de la Vega, *Comentarios reales*, in *Obras completas del Inca Garcilaso*, vol. 2(Madrid: Colección Rivadeneira, 1960).

12) 같은 책, p. 67.

13) 산세베로에 관한 모든 정보는 산세베로의 *Apologetic Letter*를 José Emilio와 Lucio Adriàn Burucúa가 스페인어로 번역하고 편집한 Raimondo di Sangro, *Carta Apologética* (Buenos Aires: UNSAM Edita, 2010)에서 얻은 것이다.

14) 이것은 문자 공동체나 구술 공동체 모두에 해당된다. "'구술' 공동체로 알려진 공동체라 할지라도 모두 두 개의 서로 다른 평행적 의사소통 체제를 가지고 있다. 그중 하나는 언어고, 다른 하나는 시각적 의사소통 체제다." Anne-Marie Christin, L'Image écrite ou la déraison graphique (Paris: Flammarion, 1995), p. 7.

15) Robert Bringhurst, *The Elements of Typographic Style* (Vancouver: Hartley and Marks, 1992) p. 9.

16) Marcia and Robert Ascher, *Code of the Quipu: A Study in Media, Mathematics and Culture* (Ann Arbor: University of Michigan Press, 1981), p. 102 참조.

17) Pedro Cieza de León, *Crónica del Perú: Cuarta parte*, vol. 3, ed. Laura Gutiérrez Arbulú (Lima: Pontificia Universidad Católica del Perú y Academia Nacional de la Historia, 1994), p. 232.

18) Bringhurst, *Elements of Typographic Style*, p. 19.

제5장 어떻게 질문을 할까

1) Purgatorio, III:34-42, "Matto é chi spera che nostra ragione / possa trascorrer la infinita via/ che tiene una sustanza in tre persone./ / State contenti, umana gente, al quia:/ ché, se potuto aveste veder tutto,/ mestier no era parturir Maria;// e disïar vedeste sanza frutto/ tai che sarebbe lor disio quetato,/ ch' etternalmente é dato lor per lutto."; 43-44, "io dico d'Aristotile e di Plato / e di molt' altri."

2) Thomas Aquinas, *Summa Theologica*, pt. 1, q. 2, art. 2, 5 vols., trans. Fathers of the English Dominican Province (1948; repr. Notre Dame, Ind.: Christian Classics, 1981), vol. 1, p. 12; Francis Bacon, *The Advancement of Learning*, I:v,8, in *The Advancement of Learning and New Atlantis*, ed. Arthur Johnston (Oxford: Oxford University Press, 1974), p. 35.

3) Paradiso, XXVI:115-117, "non il gustar del legno / fu per sé la cagion di tanto esilio,/ ma solamente il trapassar del segno"; 124-132, "La lingua ch'io parlai fu tutta spenta/ innanzi che a l'ovra iconsummabile/ fosse la gente di Nembr?t attenta:// ché nullo effetto mai razïonabile,/ per lo piacere uman che rinovella / seguendo il cielo, sempre fu durabile.// Opera naturale 'ch'uom

favella:/ ma cosí o cosí, natura lascia / poi fare a voi secondo che v'abbella."

4) 같은 책, 132-138.

5) Dante Alighieri, *De vulgari eloquentia*, edited and translated from the Latin by Vittorio Coletti (Milan: Garzanti, 1991), pp. 14~15.

6) Louis Ginzberg, *The Legends of the Jews*, 7 vols., vol. 1: *From the Creation to Jacob*, trans. Henrietta Szold (Baltimore: Johns Hopkins University Press, 1998), pp. 5~8 참조.

7) Gershom Scholem, *Kabbalah* (New York: Dorset, 1974), p. 12에 인용됨. 유대교 전통에서, 미쉬나 는 실수가 없는 것으로 여겨진다.

8) Cf. Matthew 6:22-23: "The light of the body is the eye: if therefore thine eye be single, thy whole body shall be full of light."

9) Jorge Luis Borges, "La biblioteca de Babel," in *Ficciones* (Buenos Aires: Sur, 1944), pp. 85~95.

10) 열 가지 '세피로트'는 왕관, 지혜, 이해, 사랑하는 마음에서 나오는 친절, 권력 혹은 판단, 아름다움, 승리, 찬란함, 기초, 그리고 주권이다. 613가지 미츠보트가 있다고 여겨지는데 그중 365가지는 부정 적("하지 말라")인 것이고, 248가지는 긍정적("이것을 하라")라고 한다. Louis Jacobs, *The Jewish Religion: A Companion* (Oxford: Oxford University Press, 1995), pp. 450, 350 참조.

11) *Purgatorio*, XXII:137-138, "cadea de l'alta roccia un liquor chiaro / e si spandeva per le foglie suso." 〈지옥편〉 6장에서 쾌락주의자들이 벌을 받는 장면에서 단테는 몸과 함께 영혼이 죽는다는 그 들의 생각만을 언급하고, 쾌락을 칭송하는 부분은 언급하지 않는다.

12) 샘물에 관해서는 *Purgatorio*, XXII:65; *Purgatorio*, XXI:97-98, "mamma / fumi, e fummi nutrice, poetando" 참조.

13) *Purgatorio*, XXI:131-132, "Frate / non far, ché tu se' ombra e ombra vedi"; 136, "trattando l'ombre come cosa salda"; *Inferno*, I:82-84, "lungo studio e 'l grande amore / che m' ha fatto cercar lo tuo volume."

14) Sandra Debenedetti Stow, *Dante e la mistica ebraica* (Florence: Editrice La giuntina, 2004), pp. 19~25 참조.

15) Umberto Eco, *La ricerca della lingua perfetta* (Rome: Laterza, 1993), pp. 49~51.

16) Stow, *Dante e la mistica ebraica*, pp. 41-51 참조; *Paradiso*, XXXIII:140, "la mia mente fu percossa."

17) Plato, *The Republic*, bk. 2, 376d-e, trans. Paul Shorey, in *The Collected Dialogues of Plato*, ed. Edith Hamilton and Huntington Cairns (Princeton: Princeton University Press, 1973), p. 623 참조; *Purgatorio*, XV:117.

18) Giovanni Carlo Federico Villa, *Cima da Conegliano: Maître de la Renaissance vénitienne*, translated from the Italian by Renaud Temperini (Paris: Réunion des musées nationaux, 2012), p.

32 참조.

19) H. Strack and G. Stemberger, Introducción a la literatura talmùdica y midrásica(Valencia: Institución San Jerónimo, 1988), p. 76.

20) B. Netanyahu, *Don Isaac Abravanel, Statesman and Philosopher*, 5th ed., rev.(Ithaca: Cornell University Press, 1998), p. 122 참조.

21) Herbert A. Davidson, *Moses Maimonides: The Man and His Works*(Oxford: Oxford University Press, 2005), p. 72 참조.

22) *Pirke de Rabbi Eliezer: The Chapters of Rabbi Eliezer the Great According to the Text of the Manuscript Belonging to Abraham Epstein of Vienna*, trans. Gerald Friedlander(New York: Sepher Hermon Press, 1981), p. 63.

23) Eco, *Ricerca della lingua perfetta*, p. 50 참조.

24) Attilio Milano, *Storia degli ebrei in Italia*(Turin: Einaudi, 1963), p. 668; Rainer Maria Rilke, "Eine Szene aus dem Ghetto von Venedig", in *Geschichten vom lieben Gott*(Wiesbaden: Insel Verlag, 1955), p. 94 참조.

25) 아브라바넬이 수학적 계산을 기초로 예측한 구원의 날을(분명 아브라바넬 자신은 극구 부인하겠지만) 유대인들은 그 후로도 몇백 년 동안 끈기 있게 기다렸다. 심지어 1734년까지도 그것을 믿는 사람들이 있어서 베니스의 랍비 위원회는 모세 차임 루자토라는 사람을 파문한다고 발표해야만 했다. 루자토는 자신이 아는 사람이 지금까지 모두가 기다려온 메시아이며, 설명할 수 없는 이유로 아브라바넬의 계산보다 231년 늦게 강림했다고 주장했기 때문이다. Riccardo Calimani, *The Ghetto of Venice*, trans. Katherine Silberblatt Wolfthal(New York: M. Evans, 1987), pp. 231~235 참조.

26) Gideon Bohak, *Ancient Jewish Magic: A History*(Cambridge: Cambridge University Press, 2008), pp. 358~359.

27) Marvin J. Heller, *Printing the Talmud: A History of the Earliest Printed Editions of the Talmud*(Brooklyn, N.Y.: Im Hasefer, 1992), p. 7 참조.

28) Bomberg, quoted in Calimani, *Ghetto of Venice*, pp. 81~82.

29) *Editoria in ebraico a Venezia*, catalogo de la mostra organizzata di Casa di Risparmio di Venezia, Comune di Sacile(Venice: Arsenale Editrice, 1991).

30) Heller, *Printing the Talmud*, pp. 135~182.

31) Quoted ibid., p. 142.

32) Marc-Alain Ouaknin, *Invito al Talmud*, trans Roberto Salvadori(Turin: Bottati Boringhieri, 2009), p. 56

33) Gilbert K. Chesterton, *Orthodoxy*(New York: John Lane, 1909), p. 108.

34) 이 정보를 알려준 펜실베이니아대학 Jewish Institue Collections의 아서 키론에게 감사한다. 키론

씨의 안내로 George M. Stratton, "The Mnemonic Feat of the 'Shass Pollak'", *Psychological Review* 24, no. 3(May 1917): 181-187를 참조할 수 있었다.

35) Saint Bonaventure, *Collationes in Haxaemeron*, 13.12, quoted in Hans Blumenberg, *Die Lesbarkeit der Welt*(Frankfurt-am-Main: Suhrkamp, 1981), p. 73.

36) Marina del Negro Karem, "Immagini di Potere: Il Leone Andante nel Battistero di San Marco di Venezia", *Atti dell'Istituto Veneto di Scienze, Lettere ed Arte* 162(2003-2004): 152-171가 그 예다.

37) *Mishneh Torah: The Book of Knowledge by Maimonides*, edited according to the Bodleian codex, with introduction, Biblical and Talmudical references, notes, and English translation by Moses Hyamson(Jerusalem: Feldheim, 1981).

제6장 언어란 무엇인가

1) *Inferno*, XXX:130-132; Purgatorio, XIII:133-141 참조.

2) *Inferno*, XXVIII:4-6, "Ogne lingua per certo verria meno / per lo nostro sermone e per la mente / c'hanno a tanto comprender poco seno."

3) Ovide, *Les Métamorphoses*, 6.382-400, bilingual edition, edited and translated from the Latin by Danièle Robert(Paris: Actes Sud, 2001), pp. 246~249; *Paradiso*, I:19-21, "Entra nel petto mio, e spira tue / sí come quando Marsïa traesti / de la vagina de le membra sue."

4) *Inferno*, I:1-7.

5) 세르반테스가《신곡》을 읽었다는 증거는 없지만, 17세기에는 이미 신곡의 일부 이야기가 널리 알려져 있었다. 돈키호테가 높은 탑처럼 서 있는 풍차를 거인이라고 생각하고 공격하는 장면은 거인들을 탑이라 생각하는 단테의 이야기에서 영감을 얻은 것인지도 모른다.

6) Genesis 6:4, 창세기 이외에도 단테는 성 아우구스티누스의 주석에서도 영감을 얻었다. *The City of God*, 15.23, trans. Henry Bettenson(Harmondsworth, U.K.: Penguin, 1984), p. 639 참조. *Inferno*, XXXI:76-81, "Elli stessi s'accusa:/questi è Nembrotto per lo cui mal coto / pur un linguaggio nel mondo non s'usa.// Lasciànlo stare e non parliamo a vòto; / chè cosí a lui ciascun linguaggio / come 'l suo ad altrui, ch'a nullo è noto."

7) Domenico Guerri, *Di alcuni versi dotti della "Divina Commedia"*(Città di Castello: Casa Tipografica-Editrice S. Lappi, 1908), pp. 19~47.

8) Jorge Luis Borges, "La muerte y la brújula," in La muerte y la brújula(Buenos Aires: Emecé Editores, 1951), p. 131.

9) *Inferno*, VII:1. 이 문구에 대한 다양한 해석을 간추린 것은 Anna Maria Chiavacci Leonardi's edition

the *Commedia* (Milan: Mondadori, 1994), p. 233 참조. (중세에 많이들 그랬던 것처럼, 단테도 지하 세계의 신 플루토Pluto와 부의 신 플루토스Plutus를 혼동했을 수도 있다.) *Inferno* VII:14, "l'alber fiacca."

10) Herodotus, *The Histories*, II:2, trans. Aubrey de Sélincourt, revised, with an introduction and notes by A. R. Burn (Harmondsworth, U.K.: Penguin, 1972), pp. 129~130.

11) Salimbene de Adam, *Chronicle of Salimbene de Adam*, ed. and trans. Joseph L. Baid, B. Giuseppe, and J. R. Kane (Tempe: University of Arizona Press, 1986), p. 156.

12) Oliver Sacks, *Awakenings*, rev. ed. (New York: Dutton, 1983), pp. 188~189; Rainer Maria Rilke, "The Panther", in *The Selected Poetry of Rainer Maria Rilke*, ed. and trans. Stephen Mitchell (New York: Random House, 1982), pp. 24~25. 국내에는 《깨어남》(알마, 2012)으로 출간됨.

13) *Inferno*, XXXI:127-129, "Ancor ti pu? nel mondo render fama, / ch'el vive, e lunga vita ancor aspetta / se 'nnanzi tempo grazia a sé nol chiama"; 142-143, "al fondo che divora / Lucifero con Giuda"; 145, "come albero in nave."

14) Louis Ginzberg, *The Legends of the Jews*, 7 vols., vol. 1: *From the Creation to Jacob*, trans. Henrietta Szold (Baltimore: Johns Hopkins University Press, 1998), pp. 177~180. 긴즈버그는 천지 창조 후 세상의 실제적인 첫 통치자가 신이었다고 기록하는 랍비 문헌들을 열거한다. 신의 뒤를 이어 세상을 통치한 인간들은 일곱 명으로 니므롯, 요셉, 솔로몬, 아합, 느부갓네살, 키루스, 마케도니아의 알렉산더 등이 그들이다. 그 다음을 이을 세상의 통치자는 메시아가 될 것이다. Ginzberg, *Legends of the Jews*, vol. 5: *From the Creation to Exodus*, p. 199.

15) Ginzberg, *Legends of the Jews*, vol. 1, p. 180.

16) Michael A. Arbib, *How the Brain Got Language: The Mirror System Hypothesis* (Oxford: Oxford University Press, 2012), p. ix.

17) 같은 책, pp. 84~85.

18) Franz Kafka, "Ein Bericht für eine Akademie", in *Die Erzählungen*, ed. Roger Hermes (Frankfurt-am-Main: Fischer Tagebuch Verlag, 2000), pp. 322~333 (1906년 아르헨티나 작가 레오폴도 루고네스는 유인원에게 말을 가르치려고 시도하는 남자의 이야기를 상상했다. 그 남자는 유인원들이 말할 능력이 있지만, 인간을 위해 강제로 일하게 되는 것을 피하려고 수천 년 동안 말을 하지 않는 쪽을 택했다고 확신하고 있었다. 이 이야기에서 주인공은 처음에는 청각장애로 인해 말을 못하는 사람들에게 말을 가르치는 방법을 썼다가, 위협과 처벌하는 방법을 쓰기 시작했지만, 전혀 효과가 없었다. 그 과정에서 불쌍한 유인원이 너무 약해졌고, 주인공은 그가 죽어가고 있다는 것을 깨닫는다. 갑자기 괴로워하던 유인원이 ["만 세기 동안 침묵을 지켰던 목소리가 터져 나올 때 내는 소리를 어떻게 묘사할 수 있을까?"] 외친다. "주인님, 물, 주인님, 나의 주인님." 루고네스는 태초에 인간과 유인원이 공동의 언어를 가지고 있었다고 생각했다.: Leopoldo Lugones, "Yzur", in *Las fuerzas extrañas* (Buenos

Aires: Arnoldo Moen y hermanos, 1906), pp. 133~144.

19) *Paradiso*, I:70-71, "Trasumanar significar per verba / non si poria"; Thomas Aquinas, *Summa Theologica*, pt. 1, q. 12, art. 6, 5 vols., trans. Fathers of the English Dominican Province (1948; repr. Notre Dame, Ind.: Christian Classics,1981), vol. 1, p. 53.

20) Niti Sataka of Bhartrihari의 일부를 Barbara Stoler Miller, ed. and trans., *The Hermit and the Love-Thief: Sanskrit Poems of Bhartrihari and Bilhana* (New York: Columbia University Press, 1978), p. 3에서 인용함.

21) 시인 의정의 말은 Amartya Sen, "China and India", in *The Argumentative Indian: Writings on Indian Culture, History and Identity* (London: Allen Lane, 2005), p. 161에 인용됨.

22) R. C. Zaehner, ed. and trans., *Hindu Scriptures* (New York: Knopf, 1992), p. x 참조.

23) *The Upanishads*, trans. Swami Paramananda (Hoo, U.K.: Axiom, 2004), p. 93; Ralph Waldo Emerson, "Brahma", in *Selected Writing of Ralph Waldo Emerson*, ed. William H. Gilman (New York: New American Library, 1965), p. 471.

24) Romila Thapar, *A History of India*, vol. 1 (Harmondsworth, U.K.: Pelican, 1966), pp. 140~142 참조.

25) K. Raghavan Pillai, ed. and trans., *The "Vâkyapadîya": Critical Text of Cantos I and II, with English Translation, Summary of Ideas and Notes* (Dehli: Motilal Banarsidass, 1971), p. 1.

26) B. K. Matilal, *The Word and the World: India's Contribution to the Study of Language* (Delhi: Oxford University Press, 1992), p. 52.

27) Jorge Luis Borges, "La biblioteca de Babel," in *El jardín de los senderos que se bifurcan* (Buenos Aires: Sur, 1941), pp. 85~95; Cicero, *De natura deorum*, 2.37.93, trans. H. Rackham (Cambridge: Harvard University Press, 2005), p. 213, quoted in Jorge Luis Borges, "La biblioteca total", Sur 59 (August 1939): 13-16.

28) Carroll, *Through the Looking-Glass*, p. 251.

29) Tandra Patnaik: *Sabda: A Study of Bhartrihari's Philosophy of Language* (New Delhi: D. K. Print World, 1994) 참조.

30) Italo Calvino, *Se una notte d'inverno un viaggiatore* (Turin: Giulio Einaudi, 1979), p. 72. 국내에는 《어느 겨울밤 한 여행자가》(민음사, 2014)로 출간됨.

31) Dante Alighieri, *De vulgari eloquentia*, edited and translated from the Latin by Vittorio Coletti (Milan: Garzanti, 1991), p. 23.

32) 같은 책, p. 99.

제7장 나는 누구인가

1) *Inferno*, I:66, "qual che tu sii, od ombra od omo certo!"

2) Craig E. Stephenson, "Introduction", *Jung and Moreno: Essays on the Theatre of Human Nature* (London: Routledge, 2014), p. 14.

3) *Purgatorio*, XXII:127-129, "Elli givan dinanzi, ed io soletto / diretro, ed ascoltava i lor sermoni / h'a poetar mi davano intelletto"; XXIII:31-33, "Chi nel viso de li uomini legge 'omo' / ben avria quuivi conosciuta l'emme"; Pietro Alighieri, *Il "Commentarium" di Pietro Alighieri nelle redazioni Ashburnhamiana e Ottoboniana*, ed. Roberto della Vedova and Maria Teresa Silvotti (Florence: Olschki, 1978).

4) Diogenes Laertius, *Lives of the Philosophers*, 3.6, trans. R. D. Hicks (Cam bridge: Harvard University Press, 1995), vol. 1, p. 281; Plato, "Cratylus", trans. Benjamin Jowett, in *The Collected Dialogues of Plato*, ed. Edith Hamilton and Huntington Cairns (Princeton: Princeton University Press, 1973), p. 422 참조.

5) *Paradiso*, VI:10, "Cesare fui, e son Giustiniano"; XII:68-69, "quinci si mosse spirito a nomarlo / dal possessivo di cui era tutto"; Vincenzo Presta, "Giovanna", in *Enciclopedia Dantesca*, vol. 9 (Milan: Mondadori, 2005), p. 524; Paradiso, XII:79-81, "Oh padre suo veramente Felice! / oh madre sua veramente Giovanna, / se, interpretata, val come si dice!"

6) *Purgatorio*, XXX: 62-63, "quando mi volsi al suon del nome mio, / che di necessità qui si registra"; 73-75, "Guardaci ben! Ben son, ben son Beatrice. / Come degnasti d'accedere al monte? / non sapei tu che quiél'uom felice?"

7) 같은 책, 76-78, "Li occhi mi cadder giù nel chiaro fonte; / ma veggendomi in esso, i trassi a l'erba, / tanta vergogna mi gravò la fronte."

8) William Shakespeare, *All's Well That Ends Well*, 4.1.48-49 and 4.3.371-374, in *The Complete Works of Shakespeare*, ed. W. J. Craig (London: Oxford University Press, 1969).

9) William Butler Yeats, "A Woman Young and Old", in *The Collected Poems of W. B. Yeats* (London: Macmillan, 1979), p. 308; Plato, *Symposium*, trans. Michael Joyce, in *Collected Dialogues of Plato*, pp. 542~545.

10) David Macey, "Mirror-phase," in *The Penguin Dictionary of Critical Theory* (Harmondsworth, U.K.: Penguin, 2000), p. 255; Arthur Rimbaud, Lettre à Georges Izambard, 13 mai 1871, in *Correspondance*, ed. Jean-Jacques Lefrère (Paris: Fayard, 2007), p. 64. An almost identical expression is used in Rimbaud's letter to Paul Demeny, 15 mai 1971.

11) Carl Gustav Jung, "Conscious, Unconscious and Individuation" in *The Archetypes and the Collective Unconscious*, trans. R. F. Hull(Princeton: Princeton University Press, 1980), p. 279: Saint Augustine, *Confessions*, 11.28, trans. R. S. Pine-Coffin(Harmondsworth, U.K.: Penguin, 1961), p. 278.

12) Jung, "Conscious, Unconscious and Individuation," p. 275: Carl Gustav Jung, *Memories, Dreams, Reflections*, recorded and ed. Aniela Jaffé, trans. Richard and Clara Winston, rev. ed.(New York: Vintage, 1965), p. 359.

13) Jung, *Memories, Dreams, Reflections*, p. 318.

14) Carroll, *Alice's Adventures in Wonderland*, in *The Annotated Alice*, ed. Martin Gardner(New York: Clarkson Potter, 1960), p. 22.

15) 같은 책, pp. 22-23: Osip Mandelstam, "Conversation on Dante," in *The Selected Poems of Osip Mandelstam*, trans. Clarence Brown and W. S. Merwin(New York: New York Review Books, 2004), p. 117.

16) *Purgatorio*, XXVIII:139-141.

17) Herman Melville, *Moby-Dick; or, The Whale*, ed. Luther S. Mansfield and Howard P. Vincent(New York: Hendricks House, 1962), p. 54.

18) Carroll, *Alice's Adventures in Wonderland*, p. 158.

19) William Shakespeare, *Hamlet*, 2.2.93, in *Complete Works*: Carroll, *Alice's Adventures in Wonderland*, 30, 31.

20) Carroll, *Alice's Adventures in Wonderland*, p. 161.

21) 같은 책, p. 67.

22) 같은 책, p. 32: Carroll, *Through the Looking-Glass*, p. 238.

23) Carroll, *Alice's Adventures in Wonderland*, pp. 37~38, 59, 75: Carroll, *Through the Looking-Glass*, pp. 201, 287: Oscar Wilde, "Narcissus", in *Poems in Prose*, in *The Works of Oscar Wilde*, ed. G. F. Maine(London: Collins, 1948), P. 844.

24) Carroll, *Alice's Adventures in Wonderland*, p. 39.

제8장 우리는 여기서 무엇을 하고 있는가

1) John Ruskin, *Modern Painters*, in *The Complete Works of John Ruskin*, vol. 3(London: Chesterfield Society, n.d.), pp. 208, 209: *Purgatorio*, XXVIII:2, "foresta spessa": *Inferno*, I:2, "selva oscura": Ruskin, *Modern Painters*, p. 214.

2) *Inferno* XIII:1-11, "Non ra ancor di là Nesso arrivato, / quando noi ci mettemmo per un bosco

/ che da neun sentiero era segnato.// Non fronda verde, ma di color fosco,/ non rami schietti, ma nodosi e 'nvolti:/ non pomi v'eran, ma stecchi con tòsco.// Non han sì aspri sterpi né sì folti / quelle fiere selvagge che 'n odio hanno / tra Cecina e Cornetto i luoghi còlti."

3) *Inferno*, XIII:21, "cose che torrien fede al mio sermone"; 32, "Perché mi schiante?"; 35-39, "ricomociò a dir: 'Perché mi scerpi?/ non hai tu spirto di pietade alcuno?// Uomini fummo, e or siam fatti sterpi:/ ben dovvreb' esser la tua man piú pia / se state fossimo anime di serpe."; Virgil, *Aeneid*, 3.19-33, in *Eclogues, Georgics, Aeneid*, 2 vols., trans. H. Rushton Fairclough (Cambridge: Harvard University Press, 1974), vol. 1, pp. 348~350.

4) *Inferno*, XIII:52-53, "'n vece / d'alcun' ammenda"; 72, "ingiusto fece me contra me giusto."

5) Saint Augustine, *City of God*, 1.20, trans. Henry Bettenson (Harmondsworth, U.K.: Penguin, 1972), p. 32.

6) *Inferno*, XIII:37, "uomini fummo"; Olga Sedakova "Sotto il cielo della violenza," in *Esperimenti Danteschi: Inferno 2008*, ed. Simone Invernizzi (Milan: Casa Editrice Marietti, 2009), p. 116; Dante Alighieri, *De vulgari eloquentia*, edited and translated from *the Latin by Vittorio Coletti* (Milan: Garzanti, 1991), p. 9.

7) Sir Paul Harvey, *The Oxford Companion to Classical Literature* (Oxford: Clarendon, 1980), p. 194.

8) Ruskin, *Modern Painters*, p. 212.

9) *Inferno*, I:39-40, "quando l'amor divino / mosse di prima quelle cose belle." 콘트라파소는 단테가 토마스 아퀴나스로부터 빌려온 용어로, 특정 죄를 벌하거나 속죄하는 것을 묘사한다. 예를 들어 자기 것이 아닌 물건을 취한 도둑은 자기 것을 모두, 인간의 형태를 포함한 모두를 잃는 벌을 받는다.

10) Virgil, *Georgics*, 1.155-59, in *Eclogues, Georgics, Aeneid*, vol. 1, pp. 90~91.

11) Porphyry, *De abstinentia*, 1.6, and Pliny the Elder, *Naturalis historia*, 16.24.62, quoted in J. Donald Hughes, "How the Ancients Viewed Deforestation", *Journal of Field Archeology* 10, no 4 (winter 1983): 435-45.

12) Alfred Wold, "Saving the Small Farm: Agriculture in Roman Literature", *Agriculture and Human Values* 4, nos. 2-3 (spring-summer 1987): 65-75. 18세기 영국, 사무엘 존슨은 동시대인들의 전원에 대한 집착을 조롱했다. 그레인저 박사의 "사탕수수에 관한 시"에 대한 평을 하면서 존슨은 자신의 전기를 쓴 작가이자 친구인 제임스 보스웰에게 이렇게 말했다. "사탕수수를 가지고 뭘 한다는 거지? 차라리 파슬리 텃밭에 관한 시나 양배추 밭에 관한 시를 쓰지.'James Boswell, *The Life of Samuel Johnson* (London: T. Cadell and W. Davies, 1811), vol. 3, p. 170 참조. 남아메리카의 19세기 고전적인 예는 칠레 작가인 안드레스 벨로Andrés Bello의 "Silva a la agricutura en la zona tórrida," "Ode to Agriculture in the Torrid Zone" 등이 있다.

13) *Inferno*, XI:48, "spregiando Natura, e sua bontade."

14) Linda Lear, "Afterword," in Rachel Carson, *Silent Spring* (Harmondsworth, U.K.: Penguin, 1999), p. 259; Charles Williams, *The Figure of Beatrice: A Study in Dante* (Wood-bridge, U.K.: Boydell and Brewer, 1994), p. 129. 전통적으로 '자연을 거스르는 죄'는 남색죄를 가리킨다. 남색을 행하는 자들은 성행위의 '합법적' 목적을 의도적으로 저버리는 죄를 지었기 때문이다. 그러나 앙드레 페자르 André Pézard(*Dante sous la pluie de feu* [Paris: Vrin, 1950]) 등 다수의 학자들은 이 '자연을 거스르는 죄'는 자연스러운 것이 무엇인지에 대한 "판단에 눈이 멀어" 짓는 다른 형태의 죄를 가리킨다고 제안한다. 《신곡》 어디에도 "남색", 혹은 "남색을 저지른 자"들에 대한 언급은 없다. 그러나 〈연옥편〉 26곡 40행에서, 한 무리의 영혼들이 두 도시의 "심히 중한 죄악"과 관련해서 "소돔과 고모라"를 외치고 (《창세기》 18:20), 그에 대해 또 다른 무리가 두 행에 거쳐 소와 관계를 맺어 미노타우로스를 낳은 미노스의 처 파시파에에 관한 내용으로 반응한다. 두 무리 모두 동성, 이성적 정욕의 죄를 범한 음탕한 자들에 속하는데 연옥산의 가장 높은 둘레, 즉 에덴동산에 가장 가까운 곳에 위치한 것으로 봐서 단테는 그들을 일곱 가지 죄 중 가장 가벼운 죄를 지은 사람들로 인식했을 가능성이 높다.

15) Carson, *Silent Spring*, p. 257.

16) Aristotle, *The Politics*, 1,8, trans. T. A. Sinclair (Harmondsworth, U.K.: Penguin, 1962), pp. 38~40.

17) "Assessing Human Vulnerability to Environmental Change: Concepts, Issues, Methods, and Case Studies" (Nairobi: United Nations Environmental Programme, 2003), www.unep.org/geo/GEO3/pdfs/AssessingHumanVulnerabilityC.pdf; "Social Issues, Soy, and Defenestration," *WWF Global*, http://wwf.panda.org/about_our_earth/about_forests/deforestation/forest_conversion_agriculture/soy_deforestation_social/.

18) Theodore Roszak, *The Voice of the Earth* (Grand Rapids, Mich.: Phanes, 1992), p. 2; Ruskin, *Modern Painters*, p. 155; Anita Barrows, "The Ecological Self in Childhood", *Ecopsychology Newsletter* 4 (Fall 1995), quoted in David Suzuki (with Amanda McConnell), *The Sacred Balance: Rediscovering Our Place in Nature* (Vancouver: Greystone/Toronto: Douglas and McIntyre, 1997), p. 179.

19) *Inferno*, XV:1-55, "In quella parte del giovanetto anno / che 'l sole I crin sotto l'Aquario tempra / e già le notti al mezzo dí sen vanno,// quando la brina in su la terra assempra / l'imagine di sua sorella bianca,/ si leva, e guarda, e vede la campagnaa / biancheggiar tutta; ond' ei si batte l'anca,// ritorna in casa, e qua e là si lagna, / come 'l tapin che non sa che si faccia:/ poi riede, e la speranza ringavagna,// veggendo 'l mondo avec cangiata faccia/ in poco d'ora, e prende suo vincastro / e fuor le pecorelle a pascer caccia." Virgil, *Georgics*, 1,145-46, in *Eclogues, Georgics, Aeneid*, vol. 1, pp. 90~91; *Georgics* 2.9-16, 같은 책, pp.116~117.

20) Working Group II, AR5, Final Drafts, IPCC, available at http://ipcc-wg2.gov/ AR5/report/ final-drafts/(accessed November 2013). 이전에도 초정부패널에서 이와 비슷한 경고를 내놓은 선례는 여러 번 있었다. 1992년 11월 18일, 역사상 최대 규모의 세계 정상이 한자리에 모였던 리우 회담이 열린 지 5개월 후, 노벨상 수상자를 다수 포함한 전 세계 1,600명의 과학자들이 "인류에 대한 세계 과학자들의 경고"를 내놓았다. 이 성명문은 인류가 처한 위험에 대해 강한 어조로 경고하고 있다. "인류와 자연은 충돌 위기에 처해 있다. 인간의 활동들은 환경과 주요 자원에 가혹하고, 많은 경우 돌이키기 힘든 손상을 가하고 있다. 이를 제어하지 않으면 현재 우리의 행동들은 우리가 인류와 지구상의 동식물들이 살아가기를 바라는 미래를 심각한 위험에 빠트릴 수 있으며, 이로 인해 우리가 아는 생물들의 생존 방식을 유지하는 것이 불가능해질 수 있다. 현재 이대로 가면 피할 수 없어질 대충돌을 방지하기 위해서는 근본적이 변화가 시급하다…. 우리가 당면한 위험을 피할 수 있는 기회는 앞으로 몇 십 년 사이에 사라지고, 인류의 미래는 측정할 수 없을 정도로 어두워질 것이다. 세계 과학계를 이끄는 과학자 자격으로 이 성명서에 서명을 한 우리는 우리 앞에 놓인 위험에 대해 인류 전체에 경고하는 바이다. 인류가 지구와 생명을 지키고 관리하는 방법에 커다란 변화를 가져오지 않으면, 인류는 엄청난 고통을 면치 못할 뿐 아니라, 우리의 집이자 안식처인 지구 행성은 회복이 불가능한 상처를 입을 것이다."

《The Sacred Balance》에서 생태학자 데이비드 스즈키는 이 서류를 언론에 공개했을 때, 주의를 기울인 언론은 거의 없었다고 회고한다.《워싱턴 포스트》와《뉴욕 타임스》모두 이 성명서를 '뉴스 가치가 없다'며 신문에 게재하기를 거부했다. 이 신문들의 편집자들은 과학자들이 보내는 경고를 인정하는 것을 고의적으로 거부했고, 그에 따른 대중의 무관심에 대한 책임을 면할 수 없게 되었다(David Suzuki, with Amanda McConnell, *The Sacred Balance: Rediscovering Our Place in Nature* [Vancouver and Toronto: Greystone Books/Douglas and McIntyre, 1997], pp. 4~5).

21) *Inferno* IV:131, "maestro di color che sanno."

제9장 우리의 자리는 어디인가

1) *Inferno*, I:5, "selvaggia e aspra e forte"; 7, "amara"; 21, "la notte, ch'i' passai con tanta pieta."

2) *Purgatorio* II:146, *Convivio* II:1, 6?8, and *Epistola* XIII:21, in *Le opere di Dante: testo critico della Societa? dantesca italiana*, ed. M. Barbi et al.(Florence: Bemporad, 1921), pp. 172, 438 등등 참조.

3) 유일한 예외는〈지옥편〉17곡 37-38행에서 베르길리우스가 단테를 홀로 보내 고리대금업자들이 벌받는 것을 보도록 한 때뿐이다.

4) Henry James, *Substance and Shadow; or, Morality and Religion in Their Relation to Life* (Boston: Ticknor and Fields, 1863), p. 75.

5) *Inferno*, XXXII:100-102, "Ond' elli a me: 'Percheè tu mi dischiomi, / nè ti dirò ch'io sia, nè

mostrerolti, / se mille fiate in sul capo tomi'"; 104, "più d'una ciocca"; 106, "Che hai tu, Bocca"?

6) 같은 책, XXXIII:94, "Lo pianto stesso lí pianger non lascia"; 112, "i duri veli"; 116-117, "s'io non ti disbrigo, / al fondo de la ghiaccia ir mi convegna"; 150, "e cortesia fu lui esser villano."

7) 같은 책, VIII:45, "benedetta colei che 'n te s'incinse."

8) Thomas Aquinas, *Summa Theologica*, pt. I.2, q. 47, art. 2, 5 vols., trans. Fathers of the English Dominican Province(1948; repr. Notre Dame, Ind.: Christian Classics, 1981), vol. 2, p. 785. 단테를 변호하는 사람들 중에서는 Luigi Pietrobono("Il canto VIII dell' Inferno", *L'Alighieri* 1, no. 2 (1960): 3-14 참조)와 G. A. Borgese("The Wrath of Dante", *Speculum* 13 (1938): 183-193 참조)가 대표적이다. 그를 비난하는 사람들 중에는 E. G. Parodi(*Poesia e storia nella "Divina Commedia"* (Vicenza: Neri Pozza, 1965), p. 74참조)와 Attilio Momigliano (*La "Divina Commedia" di Dante Alighieri*(Florence: Sansoni, 1948), pp. 59~60 참조) 등이 있다. 이밖에도 이 문제에 대해서 수없이 많은 학자들이 저마다 찬반 의견을 표해왔다.

9) Giovanni Boccaccio, *Il Decamerone*, 9.8 (Turin: Einaudi, 1980), pp. 685~689.

10) *Inferno*, V:141-142.

11) Aquinas, *Summa Theologica*, pt.1, q. 21, art. 2, vol. 1, p. 119.

12) Ricardo Pratesi, introduction to Galileo Galilei, *Dos lecciones infernales*, translated from the Italian by Matías Alinovi(Buenos Aires: La Compañia, 2011), p. 12.

13) Gallileo Galilei, *Studi sulla Divina Commedia* (Florence: Felice Le Monnier, 1855); Galileo, *Dos lecciones infernales*, and Galileo Galilée *Leçons sur l'Enfer de Dante*, translated from the Italian by Lucette Degryse(Paris: Fayard, 2008).

14) *Inferno*, XXXI: 58-59 (니므롯의 얼굴); XXXIV:30-31 (루시퍼의 팔).

15) Nicola Chiaromonte, *The Worm of Consciousness and Other Essays*, ed. Miriam Chiaromonte(New York: Harcourt Brace Jovanovich, 1976), p. 153.

16) Homer, *The Odyssey*, 8.551, trans. Robert Fagles(New York: Viking Penguin, 1996), p. 207.

17) François Hartog and Michael Werner, "Histoire," in *Vocabulaire européen des philosophies*, ed. Barbara Cassin(Paris: Editions du Seuil, 2004), p. 562; Georg Wilhelm Friedrich Hegel, *Lectures on the Philosophy of World History*, trans. Hugh Barr Nisbet(Cambridge: Cambridge University Press, 1975), pp. 27, 560 참조.

18) Làszlò Földényi, *Dostoyevski lee a Hegel en Siberia y rompe a llorar*, translated from the Hungarian by Adan Kovacsis(Madrid: Galaxia Gutenberg, 2006); Max Brod, *Franz Kafka* (New York: Schocken, 1960), p. 75.

19) Fëldényi, *Dostoyevski lee a Hegel en Siberia y rompe a llorar*, p. 42.

20) John Hendrix, *History and Culture in Italy*(Lanham, Md.: University Press of America, 2003), p.

130 참조.

21) Al-Biruni, *Le Livre de l'Inde*, edited and translated from the Arabic by Vincent Mansour-Monteil(Paris: Sinbad/UNESCO, 1996), pp. 41~42; Virgil, The Aeneid, 6,847-53, trans. C. Day Lewis(Oxford: Oxford University Press, 1952), p. 154.

22) Claude Lévi-Strauss, *Tristes tropiques*, trans. John and Doreen Weightman(London: Jonathan Cape, 1973), p. 411.

23) *Inferno*, II:121-122, "Dunque: che è? perché, perché restai, / perché tanta viltà nel core allette? / perchè ardire e franchezza no hai?"

24) Lévi-Strauss, *Tristes tropiques*, p. 414.

제10장 우리는 어떻게 다른가

1) Plato, *The Republic*, 1.20, trans. Paul Shorey, in *The Collected Dialogues of Plato*, ed. Edith Hamilton and Huntington Cairns(Princeton: Princeton University Press, 1973), p. 597.

2) 같은 책, 2.1, p.605; 2.10, p. 614.

3) 같은 책, 1.12, p.589.

4) Virginia Woolf, "Speech to the London and National Society for Women's Service," in *The Essays of Virginia Woolf*, vol. 5: 1929-1932, ed. Stuart N. Clarke(London: Hogarth, 2009), p. 640; Sophocles, *Oedipus at Colonus*, ll. 368-370, in *The Theban Plays*, trans. David Grene(New York: Knopf, 1994), p. 78.《일리아드》에 나오는 남성과 여성의 역할에 대한 주장은 Alessandro Baricco의 *Omero, Iliade*(Milan: Feltrinelli, 2004), pp. 159~160 참조.

5) Homer, *The Odyssey*, 1.413, trans. Robert Fagles(New York: Viking Penguin, 1996), p. 89; Mary Beard, "Sappho Speaks", in *Confronting the Classics*(London: Profile, 2013), p. 31(나중에 비어드는 되돌아보니 자신이 델피의 여사제의 서로 다른 입에 대해 "어쩌면 과하게 집중을 했는지도 모르겠다"고 밝혔다).

6) Saint Augustine, *The City of God*, 18.9, trans. Henry Bettenson(Harmondsworth, U.K.: Penguin, 1984), pp. 771~772; Gerda Lerner, *The Creation of Patriarchy*(New York: Oxford University Press, 1986), p. 213.

7) Simone de Beauvoir, *Le Deuxième Sexe*(Paris: Gallimard, 1949). p. 31; *Paradiso*, I:109-14, "Ne l'ordine ch'io dico sono accline / tutte nature, per diverse sorti, / più al principio loro e men vicine:// onde si muovono a diversi porti / per lo gran mar de l'essere, e ciascuna / con istinto a lei dato che la porti."

8) *Purgatorio*, V:130-136, "Siena mi fé, disfecemi Maremma."

9) *Inferno*, V:142, "E caddi come corpo morto cade." 프란체스카와 파올로가 봤다는 책으로 13세기 로망스 Lancelot du lac와 Mort Artu 두 권 모두 가능성이 있는 것으로 추측된다.

10) *Paradiso*, III:117, "non fu dal vel del cor già mai disciolta"; 123, "come per acqua cupa cosa grave."

11) Lerner, *Creation of Patriarchy*, p. 222.

12) *Inferno*, II:94~95, "che si compiange / di questo'mpedimento"; 98, "il tuo fedele"; 104, "ché non soccori quei che t'amò tanto."

13) 이 이야기는 사적인 대화에서 마리나 워너(Marina Warner)에게 전해들은 에피소드다.

14) "S'il y a cent femmes et un cochon, le cochon l'emporte." Nicole Brossard, "The Volatility of Meaning", the Paget/Hoy lecture delivered on 2 march 2013 at the University of Calgary.

15) Robespierre, "Discours du 15 mai," in *Oeuvres de Maximilien Robespierre*, 10 vols.(Paris: Armand Colin, 2010), vol. 6, p. 358.

16) J.-P. Rabaut Saint-Etienne, *Précis historique de la Révolution* (Paris, 1792), p. 200, quoted in Jeremy Jennings, "The Déclaration des Droits de l'Homme et du Citoyen and Its Critics in France: Reaction and Idéologie", *Historical Journal* 35, no. 4(1992): 840.

17) The comte d'Antraigues, quoted ibid., p. 841; Archives parlemantaires, VIII (Paris, 1875), p. 453, quoted ibid.

18) 같은 책, pp. 842~843.

19) Chaumette, quoted in Joan Wallach Scott, "French Feminists and the Rights of 'Man,'" *History Workshop* 28(Autumn 1989): 3; Marquis de Condorcet, *Sur l'admission des femmes au droit de cité* (1790), in *Oeuvres*, ed. A. Condorcet O'Connor and A. F. Arago, 3 vols.(Paris: Firmin Didot, 1847), vol. 2, pp. 126~127.

20) Convention of 1893, quoted in Benoite Groult, *Ainsi soit Olympe de Gouges* (Paris: Grasset, 2013), p. 57.

21) 같은 책, p. 50; *Voltaire en sa correspondence*, ed. Raphaël Roche, vol. 8 (Bordeaux: L'Escampette, 1999), p. 65.

22) Olympe de Gouges, *Mémoire de Mme de Valmont* (Paris: Côté-Femmes, 2007), p. 12.

23) Pompignon, quoted in Groult, *Ainsi soit Olympe de Gouges*, pp. 25~26.

24) 미국에서 벌어진 반노예제도 운동가들은 투쟁을 계속할 논리적 근거를 《신곡》에서 찾곤 했다. 그리고 19~20세기 아프리카계 미국인 작가들은 《신곡》에서 곧잘 영감과 배움을 얻었다. Dennis Looney, *Freedom Readers: The African American Reception of Dante Alighieri and the "Divine Comedy"*(Notre Dame, Ind.: Uni-versity of Notre Dame Press, 2011) 참조.

25) Jules Michelet, *Les Femmes de la Revolution*, 2nd rev. ed.(Paris: Adolphe Delahays, 1855), p. 105.

26) Groult, *Ainsi soit Olympe de Gouges*, pp. 75~77.

27) Ms 872, fols. 288-89, Bibliothèque historique de la Ville de Paris, quoted in Olympe de Gouges, *Écrits politiques, 1792-1793*, vol. 2 (Paris: Côté-femmes, 1993), p. 36.

28) Miguel de Cervantes, *El Ingenioso Hidalgo Don Quijote de la Mancha*, 1.13.

29) Plato, *The Republic*, 10.15, p. 835.

제11장 동물은 무엇인가

1) *Inferno*, VIII:42, "via costà con li altri cani"; XIII:125, "nere cagne, bramose e correnti"; XVII: 49-51, "non altrimenti fan di state i cani / or col ceffo or col piè, quando son morsi / o da pulci o da mosche o da tafani"; XXI:44, "mastino sciolto"; XXI:68, "cani a dosso al poverello"; XXIII:18, "'l cane a quella lievre ch'elli acceffa"; XXX:20, "si come cane"; XXXII:71, "visi cagnazzi"; XXXII:105, latrando"; XXXIII:77-78, "co' denti,/ che furo a l'osso, come d'un can, forti"; *Purgatorio*, XIV:46-47, "botoli···ringhiosi."

2) *Paradiso*, VIII:97-148.

3) Guillaume Mollet, *Les Papes d'Avignon*, 9th rev. ed. (Paris: Letouzey and Ané, 1950), p. 392.

4) *Paradiso*, XXXIII:145.

5) 같은 책, II:8-9, "Minerva spira, e conducemi Appollo, / e nove Musi mi dimostran l'Orse"; XXII:152; XXXIII:143.

6) *Purgatorio*, XX:13-14, "nel cui girar par che si creda / le condizion di qua giù trasmutarsi"; *Inferno*, I:101; *Purgatorio*, XX:13-15.

7) "D'enz de sale uns veltres avalat": *La Chanson de Roland*, 57.730, edited and translated into modern French by Joseph Bédier (Paris: L'Edition d'art, 1922), p. 58; Giovanni Boccaccio, *Esposizioni sopra la Comedia di Dante*, ed. Giorgio Padoan, in Tutte le opere di Giovanni Boccaccio, ed. Vittore Branca (Milan: Mondadori, 1900), vol. 6, p. 73; *Inferno*, I:102, "che la farà morir con doglia"; Dante Alighieri, *Epistola* VII:5, in *Le opere di Dante: testo critico della Società dantesca italiana*, ed. M. Barbi et al. (Florence: Bemporad, 1921), p. 426.

8) *Purgatorio* I:13, "dolce color d'oriental zaffiro."

9) Dante Alighieri, *Epistola* XIII:10, in *Opere di Dante*, p. 437.

10) *Inferno*, III:9, "Lasciate ogne speranza, voi ch'intrate."

11) Ismail Kadare, *Dante, l'incontournable*, translated from the Albanian by Tedi Papavrami (Paris: Fayard, 2005), pp. 38~39.

12) *Inferno*, V:121-123, "Nessun maggior dolore / che ricordarsi del tempo felice / ne la miseria";

XXIV:151, "E detto l'ho perché doler ti debbia!"; Paradiso, XVII:55-60, "Tu lascerai ogne cosa diletta / più caramente; e questo è quello strale / che l'arco de lo essilio pria saetta.// Tu proverai sì come sa di sale / lo pane altrui e come è duro calle / lo scendere e 'l salir per l'altrui scale."

13) 같은 책, XXXIII:55-56, "maggio / che 'l parlar mostra."

14) Dante Alighieri, *Convivio* I:3, in *Opere di Dante*, p. 147; *Inferno*, XV:88, "Cii che narrate di mio corso scrivo"; Paradiso, XVII:98-99, "s'infutura la tua vita / ia più là che 'l punir di lor perfidie."

15) *Paradiso*, XV:97-126.

16) Franco Sacchetti, *Trecentonovelle* (Rome: Salerno, 1996), p. 167; Leon Battista Alberti, *Il libro della famiglia*, ed. Ruggiero Romano and Alberto Tenenti; rev. ed., ed. Francesco Furlan (Turin: Giulio Einaudi, 1996), p. 210.

17) Brunetto Latini, *Li Livres dou tresor* (The Book of the Treasure), trans. Paul Barrette and Spurgeon Baldwin (New York: Garland, 1993), pp. 133~134; Pierre de Beauvais, *Bestiaire*, in *Bestiaires du Moyen Age*, set in modern French by Gabriel Bianciotto (Paris: Editions Stock, 1980), p. 65; San Isidoro de Sevilla, *Etimologías*, chap. 12, ed. J. Oroz Reta and M. A. Marcos Casquero (Madrid: Biblioteca de Autores Cristianos, la Editorial Católica, 2009).

18) Tobit 5:16 and 11:4; David Gordon White, *Myths of the Dog-Man* (Chicago: University of Chicago Press, 1991) p. 44.

19) *Inferno*, I:4, "dir qual era è cosa dura."

20) *Inferno*, XVII:74-75; XVIII:28-33; Purgatorio, XVII:1-9; Paradiso, XII:86-87.

21) *Inferno*, XXV:58-66.

22) Thomas Aquinas, *Summa Theologica*, Pt. 1, q. 102, art. 2, 5 vols., trans. Fathers of the English Dominican Province (1948; repr. Notre Dame, Ind.: Christian Classics, 1981), vol. 1, p. 501; Saint Augustine, *On the Free Choice of the Will*, 3.23.69, in *On the Free Choice of the Will, On Grace and Free Choice, and Other Writings*, ed. and trans. Peter King (Cambridge: Cambridge University Press, 2010), p. 52 (animals do not suffer); Saint Augustine, *The City of God*, 2.4, trans. Henry Bettenson (Harmondsworth, U.K.: Penguin, 1984), p. 475; Cicero, *De natura deorum*, 2.53.133, trans. H. Rackham (Cambridge: Harvard University Press, 2005), p. 251; Pierre Le Hir, "8,7 millions d'espèces", *Le Monde*, 27 August 2011.

23) Saint Ambrose, *Hexameron*, chap. 4, trans. John. J. Savage (Washington, D.C.: Catholic University of America Press, 1961), p. 235.

24) Marie de France, "Le Lai de Bisclavret," in *Lais*, ed. G. S Burgess (London: Bristol Classical Press, G. Duckworth, 2001); *Inferno*, VI:18, "graffia li spiriti ed iscoia ed isquatra"; Paradiso, XII:58-60.

25) *Paradiso*, XXX:22, "vinto mi concedo"; X:27, "quella materia ond'io son fatto scriba."

26) *Inferno*, I:85, "lo mio maestro"; *Purgatorio*, XXVII:86; XXVII:139-140, "Non aspet tar mio dir più né mio cenno; / libero, dritto e sano è tuo arbitrio"; XXVIII:2, "la divina foresta."

제12장 우리의 행동은 어떤 결과를 낳을까

1) *Purgatorio*, III:76-77, "dove la montagna giace, / sì che possibil sia l'andare in suso"; 79-87, "Come le pecorelle escon del chiuso / a una, a due, a tre, e altre stanno / timedette atterando l'occhio e l'muso; // e ciò che fa la prima, e l'altre fanno, / addossandosi a lei, s'ella s'arresta, / semplici e quete, e lo 'mperché non sanno; // sí vid' io muovere a venir la testa / di quella mandra fortunata allotta, / pudica in faccia e ne l'andare onesta."

2) 같은 책, 107-108, "biondo era e bello e di gentile aspetto / ma l'un de' cigli un colpo avea diviso"; *Paradiso*, III:109-120.

3) *Inferno*, X:119. Friedrich Rückert, "Barbarossa"(1824), in *Kranz der Zeit* (Stuttgart: Cotta, 1817), vol. 2, pp. 270~271.

4) *Purgatorio*, III:132, "a lume spento." "Sine croce, sine luce"(십자가도 없이, 빛도 없이)는 파문당한 사람을 매장할 때 암송하는 말이다.

5) *Paradiso*, XXVII:22-27, "Quelli ch'usurpa in terra il luogo mio, / il luogo mio, il luogo mio che vaca / ne la presenza del Figliuol di Dio, // fatt' ha del cimitero mio clo- aca / del sangue e de la puzza; onde 'l perverso / che cadde di qua sú, là giú si placa."

6) 그리스도의 명령은 세 번 나타난다. Mark 12:17, Matthew 22:21, and Luke 20:25; Inferno, XXVIII:30, "vedi com'io mi dilacco."Mark 12:17, Matthew 22:21, and Luke 20:25; Inferno, XXVIII:30, "vedi com'io mi dilacco."

7) Lorenzo Valla, *On the Donation of Constantine*, trans. G. W. Bowersock(Cam bridge: Harvard University Press, 2007); *Purgatorio*, XXXIII:55-57; *Paradiso*, XX:56, "sotto buona intenzion che fé mal frutto."

8) Purgatorio, III:120, "piangendo, a quei che volontier perdona"; 137, "al fin si penta." 천주교 백과는 파문을 다음과 같이 정의한다.
로마 교황은 파문을 세 가지로 구분한다. 그중 첫 번째는 소파문으로 파문당한 자와 의사소통을 하는 사람에게 적용되던 것이었다. 대파문은 교황이 직접 선고를 읽어서 발표하는 파문이다. 마지막은 '종교상의 공식적인 저주anathema'로 가장 심각한 정도의 범죄를 저지른 사람에게 교황이 엄중한 의례를 거쳐 선포했다. 이 선고를 할 때, 교황은 개두포와 스톨, 보라색 코프를 착용하고 주교관을 쓴다. 중 백의를 입고 불을 켠 촛불을 든 열두 명의 사제가 보좌를 하는 가운데 교황은 제단 앞 혹은 적절한 장소에 앉아서 '종교상의 공식적인 저주'를 내리는 선언을 하는데, 마지막에는 다음과 같은 말이 꼭 들어긋난다.

"그러므로 열두 제자의 우두머리, 은총을 입은 베드로와 모든 성인들의 전능하신 성부, 성자, 성신의 이름으로, 주님이 주신 하늘과 땅에 대한 사죄권으로 '…(죄인의 이름)'와 그의 동조자 및 교사자들에게서 주님의 몸과 피를 나누는 성찬식에 참여할 권리를 박탈하고, 기독교 사회에서 전적으로 분리하며, 하늘과 땅에 있는 성모의 교회의 품에서 쫓아내는 바이다. 그는 이제 파문되어 공식적인 저주를 입은 자임을 선언하고, 사탄의 족쇄를 깨고, 참회를 해 교회의 인정을 받지 않는 한, 사탄과 그의 마귀들, 그리고 타락한 자들과 함께 영원히 지옥의 불에서 타오를 것임을 판결한다. 우리는 그를 사탄에게로 보내 그 몸을 고행에 빠지게 해, 마지막 심판의 날 그의 영혼이 구원받을 수 있는 가능성을 열어둘 것이다."

그 선언이 끝나고 나면 보조하는 사제들이 "피아트, 피아트, 피아트fiat, fiat, fiat" 하고 응답한다. 그런 다음 교황과 열두 명의 사제들은 불을 켜서 들고 있던 촛불을 바닥에 던지고, 파문을 당한 사람이 사는 지역과 인근 지역의 사제들과 추기경들에게 파문 사실과 파문 이유를 알려서 파문당한 당사자와 아무도 소통하지 못하도록 한다." ([New York: Appleton, 1905~1914], vol. 1).

9) John Freccero, "Manfred's Wounds," in *Dante: The Poetics of Conversion*, ed. Rachel Jacoff(Cambridge: Harvard University Press, 1986), pp. 200~201.

10) *Purgatorio*, III:121-141, "Orribili furon li peccati miei:/ ma la bontà infinita ha sí gran braccia,/ che prende ciò che si rivolge a lei,// …Per lor maladizion sí non si perde,/ che non possa tornar, l'etterno amore,/ mentre che la speranza ha fior del verde.// Vero è che quale in contumacia more / di Santa Chiesa, ancor ch'al fin si penta,/ star li convien da questa ripa in fore,// per ognun tempo ch'elli è stato, trenta,/ in sua presunzïon, se tal decreto / più corto per buon prieghi non diventa."

11) *Purgatorio*, III:25-27; 124-132; Ezekiel 37:3.

12) Guillaume de Lorris and Jean de Meun, *Le Roman de la rose*, Continuation par Jean de Meun, vv. 6705-6726, ed. Daniel Poition(Paris: Garnier-Flammarion, 1974), p. 204; *The Mabinogion*, trans. Lady Charlotte Guest(London: Dent, 1906), pp. 142~150; Charles of Anjou, quoted in Arno Borst, *Medieval Worlds: Barbarians, Heretics and Artists, trans. Eric Hansen* (Chicago: University of Chicago Press, 1992), p. 209.

13) Charles W. C. Oman, *The Art of War in the Middle Ages*, A.D. 378-1515, rev. and ed. John H. Beeler(Ithaca: Cornell University Press, 1953), pp. 7~9 참조.

14) Giovanni Villani, *Nuova cronica*, ed. Giovanni Porta(Parma: Ugo Guanda, 1991).

15) Joseph Needham, with the collaboration of Ho Ping-Yü, Lu Gwei-Djen, and Wang Ling, Chemistry and Chemical Technology: Military Technology; The Gunpowder Epic, vol. 5, pt. 7 of Science and Civilisation in China(Cambridge: Cambridge University Press, 1986) pp. 1~7 and 579.

16) Francis Bacon, *The Works of Francis Bacon*, 10 vols.(London: W. Baynes and Son/Dublin: R. M.

Tims, 1824), vol. 9, p. 167.

17) James Burke, *Connections* (London: Macmillan, 1978), p. 70.

18) *Inferno*, XXI:7-18.

19) 같은 책, 88-90, "E 'l duca mio a me: 'O tu che siedi / tra li scheggion del ponte quatto quatto,/ sicuramente omai a me to riedi.'"

20) Proust, quoted in Ray Monk: *J. Robert Oppenheimer: A Life Inside the Center* (New York: Anchor, 2012), p. 114.

21) Kai Bird and Martin J. Sherwin, *American Prometheus: The Triumph and Tragedy of J. Robert Oppenheimer* (New York: Knopf, 2005).

22) "A Petition to the President of the United States," 17 July 1945, U.S. National Archives, Record Group 77, Records of the Chief of Engineers, Manhattan Engineer District, Harrison-Bundy File, folder 76, http://www.dannen.com/decision/ 45-07-17.html 에서 열람 가능.

23) Oppenheimer, quoted in Robert Jungk, *Brighter than a Thousand Suns: A Personal History of the Atomic Scientists*, trans. James Cleugh (Harmondsworth, U.K.: Penguin, 1960).

24) Tibbets, quoted in Monk, *J. Robert Oppenheimer*, p. 462, 생략 부분은 원본 그대로.

25) Father Siemes, quoted in John Hersey, *Hiroshima* (New York: Knopf, 1946), pp. 117~118; Paradiso, XVIII:91~93.

26) Oppenheimer, quoted in Monk, *J. Robert Oppenheimer*, p. 115. 생략 부분은 원문 그대로.

제13장 우리는 무엇을 소유할 수 있는가

1) Leonardo Bruni, *History of the Florentine People*, 1.2.30, ed. and trans. James Hankins (Cambridge: Harvard University Press, 2001), p. 141; Giovanni Villani, *Nuova cronica*, ed. Giovanni Porta (Parma: Ugo Guanda, 1991), vol. 2, p. 52.

2) Dante Alighieri, *Epistola* XIII, in *Le opere di Dante: testo critico della Società dantesca italiana*, ed. M. Barbi et al. (Florence: Bemporad, 1921), pp. 436~446.

3) *Inferno*, I:32-33, "leggera e presta molto,/ che di pel macolato era coverta"; 표범을 비너스의 사냥개와 동일시 한 부분은 Virgil, Aeneid, 1.323 참조; *Inferno*, I:47, "con la test' alta, e con rabbiosa fame"; 49-54, "Ed una lupa, che di tute brame / sembiava carca ne la sua magrezza,/ e molte genti fé già viver grame,// questa mi porse tanto di gravezza / con la paura ch'uscia di sua vista,/ ch'io perdei la speranza de l'altezza."

4) 같은 책, 94-99, "ché questa bestia, per la qual tu gride,/ non lascia altrui passar per la sua via,/ ma tanto lo 'mpedisce che l'uccide;// e ha natura sí malvagia e ria, / che mai non empie la bramosa

voglia,/ e dopo 'l pasto ha più fame che pria."

5) Thomas Aquinas, *Summa Theologica*, Pt. 2, q. 32, art. 5, 5 vols., trans. Fathers of the English Dominican Province (1948; repr. Notre Dame, Ind.: Christian Classics, 1981), vol. 3, p. 1322.

6) *Inferno*, VII:8, "maledetto lupo"; 30, "'Perchè tieni?' e 'Perchè burli?'"; 53-54, "la sconoscente vita che i fé sozzi,/ ad ogne conoscenza or li fa bruni"; 64-66, "tutto l'oro ch'è sotto la luna / e che già fu, di quest' anime stanche / non potrebbe fare posare una."

7) *Purgatorio*, XXII:43-45, "Allor m'accorsi che troppo aprir l' ali / potean le mani / spendere, e pente' mi / così di quel come de li altri mali."

8) *Inferno*, XVII:46-51, "Per li occhi fora scoppiava lor duolo:/ di qua, di là soccorrien con le mani / quando a' vapori, e quando al caldo suolo:// non altrimenti fan di state i cani / or col ceffo o col piè, quando son morsi / o da pulci o da mosche o da tafani."

9) Gerard of Siena "On Why Usury Is Prohibited," translated from MS 894, fol. 68r-68v, Leipzig, Universitätsbibliothek, quoted in *Medieval Italy*, ed. Katherine L. Jansen, Joanna Drell, and Frances Andrews (Philadelphia: University of Pennsylvania Press, 2009) p. 106; Jorge Manrique, "Coplas a la muerte de su padre", in *Obras completas*, ed. Augusto Cortina (Madrid: Espasa-Calpe, 1979), p. 117.

10) John T. Gilchrist, *The Church and Economic Activity in the Middle Ages* (New York: Macmillan, 1969), p. 218. 11) 같은 책, p. 221.

12) Charles Dickens, *A Christmas Carol*, in *The Complete Works of Charles Dickens*, vol. 25 (New York: Society of English and French Literature, n.d.), p. 34.

13) 같은 책, pp. 5, 4; Pseudo-Macarius, *Spiritual Homilies*, quoted in Jacques Lacarrière, *Les Hommes fous de Dieu* (Paris: Fayard, 1975), p. 1.

14) Charles Dickens, *Little Dorrit*, in *Complete Works of Charles Dickens*, vol. 25, pp. 171, 352.

15) Paul Krugman, "Bits and Barbarism", *New York Times*, 22 December 2013.

16) Aristotle, *The Politics*, 1.8 and 1.11, trans. T. A. Sinclair (Harmondsworth, U.K.: Penguin, 1962), pp. 42~43, 46.

17) Dante Alighieri, *Convivio*, IV:XVII, 10, in *Opere di Dante*, p. 285.

18) Helen Langdon, *Caravaggio: A Life* (London: Chatto and Windus, 1998), pp. 250~251; Peter Ackroyd, *Dickens* (London: Sinclair-Stevenson, 1990), p. 487.

19) Sebastião Salgado, *Trabalhadores: Uma arqueologia da era industrial* (São Paulo: Companhia das Letras, 1997), pp. 318~319; *Inferno*, III:112-117, "Come d'autunno si levan le foglie / l'una appresso de l'altra, fin che 'l ramo / vede a terra tutte le sue spoglie,// simil- mente il mal seme d'Adamo / gittansi di quel lito ad una ad una / per cenni come augel per suo riciamo." 이 이미지는

호메로스가 처음 묘사한 것으로, 아마도 단테는 베르길리우스의 작품에서 차용했을 것이다.

20) Oscar Wilde, "The Young King", in *A Garden of Pomegranates* (1891) in *The Works of Oscar Wilde*, ed. G. F. Maine (London: Collins, 1948), p. 232.

21) 같은 책, p. 229.

제14장 어떻게 순서를 정하고 질서를 잡을 수 있을까

1) *Inferno*, III:5-6, "fecemi la divina podestate,/ la somma sapïenza e 'l primo amore."

2) Aristotle, *Nicomachean Ethics*, 7.1-6.

3) *Purgatorio*, XVII:94-96, "Lo naturale è sempre sanza errore,/ ma l'altro puote errar per mal obietto / o per troppo o per poco di vigore."

4) *Paradiso*, III:70-72, "Frate, la nostra volontà quïeta / virtù di carità, che fa volerne / sol quel ch'avemo, e d'altro non ci asseta"; 85, "E 'n la sua volontade è nostra pace."

5) Vladimir Nabokov, *Lectures in Literature*, ed. Fredson Bowers (New York: Harcourt Brace Jovanovich, 1980), pp. 62, 31, 257, 303.

6) Ashmolean Museum catalogue, quoted in Jan Morris, *The Oxford Book of Oxford* (Oxford: Oxford University Press, 1978), pp. 110-111.

7) George R. Marek, *The Bed and the Throne: The Life of Isabella d'Este* (New York: Harper and Row, 1976), p. 164.

8) Francis Bacon, *Gesta Grayorum* (1688) (Oxford: Oxford University Press, 1914), p. 35; Roger Chartier, ed. *A History of Private Life*, vol. 3: *Passions of the Renaissance*, trans. Arthur Golhammer (Cambridge: Harvard University Press, 1989), p. 288; Patrick Mauriès, *Cabinets of Curiosities* (London: Thames and Hudson, 2011), p. 32.

9) Lorenza Mochi and Francesco Solinas, eds. *Cassiano dal Pozzo: I segreti di un Collezionista* (Rome: Galleria Borghese, 2000), p. 27; Marsilio Ficino, *Book of Life*, trans. Charles Boer (Irving, Tex.: Spring, 1980), p. 7.

10) Luciano Canfora, *La biblioteca scomparsa* (Palermo: Sellerio, 1987), p. 56; Mustafa El-Abbadi, *La antigua biblioteca de Alejandría: Vida y destino*, translated from the Arabic by José Luis García-Villalba Sotos (Madrid: UNESCO, 1994), p. 34.

11) Otlet, quoted in Françoise Levie, *L'Homme qui voulait classer le monde: Paul Otlet et le Mundaneum* (Brussels: Impressions Nouvelles, 2006), p. 33.

12) 같은 책, pp. 107, 271.

13) *Paradiso*, XXXIII:124-126, "O luce etterna che sola in te sidi,/ sola t'intendi, e da te intelleta / e

intendente te ami e arridi!"

14) Adina Hoffman and Peter Cole, *Sacred Trash: The Lost and Found World of the Cairo Geniza* (New York: Schocken, 2011) 참조.

15) Quoted in Levie, *L'Homme qui voulait classer le monde*, p. 72.

16) Ibid., pp. 69~70.

17) Henry James, Letter of 4 April 1912, in *Letters*, vol. 4, ed. Leon Edel(Cambridge: Harvard University Press, 1984), p. 612; Henry James, *The Spoils of Poynton* (London: Bodley Head, 1967), pp. 38, 44.

18) Levie, *L'Homme qui voulait classer le monde*, p. 225.

19) Quoted in W. Boyd Rayward, "Visions of Xanadu: Paul Otlet(1868-1944) and Hypertext", *Jasis* 45(1994): 242.

20) Levie, *L'Homme qui voulait classer le monde*, pp. 293~308.

21) 같은 책, pp. 47~48.

22) Jorge Luis Borges, "El congreso," in *El libro de arena* (Buenos Aires: Emecé, 1975).

제15장 이 다음은 무엇일까

1) *Purgatorio*, III:26, "dentro al quale io facea ombra": Purgatorio, XXX:124-125, "su la soglia fui/di mia seconda etade": Inferno, XXXIII: 13-75; "〈지옥편〉의 마지막에서 두 번째 곡의 유명한 75행은 [단테의 작품에 주해를 다는 학자들에게] 예술과 현실 사이의 차이를 혼돈한데서 생긴 문제를 안겨 줬다…. '아사의 탑'의 비참한 상황에서 우골리노는 사랑하는 자식들의 시체를 먹고, 동시에 먹지 않는다. 이 불안정한 부정확성, 그 불확실성이 바로 그를 이루는 이상한 요소다. 따라서 이 두 가지 고통의 가능성을 안은 채, 단테는 그를 꿈꿨고, 그 후 오랜 세월 동안 그를 꿈꿀 것이다(Jorge Luis Borges, "El falso problema de Ugolino", in *Nueve ensayos dantescos* [Madrid: Espasa Calpe, 1982] pp.105, 111).; *Inferno*, XIII:31-151; *Paradiso*, XXI: 124; 이 책의 제12장 참조.

2) *Inferno*, I:116-117, "li antichi spiriti dolenti / ch'a la seconda morte ciascun grida."

3) Yukio Mishima, *La ética del samurái en el Japón moderno*, translated from the Japanese by Makiko Sese y Carlos Rubio (Madrid: Alianza Editorial, 2013), p. 108.

4) *Anagata Vamsadesance: The Sermon of the Chronicle-To-Be*, trans. Udaya Meddagama, ed. John Clifford Holt (Delhi: Motilal Banarsidass, 2010), p. 33.

5) Mary Boyce, *Zoroastrians: Their Religious Beliefs and Practices* (London: Routledge, 2001), pp. 56~70.

6) *Talmud Megillah* 15a.

7) *The Koran*, sura 76, trans. N. J. Dawood, rev. ed.(Harmondsworth, U.K.: Penguin, 1993), p. 413~414; Ibn 'Arabi, quoted in Mahmoud Ayoub, *The Qur'an and Its Interpreters* (Albany: State University of New York Press, 1984), vol. 1, p. 125; Abu Huraryra, quoted ibid., vol. 1, p. 89.

8) *Koran*, sura 75, p. 412; sura 33, p. 299; sura 6, p. 97; sura 17, p. 200; Imam Muslim, *Sahih Muslim*, vols. 1-4, trans. Abdul Hamid Sidiqi (Dehli: Kitab Bharan, 2000), p. 67.

9) Miguel Asín Palacios, *Dante y el Islam* (1927)(Pamplona: Urgoiti, 2007) p. 118; Louis Massignon, "Les recherches d'Asín Palacios sur Dante," *Ecrits mémorables*, vol. 1(Paris: Robert Laffont, 2009) p. 105; Abu l-'Ala' al-Ma'arri, *The Epistle of Forgiveness*, vol. 1: *A Vision of Heaven and Hell*, ed. and trans. Geert Jan van Gelder and Gregor Schoeler (New York: New York University Press, 2013), pp. 67~323.

10) "Why We Die", in *Rasa'il Ikhwan al-Safa* (The Epistles of the Sincere Brethren), in *Classical Arabic Literature: A Library of Arabic Literature Anthology*, select. and trans. Geert Jan van Gelder (New York: New York University Press, 2013), pp. 221~222.

11) G. B. Caird, *A Commentary on the Revelation of St. John the Divine* (New York: Harper and Row, 1966), p. 11.

12) "Victorinus," in *The New Catholic Encyclopedia* (Farmington Hills, Mich.: CUA Press and the Gale Group, 2002).

13) Crawford Gribben and David George Mullan, eds., *Literature and the Scottish Reformation* (Cape Breton, Canada: Ashgate, 2009), p. 15 참조. 사이언톨로지스트인 L.론 허버드 와 그의 추종자들도 이 종말론적 해석을 따른다.

14) E. Ann Matter, "The Apocalypse in Early Medieval Exegesis," in *The Apocalypse in the Middle Ages*, ed. Richard K. Emmerson and Bernard McGinn (Ithaca: Cornell University Press 1992), pp. 38~39 참조.

15) Saint Augustine, *The City of God*, trans. Henry Bettenson (Harmondsworth, U.K.: Penguin, 1984), pp. 906~907, 918.

16) Philippe Ariès, *Essais sur l'histoire de la mort en Occident du Moyen Age à nos jours* (Paris: Editions du Seuil, 1975), p. 21.

17) Fernando de Rojas y "Antiguo Autor", *La Celestina: Tragicomedia de Calisto y Melibea*, 4.5, ed. Francisco J. Lobera y Guillermo Serés, Paloma Díaz-Mas, Carlos Mota e Iñigo Ruiz Arzalluz, y Francisco Rico (Madrid: Real Academia Española, 2011), p. 110. 여인숙이라는 이미지는 키케로 의 "On Old Age"(*De senectute*)에도 등장한다. "따라서 이 삶을 떠날 때, 나는 집을 떠난다기보다 는 여인숙을 떠난다는 느낌을 가질 것이다." In Cicero, *Selected Works*, trans. Michael Grant, rev. ed.(Harmondsworth, U.K.: Penguin, 1971), p. 246.

18) Ariès, *Essais sur l'histoire de la mort en Occident*, p. 30.

19) Edgar Allan Poe, "The Philosophy of Composition", in *On Poetry and the Poets*, vol. 6 of *The Works of Edgar Allan Poe*, ed. E. C. Stedman and G. E. Woodberry (New York: Scribner's, 1914), p. 46.

20) Ariès, *Essais sur l'histoire de la mort en Occident*, p. 67; Isherwood, quoted in Gore Vidal, "Pink Triangle and Yellow Star", *Nation*, 14 October 1981.

21) Tim Radford, "A Prize to Die For", *The Guardian*, 19 September 2002. 부활의 가능성을 기다리는 쪽이 탐탁지 않은 독자들에게는 하와이 여행이 대안으로 제시되었다. 미래에 되살릴 수 있도록 인체를 냉동하는 것은 Howard Fast의 "The Cold, Cold Box"의 주제다. *Time and the Riddle* (Pasadena, Calif.: Ward Ritchie Press, 1975), pp. 219~231.

22) Cicero, "On Old Age," p. 247.

23) *Paradiso*, XXXIII:32-33, "ogne nube li disleghi / di sua mortalità co' prieghi tuoi."

24) *Inferno*, IV:141, "Seneca morale"; Seneca, "On the Shortness of Life," p. 48.

25) 《라틴 명문 전집》은 로마 제국 전역에서 모은 고대 라틴 명문(銘文)들을 집대성해놓은 책이다. 공공시설에 새겨진 명문과 개인적인 명문은 모두 로마인의 생활과 역사를 이해하는 데 큰 도움을 준다. 《라틴 명문 전집》은 Berlin-Brandenburgische Akademie der Wissenschaften에 의해 계속 신판과 보충판이 나오고 있고, 그 내용은 http://cil.bbaw.de/cil_en/index_en.html에서 찾을 수 있다.

26) *Inferno*, IX:112-120.

27) Giorgio Bassani, *Il giardino dei Finzi-Contini* (Turin: Giulio Einaudi, 1962), p. 3.

제16장 일어나는 일들은 왜 일어나는 것일까

1) Primo Levi, *Se questo è un uomo* (Milan: Einaudi, 1958), p. 10.

2) *Inferno*, XXVI:85-90, "Lo maggior corno de la fiamma antica / cominciò a crollarsi mormorando / pur come quella cui vento affatica.// Indi, la cima in qua e in là menando / come fosse la lingua che parlasse,/ gittò voce di fuori e disse: 'Quando…'"; 100("ma misi…").

3) Levi, *Se questo è un uomo*. 이 에피소드는 pp. 102~105에 나와 있다; *Inferno*, XXVI:118-120, "Considerate la vostra semenza: / fatti non foste a viver come bruti, / ma per seguir virtute e conoscenza."

4) *Inferno*, XXVI:133-135, "quando n'apparve una montagna, bruna / per la distanza, e parvemi alta tanto / quanto veduta non avëa alcuna."

5) *Inferno*, XXVI:139-141, "Tre volte il fé girar con tutte l'acque: / a la quarta levar la poppa in suso / e la prora ire in già, com' altrui piacque."

6) *Inferno*, XVI:142, "infin che 'l mar fu sovra noi richiuso."

7) Dante, *De vulgare eloquentia*, I:v, edited and translated from the Latin by Vittorio Coletti(Milan: Garzanti, 1991), pp. 10~11.

8) Louis Ginzberg, *Legends of the Jews*, 7 vols., vol. 1: *From the Creation to Jacob*, trans. Henrietta Szold(Baltimore: Johns Hopkins University Press, 1998), pp. 5~8. 창조에 관한 전설을 더 자세히 다룬 것은 이 책의 5장을 참조.

9) Philip Friedman, *Roads to Extinction: Essays on the Holocaust*, ed. Ada June Friedman(New York: Jewish Publication Society of America, 1980), p. 393.

10) Levi, *Se questo è un uomo*, p. 25.

11) Angelus Silesius, *Cherubinischer Wandersmann*, bk. 1, sect. 289, ed. Louise Gnädinger(Stuttgart: Philipp Reclam, 1984), p. 69.

12) *Inferno*, I:4, "dir qual era è cosa dura"; 8, "per trattar del ben ch'i' vi trovai"; Parad-iso, XV:79-81, "Ma voglia e argomento ne' mortali ··· diversamente son pennuti in ali."

13) Henri de Lubac, *Medieval Exegesis: The Four Senses of Scripture*, vol. 1, trans. Mark Sebac(Grand Rapids, Mich.: Eerdmans, 1998), p. 41. 루박은 무사이우스가 오르페우스의 제자가 아니라 스승이었다고 말한다.

14) *Paradiso*, X:131; Richard de Saint-Victor, *Liber exeptionum*, pt. 1, bk. 1, chap. 23, p. 3, ed. Jean Châtillon(Paris: Vrin: Paris, 1958), p. 12.

15) Giles Constable, *The Letters of Peter the Venerable*, 2 vols., vol. 1, bk. 4:21(Cambridge: Harvard University Press, 1967).

16) *Inferno*, IV:80, "Onorate l'altissimo poeta"; 94, "bella scuola."

17) Virgil, *Aeneid*, 4.23, "veteris vestigia flammae"; Purgatorio, XXX:48, "cognosco I segni de l'antica fiamma."

18) *Inferno*, XXVI:117, "di retro al sol, del mondo sanza gente"; 133-134, "bruna / per la distanza."

19) Homer, *The Iliad*, 5.279-281, 526, 384, trans. Robert Fagles(Harmondsworth, U.K.: Viking/ Penguin, 1990).

20) Martin Buber, *Tales of the Hasidim*, trans. Olga Marx(New York: Schocken, 1991), pp. 258~259.

21) *Inferno*, XXVI:114, "picciola vigilia."

22) 같은 책, 125, "folle volo."

23) Franz Kafka, "In der Strafkolonie", in *Die Erzählungen und andere ausgewählte Prosa*, ed. Roger Hermes(Frankfurt-am-Main: Fischer Verlag, 2000).

24) Primo Levi, "Caro Orazio," in *Racconti e saggi*(Turin: La Stampa, 1986), p. 117.

25) "Lord, let Your light", in George Appleton, ed., *The Oxford Book of Prayer* (Oxford: Oxford

University Press, 1985), p. 275.

26) *Purgatorio*, I:133, "com' altrui piacque"; II:23, "un non sapeva che bianco"; *Inferno*, XXVI:125, "de' remi facemmo ali"; Purgatorio, II:10-12, "Noi eravam lunghesso mare ancora,/ come gente che pensa a suo cammino,/ che va col cuore e col corpo dimora."

27) *Purgatorio*, II:110-111, "l'anima mia, che, con la sua persona / venendo qui, è affannata tanto!"; 106-108, "Ed io: 'Se nuova legge non ti toglie / memoria o uso a l'amoroso canto / che mi solea quetar tutte mie voglie"; 이 시는《향연》 3권에 있다. "Amor che ne la mente mi raggiona"; Purgatorio, II:118-119, "…tutti fissi e attenti / a le sue note"; Exodus 34:3.

제17장 무엇이 진실인가

1) Gershom Scholem, *Dix propositions anhistoriques sur la Cabale* (Paris: Editions de l'éclat, 2012), p 43.

2) Bruno Nardi, *Saggi e note di critica dantesca* (Milan: Riccardo Ricciardi Editore, 1966), p. 333;《이사야서》11:5 "공의로 그의 허리띠를 삼으며 성실로 그의 몸의 띠를 삼으리라" 등을 참고. 기독교 교회에서는 미사를 시작하기 전에 성직자가 허리띠를 두르고, "오, 주여, 순수의 허리띠로 나를 보호하소서" 하고 기도한다.

3) *Inferno*, XVI: 118-120, "Ahi quanto cauti li uomini esser dienno / presso a color che non veggion pur l'ovra, / ma per entro i pensier miran col senno!"

4) 보카치오는 게리온을 언급할 때 여성형을 사용한다. "에레부스와 밤의 딸"(Genealogy of the Pagan Gods, bk. 1, chap. 21, ed. and trans. Jon Solomon [Cambridge:Harvard University Press, 2011], pp. 137~139). 윌리엄 블레이크는 신곡에 대한 삽화를 그리면서, 게리온을 턱수염이 없고 성별이 불분명한 얼굴로 묘사한다.

5) *Inferno*, XVI:124-130, "Sempre a quel ver c'ha faccia di menzogna / de' l'uom chiuderle labbra fin ch'el puote, / però che sanza colpa fa vergogna;// ma qui tacer non posso; e per le note / di questa comedìa, lettor, ti giuro,/ s'elle non sien di lunga grazia vòte,// ch'i' vidi…"

6) *Purgatorio*, XXIX:94, "ognuno era pennuto di sei ali"; 100, "ma leggi Ezechïel, che li dipigne"; 104-105, "salvo ch'a le penne,/ Giovanni è meco e da lui si diparte."

7) *Inferno*, I:85, "lo mio maestro, e il mio autore"; 86-87, "tu se' solo colui da cu'iotolsi / lo bello stilo che m'ha fatto onore."

8) John Freccero, "Allegory and Autobiography," in *The Cambridge Companion to Dante*, 2nd ed., ed. Rachel Jacoff(Cambridge:Cambridge University Press, 2007), pp.174~175.

9) Dante Alighieri, *Epistola* XIII:5 in *Le opere di Dante: testo critico della Società dantesca italiana*,

ed. M. Barbi et al. (Florence: Bemporad, 1921), p. 436.

10) *Inferno*, XXIII:144, "bugiardo e padre di mensogna"; Saint Augustine, Confessions, 10.35, trans. R. S. Pine-Coffin (Harmondsworth, U.K.: Penguin, 1961), p. 242.

11) Jerome, quoted in Jean-Yves Boriaud, note to "Le Mensonge" in Saint Augustin, *Les Confessions*, *précédées de Dialogues philosophiques*, vol. 1, Édition publiée sous la direction de Lucien Jerphagnon (Paris: Plèiade, 1998), p. 1363.

12) Augustine, *Confessions*, 1.13, pp. 33, 34.

13) *Inferno*, XVI:132, "meravigliosa ad ogni cor sicuro"; XVII:1-3, "Ecco la fiera con la coda aguzza,/ che passa i monti e rompe muri e l'armi!/ Ecco colei che tutto 'l mundo apuzza!"; Herodotus, *The Histories*, 1.205-216, trans. Aubrey de Sélincourt, revised, with an introduction and notes, by A. R. Burn (Harmondsworth, U.K.: Penguin, 1972) pp. 123~126; 게리온의 전설에 관해서는 Boccaccio, *Genealogy of the Pagan Gods*, bk. 1, chap. 22, vol. 1, p. 139 참조.

14) *Purgatorio*, XVI:67-81, "Voi che vivete ogne cagion recate / pur suso al cielo, pur come se tutto / movesse seco di necessitate.// Se così fosse, in voi fora distrutto / libero arbitrio, e non fora giustizia / per ben letizia, e per male aver lutto.// Lo cielo i vostri movimenti inizia;/ non dicco tutti, ma posto ch'i 'l dica, / lume v'è dato a bene e a malizia,// elibero voler; che, se fatica / ne le prime battaglie col ciel dura, / poi vince tutto, se ben si notrica.// A maggior forza e a miglior natura / liberi soggiacete; e quella cria / la mente in voi, che 'l ciel non ha in sua cura."

15) David Hume, *A Treatise of Human Nature*, 3.2.8, ed. Ernest C. Mossner (Harmondsworth, U.K.: Penguin, 1969), p. 594.

16) 같은 책, p. 594.

17) Julian Borger, "World Leaders Not Ready for Reconciliation with Mandela", *Guardian*, 6 December 2013; Jason Beattie, "Tory Grandee Smears Nelson Mandela", *Daily Mirror*, 9 December 2013.

18) Dwight Garner, "An Interview with Nadine Gordimer", *Salon*, 9 March 1998.

19) Nelson Mandela, *Long Road to Freedom* (New York: Holt, Rinehart and Winston, 2000), p. 176.

20) Garner, "Interview with Nadine Gordimer."

21) *Purgatorio*, XVI:94-96, "Onde convenne legge per fren porre;/ convenne rege aver, che discernesse / de la vera cittade almen la torre."

22) Percy Bysshe Shelley, *Prometheus Unbound*, 4.573-574, in Shelley, *The Major Works*, ed. Zachary Leader and Michael O'Neill (Oxford: Oxford University Press, 2003), p. 313.

23) Carlo Collodi, *Le avventure di Pinocchio*, bilingual edition, trans. Nicolas J. Perella (Berkeley: University of California Press, 1986), p. 211.

24) *Paradiso*, V:6, "cosi nel bene appreso move il piede"; John Freccero, "The Firm Foot on a Journey Without a Guide", in *Dante: The Poetics of Conversion*, ed. Rachel Jacoff (Cambridge: Harvard University Press, 1986), pp. 29~54.

25) *Inferno*, I:28-30, "Poi ch'èi posato un poco il corpo lasso,/ ripresi via per la pieaggia diserta,/ sì che 'l più fermo sempre era 'l più basso"; Freccero, "Firm Foot on a Journey Without a Guide", p. 31.

26) *Paradiso*, V:1, "caldo d'amore"; 7-9, "Io veggio ben sì come già resplende / nel'intelletto tuo l'etterna luce,/ che, vista, sola e sempre amore accende."

27) *Purgatorio*, XV:117, "non falsi errori."

28) Gustave Flaubert, *La Tentation de Saint Antoine*, ed. Claudine Gothot-Mersch (Paris: Gallimard, 1983), p. 214.

찾아보기